普通高等院校"十四五"规划教材·公共基础课系列

"互联网+"教材，扫码获取更多教学资源

大学生军事课教程

主　编 ◎ 彭扬华　李晨旭　周　敏
副主编 ◎ 陶中一　陈发杰　刘　伟
　　　　刘曙荣　李华来　雷长剑
　　　　张凯波
参　编 ◎ 杨东方　于　斌　刘方知
　　　　邹仕亮　王　宏　肖锐锋
　　　　颜　鹏　何振华
主　审 ◎ 赵宏旭

华中科技大学出版社
http://press.hust.edu.cn
中国·武汉

内 容 简 介

本书按照教育部、中央军委国防动员部 2019 年 1 月联合制订的《普通高等学校军事课教学大纲》编写。全书共分为上、下两篇：上篇是军事理论篇，包括中国国防、国家安全、军事思想、现代战争、信息化装备等内容；下篇是军事技能篇，包括共同条令教育与训练、轻武器射击与战术训练、防卫技能与战时防护训练、战备基础与应用训练等内容。

本书既可作为普通高等院校和各类职业院校的军事课教材，也可作为各界人士了解军事知识的参考读物。

图书在版编目(CIP)数据

大学生军事课教程/彭扬华，李晨旭，周敏主编. —武汉：华中科技大学出版社，2019.7(2025.7 重印)
ISBN 978-7-5680-5296-2

Ⅰ.①大…　Ⅱ.①彭…　②李…　③周…　Ⅲ.①军事科学-高等学校-教材　Ⅳ.①E

中国版本图书馆 CIP 数据核字(2019)第 136387 号

大学生军事课教程
Daxuesheng Junshike Jiaocheng

彭扬华　李晨旭　周敏　主编

策划编辑：	张　毅
责任编辑：	赵巧玲
封面设计：	廖亚萍
责任监印：	朱　玢

出版发行：华中科技大学出版社(中国•武汉)　　电话：(027)81321913
　　　　　武汉市东湖新技术开发区华工科技园　　邮编：430223

录　排：武汉创易图文工作室司
印　刷：武汉市洪林印务有限公司
开　本：787 mm×1092 mm　1/16
印　张：17
字　数：424 千字
版　次：2025 年 7 月第 1 版第 16 次印刷
定　价：46.00 元

本书若有印装质量问题，请向出版社营销中心调换
全国免费服务热线：400-6679-118　竭诚为您服务
版权所有　侵权必究

前言

根据《中华人民共和国国防法》《中华人民共和国兵役法》《中华人民共和国教育法》，为适应立德树人根本任务和强军目标根本要求，服务军民融合发展战略实施和国防后备力量建设，增强学生国防观念、国家安全意识和忧患危机意识，提高学生综合国防素质，教育部、中央军委国防动员部于2019年1月联合制订了《普通高等学校军事课教学大纲》（简称《教学大纲》），于2019年8月起在全国施行。根据《教学大纲》，我们在认真总结了多年教学经验、借鉴参考了同行专家论著的基础上，编写了本书。

军事课是普通高等学校学生的必修课程。军事课要以习近平强军思想和习近平总书记关于教育的重要论述为遵循，全面贯彻党的教育方针、新时代军事战略方针和总体国家安全观，围绕立德树人根本任务和强军目标根本要求，着眼培育和践行社会主义核心价值观，以提升学生国防意识和军事素养为重点，为实施军民融合发展战略和建设国防后备力量服务。

在普通高等学校开设军事课，并将其规定为必修课，系统地进行国防教育，有利于建设社会主义核心价值体系。普通高等学校通过军事课教学，能让学生了解并掌握军事基础知识和基本军事技能，增强国防观念、国家安全意识和忧患危机意识，弘扬爱国主义精神、传承红色基因、提高学生综合国防素质。

本书由湖南高速铁路职业技术学院彭扬华、李晨旭、周敏担任主编，由桂林理工大学南宁分校陶中一、陈发杰和湖南高速铁路职业技术学院刘伟、刘曙荣、李华来、雷长剑、张凯波担任副主编，湖南高速铁路职业技术学院杨东方、于斌、刘方知、邹仕亮、王宏、肖锐锋、颜鹏、何振华参与编写，由湖南高速铁路职业技术学院赵宏旭主审。

本书的编写和出版，得到了编者所在院校和华中科技大学出版社的大力支持，在此向关心和支持本书编写和出版的各界人士表示衷心的感谢！本书借鉴和参考了国内外许多专家学者的成果，恕未一一列出，在此一并致谢！

由于编者水平有限，书中难免有疏漏和不妥之处，恳请广大读者批评指正！

编 者

目录

绪论 ··· 1

上篇　军事理论篇 ·· 3

第一章　中国国防 ··· 4
第一节　国防概述 ·· 4
第二节　国防法规 ··· 15
第三节　国防建设 ··· 22
第四节　武装力量 ··· 30
第五节　国防动员 ··· 38

第二章　国家安全 ·· 42
第一节　国家安全概述 ··· 42
第二节　国家安全形势 ··· 45
第三节　国际战略形势 ··· 52

第三章　军事思想 ·· 58
第一节　军事思想概述 ··· 58
第二节　外国军事思想 ··· 61
第三节　中国古代军事思想 ··· 67
第四节　中国当代军事思想 ··· 70

第四章　现代战争 ·· 91
第一节　战争概述 ··· 91
第二节　新军事变革 ··· 95
第三节　机械化战争 ·· 106
第四节　信息化战争 ·· 109

第五章　信息化装备 ··· 118
第一节　信息化装备概述 ·· 118

第二节　信息化作战平台 ·· 121
　　第三节　信息系统 ··· 126
　　第四节　信息化杀伤武器 ·· 134

下篇　军事技能篇 ·· 141

第六章　共同条令教育与训练 ·· 142
　　第一节　《中国人民解放军内务条令(试行)》 ···························· 142
　　第二节　《中国人民解放军纪律条令(试行)》 ···························· 149
　　第三节　《中国人民解放军队列条令(试行)》 ···························· 153

第七章　轻武器射击与战术训练 ··· 164
　　第一节　轻武器射击常识 ·· 164
　　第二节　轻武器射击原理 ·· 167
　　第三节　轻武器射击操作要领 ·· 173
　　第四节　战术 ·· 176

第八章　防卫技能与战时防护训练 ·· 195
　　第一节　格斗基础 ··· 195
　　第二节　战场医疗救护 ··· 213
　　第三节　防护 ·· 223

第九章　战备基础与应用训练 ·· 232
　　第一节　战备基础 ··· 232
　　第二节　野战生存 ··· 237
　　第三节　识图用图 ··· 242

参考文献 ·· 263

绪 论

中国共产党第十九次全国代表大会(以下简称"党的十九大")报告指出:"我们的军队是人民军队,我们的国防是全民国防。我国要加强全民国防教育,巩固军政军民团结,为实现中国梦强军梦凝聚强大力量。"在高等院校设置军事课,组织学生进行军事训练,是《中华人民共和国国防法》《中华人民共和国兵役法》《中华人民共和国国防教育法》的基本要求,这对促进大学生德、智、体、美全面发展,为国防和军队建设培养高素质后备兵员、预备役军官和社会主义事业接班人具有深远意义。

着眼新时代普通高校国防教育新形势新任务,教育部、中央军委国防动员部于2019年1月联合制定颁布《普通高等学校军事课教学大纲》。在普通高等学校开设军事课,并将其规定为必修课,系统地进行国防教育,有利于建设社会主义核心价值体系。中国共产党第十七次全国代表大会(以下简称"党的十七大")明确指出:"建设社会主义核心价值体系,增强社会主义意识形态的吸引力和凝聚力。"党的十七大强调指出:"社会主义核心价值体系是社会主义意识形态的本质体现。要巩固马克思主义指导地位,坚持不懈地用马克思主义中国化最新成果武装全党、教育人民,用中国特色社会主义共同理想凝聚力量,用以爱国主义为核心的民族精神和以改革创新为核心的时代精神鼓舞斗志,用社会主义荣辱观引领风尚,巩固全党全国人民团结奋斗的共同基础。"其中,马克思主义指导思想是我们立党立国的根本指南,强调坚持马克思主义的指导地位,就抓住了社会主义核心价值体系的灵魂;中国特色社会主义共同理想是全国各族人民团结奋斗的强大动力,强调树立共同理想,就突出了社会主义核心价值体系的主题;以爱国主义为核心的民族精神和以改革创新为核心的时代精神,是中华民族生生不息、薪火相传的精神支撑,强调培育和弘扬民族精神和时代精神,就把握住了社会主义核心价值体系的精髓;社会主义荣辱观是中华民族传统美德、优秀革命道德与时代精神的有机结合,强调树立和践行社会主义荣辱观,就打牢了社会主义核心价值体系的基础。

这四个方面的基本内容共同构建了社会主义核心价值体系的完整内涵。社会主义核心价值体系适应了社会主义市场经济发展的要求,适应了社会主义先进文化建设的要求,适应了现阶段社会主义思想道德建设的要求,具有强大的整合力和引领力,能够实现对社会思潮的引领。

大学生军事训练要以马列主义、毛泽东思想、邓小平理论、"三个代表"重要思想、科学发展观、习近平新时代中国特色社会主义思想为指导,按照"教育要面向现代化、面向世界、面向未来"的要求,适应我国人才培养战略目标和加强国防后备力量建设的需要,为培养高素质的社会主义事业的建设者和保卫者服务。大学生军事训练要以国防教育为主线,以军事理论教学为重点,通过军事教学,使学生掌握基本军事理论与军事技能,增强国防观念和国家安全意识,强化爱国主义、集体主义观念,加强组织纪律性,促进综合素质的提高,从而为给中国人民解放军储备合格的后备兵员和培养预备役军官打下坚实的基础。

军事训练是《中华人民共和国兵役法》的重要内容,是大学生应履行的义务。我国十分重视全民国防观念和国防意识的教育,2011年修正的《中华人民共和国兵役法》对大学生、中学生的军事训练做了详细的规定:"普通高等学校的学生在就学期间,必须接受基本军事训练","普通高中和中等职业学校,配备军事教员,对学生实施军事训练"。积极参加军事训练,圆满完成训练任务,是大学生自觉履行兵役义务的最实际的方法。

军事训练是国防建设现代化的需要。国防建设现代化的主要标志是武器装备现代化。现代化的武器装备要转化为战斗力,就必须与熟练掌握现代化武器装备的人相结合。没有具有一定军事素养和科学文化知识的人,再先进的武器也难以发挥其应有的作用。高等院校的学生具有较高的文化程度,在军事训练的基础上,挑选一部分专业对口、适合担任军官职务的学生,进行一定时间的集中训练,就可以服军官预备役。随着国家教育事业的发展和军队建设的需要,我军每年从地方大学毕业生中招收军官,在高校定量招收国防生。这样可以更好地改变我军军官的知识结构,提高军官的素质,加速国防现代化建设。

军事训练是增强学生国防观念、强化爱国主义精神的重要途径。由于长期处于和平环境中,一些青年的国防观念淡薄了,认为军事与自己无关,军事训练是额外负担,不愿意过军事生活。系统的军事训练,不仅能够使学生学到军事知识,掌握一定的军事技能,加深对人民军队的理解,而且也能使学生增强国防观念,强化爱国主义精神。

军事训练可以培养学生优良的作风和严格的组织纪律性。管理比较宽松的大学生活使同学们不自觉地养成了散漫的坏习惯,作风和纪律在同学们的认识中逐渐淡化。例如,有些同学抱有"大丈夫不拘小节"的思想,在宿舍不叠被子,吃完饭不刷饭盒,学习用品随处乱丢,不遵守作息时间等。有计划的军事训练以及和教官的朝夕相处,会使大学生深深感受到军营中雷厉风行的作风和严格的组织纪律性。这种优良的品质会影响每一个参加军事训练的学生,促使学生养成良好的作风和遵守学校规章制度的纪律性。

军事训练有利于学生综合素质的提高。按照《普通高等学校军事课教学大纲》的要求,军事训练课包含了军事思想、军事形势、军事科技、现代战争和技能训练等多方面的内容,这无疑使大学生在军事方面的知识能得到充分的拓展,为学生的国防教育打下了良好的基础。

军事训练是一门传授军事知识的综合性课程。对于普通高等学校而言,军事理论教学可以使学生了解和掌握军事知识,了解现代军事技术对战争的影响和信息化战争的发展趋势等,拓宽学生的知识面。军事技能训练,可以增强学生的体质,培养学生勇敢顽强、吃苦耐劳、团结友爱的精神,并促进其综合素质的发展。

总之,系统的军事训练,可以拓宽学生的知识面,改善学生的文化知识结构,促进学生思想素质、业务素质和身心素质的提高。

上篇
军事理论篇

DAXUESHENG
JUNSHIKE JIAOCHENG

第一章　中国国防

📖 本章导读

国防就是国家的防务,它是人类发展与安全需要的产物,是关系到国家和民族生死存亡的关键,应当引起每个大学生的重视。

本章主要介绍国防的含义、中国国防历史、中国国防法规及中国国防建设的相关内容。

📖 学习目标

理解国防的含义和国防的历史,树立正确的国防观;了解中国国防体制、国防战略、国防政策以及国防成就,激发学生的爱国热情;熟悉国防法规、武装力量、国防动员的主要内容,增强学生国防意识。

第一节　国防概述

一、国防的含义

国防是随着国家的产生而产生的。但"国防"一词在我国汉代才产生,最早见于《后汉书·孔融传》。孔融向汉献帝进谏说:"臣愚以为宜隐郊祀之事,以崇国防。"意思是说,应当减少冗繁而靡费的祭祀活动,以维护国家的根基,巩固政权。这里的"国防"还不能完全等同于我们现在所说的国防。到了近代,"国防"一词被普遍使用,其含义也逐渐发生了变化。

现行的《中华人民共和国国防法》(以下简称《国防法》)对"国防"的定义是:"国家为防备和抵抗侵略,制止武装颠覆,保卫国家的主权、统一、领土完整和安全所进行的军事活动,以及与军事有关的政治、经济、外交、科技、教育等方面的活动。"

这个定义具有四层基本含义。

(一)国防的主体是"国家"

国防的主体是指国防活动的实行者,通常是指国家。国防是国家的事业,是国家固有的职能,是国防行为的主体。

第一,从国家的本质来看,国家是阶级专政的工具,是统治阶级利益与意志的体现。实现这种利益与意志,必须通过国家权力。国防就是要维护国家的这种权力,而且也只有依靠国家的这种权力才能使国防得以实行。因为只有国家才能有效地领导和组织国防事业。

第二,从国防的本义上看,国防是国家的防务,是全民族的防务,与国家的各个部门、各种组织以及每一个公民都息息相关。所以,加强国防建设、进行国防斗争,绝不仅仅是军队的事,而是国家所有机关、武装力量、各政党和社会团体、各企事业组织以及全体公民的共同责任。

(二)国防的任务是"防备和抵抗侵略,制止武装颠覆"

我国国防所要防备和抵抗的"侵略",不仅仅是"武装侵略",还包括文化、经济、信息、技术等方面的"非武装侵略"。在当代，主权国家对主权国家的"非武装"侵略，大多要以武力为后盾。一些"非武装"侵略行为，必须使用国防手段才能防备和抵抗。

把"制止武装颠覆"作为我国国防的任务，既是由我国的国情决定的，也是由我国的安全形势决定的。所谓"颠覆"，是指推翻政府。《中华人民共和国宪法》（以下简称《宪法》）规定：中国人民对敌视和破坏我国社会主义制度的国内外的敌对势力和敌对分子，必须进行斗争。那些以推翻社会主义制度，推翻人民民主政权，分裂国家为目的的颠覆活动，不是一般的反政府活动，而是危及我国的国体和政体，对国家的主权、统一、领土完整和安全构成严重威胁的活动。对此，我们必须有所作为。不过，当这类活动未采取武装形式时，一般由国家安全部门处置，不需要运用国防力量。如果颠覆活动以武装行为出现，如武装暴乱、叛乱等，那就必须使用国防力量，坚决予以制止。

【知识拓展】

国家主权

（三）国防的目的是"保卫国家的主权、统一、领土完整和安全"

第一，捍卫国家的主权。一个国家的主权是指该国独立自主地处理自己对内对外事务的最神圣的权力。按照国际法的表述，主权是一国不受外来控制的自由，它是完整无缺、不可分割而独立行使的最高权力和尊严。国家和主权不可分割，主权是国家区别于其他社会团体（或组织）的特殊属性，是国家存在的根本标志。如果一个国家的主权被剥夺，其他的一切，包括国家的独立、领土完整、传统的生活方式、基本的政治制度、社会准则和国家荣誉、尊严等，都无从谈起。因此，捍卫国家的主权，始终是国防第一位的根本目的。主权具有两重性，即对内属性和对外属性。主权的这种两重性是紧密联系、不可分割的。国家主权的对内属性，是指该国在其所辖领域内对一切事务享有最高的统治权力。国家主权的对外属性，是指国家在对外事务中具有不受其他任何国家或组织控制和干预的权力，这是一种独立权。

第二，维护国家的统一。国家的统一是指国家由一个中央政府对领土内的一切居民和事务行使完整的管辖权，不允许另立政府或分割国家的管辖权。从国际法的角度来说，保卫国家统一，反对分裂，历来是一个国家的内部事务，绝不允许外国干涉，这是一个原则性问题，不能有丝毫的含糊。因此维护国家的统一历来是国防的重要目的。

第三，保卫国家的领土完整。领土是位于国家主权支配下的地球表面的特定部分，以及其底土和上空。领土是国家存在和发展的自然物质前提，是构成国家的基本要素之一。国家领土由各种不同的部分组成，包括领陆、领水、领空以及领陆和领水的底土。国家主权与国家领土具有密切联系。领土是国家行使其主权的空间和对象，没有领土，主权就失去了存在的空间和行使对象。没有主权，领土必然被侵犯、被分割，甚至遭到瓜分。世界上没有领土的国家是不存在的，领土不完整的国家也不是一个完全统一的国家。任何国家即使是因历史原因造成领土暂时不完整，也应该追求、实现领土完整。国防捍卫国家的主权独立，必然要保卫国家的领土完整。

第四，保障国家的安全。国家必须有一个安全的内外环境，这样才能保证国家的正常生存和发展。因此，维护国家的安全，也是国防的主要目的之一。一旦国家遭到外来侵略，安全受到威胁，国防就必须履行自己的职能，抵御和挫败外来侵略和颠覆，确保国家的安全。

(四)国防的手段是"军事活动,以及与军事有关的政治、经济、外交、科技、教育等方面的活动"

国防的手段是指为达到国防目的而采取的方法和措施。

第一,军事活动。国防的主要手段是军事手段。这是因为:①军事手段是最具有威慑作用的手段;②军事手段是唯一能够有效对付武装侵略的手段;③军事手段是解决国家之间矛盾冲突的最后手段。当各种非军事手段不能解决国家之间的矛盾冲突时,就需要运用军事手段。

第二,与军事有关的政治活动。这里的"政治"仅限于"与军事有关的"范围内,而不是政治本身的全部含义。政治与国防关系密切。一方面,国防直接保卫国家的主权,是政治的第一需要;国防直接保卫国家的领土,是政治的物质前提;国防直接保卫国家安全利益与发展利益,是政治的根本追求。国家政权、政治制度也要靠国防力量来捍卫。另一方面,政治对国防起着决定性的支配作用。国家的政治需要决定国防的根本性质和基本类型;国家的政治指导思想和路线决定国防的方向、方针和原则;国家的政治制度决定国防的根本体制;国家的政治素质制约国防的客观效应。其中,构成国防手段的政治活动主要有政治制度、政治思想工作、政治宣传等。

第三,与军事有关的经济活动。经济是国防的基础。社会经济制度决定国防活动的性质,社会经济状况决定国防建设的水平。现代条件下,无论是国防建设还是国防斗争都要广泛采用经济手段,这些手段主要有国防经济活动、国民经济动员、经济战、经济制裁等。国防经济活动是为国防而进行的生产、分配、交换、消费及其管理的实践活动。军品生产直接为国防活动提供物质产品;军品分配和军品交换保证这类产品的合理与到位;军品消费的结果则是保持一定的军事实力,从而有效地保障国家安全。国民经济动员,其目的是充分调动国家经济能力,提高生产水平,扩大军品生产,保障战争需要。经济战是敌对双方为夺取战略优势和战争胜利而进行的经济斗争,主要指战争期间及和平时期的经济封锁和经济扰乱。经济制裁是指国家为一定的政治、军事目的,一方对另一方强行实施的惩罚行为。一国或数国对破坏国际义务、条约和协定的国家在经济上采取的惩罚性措施。它可以削弱被制裁国的政治、经济和军事实力。

第四,与军事有关的外交活动。国防外交又称军事外交。国防外交活动它既是国家外交的重要组成部分,也是国防活动的一个重要方面。主要指国家与国家之间为了国防目的而开展的外交活动。它既有通常意义上外交的一般特征,又具有区别于其他外交工作的特殊规律,是集外交与军事于一体的活动。它的范围很广,领域很多,活动的内容也十分丰富。从总体上来讲,国防外交主要涉及国家与国家之间,军事集团与军事集团之间的军事政治关系、军队关系、军事战略关系、军事科技关系和军事经济关系等。其具体可以划分为:军事双边往来、多边军事交往、非官方军事交往、军事科技交流和军工合作、军事结盟、军事援助、军事经济合作、边防管理等。国防外交所涉及的各个方面的活动都不是孤立的,而是有机联系的。

从事国防外交活动的也不单纯是武装力量,还包括国家机关与民间的一些部门。此外,与军事有关的科技、教育等也是国防的重要手段。

二、现代国防的基本类型和基本特征

(一)现代国防的基本类型

国防是一个国家综合国力的重要表现,国防是由国家的性质、国家经济实力等决定的。国家的性质不同,国家经济实力不同,制定的国防政策和追求的国防目标就不同,因此,国防就有不同的类型。一般而言,现代国防的基本类型就有扩张型、自卫型、联盟型和中立型等几种。

1. 扩张型国防

扩张型国防是奉行霸权主义的国家,以国家安全和防备需要为幌子,将其他国家和地区纳入自己的势力范围,对其进行侵略、颠覆和渗透。

美国是当今世界最典型的实力扩张型国防的国家。在历史上,尽管美国的国防政策屡经修改,但无论如何变化,其"进攻"性质始终没有改变。一直以来,美国都在经营全球军事基地网,以求在战时随时开展兵力,取得有利的军事态势。除此之外,它还借干涉别国内部事务之机,强行推销美国式的所谓"民主",企图永远主宰世界。

2. 自卫型国防

自卫型国防以防止外敌侵略为目的,在国防建设上主要依靠本国的力量,广泛争取国际上的同情与支持,维护本国安全,维护周边地区和世界的和平与稳定。

中华人民共和国成立后,我国一直实行自卫型国防,既不会侵略别的国家,但也决不允许别国对中国进行侵略。我国主张国家不分大小,在国际事务中一律平等。走和平发展道路,是中国坚定不移的国家意志和战略抉择。中国始终不渝地奉行独立自主的和平外交政策和防御型国防政策,反对各种形式的霸权主义和强权政治。不干涉别国内政,永远不争霸,永远不称霸,永远不搞军事扩张。中国倡导互信、互利、平等、协作的新安全观,寻求实现综合安全、共同安全、合作安全。

3. 联盟型国防

联盟型国防为弥补自身力量的不足,以结盟的形式联合他国进行防卫。联盟型国防又可分为一元体系联盟和多元体系联盟。前者是某一大国为盟主,其余国家处于从属地位;后者联盟国则是伙伴关系,通过共同协商确定防卫大计。

4. 中立型国防

中立型国防是指一些中小发达国家,为保障本国的繁荣、发展和安全所奉行的和平中立国防政策。执行中立型国防的国家,有些采取完全不设防的形式,有些则采取全民防卫的形式,通过高度武装来确保中立。

【知识拓展】

瑞士国防

(二)现代国防的基本特征

1. 现代国防的含义更加丰富

虽然现代国防与传统国防的目的都是维护国家利益,但现代国防所维护的国家利益,无论是在内涵上、范围上,还是在维护国家利益的行为方式上,都远比传统国防丰富。把现代国防与传统国防的含义进行比较,可以发现三个不同点:一是现代国防的行为主体是国家,它不仅仅是传统意义上的某些国防职能机构和部门的事情,而是全国每个公民的事情;二是现代国防事业涉及国家的广泛领域,它不仅仅是传统意义上诸如构筑防止敌人入侵的军事设施和发展武器装备等"硬件"建设,还包括进行经常性的国防教育、健全动员机制等"软件"的建设;三是现代国防斗争贯穿于社会活动的全过程,它不仅仅是传统意义上的战争爆发之前的临战准备和战争期间的行为,还包括整个和平时期的国防和军队建设。

2.现代国防的手段更具有多样性

现代国防手段主要包括军事活动,以及与军事有关的政治、经济、外交、科技、教育等方面的活动。这些手段的综合运用,形成了诸多的国防斗争形势。例如:通过武力对抗,可以将战争作为消除或减少对我方威胁的手段;通过威慑的方式,在强大军事实力的基础上,以各种非暴力方式给对方造成心理震慑,可以使敌方放弃或缩小对我方的侵略野心;通过谈判方式,可以使敌方消除或减少对我方的敌意,双方达成谅解,从而缓解对我方的威胁;通过广泛开展外交活动的方式,可以提高国家的国际地位,形成对等的综合优势;通过国防教育的方式,可以增强国民的国防意识和爱国主义精神,使全国军民众志成城,敌方也不敢贸然对我方采取侵略行动。

3.现代国防的内容更具广泛性

现在国防建设更依赖于综合国力的增长,所以现代国防建设内容更具广泛性。所谓综合国力,指的是一个国家国土面积、社会经济、科学技术、军事国防、对内外方针政策等方面的总体实力和潜力。例如,自然要素方面的国土面积、人口数量、自然资源、地理位置等;经济要素方面的国民经济生产水平、经济结构、经济潜力等;政策要素方面的社会政治制度、国家政策和管理能力、国际关系和国际地位等;科技要素方面的国民教育水平、科学和技术发展水平、科学技术潜力等;军事要素方面的武装力量的数量和质量、国防科技的规模和水平、后备力量的数量和质量、战争准备程度、动员能力等;精神要素方面的民族文化传统、社会风尚、国防意识、国民向心力和凝聚力等。现代国防的核心问题是如何在现有客观基础上尽快增强综合国力,并有效地运用综合国力,以实现国防目标。

4.现代国防的强大对国家经济发展更有依赖性

历来国防与国家经济建设密切相关,但现代国防对国家经济发展更具依赖性。一方面,国家经济发展水平制约国家武器装备发展的总水平和国防力量的总规模。特别是在当今科技迅猛发展,促使武器装备不断更新的情况下,现代国防对资源、财力的需求,对国家各经济部门的依赖性日益增强,没有强大的经济实力为现代国防提供物质基础,就不可能从根本上加强国防建设。另一方面,现代国防对经济并不是消极和被动的,它不仅能为经济建设创造一个和平安定的国际、国内环境,保障经济建设顺利进行,而且还能充分发展国防系统的社会经济功能,促进经济建设的发展。例如:军队可直接参加国家重点工程项目的建设;军队对高技术武器装备的需求,可以有力地推动和促进国家高技术产业的发展,充分发挥国防军工拥有的人才和设备技术优势,为国家创造财富,增强经济实力等。

三、国防在国家中的地位和作用

国防是国家综合国力的支柱,其地位和作用十分重要,关系到一个国家的安危。

(一)国防是国家安全的保证

"国无防不立,民无兵不安。"一个国家国防的根本目的是保证国家的安全,遏制和打击外敌入侵,保证国家主权独立和领土完整。

(二)国防是国家独立自主的前提

一个国家的主权独立和领土完整离不开强大的国防。中国近代之所以屡遭列强入侵和宰割,根本原因就是有国无防或防而不固。沉痛的历史教训告诉我们,国家的独立自主,社会的长治久安,民族的兴旺发达,经济的繁荣发展,必须有强大的国防做后盾。

(三)国防是国家繁荣发展的重要条件

巩固的国防是国家建设的重要保障。如果一个国家没有巩固的国防,那么国家政权就无法得以巩固,社会就难以稳定,经济发展的目标也难以实现。因此,国家的生存政权的巩固和经济的发展,都离不开一个能捍卫国家根本利益的国防。

朱日和阅兵如图 1-1 所示。

图 1-1　朱日和阅兵

四、中国国防的历史与启示

中国国防,历史久远。从奴隶社会、封建社会、半殖民地半封建社会到现在的社会主义社会,中国国防也随之经历了无数次的盛衰起落,有过强盛,也有过耻辱。几千年的国防历史,给我们留下了宝贵的国防文化遗产和深刻的历史教训。

(一)中国古代国防

中国古代的国防从第一个奴隶制国家夏朝的建立直至 1840 年鸦片战争爆发,历经数千年,并随着各朝代的盛衰更替和社会制度的演变而不断发展。这种完整一贯的历史延续,培育了民族的向心力和凝聚力,锤炼了民众维护国家和民族统一、勇于抵御外患的尚武精神,形成了习文善武、文治武功的优良传统。

1. 中国古代的兵制建设

兵制,就是军事制度,现在一般称为军制。它包括武装力量体制、军事领导体制和兵役制度等方面的内容。兵制建设是中国古代国防的一个重要方面。

早在夏朝初期,君王已控制了军事大权,已有对参战人员编组和奖惩的规定。商和西周,王是最高军事统帅,军事领导职务由贵族大臣和诸侯国首领担任;士卒主要由奴隶主和平民充当,奴隶一般只随军服杂役;师为最高建制单位。春秋时期,随着奴隶制的解体,各诸侯国开始实行兵制变革,废除奴隶不能充当甲士的限制,实行武官任免制度,军为最高建制单位,开始出现郡县征兵制。战国时期,封建制度开始确立,争霸、兼并、统一,战争激烈,用兵数量增多;步兵、骑兵、水师逐渐分离为独立兵种;在军制上,打破了世袭兵制,出现了募兵制和郡县征兵制;剥夺私属武装，集中军权，统一军队，文武分职；凭玺印、虎符任将发兵；建立按军功晋爵升赏制度；战争指挥复杂，要求高，将帅专职化。自秦统一中国到清末，历代封建王朝根据各自的需要和条件，在专制主义中央集权制度的基础上加强帝王的军权。从中央到地方建立了便于帝王控制的统帅指挥系统；常备军按任务或武器编组，成为武装力量的主体，区分为中央军、地方军和边防军；以步兵或骑兵为主要兵种；明朝开始出现专门装备火器的部队，建立了武库、粮储和运输制度，主要武器装备和军需物品由国家监制和供给；因势采用征兵制、募兵制、世兵制等，多数以农民为军队主要成分；兵制的许多内容通过法律形式颁行，如唐朝的《卫禁律》《捕亡律》《擅兴律》《军防令》等，对军队的组织编制、番上宿卫、屯田戍边、兵役军赋、军队调发、军需补给、驿站通道、武器制造和配发、厩库管理等，都做了具体的规定。

2. 中国古代的边防、海防建设

边防、海防是国防建设的重要内容。中国古代的边防建设，主要是修筑防御工程和实行实边、固边政策，巩固边防、海防，如城池、万里长城（见图1-2）以及海防要案等。城池最早始于商代，随后城池建设规模不断扩大，结构日益完善，一直延续到近代。中国古代的海防建设是从明代开始的。为防止倭寇的偷袭、骚扰，明朝一是下令禁海，二是在沿海的主要地段，陆续修建了以卫城、所城为骨干，堡、寨、墩、烽堠和障碍物相结合的防御工程体系，有效地抗击了倭寇的侵扰。

图1-2　万里长城

汉武帝时，为防御匈奴的一再侵犯，积极推行屯边、实边、固边的政策。一是在边关要地配置边防军，包括边境上的郡国兵和屯田兵，依靠边郡太守和都尉率兵防堵匈奴的进攻；二是输粟实边；三是徙民实边。汉武帝驱逐匈奴之后，在西北边境地区大量增设新郡，并实行大规模的军事屯田，使数十万边兵有警则战，无事则耕，戍卒无饥馁之忧，国家无转运之劳。屯戍军队与大量移民共同守边，较之"徙民实边"更为扎实有效。

3. 中国古代富国强兵的国防思想

富国强兵是我国古代各朝代都十分重视的国防思想。早在春秋战国时期，许多统治者和军事家就已经提出"国不富则无称雄之本，兵不强则无争霸之力"，主张废除世卿世禄制度，奖励军功，尤重耕战，强调富国强兵"显耕战之士"，视富国为强兵之本、之先、之急，无不重视发展经济和充实武备。秦始皇之所以能吞并六国统一帝业，正是秦国推行富国强兵思想的结果；汉高祖刘邦得天下后，实行裁军赐爵、与民生息、重视农业的政策，尽快恢复和发展生产、增强军力；西汉与唐朝的军事屯田收到了明显的效果；明朝把开发边疆，繁荣经济同抵御外来侵略结合起来；唐朝成功地实现了"中国既安、四夷自服"的国防战略；清朝前期，中央政府先后平定了"三藩"之乱，收复台湾，收复雅克萨并签订了《尼布楚条约》，平定准噶尔部叛乱。

（二）中国近代国防

1. 中国近代是国防一步步走向衰败的时代

1840年，鸦片战争打开了古老中国紧闭的国门。在西方列强面前，腐败无能的清政府无力与之抗衡，执行的国防建设思想乃是"以军压民""贫国臃兵"，倡导的国防教育思想却是"愚兵牧民""莫谈国事"。其结果是有国无防，任人宰割。从1840年的鸦片战争到1919年的五四运动，西方资本主义国家抓住了中国的"国防不固、军队不精"这一致命弱点，开始了对中国赤裸裸的侵略。至1945年抗日战争结束，有英国、美国、法国、俄国、德国、荷兰、比利时、意大利、奥匈帝国、葡萄牙、日本等国家的侵略者践踏过中国的国土，抢掠过中国的财物，屠杀过我们的同胞，参与过损害中国主权的罪恶活动。他们还强迫当时腐败的中国政府签订了许多不平等条约和协定（见图1-3），每个不平等条约都是对中国野蛮的掠夺。西方列强的军事侵略，使中国在政治上、经济上、文化上蒙受了巨大的屈辱和损失。

图1-3 《南京条约》——中国近代史上签订的第一个不平等条约

【知识拓展】

圆明园

2. 中华人民共和国的成立

1921年7月23日，中国共产党第一次全国代表大会（以下简称"党的一大"）在上海秘密召开，中国共产党诞生。从此，中国无产阶级有了自己的战斗司令部，中国人民救亡图存的革命斗争有了自己的组织者和领导者。1931年9月18日，日本发动"九一八"事变，日本帝国主义侵略者对中国发动侵略战争，国家处于危亡时刻，由于蒋介石积极推行"攘外必先安内"的政策，致使中国大片国土加速沦陷。中国共产党高举团结抗日的旗帜，与全国人民一起坚持开展敌后抗日战争。14年抗战中，中国共产党领导的抗日军队对敌作战12.5万次，在敌后战场共歼灭日军52.7多万人，歼灭伪军118.6多万人，解放国土100多万平方千米。在解放战争中，先后消灭国民党军队800多万人，解放了除台湾地区以外的全部国土。1949年10月1日，中华人民共和国成立了，开始谱写中国国防史的新篇章，从而永远结束了帝国主义在中国为所欲为的历史，一个独立的、人民民主的新中国从此屹立于世界的东方。开国大典如图1-4所示。

图1-4　开国大典

（三）中国国防历史的启示

中国几千年的国防历史，有过声威远播、天下归附的昌盛，有过引而不发、强虏驻足的宁静，有过不堪回首的屈辱，也有过抗敌卫国的巨大胜利。在建设有中国特色的社会主义征途中，重温这一漫长的国防历史可以从中得到有益的启示。

1. 经济发展是国防强大的基础

经济是国防的物质基础，国防强大依赖经济发展，这是中国国防历史给予我们的深刻启示。早在春秋战国时期，统治者就认识到国富才能兵强，自强方可自立，无不把发展经济作为巩固国防、争夺霸权的重要措施。

春秋初期，晋国还是一个国贫兵弱的小国。晋文公执政后，通过整顿内政、发展经济、扩充军队等一系列的综合治理，使晋国实力急剧膨胀，有"晋国，天下莫强焉"的声威，先后兼并20余国，一跃而成为中原霸主。秦国重用商鞅进行变法，推行了"开阡陌""废井田"等一系列土地改革措施，极大地解放了生产力，促进了经济的发展，秦军南征百越、北逐匈奴，对最终吞并六国完成统一大业起到了重要作用。唐朝由"贞观之治"开始，达到封建社会的鼎盛时期，更是当时统治者注重发展经济的结果。

与此相反，各朝各代的衰落、灭亡，一个王朝被另一个新生的王朝所取代，几乎毫无例外是这个王朝后期政治腐败、经济落后，造成了国防根基的动摇，才使得政权易手。由此可见，只有经济强盛，才能有强大的国防，也才能有政权稳固的政权。

2. 政治昌明是国防巩固的根本

国家政策正确与否，直接关系到国防的兴衰。只有政治昌明，才能有巩固的国防。这是中国国防历史给我们提供的经验及教训。

春秋战国时期，各诸侯国就十分注意修明政治，变法图强，把尊贤厚士、举贤任能、选拔优秀人才治理国家作为强国的根本大计。汉高祖得天下后，实行"文武"政策，建立法制，修明政治。

此后,汉文帝、景帝至武帝,都实行比较开明的治国之策,国家的昌盛,才为西汉长达200多年的国家基本安定奠定了基础。

相反,秦朝实行暴政激起农民起义,终至推翻秦始皇梦想千秋万年、子孙相继的基业。宋朝由于机构臃肿,官员奢侈腐化,国力衰竭不堪,无力抵抗外侵,终为元兵所灭亡。明朝由于皇帝昏庸、宦官专政、结党营私,终被起义军所败,后又逢清兵入关,政权沦丧。特别是近代中国,由于清政府政治日趋腐朽,国防日趋虚弱,面对列强入侵屡战屡败,乞降求和,割地赔款,使国家遭受了前所未有的奇耻大辱,将人民带进了苦难的深渊。

总之,国防的兴衰,王朝的更替,近代中国的百年国耻都深刻地告诉我们,政治昌明是国防巩固的基础,是国家得以长治久安的根本保证。

【知识拓展】

文景之治

3.国家统一和民族团结是国防强大的关键

我国国防史给予我们的另一重要启示,就是在面临外敌入侵、国家危亡的关头,只有国家统一、民族团结、共同抵抗,才能筑起一道坚固的国防长城,取得反侵略战争的胜利。

近代西方列强发动了对我国的一系列侵略战争,使中国逐渐沦为半封建半殖民地社会。山河破碎,有国无防。一个重要的原因是,清朝统治者在侵略者面前,不仅不发动和依靠广大人民进行反侵略的正义战争,反而认为"患不在外而在内",甚至在义和团奋起抗击八国联军的时候,清朝统治者竟企图借外国侵略者之手消灭义和团。由于统治者害怕人民,采取与人民对立的立场,尽管广大人民奋起反抗侵略者,但都处于自发、分散的状态,缺乏统一指挥,没有形成一致对外的合力,无法改变战争的局面。

抗日战争时期,中国共产党主张全国军民团结起来,建立抗日民族统一战线,抵抗日寇侵略,并坚持人民战争的战略战术,放手发动群众,团结一切可以团结的力量共同抗击敌人,开辟了广大的敌后抗日根据地,有效地打击了日本侵略者,最后取得了抗日战争的全面胜利。芷江受降纪念坊如图 1-5 所示。

图 1-5 芷江受降纪念坊

历史证明,只有采取人民战争的方针,团结全国各族人民,筑成统一的国防长城,才能打败外来侵略者,使中国永远自立于世界民族之林。

4.军事技术优劣是国防强弱的重要因素

军事技术决定武器装备、战略战术并严重影响着作战胜负。唐朝以前的冷兵器时代,由于冶炼铜铁和指南针的发明运用,使中国各朝代兵种部队及其武器装备领先于世界。宋朝以后是冷、热兵器并用时代,火药被发明,并运用于军事。北宋初期,兵器作坊中就有专门制造火药的工场,我们的祖先制造了世界上第一支管状火器和第一门金属火炮,明初的造船业位居世界先进水平。然而封建统治者闭关自守,新技术推广不力,清朝后期用大刀长矛和拙劣火器对抗西方列强的"坚船利炮",是我们历史上不堪回首的一幕。虽然武器装备不是战争胜负的决定因素,但对战争胜负有着重要的影响。所谓"落后就要挨打",就是除了政治、经济外,军事技术和武器装备也落后,这关系着国防和战争成败。

五、现代国防观

现代国防观是指现代人民群众对国防的态度和观点。随着科学技术的发展,现代社会出现了以核武器、远程导弹和空间技术为代表的先进军事装备。在社会制度上,出现了无产阶级掌握政权的社会主义国家。现代国防不仅在形式上是一种立体的、全球性的活动,在内容实质上,更体现了不同阶级之间的利益冲突。帝国主义、霸权主义国家的本性是以侵略、掠夺为特征的,而社会主义国家则是从根本上维护全体劳动人民的利益,并以和平共处五项原则作为国与国之间交往的基本原则。在社会主义国家,上述国防观念已逐渐成为全体公民的共识。

现代国防是对传统国防的继承和发展,是一种全新的国防观念和新的国防实践活动。现代国防绝非单纯的武力较量,而是在综合国力的基础上,以军事手段为主,在政治、经济、科技、外交、文化等多种手段配合下进行的总体较量。现代国防的主要内容包括:国防体制、国防战略、国防政策、国防力量、国防科技、国防工业、国防工程、国防教育、国防动员、国防法规以及与国防有关的其他方面的建设和斗争。其基本特征主要表现在以下三个方面。

(一)现代国防是国家综合国力的体现

现代国防的主体是军事力量,但它还包括与国防相关的非军事力量,如政治、经济、外交、科技、文化等。此外,它不仅依赖于国家的现实实力,而且还依赖于国家的潜力,以及将潜力转化为现实实力的能力。诸如国土面积、地理位置、自然资源、生产能力、人口数量和质量、科学技术、文化水平、交通运输、通信状况、国家政策、管理能力、国际关系和国际地位等。如何充分运用本国所具有的各种条件,并在战时尽快而有效地使其转化为战争能力,是一个国家综合国力强弱的重要体现。

(二)现代国防既是一种国家行为又是一种国际行为

一个国家想要持续发展,重要条件之一是巩固国防。国防巩固,政府才能集中精力制定正确的政策,才能调动一切人力、物力进行经济建设,人民也才能安居乐业。然而,经济全球化的发展趋势,使得国家的发展离不开国际环境,世界的和平与战争、经济的繁荣与衰退,都是一个国家持续发展的相关因素,也涉及国防的方方面面,世界尤其是周边国家局势动荡,该国就得在国防方面给予更多的关注,如果他国武力相加,该国就必须进行国防动员,以迎接外来挑战。可见,现代国防作为一种国家基本行为的同时,也日益成为一种国际行为。

(三)现代国防具有多层次的目标

国际政治、经济在现代国防上打下的烙印越来越深刻。由于各国的国家利益不同,特别是经济利益不同,因此,所制定的战略也各有不同,再加上各国军事实力和综合国力的差异,就使得现代国防呈现出多层次的目标体系。

从范围上,现代国防的目标可分为自卫目标、区域目标和全球目标。

自卫目标:由于本国政治制度决定,在国土之外的经济利益有限,加上自身实力不足,因此,只能将国防目标定位于自卫层次上,着眼于维护国家主权和领土完整。

区域目标:一些国家虽然在世界范围都有自己的经济利益,但不奉行扩张政策,或者军事实力达不到全球范围,所以,将防卫目标锁定在本国及周边区域,也就是说,区域目标国防在维护本国安全利益这个层次上再提高一步,努力为本国的发展创造一个良好的周边环境,并扩大自卫的纵深和弹性。

全球目标:少数实力雄厚、推行扩张政策的国家,国家利益遍及全球,出于保护本国利益、称霸世界的企图,将国防的目标对准世界,以维护世界和平、稳定和消除战争危险为旗号,进行侵略扩张,将自己的意志强加给别国。

从内涵上对国防的目标层次进行分类。一类是基于保证国家生存、民族独立型的国防,称为生存目标;另一类是国家生存无忧,民族独立无虑,其目标在于争取一个适合国家发展的空间,称为发展目标。

第二节　国防法规

一、国防法规概述

(一)国防法规的性质

国防法规是国家立法机关制定的并以国家强制力保证其实施的,用于调整国防体制、武装力量建设、国防科技建设、战争动员体制、国防生产、全民防御和国防教育等方面社会关系的法律规范的总称。它是国家国防政策的法律体现,是指导国防活动的行为准则,又是国家法律体系的重要组成部分。

国防法规作为国防活动的基本法规规范,其主要任务是调整和规范国家在国防领域中的各种关系,把国防建设纳入法律化轨道,确保革命化、现代化、正规化建设总目标的实现。我国的国防法规,除了具有无产阶级的根本性质外,还具有权威性、从属性和保密性。

(二)国防法规的作用

国防法规明确了我国武装力量的性质,即中华人民共和国的武装力量属于全国人民,划清了我国武装力量与其他武装力量的界限,体现了我国武装力量全心全意为人民服务的唯一宗旨。

国防法规规定了我国武装力量的根本任务,即保卫祖国和建设祖国。我国武装力量的任务同其性质是相适应的,它来自人民,服务于人民。我国宪法关于武装力量任务的规定,也体现了我国武装力量的光荣传统,表明了我国武装力量的战斗力和源泉之所在。

(三)中国现行国防法规的主要内容和等级

中国国防法规的内容十分广泛,主要包括:国防领导体制、武装力量体制编制、国家兵役制度、国家兵员、动员制度训练、管理、作战、保密制度、国防科研、国防教育、国防经费保障、军人待遇及其相互关系规定、军人犯罪惩治和教育以及军事设施保护等法规。

根据宪法规定的立法权力及立法原则,中国现行的国防法规可分为五个等级。

一是全国人民代表大会及其常务委员会制定颁布的法规,如《中华人民共和国国防法》《中华人民共和国国防教育法》《中华人民共和国兵役法》等。这些法律是由国家最高权力机关全国人民代表大会制定颁布的,处于国家基本法的地位。

二是国务院、中央军委制定颁布的行政法规。如《关于建立依托普通高等教育培养军队干部制度的决定》等则是由国务院和中央军委联合制定颁布的。

三是国务院各部委和中央军事委员会各总部制定颁布的法规。如中共中央、国务院、中央军委印发的《关于经济建设和国防建设融合发展的意见》,国务院、中央军委印发的《国防交通条例》。

四是各军兵种和大军区制定颁布的法规细则,如陆军颁布的《战斗条令》,海军颁布的《舰艇条令》,空军颁布的《通用航空飞行管理条例》等。

五是各省、自治区、直辖市人大和政府制定的地方性法规和规章,如《关于加强人武部建设意见》《征兵工作若干规定》《国防教育条例》等。

二、中国主要国防法规

(一)《中华人民共和国国防法》

1997年3月14日,第八届全国人民代表大会第五次会议审议通过了《中华人民共和国国防法》(以下简称《国防法》)。《国防法》在国防法规体系中起着核心作用,是其他军事立法的基本法律依据。《国防法》的主要内容有以下几点。

1.规定国防活动的基本原则

1)独立自主原则

独立自主原则是中国国防的一贯原则,表明中国一贯坚持国防的自主性。立足于以自己的力量保障国家安全,不与任何国家或国家集团结盟,不参加任何军事集团,保持国防事务的自主权。当然,独立自主与对外开放并不矛盾,独立自主不排除引进外国的先进技术和装备。在独立自主的基础上,有选择地引进外国的先进技术和装备,有助于提高中国自力更生的能力,推进国防现代化建设的进程。

2)积极防御原则

中国国防以保障国家安全、维护地区稳定和世界和平为目标,实行防御性的国防战略。但是,这种防御是积极的,不是消极的。其积极性主要表现在以积极进攻的作战行动来达成战略防御的目的,而且表现在战争爆发之前采取积极的措施防止战争。

3)全民防卫原则

全民防卫是中国的良好传统。坚持全民防卫,就是要依靠广大人民群众的力量进行国防建设,一旦发生战争,动员广大人民群众实行全民自卫。

4)协调发展原则

国防建设是国家建设的重要组成部分,国防建设要依赖于国家的整体实力。实行协调发展,就是把国防建设纳入国家经济和社会发展总体规划之中,在集中力量进行经济建设的同时,高度重视国防建设,使国防建设与经济建设相互促进,共同发展。

5)统一领导原则

对国防活动实行统一的领导,才能凝聚全国人民的意志,汇集各方面的力量,万众一心地建设和巩固国防。中国共产党是代表人民根本利益的执政党,《国防法》明确了"中华人民共和国的武装力量受中国共产党的领导"。在我国,国防法规和国防政策是在党的领导下制定的,国防法规和国防政策也是在党的领导下实施的,国家领导人由党中央主要领导人担任,党的中央军委与国家中央军事委员是一个机构两个名称。因此,党对国防的领导与国家对国防的领导在思想上、组织上是完全统一的。

2. 规定公民、组织的国防义务和权利

国防是一个国家生存和发展的必要条件,每一个公民和社会组织都必须分担相应的国防义务;公民和组织在履行国防义务的同时,也享有相应的国防权利。

1)法律赋予公民和组织的国防义务

(1)履行兵役的义务。兵役义务是公民最重要的一项国防义务。它要求公民根据国家法律规定,在军队中服役或在军队之外承担有关军事方面的责任。《中华人民共和国宪法》(以下简称《宪法》)第五十五条规定:"保卫祖国,抵抗侵略是中华人民共和国每一个公民的神圣职责。依照法律服兵役和参加民兵组织是中华人民共和国公民的光荣义务。"《中华人民共和国兵役法》(以下简称《兵役法》)第三条规定:"中华人民共和国公民,不分民族、种族、职业、家庭出身、宗教信仰和教育程度,都有义务依照本法的规定服兵役。"

(2)维护国家统一和安全的义务。《宪法》第五十二条规定:"中华人民共和国公民有维护国家统一和全国各民族团结的义务。"第五十四条规定:"中华人民共和国公民有维护祖国的安全、荣誉和利益的义务,不得有危害国家的安全、荣誉和利益的行为。"

(3)保护国防设施的义务。国防设施包括军事设施、人民防空工程、国防交通工程设施和其他用于国防目的的设施。《国防法》第五十二条规定:"公民和组织应当保护国防设施,不得破坏、危害国防设施。"《中华人民共和国军事设施保护法》(以下简称《军事设施保护法》)明确规定:"中华人民共和国的所有组织和公民都有保护军事设施的义务。禁止任何组织或者个人破坏、危害军事设施。任何组织或者个人对破坏、危害军事设施的行为,都有权检举、控告。"

(4)保守国家军事机密的义务。《宪法》规定:"保守国家机密是每个公民应尽的义务。"《中华人民共和国保守国家秘密法》(以下简称《保守国家秘密法》)第三条规定:"一切国家机关、武装力量、政党、社会团体、企业事业单位和公民都有保守国家秘密的义务。"《国防法》第五十二条第三款规定:"公民和组织应当遵守保密规定,不得泄露国防方面的国家秘密,不得非法持有国防方面的秘密文件、资料和其他秘密物品。"国防方面的国家秘密,主要是军事机密,不仅关系着平时政权的巩固,社会的稳定,而且关系着未来战争的胜败,领土的得失,影响着整个国家的生存、安全与发展。因此,保守国防方面的国家秘密是公民的一项重要的国防义务。

(5)受国防教育的义务。《国防法》第五十二条规定:"公民应当接受国防教育。"《中华人民共和国国防教育法》(以下简称《国防教育法》)第五条规定:"中华人民共和国公民都有接受国防教育的权利和义务。普及和加强国防教育是全社会的共同责任。"第三十三条规定:"国家机关、社会团体、企业事业组织以及其他社会组织违反本法规定,拒不开展国防教育活动的,由人民政府有关部门或者上级机关给予批评教育,并责令限期改正;拒不改正,造成恶劣影响的,对负有直接责任的主管人员依法给予行政处分。"

(6)支持和协助国防活动的义务。《国防法》第五十三条规定:"公民和组织应当支持国防建设,为武装力量的军事训练、战备勤务、防卫作战等活动提供便利条件或者其他协助。"具体地说:一是支持国防建设的义务;二是为武装力量活动提供便利条件的义务;三是支持民兵、预备役建设的义务;四是支前参战的义务。

2)公民、组织的国防权利

根据《国防法》的规定,公民和组织享有三个方面的国防权利:对国防建设提出建议的权利;对危害国防的行为进行制止或者检举的权利;因国防建设和军事活动在经济上受到直接损失的,依照国家有关规定取得补偿的权利。

(二)《中华人民共和国兵役法》

《兵役法》是国家关于公民参加军队和其他武装组织或在军队外接受军事训练的法律。它是根据国家的具体情况和军事战略的需要,确定实行的兵役制度,规定公民服兵役的条件、形式、期限,后备力量建设体制,以及公民服兵役而产生的权利义务等,并用法律的形式固定下来。我国的《兵役法》是依据《宪法》制定的,由国家最高权力机关颁布施行。

《兵役法》是在1984年5月31日第六届全国人民代表大会第二次会议上通过并公布的。根据1998年12月29日第九届全国人民代表大会常务委员会第六次会议《关于修改〈中华人民共和国兵役法〉的决定》第一次修正,根据2009年8月27日第十一届全国人民代表大会常务委员会第十次会议《关于修改部分法律的决定》第二次修正,根据2011年10月29日第十一届全国人民代表大会常务委员会第二十三次会议《关于修改〈中华人民共和国兵役法〉的决定》第三次修正。修改后的《兵役法》共12章74条。

《兵役法》第五条规定:"兵役分为现役和预备役。在中国人民解放军服现役的称现役军人;经过登记,预编到现役部队、编入预备役部队、编入民兵组织服预备役的或者以其他形式服预备役的,称预备役人员。"《兵役法》第六条规定:"现役军人和预备役人员,必须遵守宪法和法律,履行公民的义务,享有公民的权力;由于服兵役而产生的权力和义务,由本法和其他相关法律法规规定。"

参加军事训练,自觉履行兵役义务是《兵役法》对公民的一贯要求。《兵役法》自诞生之日起就规定:中华人民共和国公民,不分民族、种族、职业、家庭出身、宗教信仰和教育程度,都有义务依照《兵役法》的规定服兵役。这体现了我国各族人民在政治上一律平等,保卫祖国人人有责的精神。它表明:

第一,保卫祖国是每个公民的神圣职责,国家的安危关系着民族兴衰存亡,同每一个公民的利益息息相关。强大的武装力量是国家安全的重要保障。所以,每个公民都有责任、有义务为捍卫祖国的主权和领土完整做出应有的贡献。

第二,高等院校学生参加军事训练是履行兵役义务的一种形式。《兵役法》第四十五条规定:普通高等学校的学生在就学期间,必须接受基本军事训练。因此,大学生进行军训,是《兵役法》的规定,是中国人才培养的长远战略目标和加强国防后备力量建设的需要。通过军事训练,使学生在就学期间,履行兵役义务,接受国防教育,激发爱国热情,树立革命的英雄主义精神,增强国防观念和组织性、纪律性,掌握基本的军事技能,为中国人民解放军训练后备兵员和培养预备役军官打好基础。

(三)《中华人民共和国国防教育法》

2001年4月28日,第九届全国人民代表大会常务委员会第二十一次会议通过了《中华人民共和国国防教育法》(以下简称《国防教育法》)。《国防教育法》以《国防法》和《中华人民共和国教育法》(以下简称《教育法》)为依据,认真贯彻党中央、国务院、中央军委关于加强新时期国防建设的一系列指示,深刻总结我国国防教育的理论成果和实践经验,努力研究和探索社会主义市场经济条件下开展国防教育的新情况、新特点,力求为全民国防教育的健康发展提供有力的法律保障。《国防教育法》的公布施行,是我国国防教育史上的一件大事,也是国防立法工作取得的又一重要成果,它标志着我国国防教育进入了一个新的历史发展阶段。全民国防教育标志如图1-6所示。

《国防教育法》是我国第一部全面调整和规范国防教育的重要法律。《国防教育法》是为适应我国国情和我国所面临的国际安全形势制定的。它以毛泽东、邓小平、江泽民同志关于加强国防教育的重要论述为指导,以《国防法》《教育法》为依据,科学地总结了我国国防教育的理论成果和实践经验,并采取一系列有效措施,加强新形势下的全民国防教育。

图1-6 全民国防教育标志

《国防教育法》共分为6章38条。主要包括:总则、学校国防教育、社会国防教育、国防教育的保障、法律责任和附则等内容。

《国防教育法》从我国开展国防教育的实际情况出发,对《国防法》《教育法》的相关内容做了进一步细化,使之成为中国特色的国防立法、教育立法的重要组成部分。该法第四条明确规定了国防教育的方针和原则,即"国防教育贯彻全民参与、长期坚持、讲求实效的方针,实行经常教育与集中教育相结合、普及教育与重点教育相结合、理论教育与行为教育相结合的原则,针对不同对象确定相应的教育内容分类组织实施"。"全民参与"体现了国防教育的全民性、社会性特点;"长期坚持"体现了国防教育的长期性、经常性特点;"讲求实效"体现了国防教育的针对性、实效性特点;"经常教育与集中教育相结合"阐明了国防教育的时机和方法;"普及教育与重点教育相结合"阐明了国防教育的对象和内容;"理论教育与行为教育相结合"阐明了国防教育的方式和途径。此外,开展国防教育必须根据不同对象的特点和需求,在教育的内容和形式上有所区别,不能千篇一律。上述方针、原则,是根据国防教育的基本规律和近年来各地开展国防教育的丰富经验提炼出来的,是组织实施国防教育活动应当遵循的准则和依据。

《国防教育法》专门设置了学校国防教育一章,并根据现行学校教育制度和不同年龄段学生身心发展的特点,区别不同情况,对学校的国防教育做了具体要求。一是将国防教育的内容纳入小学和初级中学的有关课程,实行课堂教学与课外活动相结合。同时,提倡有条件的中小学校组织学生开展以国防教育为主题的少年军校活动。二是高级中学和相当于高级中学的学校在有关课程中安排专门的国防教育内容,高等学校设置适当的国防教育课程,实行课堂教学与军事训练相结合。三是负责培训国家工作人员的各类教育机构,将国防教育纳入培训计划,设置适当的国防教育课程。上述规定着重体现了学校是国防教育主阵地的立法意图,并通过在学生中开展形式多样的国防教育活动,保证学校的国防教育常抓不懈,收到实效。

《国防教育法》对学校国防教育、社会国防教育、国防教育的保障以及法律责任都做了明确的规定。这部法律的制定,集中反映了社会各方面的意见和建议,充分体现了广大人民群众的意愿,为全民国防教育健康、持久、深入地开展下去,提供了可靠的法律保障。

依法普及和加强国防教育是全社会的共同责任,依法接受国防教育是每个公民的权利和义务,因此一切社会组织和每个公民都有责任和义务学习和贯彻《国防教育法》。《国防教育法》明确指出学校的国防教育是全民国防教育的基础,是实施素质教育的重要内容,要求教育行政部门应当将国防教育列入工作计划,加强对学校国防教育的组织、指导和监督,并对学校国防教育工作定期进行考核。学校应当将国防教育列入学校的工作和教学计划,采取有效措施,保证国防教育的质量和效果。高等学校应当设置适当的国防教育课程,采取课堂教学与军事训练相结合的形式,对学生进行国防教育。

【知识拓展】

全民国防教育日主题

三、公民的国防权利与义务

公民的国防权利,是指宪法、法律赋予公民在国防活动中享有的权利或利益。国家从法律和物质上保障公民和组织享有这种权利的可能性。公民的国防义务,是指由宪法、法律规定的公民在国防方面应当履行的责任。国防义务是法定义务、法律义务,是由国家强制力保证其落实的。每一个公民都享有相应的国防权利,也必须履行相应的国防义务。

(一)我国公民的国防权利

根据我国国防法的规定,公民享有三个方面的国防权利。

1. 国防建设建议权

《国防法》第五十四条规定:"公民和组织有对国防建设提出建议的权利。"所谓建议权,就是公民有权对国防建设的指导思想、方针原则、规章制度、措施方法等提出改进意见。此项权利是公民依宪法相应的对国家事务的建议权在国防建设方面的体现。我国《宪法》第四十一条规定:"中华人民共和国公民对于任何国家机关和国家工作人员,有提出批评和建议的权利。"公民的批评建议权,体现了我国人民当家作主的社会主义性质。

2. 制止、检举危害国防行为权

《国防法》第五十四条规定:"公民和组织有对危害国防的行为进行制止或者检举的权利。"所谓制止权,就是公民有权采取一定的方式方法使危害国防的行为停止下来,从而维护国防利益。所谓检举权,就是在危害国防的行为发生以后,公民有权进行揭发。对违法犯罪行为进行制止、检举是公民享有的一项普遍性权利,在国防领域也不例外。国家和社会保护行使此项权利的公民,使之免于因此而受到打击报复或其他损害。

3. 损失补偿权

《国防法》第五十五条规定:"公民和组织因国防建设和军事活动在经济上受到直接损失的,可以依照国家有关规定取得补偿。"公民享有受到公平待遇的普遍性权利,当公民因国防建设和军事活动而在经济上受到直接损失时,有权依照国家有关规定请求补偿。必须明确的是,有些补偿措施是在战后落实的,不能把预先得到补偿作为接受动员、接受征用的条件。战时,国家可能一时拿不出钱来,那就先征用,战后再补偿。

(二)我国公民的国防义务

我国的国防法规赋予公民的国防义务主要有以下七项。

1. 维护国家统一和安全的义务

我国《宪法》第五十二条规定："中华人民共和国公民有维护国家统一和全国各民族团结的义务。"维护国家统一,主要是指维护国家领土的完整,任何公民都不得破坏、变更和以其他各种形式分裂肢解国家领土。

维护国家政权的统一,不允许任何公民以各种方式分裂国家政权,破坏国家的统一,不允许任何人以任何方式把国家主权割让给外国。

我国《宪法》第五十四条规定："中华人民共和国公民有维护祖国的安全、荣誉和利益的义务,不得有危害祖国的安全、荣誉和利益的行为。"维护国家的安全,主要是指维护国家的领土、主权不受侵犯,国家各项机密得以保守,社会秩序不被破坏。

履行维护国家统一和安全这项义务,就是要求每一个公民都有高度的爱国主义精神和爱国主义行动,以国家利益为最高利益,自觉维护祖国统一、安全、荣誉和利益,绝不做危害国家安全、民族荣誉和祖国利益的事。

2. 履行兵役的义务

我国《宪法》第五十五条规定："保卫祖国,抵抗侵略是中华人民共和国每一个公民的神圣职责。依照法律服兵役和参加民兵组织是中华人民共和国公民的光荣义务。"我国《国防法》第五十条规定："依照法律服兵役和参加民兵组织是中华人民共和国公民的光荣义务。"我国《兵役法》第三条规定："中华人民共和国公民,不分民族、种族、职业、家庭出身、宗教信仰和教育程度,都有义务依照本法的规定服兵役。"按照我国兵役法的规定,公民履行兵役义务有服现役、服预备役和参加民兵三种形式。参加民兵组织、服预备役,以及高等院校和高级中学学生参加军事训练,是我国应征公民在军队之外履行兵役义务的普遍形式。所有预备役人员必须依法参加军事训练,执行其他军事任务,并随时准备应征入伍服现役。

3. 支持国防建设的义务

我国《国防法》第五十三条规定："公民和组织应当支持国防建设,为武装力量的军事训练、战备勤务、防卫作战等活动提供便利条件或者其他协助。"这是一项适用比较广泛的义务,例如,在国家为国防目的进行征用时,公民和组织应当积极配合,不得抵制、阻挠,否则将承担相应的法律责任。这项义务的核心是支持和协助,支持是对国防建设广泛的支持,而协助的重点是武装力量的军事活动,特别是要深刻认识军队在国防建设中的地位和作用,积极支持军队的建设,在全社会造成尊重、爱护军队的良好风尚,并从各方面大力支持军队平时的各项工作和战时的各种作战勤务。同时要积极支持民兵、预备役部队建设,民兵和预备役部队是武装力量的重要组成部分,做好民兵、预备役工作,是加强国防后备力量建设的重要工作和长期的战略任务。

4. 接受国防教育的义务

我国《宪法》第二十四条规定："在人民中进行爱国主义、集体主义和国际主义、共产主义的教育。"我国《国防法》第五十二条规定："公民应当接受国防教育。"我国《国防教育法》第五条进一步强调："中华人民共和国公民都有接受国防教育的权利和义务。"国防教育是建设和巩固国防的基础,是增强民族凝聚力、提高全民素质的重要途径,普及和加强国防教育是全社会的共同责任,自觉接受国防教育是公民应尽的义务。

5. 支前参战的义务

我国《国防法》第四十七条规定："一切国家机关和武装力量、各政党和各社会团体、各企业事业单位和公民,在和平时期必须依照法律规定完成动员准备工作;在国家发布动员令后,必须完成规定的动员任务。"《兵役法》第五十条规定:"预备役人员、国防生随时准备应召服现役,在接到通知后,必须准时到指定的地点报到。"《兵役法》第五十一条规定:"战时根据需要,国务院和中央军事委员会可以决定征召三十六周岁至四十五周岁的男性公民服现役,可以决定延长公民服现役的期限。"根据《宪法》精神和《国防法》《兵役法》的规定,在战争发生时,为了对付敌人突然袭击,抵抗侵略,适龄公民应当积极响应祖国的战时征召。部分服现役参加战斗,其余的除了随时准备应召服现役外,要在政府的领导下,由当地军事指挥机关组织,积极担负战备勤务,支援前线作战,如支前送武器弹药、给养,后运伤员,守护重要军事设施和交通运输线路,参加军警民联防等。

6.保护国防设施的义务

《国防法》第五十二条规定:"公民和组织应当保护国防设施,不得破坏、危害国防设施。"《军事设施保护法》第四条进一步明确规定:"中华人民共和国的所有组织和公民都有保护军事设施的义务。禁止任何组织或者个人破坏、危害军事设施。任何组织或者个人对破坏、危害军事设施的行为,都有权检举、控告。"根据《国防法》《军事设施保护法》等有关保护军事设施规定的要求,公民应当自觉遵守各类军事设施的保护规定。

7.保守国防秘密的义务

我国《宪法》第五十三条规定:"中华人民共和国公民必须遵守宪法和法律,保守国家秘密。"《国防法》第五十二条进一步规定:"公民和组织应当遵守保密规定,不得泄露国防方面的国家秘密,不得非法持有国防方面的秘密文件、资料和其他秘密物品。"《保守国家秘密法》规定:"国家秘密关系国家的安全和利益,一切国家机关、武装力量、政党、社会团体、企业事业单位和公民都有保守国家秘密的义务。"

第三节 国防建设

一、国防领导体制

国防领导体制,是国家谋划、决策、指挥、协调国防建设和军事斗争的组织体系及相应制度,包括国防领导机构的设置、职权划分和相互关系等,是国家体制和军事组织体制的重要组成部分。国防领导体制对发挥综合国力、实现国防目的具有至关重要的作用。一般设有最高统帅、最高国防决策机构、国家行政机关中管理国防事务的部门和武装力量领导指挥系统等。根据《宪法》《国防法》和有关法律,我国建立和完善了国防领导体制,对国防活动实行高度集中统一的领导。

我国现行的国防领导体制是在中国共产党领导下,由全国人民代表大会及其常务委员会、国家主席、国务院、中央军事委员会(以下简称"中央军委")履行的,它对国防问题的法规、政策、指示、命令,社会所有组织及全体成员都必须服从,具有最高的权威性。

(一)国防领导的特征及组织形式

党和国家对国防的领导,核心是制定国防政策和战略方针,对武装力量和国防建设事业实施全面的领导和管理。作为国防建设的根本依据,战略方针的正确与否,关系到国家的安全与发展。武装力量是国家军事实力的主体,其建设和发展直接关系到国家的安危。国防建设事业的领导和管理,涉及国家整体力量的正确运用和作用的发挥,直接关系到国家的安全与发展。所以,党和国家对国防的领导是党和国家的重要职能,是国家政权机构行使最高国家权力的一种表现。正是由于国家对国防领导的这种职能,决定了国防领导在组织上具有最高层次性,在意志上具有最高权威性,在内容上具有极大的广泛性,在活动方式上具有严密性等特点。党和国家对国防领导在组织上的最高层次性,主要表现在这种领导是由最高国家权力机关、国家元首、最高国家行政机关和国家军事领导机关来进行的。由于国防领导在组织上具有最高层次性的特点,因此,便产生了在意志上的最高权威性的特点。国防最高领导对国防问题的决策和发布的指示、命令,社会所有组织及全体成员都必须服从;否则,全社会就不能形成最大的合力,阶级和国家的意志就不能得以贯彻。国防领导活动内容上的极大广泛性,主要表现在它不仅直接领导国防建设,而且还包括与国家相关的政治、经济、科技、文化和外交等方面的领导和管理。

国防领导涉及国家各种高层机构和国家整个社会活动,要使它们形成最大的社会整体合力,这些国家高层机构的协调一致对整个国家社会活动是不可或缺的。因此,决定了最高国防领导的活动方式具有严密的整体性。

党和国家对国防的领导,是通过一定的组织机构来实现的。这种组织形式,是历史发展的产物。同时,一个国家的最高国防领导组织形式,同本国的社会制度、历史传统和国体政体密切相关。因此,世界各国最高国防领导的组织形式,既有共同点,又有一定区别。我国最高国防领导的组织形式,体现了国体、政体和传统的一致性。它的一个基本特征就是党在国防领导中的决定性地位和作用。革命战争年代,军事最高领导是党中央军事委员会,党中央主席兼任军委主席,实行一元化领导。中华人民共和国成立以来,中国共产党成为执政党,是国家和社会主义建设事业的领导核心。我国的最高国防领导,也在实践中不断发展完善。组织形式经历了多次变革,但根本的一条没有变,即中国共产党的核心领导。《宪法》规定,中华人民共和国中央军委领导全国武装力量。同时规定,国家中央军委和中共中央军委同设一个机构,组成人员和对军队的领导职能完全一致。这样,既坚持和改善了党的领导,又进一步明确了军事系统在国家机构中的地位,确立了由党和国家共同行使领导职责的最高国防领导体制。我国最高国防领导体制的组织形式,既体现了党对武装力量和国防建设事业的领导,又有利于国家机构领导全国武装力量,领导和管理国防建设职能的发挥,这对国家加强武装力量的革命化、现代化和正规化建设,增强国防力量,实现国防现代化的宏伟目标,提供了强有力的组织保证。

(二)中华人民共和国国防领导职权

根据《宪法》和《国防法》,中华人民共和国的国防领导职权由中共中央、全国人民代表大会及其常务委员会、国家主席、国务院、中央军委行使。

1. 中共中央的国防领导职权

中国共产党作为执政党,是领导中国社会主义事业的核心力量。中共中央在国家生活(包括国防事务中)发挥决定性的领导作用。有关国防、战争和军队建设的重大问题,都是由中共中央、中央军委、中央政治局及其常务委员会做出决策并通过必要的法定程序,作为党和国家的统一决策贯彻执行。

2. 全国人民代表大会及其常务委员会的国防领导职权

中华人民共和国全国人民代表大会是最高国家权力机关。它在国防方面的职权主要有以下内容:全国人民代表大会选举国家中央军委主席,根据中央军委主席的提名,决定中央军委其他组成人员的人选,决定战争与和平的问题,并行使《宪法》规定的国防方面的其他职权。全国人民代表大会常务委员会在全国人民代表大会闭会期间决定战争状态的宣布,决定全国总动员或者局部动员,并行使宪法规定的国防方面的其他职权。

3. 国家主席的国防领导职权

中华人民共和国主席的国防领导职权主要有以下内容:根据全国人民代表大会及其常务委员会的决定,宣布战争状态;根据全国人民代表大会常务委员会的决定,发布动员令;公布全国人民代表大会及其常务委员会制定的有关国防方面的法律;根据全国人民代表大会常务委员会的决定,授予在国防方面国家的勋章和荣誉称号;根据全国人民代表大会常务委员会的决定,批准和废除同外国缔结的有关国防方面的条约和重要协定。

4. 国务院的国防领导职权

中华人民共和国国务院是最高国家权力机关的执行机关,是最高国家行政机关。它的国防领导职权包括:编制国防建设发展规划和计划;制定国防建设方面的方针、政策和行政法规;领导和管理国防科研生产;管理国防经费和国防资产;领导和管理国民经济动员工作和人民武装动员、人民防空动员、交通战备动员等方面的工作;领导和管理拥军优属工作和退出现役军人警察部队、民兵工作,以及征兵、预备役、边防、海防和空防工作;法律规定的与国防建设事业有关的其他职权。

5. 中央军委的国防领导职权

中华人民共和国中央军委是最高国家军事机关,与中共中央军委是同一机构,负责领导全国武装力量。它的国防领导职权主要包括:统一指挥全国武装力量;决定军事战略和武装力量的作战方针;领导和管理中国人民解放军的建设,制定规划、计划并组织实施;向全国人民代表大会及其常务委员会提出议案,制定军事法规,发布决定和命令;决定中国人民解放军的体制和编制,规定总部以及军区、军兵种和其他军级单位的任务和职责;任免、培训、考核和奖惩武装力量成员;批准武装力量的武器装备体制和武器装备发展规划、计划,协同国务院领导和管理国防科研生产;会同国务院管理国防经费和国防资产;法律规定的其他职权。中央军委实行主席负责制,中央军委主席为全国武装力量的统帅。中央军委组成人员为:中央军委主席,副主席若干人,委员若干人。

二、国防建设目标和政策

(一)国防建设目标

1. 坚决捍卫国家主权、安全、发展利益

这是新时代中国国防的根本目标。

坚决捍卫国家主权、安全、发展利益是新时代中国国防的根本目标。具体内容包括:慑止和抵抗侵略,保卫国家政治安全、人民安全和社会稳定,反对和遏制"台独",打击"藏独""东突"等分裂势力,捍卫国家主权、统一、领土完整和安全。维护国家海洋权益,维护国家在太空、电磁、网络空间等安全利益,维护国家海外利益,支撑国家可持续发展。

解决台湾问题,实现国家完全统一,是中华民族的根本利益,是实现中华民族伟大复兴的必然要求。中国坚持"和平统一、一国两制"方针,推动两岸关系和平发展,推进中国和平统一进程,坚决反对一切分裂中国的图谋和行径,坚决反对任何外国势力干涉。中国必须统一,也必然统一。中国有坚定决心和强大能力维护国家主权和领土完整,决不允许任何人、任何组织、任何政党、在任何时候、以任何形式、把任何一块中国领土从中国分裂出去。我们不承诺放弃使用武力,保留采取一切必要措施的选项,针对的是外部势力干涉和极少数"台独"分裂分子及其分裂活动,绝非针对台湾同胞。如果有人要把台湾从中国分裂出去,中国军队将不惜一切代价,坚决予以挫败,捍卫国家统一。

2. 坚持永不称霸、永不扩张、永不谋求势力范围

这是新时代中国国防的鲜明特征。

中国坚持在和平共处五项原则基础上发展同各国的友好合作,尊重各国人民自主选择发展道路的权利,主张通过平等对话和谈判协商解决国际争端,反对干涉别国内政,反对恃强凌弱,反对把自己的意志强加于人。中国坚持结伴不结盟,不参加任何军事集团,反对侵略扩张,反对动辄使用武力或以武力相威胁。中国的国防建设和发展,始终着眼于满足自身安全的正当需要,始终是世界和平力量的增长。历史已经并将继续证明,中国决不走追逐霸权、"国强必霸"的老路。无论将来发展到哪一步,中国都不会威胁谁,都不会谋求建立势力范围。

3. 贯彻落实新时代军事战略方针

这是新时代中国国防的战略指导。

新时代军事战略方针,坚持防御、自卫、后发制人原则,实行积极防御,坚持"人不犯我、我不犯人,人若犯我、我必犯人",强调遏制战争与打赢战争相统一,强调战略上防御与战役战斗上进攻相统一。

贯彻落实新时代军事战略方针,服从服务党和国家战略全局,落实总体国家安全观,强化忧患意识、危机意识、打仗意识,积极适应战略竞争新格局、国家安全新需求、现代战争新形态,有效履行新时代军队使命任务。根据国家面临的安全威胁,扎实做好军事斗争准备,全面提高新时代备战打仗能力,构建立足防御、多域统筹、均衡稳定的新时代军事战略布局。坚持全民国防,创新人民战争的战略战术和内容方法,充分发挥人民战争整体威力。

中国始终奉行在任何时候和任何情况下都不首先使用核武器、无条件不对无核武器国家和无核武器区使用或威胁使用核武器的核政策,主张最终全面禁止和彻底销毁核武器,不会与任何国家进行核军备竞赛,始终把自身核力量维持在国家安全需要的最低水平。中国坚持自卫防御核战略,目的是遏制他国对中国使用或威胁使用核武器,确保国家战略安全。

4. 坚持走中国特色强军之路

这是新时代中国国防的发展路径。

建设同国际地位相称、同国家安全和发展利益相适应的巩固国防和强大军队,是中国社会主义现代化建设的战略任务,是坚持走和平发展道路的安全保障,是总结历史经验的必然选择。

新时代中国国防和军队建设,深入贯彻习近平强军思想,坚持政治建军、改革强军、科技强军、人才强军、依法治军,聚焦能打仗、打胜仗,推动机械化信息化融合发展,加快军事智能化发展,构建中国特色现代化军事力量体系,完善和发展中国特色社会主义军事制度,不断提高履行新时代使命任务的能力。

5. 服务构建人类命运共同体

这是新时代中国国防的世界意义。

中国人民的梦想与世界人民的梦想息息相通。一个和平稳定繁荣的中国,是世界的机遇和福祉。一支强大的中国军队,是维护世界和平稳定、服务构建人类命运共同体的坚定力量。

中国军队坚持共同、综合、合作、可持续的安全观,秉持正确的义利观,积极参与全球安全治理体系改革,深化双边和多边安全合作,促进不同安全机制间协调包容、互补合作,营造平等互信、公平正义、共建共享的安全格局。

(二)新时代中国防御型国防政策

中国的社会主义国家性质,走和平发展道路的战略抉择,独立自主的和平外交政策,"和为贵"的中华文化传统,决定了中国始终不渝奉行防御型国防政策。

1. 坚决捍卫国家主权、安全、发展利益

这是新时代中国国防的根本目标。慑止和抵抗侵略,保卫国家政治安全、人民安全和社会稳定,反对和遏制"台独",打击"藏独""东突"等分裂势力,保卫国家主权、统一、领土完整和安全。维护国家海洋权益,维护国家在太空、电磁、网络空间等安全利益,维护国家海外利益,支撑国家可持续发展。

中国坚定维护国家主权和领土完整。南海诸岛、钓鱼岛及其附属岛屿是中国固有领土。中国在南海岛礁进行基础设施建设,部署必要的防御性力量,在东海钓鱼岛海域进行巡航,是依法行使国家主权。中国致力于同直接有关的当事国在尊重历史事实和国际法的基础上,通过谈判协商解决有关争议。中国坚持同地区国家一道维护和平稳定,坚定维护各国依据国际法所享有的航行和飞越自由,维护海上通道安全。

解决台湾问题,实现国家完全统一,是中华民族的根本利益,是实现中华民族伟大复兴的必然要求。中国坚持"和平统一、一国两制"方针,推动两岸关系和平发展,推进中国和平统一进程,坚决反对一切分裂中国的图谋和行径,坚决反对任何外国势力干涉。中国必须统一,也必然统一。中国有坚定决心和强大能力维护国家主权和领土完整,决不允许任何人、任何组织、任何政党、在任何时候、以任何形式、把任何一块中国领土从中国分裂出去。我们不承诺放弃使用武力,保留采取一切必要措施的选项,针对的是外部势力干涉和极少数"台独"分裂分子及其分裂活动,绝非针对台湾同胞。如果有人要把台湾从中国分裂出去,中国军队将不惜一切代价,坚决予以挫败,捍卫国家统一。

2. 坚持永不称霸、永不扩张、永不谋求势力范围

这是新时代中国国防的鲜明特征。中国古代军事著作《司马法》中写道:"国虽大,好战必亡;天下虽安,忘战必危。"中华民族历来爱好和平。近代以来,中国人民饱受侵略和战乱之苦,深感和平之珍贵、发展之迫切,决不会把自己经受过的悲惨遭遇强加于人。新中国成立70年来,中国没有主动挑起过任何一场战争和冲突。改革开放以来,中国致力于促进世界和平,主动裁减军队员额400余万人。中国由积贫积弱的国家发展成为世界第二大经济体,靠的不是别人的施舍,更不是军事扩张和殖民掠夺,而是人民勤劳、维护和平。中国既通过维护世界和平为自身发展创造有利条件,又通过自身发展促进世界和平,真诚希望所有国家都选择和平发展道路,共同防范冲突和战争。

中国坚持在和平共处五项原则基础上发展同各国的友好合作,尊重各国人民自主选择发展道路的权利,主张通过平等对话和谈判协商解决国际争端,反对干涉别国内政,反对恃强凌弱,

反对把自己的意志强加于人。中国坚持结伴不结盟,不参加任何军事集团,反对侵略扩张,反对动辄使用武力或以武力相威胁。中国的国防建设和发展,始终着眼于满足自身安全的正当需要,始终是世界和平力量的增长。历史已经证明并将继续证明,中国决不走追逐霸权、"国强必霸"的发展之路。无论将来发展到哪一步,中国都不会威胁谁,都不会谋求建立势力范围。

3. 贯彻落实新时代军事战略方针

这是新时代中国国防的战略指导。新时代军事战略方针,坚持防御、自卫、后发制人原则,实行积极防御,坚持"人不犯我、我不犯人,人若犯我、我必犯人",强调遏制战争与打赢战争相统一,强调战略上防御与战役战斗上进攻相统一。

贯彻落实新时代军事战略方针,服从服务党和国家战略全局,落实总体国家安全观,强化忧患意识、危机意识、打仗意识,积极适应战略竞争新格局、国家安全新需求、现代战争新形态,有效履行新时代军队使命任务。根据国家面临的安全威胁,扎实做好军事斗争准备,全面提高新时代备战打仗能力,构建立足防御、多域统筹、均衡稳定的新时代军事战略布局。坚持全民国防,创新人民战争的战略战术和内容方法,充分发挥人民战争整体威力。

中国始终奉行在任何时候和任何情况下都不首先使用核武器、无条件不对无核武器国家和无核武器区使用或威胁使用核武器的核政策,主张最终全面禁止和彻底销毁核武器,不会与任何国家进行核军备竞赛,始终把自身核力量维持在国家安全需要的最低水平。中国坚持自卫防御核战略,目的是遏制他国对中国使用或威胁使用核武器,确保国家战略安全。

4. 坚持走中国特色强军之路

这是新时代中国国防的发展路径。建设同国际地位相称、同国家安全和发展利益相适应的巩固国防和强大军队,是中国社会主义现代化建设的战略任务,是坚持走和平发展道路的安全保障,是总结历史经验的必然选择。

新时代中国国防和军队建设,深入贯彻习近平强军思想,坚持政治建军、改革强军、科技兴军、依法治军,聚焦能打仗、打胜仗,推动机械化、信息化融合发展,加快军事智能化发展,构建中国特色现代军事力量体系,完善和发展中国特色社会主义军事制度,不断提高履行新时代使命任务的能力。

三、国防建设成就

(一)党的军事指导理论不断创新

改革开放以来,我党的军事指导理论不断发展创新,这是我军始终保持蓬勃朝气、不断发展壮大的活力源泉,更是新形势下我军由大向强发展的根本动力所在。我军取得的一切胜利和成就,都是在党的军事理论指导下取得的。在毛泽东军事思想的基础上,从邓小平新时期军队建设思想到江泽民国防和军队建设思想、胡锦涛国防和军队建设思想,再到习近平强军思想,既一脉相承又与时俱进,是中国特色社会主义思想的"军事篇"。特别是习近平强军思想,内涵丰富,思想深邃,构成了一个系统完整、逻辑严密、相互贯通的科学军事指导理论体系,是马克思主义军事理论中国化、时代化的新飞跃,是人民军队的强军之道、制胜之道,极大地升华了我们党对军事指导规律的认识,把马克思主义军事理论和当代中国军队实践不断提升到新境界,为我军实现强军目标、迈向世界一流提供了科学指南和行动纲领,点亮了照耀强军征程的时代灯塔。

(二)军队建设发展战略明确而坚定

改革开放以来,人民军队走过的路清晰而坚定。改革开放初期,邓小平明确提出,要把我军建设成为一支现代化、正规化的革命军队，规定了军队建设的总目标和总任务。20世纪80年代中期，党中央和中央军委根据国际国内形势的变化，对战争与和平问题做了科学的分析和判断，军队建设指导思想发生战略性转变，即从立足于早打、大打、打核战争的临战准备状态转到和平时期建设的轨道上来。20世纪90年代以后，提出了国防和军队建设跨世纪的"三步走"发展战略，随后又对"三步走"发展战略做了充实完善：在2010年前打下坚实基础，2020年前后有一个较大的发展，到21世纪中叶基本实现建设信息化军队、打赢信息化战争的战略目标。党的十九大对全面推进国防和军队现代化提出了路线图、时间表、任务书。到2020年，我军要基本实现机械化，信息化建设取得重大进展，战略能力有大的提升。在实现2020年目标的基础上，全面推进军事理论、军队组织形态、军事人员、武器装备现代化，力争到2035年基本实现国防和军队现代化。这充分体现了我们党大踏步实现强军、迈向一流的决心和气魄。

（三）坚定不移走中国特色的精兵之路

改革开放初期，中国人民解放军员额达到602.4万人。军队臃肿庞大成为制约现代化建设的一大障碍，只有实行精兵政策才能提高质量，省出钱来改善装备。我军积极顺应和平与发展时代主题，实行国防和军队建设指导思想战略性转变，坚定不移走中国特色的精兵之路，向着"精兵、合成、高效"的目标大步前进。改革开放以来，军队规模一减再减，每一次精简整编都是脱胎换骨。党的十一届三中全会后，根据国家现代化建设的需要，国防费在国家财政支出中所占比例逐年下降。人民解放军把"消肿"和调整体制编制作为军队整顿的重要任务，多次进行精简整编。1978年精简整编的任务是继续完成1975年未完成的整编任务。1980年整编在"消肿"方面成绩显著，到1981年年底，军队总人数由602.4万人减少到450万人。1982年精简整编明确提出精兵、合成、平战结合、提高效能的原则，中国人民解放军总员额减少到400万人。1985年裁军百万，根本目的是要逐步把中国人民解放军建设成一支机构精干、指挥灵便、装备精良、训练有素、反应快速、效率很高、战斗力很强的精兵。百万大裁军，将大军区数量由原来的11个合并调整为7个，保留的陆军统一整编为集团军，全军员额减至305万人。1997年9月，党的十五大宣布，将在今后三年内再裁减军队员额50万人。2003年9月，党中央决定2005年前再裁减军队员额20万人，军队总员额控制在230万人以内。2015年9月，在中国人民抗日战争暨世界反法西斯战争胜利70周年纪念大会上，习主席宣布裁军30万人。裁军30万人任务完成后，中国人民解放军的总员额控制在200万人以内，调整军队兵种比例，建设现代化联勤保障部队，部署展开武警部队改革，部队规模结构和力量编成得到优化。合理确定军队规模，解决"肿"的问题，走"精干、合成、高效"的道路，成为改革开放40年国防和军队建设的一个重要成就。

（四）树立战斗力标准，聚焦备战打仗

军队首先是个战斗队，是为打仗而存在的。军队建设的各项工作，如果离开战斗力标准，就失去了其基本意义和根本价值。20世纪80年代，中央军委强调和平时期要把"军队的教育训练提高到战略地位"，提出以战斗力作为衡量全军各项工作的根本标准，全面提高官兵的军事素质和部队的整体作战能力，缩短训练与实战的距离。20世纪90年代，全军开展科技练兵，大力加强联合训练，推动军事训练向更高层次发展，强调增加训练的科技含量，把"打赢"作为根本出发点和落脚点；坚持战训一致原则，紧紧围绕解决军事斗争准备的重点难点问题，紧贴实战需要，仗怎么打兵就怎么练；着眼武器装备发展开展科技练兵，尽快掌握高技术武器装备，提高部队在高技术条件下的战术技术水平；抓好战略、战役、战术各个层次的诸军兵种联合作战训练，

提高联合作战能力。进入 21 世纪,我军军事训练改革的主要方向是推进机械化条件下军事训练向信息化条件下军事训练转变。围绕建设信息化军队、打赢信息化战争,整体推进军事训练向信息化聚焦,全面提高军事训练信息化水平,加速生成和提高信息化条件下的威慑和实战能力。党的十八大以来,全军部队以军事斗争准备任务为牵引,如火如荼地展开实战化军事训练。全军上下坚持从实战需要出发从难从严训练,加强技战术基础训练和联合训练、对抗训练、基地训练、检验性训练,突出使命课题训练,抓好新装备新系统训练,强化首长机关训练,把实战化贯穿渗透于军事训练全过程各领域。

四、军民融合

军民融合就是把国防和军队现代化建设深深融入经济社会发展体系之中,全面推进经济、科技、教育、人才等各个领域的军民融合,在更广范围、更高层次、更深程度上把国防和军队现代化建设与经济社会发展结合起来,为实现国防和军队现代化提供丰厚的资源和可持续发展的后劲。

(一)军民融合国家战略

2015 年 3 月 12 日,习近平在第十二届全国人民代表大会第三次会议上,第一次明确提出:"把军民融合发展上升为国家战略。"

1. 设立中央军民融合发展委员会

2017 年 1 月 22 日,中共中央政治局召开会议,决定设立中央军民融合发展委员会,由习近平任主任。中央军民融合发展委员会是中央层面军民融合发展重大问题的决策和议事协调机构,统一领导军民融合深度发展,向中央政治局、中央政治局常务委员会负责。

2. 军民融合成为国家今后五年的工作重点

2017 年 10 月 18 日,习近平在党的十九大报告中指出:"坚持富国和强军相统一,强化统一领导、顶层设计、改革创新和重大项目落实,深化国防科技工业改革,形成军民融合深度发展格局,构建一体化的国家战略体系和能力。"

3. 军民融合战略由构想转为实践

2018 年 6 月 20 日,习近平主持召开中央军民融合发展委员会第一次全体会议时指出:"推进军民融合深度发展,必须立足国情军情,走出中国特色军民融合道路,把军民融合发展理念和决策部署贯彻落实到经济建设和国防建设全领域全过程,强化贯彻落实和改革创新,坚持法治思维,向重点领域聚焦用力。各地区各部门坚持党中央领导,强化使命担当。各省(区、市)要加快设置军民融合发展领导机构,完善职能配置和工作机制。"

4. 军民融合进入实质性实践阶段

2018 年 10 月 15 日,习近平主持召开中央军民融合发展委员会第二次全体会议时指出:"要抓好《关于加强军民融合发展法治建设的意见》贯彻实施,推进军民融合领域立法;加快职能转变;通过战略性重大工程有效推动科技创新;要加强党中央集中统一领导,统一协调相关重大工程、重大计划、重大项目,统一调动所需的人、财、物等创新资源。"

(二)战略意义

以习近平同志为核心的中共中央,把走中国特色军民融合式发展与实现中华民族伟大复兴紧密联系在一起。推动中国国防建设和经济建设良性互动,确保在中国全面建成小康社会进程中实现富国和强军的统一,是实现强国梦强军梦的必由之路,对提高中国人民解放军能打仗、打胜仗,有效维护国家主权、安全、发展利益,具有极其重要的现实意义。

第四节　武　装　力　量

一、武装力量概述

武装力量是国家各种武装组织的统称。《兵役法》规定,中华人民共和国武装力量由中国人民解放军现役部队和预备役部队、中国人民武装警察部队及民兵组成。中华人民共和国武装力量属于人民,受中国共产党领导,武装力量中的中国共产党组织依照中国共产党章程进行活动。中华人民共和国武装力量的任务是巩固国防,抵抗侵略,保卫祖国,保卫人民的和平劳动,参加国家建设事业,全心全意为人民服务。

中国共产党第十八次全国代表大会(以下简称"党的十八大")以来,我国进行了被称为历史上最强军改的新一轮国防和军队改革,明确将"努力构建能够打赢信息化战争、有效履行使命任务的中国特色现代军事力量体系"作为 2020 年前要实现的目标。当前,我军已经基本形成中央军委管总、战区主战、军种主建的格局,组建了东、西、南、北、中五大战区,陆军、海军、空军、火箭军、战略支援部队等各军种的建设取得显著成效,中国特色军事力量体系建设稳步推进。中央军委的机构设置如图 1-7 所示。

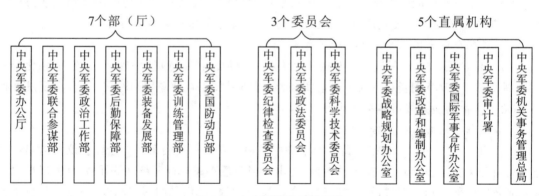

图 1-7　中央军委的机构设置

二、中国武装力量的建设

(一)中国人民解放军

1. 中国人民解放军的构成

中国人民解放军由陆军、海军、空军、火箭军、战略支援部队五大军兵种组成,另外还编制有军委联勤保障部队。各军兵种只负责部队建设,不担负战略层面的具体作战指挥,形成军委—军兵种—部队的领导管理体系。

1)中国人民解放军陆军

中国人民解放军陆军,由步兵、装甲兵、炮兵、防空兵、陆军航空兵、工程兵、通信兵、防化兵、电子对抗兵,以及特种部队和各种专业兵种组成,是主要在陆地遂行作战任务的军种。既可与其他军兵种联合作战,也可单独进行作战。基本任务是:歼灭、驱逐敌人有生力量;夺占重要地区和目标;扼守重要地区和目标等;协同海军、空军、火箭军作战。中国人民解放军陆军如图1-8所示。

图1-8 中国人民解放军陆军

新的历史条件下,中国陆军要按照机动作战、立体攻防的战略要求,加强顶层设计和领导管理,优化军队规模结构和力量编成,加快实现区域防卫型向全域作战型转变,努力建设一支强大的现代化新型陆军。

2017年4月,中央军委决定,以原18个集团军为基础,调整组建13个集团军。此次,调整组建新的集团军,是对陆军机动作战部队的整体性重塑,是建设强大的现代化新型陆军迈出的关键一步,对推动我军由数量规模型向质量效能型转变具有重要意义。

2)中国人民解放军海军

中国人民解放军海军,由潜艇部队、水面舰艇部队、海军航空兵、海军岸防兵、海军陆战队等兵种和各种专业兵组成,是主要在海洋遂行作战任务的军种。既可与其他军兵种联合作战,也可单独作战。海军的任务主要包括:消灭敌战斗舰艇和运输舰船,破坏敌海上交通运输;袭击敌基地、港口和岸上重要目标;进行海上封锁和反封锁;协同陆军、空军进行反袭击,保卫海军基地、港口和沿海重要目标;协同陆军、空军进行登陆作战和抗登陆作战;协同陆军坚守岛屿、要塞;支援陆军濒海翼侧作战;保护我国海上交通运输、渔业生产、资源开发、科学实验和海洋调查的安全。中国人民解放军海军陆战队如图1-9所示。

新的历史条件下,按照构建中国特色现代军事力量体系的总部部署,新型的海军将按照近代近海防御、远海护卫的战略要求,逐步实现由近海防御性的海军向近海防御与远海防卫型相结合的转变。通过构建合成、多能、高效的海上作战力量体系,提高战略威慑与反击、海上动机作战、海上联合作战、综合防御作战和综合保障能力。

3)中国人民解放军空军

中国人民解放军空军,由航空兵及地空导弹兵、高射炮兵、空降兵、雷达兵等兵种和各种专业兵组成,是主要在空中遂行作战任务的军种。既可与其他军兵种联合作战,也可单独作战。基本任务是:国土防空;实施相对独立的空中进攻战役和特种空袭作战;协同陆军、海军、火箭军作战;实施空降作战;实施空中威慑;实施空中运输;实施电子对抗;实施航空侦察、雷达侦察和

图 1-9 中国人民解放军海军陆战队

无线电技术侦察。中国人民解放军空军如图 1-10 所示。

图 1-10 中国人民解放军空军

新的历史条件下,构建中国特色军事力量体系,必须进一步加快战略空军、大国空军、现代化空军建设的步伐。2015 年的《中国军事战略》白皮书中明确指出,中国空军要按照空天一体、攻防兼备的战略要求,实现国土防空型向攻防兼备型转变,构建适应信息化作战需要的空天防御力量体系,提高战略预警、空中打击、防空反导、信息对抗、空降作战、战略投送和综合保障能力,努力建设一支强大的人民空军。

4)中国人民解放军火箭军

中国人民解放军火箭军是中国人民解放军新的军种,由第二炮兵更名而来。2015 年 12 月 31 日,中国人民解放军火箭军正式成立。习近平同志授予军旗并致训词,他指出,成立火箭军是党中央和中央军委着眼实现"中国梦、强军梦"做出的重大决策,是构建中国特色现代军事力量体系的战略举措,必将成为我军现代化建设的一个重要里程碑,载入人民军队史册。中国人民解放军火箭军如图 1-11 所示。

火箭军是以地地战略导弹和常规战役战术导弹为基本装备,实现积极防御战略方针的主要

图 1-11 中国人民解放军火箭军

核反击力量和重要的常规打击力量。既可单独作战,也可与其他军兵种协同作战,是中国人民解放军战略威慑的核心力量。基本任务是:组织实施核反击作战与核威慑;组织实施反核威慑行动;组织实施常规导弹突击作战;协同陆军、海军、空军实施作战;完成上级赋予的其他作战任务。

习近平同志强调:中国人民解放军火箭军是中国战略威慑的核心力量,是中国大国地位的战略支撑,是维护国家安全的重要基石。火箭军全体官兵要把握火箭军的职能定位和使命任务,按照核常兼备、全域慑战的战略要求,增强可信可靠的核威慑和核反击能力,加强中程远程精确打击力量建设,增强战略制衡能力,努力建成一支强大的现代化火箭军。

5)中国人民解放军战略支援部队

中国人民解放军战略支援部队,是中国陆军、海军、空军、火箭军之后的第五大军种,于2015年12月31日正式成立。中国人民解放军战略支援部队,由情报、技术侦察、电子对抗、网络攻防和心理战等力量组成,是我军战略性、基础性、支撑性的作战保障型力量,是维护国家安全的新型作战力量。战略支援部队的任务包括:建立和保持太空保障基础设施,完成对目标的天基侦察与监视,战场的天基测绘与导航保障等任务;承担电磁空间和网络空间的防御任务;维护国家太空和网络空间的安全与稳定。

习近平同志指出:战略支援部队是维护国家安全的新型作战力量,是我军新质作战能力的重要增长点。成立战略支援部队有利于优化军事力量结构,提高综合保障能力。战略支援部队必须坚持体系融合、军民融合,努力在关键领域实现跨越发展,高标准、高起点推进新型作战力量加速发展、一体发展,努力建设一支强大的现代化战略支援部队。

6)中央军委联勤保障部队

中国特色军事力量体系中,有一支不可忽视的重要力量,它就是新组建对担负联勤保障和战略战役支援保障的主体力量——联勤保障部队。2016年9月13日,北京八一大楼举行了中央军委联勤保障部队成立仪式,习近平同志向武汉联勤保障基地和无锡、桂林、西宁、沈阳、郑州联勤保障中心授予军旗并致训词。他指出:组建联勤保障基地和联勤保障中心,是党中央和中央军委着眼于全面深化国防和军队改革做出的重大决策,是深化军队领导指挥体制改革、构建具有我军特色的现代联勤保障体制的战略举措,对把我军建设成为世界一流军队、打赢现代化局部战争具有重大而深远的意义。

未来战争是一体化联合作战,必须实施一体化联合保障。近几场局部战争表明,联勤保障已经成为影响部队战斗力的重要因素。适应军事委员会管总、战区主战、军种主建的新体制、新格局,构建以联勤保障部队为主干、军种为补充、统分结合、通专两线的保障体制,不但与新的领导指挥体制相衔接,而且有利于实现联战联训联保一体、平战一体,有利于解决后勤保障体制不顺、力量分散、管理粗放等问题,有利于全面实施体系保障、联合保障、精准保障。

2. 中国人民解放军预备役部队

中国人民解放军预备役部队是中国人民解放军的组成部分,是国防后备力量建设的重点。平时按照规定进行训练,必要时可以依法协助维护社会秩序,战时根据国家动员令成建制转服现役。中国人民解放军预备役部队是以现役军人为骨干,以预备役军官、士兵为基础,按统一编制为战时能迅速转为现役部队而组建起来的部队,属于人民解放军序列。它是实施成建制快速动员的好形式,是提高储备质量的好办法,是节约军费开支、加强国防建设的好措施。

从1983年开始普遍组建预备役部队,包括步兵、炮兵、工程兵、通信兵、防化兵和舟桥部队、海军、空军等专业技术兵种在内的诸军兵种合成的新型预备役部队。其基本任务是:努力提高部队的军政素质,不断增强现代条件下快速动员和作战能力;切实做好战时动员的各项准备工作,随时准备转为现役部队,执行作战任务;积极参加社会主义建设,在物质文明精神文明建设中发挥骨干带头作用。

各预备役师(旅)、团在加强基本建设的同时,建立健全了一整套教育、训练、管理制度,狠抓军事训练,增强了现代高技术条件下的快速动员能力和遂行作战任务能力。

(二)中国人民武装警察部队

1. 中国人民武装警察部队的体制编制

中国人民武装警察部队(以下简称"武警部队")是中国武装力量的组成部分,原属于国务院编制序列,由国务院、中央军委双重领导。

2018年3月,中国共产党第十九届中央委员会第三次全体会议通过《深化党和国家机构改革方案》中,将列武警部队序列、国务院部门领导管理的现役力量(即公安边防部队、公安消防部队、公安警卫部队)全部退出武警,将国家海洋局领导管理的海警队伍转隶武警部队,将武警部队担负民事属性任务的黄金、森林、水电部队整体移交国家相关职能部门并改编为非现役专业队伍,同时撤收武警部队海关执勤兵力,彻底理顺武警部队领导管理和指挥使用关系。

调整武警部队领导指挥体制,是党中央做出的重大政治决定,是完善和发展中国特色社会主义军事制度的重大创新举措,是加强党对人民解放军和其他人民武装力量的绝对领导,确保国家长治久安的重大政治设计和制度安排。

2. 武警部队的基本任务

《国防法》规定,武警部队担负国家赋予的安全保卫任务,维护社会秩序。武警部队平时主要担负执勤、处置突发事件、反恐怖、参加和支援国家经济建设等任务,战时配合中国人民解放军进行防卫作战。武警部队如图1-12所示。

3. 武警部队的建设

武警部队根据中国人民解放军的建军思想、宗旨、原则,按照中国人民解放军的条令、条例和有关规章制度,结合武警部队特点进行建设。武警部队坚持科技强警、人才兴警、从严治警,不断增强遂行各项任务的能力。武警部队依托国家信息基础设施,初步建立起由武警总部至基

图 1-12 武警部队

层中队的三级综合信息网络系统,推进了指挥控制实时化、勤务管理可视化、教育训练网络化和机关办公自动化建设。武警部队突出开展针对性训练,不断提高执勤、处置突发事件、反恐怖能力。

(三)中国民兵

中国民兵是由不脱产的人民群众组成的武装组织,是中华人民共和国武装力量的组成部分,是中国人民解放军的有力助手和强大的后备力量。中国民兵初建于第一次国内革命战争时期。革命战争年代,民兵为民族的解放、为打败日本侵略者、为新中国的成立做出了巨大的贡献。新中国成立后,中国民兵成为国家武装力量的组成部分,在建设祖国、保卫祖国中发挥了重大作用。

1. 民兵的主要任务

民兵的主要任务:一是积极参加社会主义现代化建设,带头完成生产任务;二是担负战备勤务,保卫边疆,维护社会治安;三是随时准备参军作战,抵抗侵略,保卫祖国。《国防法》规定:民兵在军事机关的指挥下,担负战备勤务、防卫作战任务,协助维护社会秩序。

2. 民兵的领导体制

民兵工作在国务院、中央军委统一领导下,实行地方党委、政府和军事系统的双重领导。民兵建设以人民战争思想为指导,坚持劳武结合、平战结合。全国的民兵工作由中央军委联合参谋部主管;各大军区按照上级赋予的任务,负责本区域的民兵工作;省军区、军分区和县(市)人民武装部是本地区的民兵领导指挥机关;乡、镇、部分街道和企事业单位设有人民武装部,负责民兵工作。地方各级人民政府,对民兵工作实施原则领导,对民兵工作实施组织和监督。

3. 民兵基本制度

民兵分为基干民兵和普通民兵,28岁以下退出现役的士兵和经过军事训练的人员,以及选定参加军事训练的人员编入基干民兵。其余18~35岁符合服兵役条件的男性公民,编入普通民兵组织。女民兵只编基干民兵,人数控制在适当的比例内。陆海边疆、少数民族地区和城市有特殊情况的单位,基干民兵的年龄可适当放宽。民兵必须是身体素质良好、政治可靠的人员。

4. 民兵的训练

民兵干部和基干民兵的训练,原则上由县(市、区)人民武装部组织实施。根据训练大纲的要求,干部训练时间为 30 天,一般在一年内完成;民兵训练为 15 天,一次完成。

目前,我国民兵工作重心正在从农村向城市和交通沿线转移,编组单位从国有企业向民营企业、传统行业、高科技行业拓展,组织结构从以步兵为主向以专业技术队伍为主调整。现有的 800 万名基干民兵,已发展成为专业种类齐全、科技含量较高,能够有效担负配合作战、勤务保障和应急维稳任务的强大群众武装,不仅拥有步兵分队,还组建了大量的高炮、地炮、导弹、通信、工兵、防化、侦察、信息等分队,专业技术分队比例进一步提高。

三、中国武装力量的发展历程

(一)三结合武装力量体制的演变

在中华人民共和国成立后的不同时期,我国三结合武装力量体制经历了不同的具体组织形式。

1949 年 10 月至 1950 年 9 月,实行中国人民解放军、公安部队和民兵相结合。公安部队归公安机关建制领导。

1950 年 9 月至 1959 年 12 月,实行野战军、公安部队(有两年时间称公安军)和民兵相结合。主要担负内卫和边防任务的公安部队归军队建制领导。

1960 年 1 月至 1966 年 6 月,实行中国人民解放军、中国人民武装警察(1963 年 2 月改成公安部队)和民兵相结合。中国人民武装警察和公安部队隶属公安机关,实行军队和公安机关双重领导。

1966 年 7 月,全国公安部队统一整编为中国人民解放军,归军队建制领导。1978 年颁布的《中华人民共和国宪法》确立我国"实行野战军、地方军和民兵三结合的武装力量体制"。

党的十一届三中全会以后,我国进入了以经济建设为中心的现代化建设新时期。为了防止国内外敌对势力对我国进行危及国家安全的阴谋犯罪活动,1982 年党和国家对我国的武装力量体制做了新的调整,重新组建中国人民武装警察部队,实行国务院、中央军委双重领导。

1984 年 5 月,由最高国家机关全国人民代表大会通过的《中华人民共和国兵役法》,正式确立了由中国人民解放军、中国人民武装警察部队和民兵组成的武装力量新体制。

(二)人民军队的发展历程

作为中国武装力量的主体部分——中国人民解放军自诞生以来,在党中央和中央军委领导下,忠实地履行自己的职责,为夺取新民主主义革命的胜利,为巩固国防,保卫并参加社会主义革命和建设作出了巨大贡献。

1. 在土地革命战争中创建

土地革命战争中,人民军队的主要称谓是中国工农红军。在这一时期,中国工农红军确立了人民军队的建军路线、方针和原则,制定了相应的制度。组建了红二、红四方面军。当时红军的编制装备十分简陋,主要是步兵,并逐步组建了少量骑兵、炮兵、工兵通信兵分队,使用大刀、长矛和缴获的步枪、机枪、轻型火炮作战,创建了农村革命根据地,开展了游击战争和以运动战为主的反对国民党军大规模"围剿"的战争。红军在第五次反"围剿"失败后,举行了举世闻名的两万五千里长征,推动了抗日民族统一战线的形成,为取得全民族抗日战争的胜利奠定了基础。

2. 在抗日战争中壮大

抗日战争中,中国工农红军改编为国民革命军第八路军和新编第四军,深入敌后,坚持独立自主的抗日游击战争。这支军队英勇作战 12.5 万余次,抗击了 58%~69% 的侵华日军和几乎全部伪军,以伤亡60余万人的重大代价,歼灭日伪军171.4万余人,收复国土104.8万余平方千米,解放人口1.255亿人,为中国抗日战争和世界反法西斯战争的胜利做出了不可磨灭的历史贡献。与此同时,人民军队自身也取得巨大发展,正规军由抗战初期的5万余人发展到抗战结束时的127万余人,民兵达268万余人。这支雄厚的力量为中国共产党夺取新民主主义革命在全国的胜利,奠定了坚实的物质基础。

3.在解放战争中淬炼成钢

解放战争中,人民军队正式改称中国人民解放军。其规模不断扩大,部队区分为野战部队、地方部队和游击部队。解放战争后期,中国人民解放军发展为四大野战军和五大军区,即第一、第二、第三、第四野战军,以及西北、东北、华北、华东和中原(华中)军区。在这场伟大的解放战争中,中国人民解放军在中共中央、中央军委的英明领导与全国人民的支持参与下,经过艰苦作战,共歼灭国民党军807万余人,中国人民解放军总兵力发展到550万余人。为了全国人民的解放事业,中国人民解放军有26万余官兵献出了宝贵生命,有104万余指战员负伤。

4.在社会主义革命和建设中奋勇前进

中华人民共和国成立后,中国人民解放军的建设开始了由单一军种向诸军兵种合成军队转变的历程。从1949年中华人民共和国成立到1956年,中国人民解放军在完成统一祖国大陆、抵御帝国主义侵略和自身建设等方面取得了辉煌胜利,发展成为一支军兵种比较齐全的合成军队,除了陆军,还建立了空军、海军;陆军除步兵外,还有炮兵、工程兵、装甲兵、通信兵、防化兵、铁道兵、防空部队等技术兵种,并相继成立了各类院校和军事研究机构;属于中国人民解放军序列的公安部队也组建和发展起来。1956年后,中国人民解放军的建设虽然在有的方面遭受过一定的挫折,但在军事、政治、后勤建设等方面仍然不断进步,适时组建了战略导弹部队——第二炮兵,发展了"两弹一星"等先进武器装备。

中国共产党第十一届三中全会以后,中国人民解放军的建设进入了新的历史时期。邓小平继承和发展了毛泽东军事思想,提出新时期军队建设的理论及一系列方针政策。在这一时期,中国人民解放军实现了军队建设指导思想上的战略性转变,明确了新时期军队建设的总目标——走有中国特色的精兵之路。全军多次进行精简整编,改革体制,在精兵合成、提高效能的道路上不断前进;把教育训练提高到战略地位,确立了以军事训练为中心、以提高战斗力为标准的方针,部队的协同作战、快速反应、电子对抗、后勤保障等能力有了增强,驾驭现代战争的能力明显提高;完善法规制度,依法从严治军,颁布了一系列有关军队建设的法律法规、条令条例,正规的战备、训练、工作和生活秩序不断巩固,各项工作在制度化、规范化的轨道上不断前进,全军的武器装备不断改善,现代化建设水平进一步提高。

江泽民任军委主席以后,中国人民解放军的建设又有新的发展。为探索打赢现代技术特别是高技术条件下的局部战争,中国人民解放军确立了新时期军事战略方针,进一步明确了军队建设的总要求,不断加大科技强军的力度,全面加强军队质量建设,使人民解放军沿着革命化、现代化、正规化的道路继续前进。

胡锦涛执政时期开创了国防和军队现代化建设新局面,提出必须站在国家安全和发展战略全局的高度,统筹经济建设和国防建设,在全面建设小康社会进程中实现富国和强军的统一。全面履行党和人民赋予的新世纪新阶段军队历史使命,把科学发展观作为国防和军队建设的重要指导方针,贯彻新时期军事战略方针,加快中国特色军事变革,做好军事斗争准备,提高军队应对多种安全威胁、完成多样化军事任务的能力,坚决维护国家主权、安全、领土完整,为维护世界和平贡献力量。

5. 在新时代强军道路上谱写崭新篇章

2015年党中央和中央军委着眼实现中国梦强军梦作出战略决策,开启中华人民共和国成立以来力度最大、最彻底、涉及范围最广泛的军队改革,建立新型、高效、符合军事活动规律的领导、指挥和管理体制。步入"新体制时间"的中国军队,在改革征程上不断创新,取得了有目共睹的成绩;在深化国防和军队改革的进程中,迈出了强军兴军的历史性步伐,人民军队体制一新、结构一新、格局一新、面貌一新。我们坚信,在党的领导下,这支英雄的人民军队在改革的征程上,必将砥砺前行,书写更加辉煌的时代篇章。

第五节 国防动员

一、国防动员的内涵

国防动员,要通过统筹军事需求、动员保障和作战行动,实现动员系统与作战系统的无缝链接、实时互动。国防动员具体表现为以下四个方面。

(一)作战筹划与动员准备同步进行

作战筹划属于作战预测范畴,是对作战行动的整体设计,体现了指挥员和参谋人员科学决策、量敌用兵的军事思想,对战争胜负具有重要意义。作战筹划必须以资源约束为基本前提,"有什么条件打什么仗",是作战筹划必须坚持的重要原则。动员作为将社会经济、科技力量转化为保障实力的中间环节,是作战筹划必须考虑的重大战略问题。只有做到作战筹划与动员准备同步进行,在进行作战筹划时同步考虑人员、物资、装备、科技等领域的动员准备情况,根据动员准备情况适时调整作战筹划部署,按照作战筹划要求进行动员准备,实现作战准备阶段的作战和动员一体化,才能真正增强作战筹划的科学性和动员准备的针对性。

(二)作战指挥与动员调控同频共振

作战指挥属于战时作战实施范畴,是为达成作战目的,对部队作战行动进行的运筹决策、计划组织和协调控制活动。动员调控是指在实施动员过程中,根据作战需求变化对动员保障力量进行的指挥调整活动。动员调控必须以作战指挥为牵引,根据作战需求的变化做出相应的变化。在作战指挥过程中,为更好地发挥动员调控对作战指挥的效能作用,确保动员调控的实时性、可靠性、灵活性,必须在体制上有机衔接和高度融合,把动员指挥的机构、计划、决策纳入作战指挥体系中,实现作战指挥与动员调控的一体化,真正做到作战行动与动员行动的同步决策、同步指挥、一体联动,确保为作战提供实时、准确和高效的动员保障。

(三)作战需求与动员保障高度匹配

战争是动员工作的逻辑起点和基本依据。平时的动员准备是瞄准战时任务而做出的动员潜力发掘、管理和安排,从而为战斗力的生成、保持和提升打下良好基础。从理论上来说,动员什么,动员多少,什么时候动员等,都必须严格按照作战需求进行。但是,这并不意味着动员保障就一定能够自发地满足作战需求。事实上,信息化条件下作战需求内容繁多、结构复杂、时效性要求高,对动员保障的精确性、适时性提出了新的更高的要求。只有坚持以作战需求为牵引,加强动员系统与作战系统的联系,适时做到作战需求与动员计划的对接,才能确保在作战需求发生变化时,动员行动能迅速做出及时调整,实现动员保障与作战需求的高度匹配。

（四）作战对抗与动员防护协调一致

在信息化条件下，敌对双方已不再是单一军兵种系统之间或单一种类武器系统之间的对抗，而表现为体系与体系之间的直接对抗。动员体系作为作战体系的重要组成部分，必然成为对方打击破坏的重要目标，以破坏我动员能力为目的，对我实施先制作战或反制作战将持续战争全过程，动员防护任务将会十分艰巨。应从整体对抗和系统对抗的角度，把动员能力的对抗与整个战场对抗结合起来，将动员防护纳入作战对抗体系之中，使动员防护力量与作战部队紧密配合，融为一体，做到多种手段并用、互补，形成立体防卫态势，在使作战力量得到有效防护的同时使动员能力得到有效保持。

二、国防动员的内容与意义

（一）国防动员的内容

国防动员是指为捍卫国家利益，达成国家防务目的而进行的动员。国防动员从主体内容上来说，就是主权国家进行防卫的战争动员，即国家采取措施，由平时状态转入战时状态，统一调动人力、物力、财力为战争服务。动员是国家行为，国家的人力、物力、财力，乃至所有物质和能量几乎都是动员的对象。平时就应该搞好以综合国力为基础的国防动员准备。

国防动员标志如图1-13所示。

动员按规模可分为总体动员和局部动员，按方式可分为公开动员和秘密动员，按时机可分为战争初期动员和持续动员。动员的主要内容通常包括：武装力量动员、国民经济动员、群众性防卫动员、国防交通动员和政治动员。

1. 武装力量动员

武装力量动员，即国家将军队及其他武装组织由平时体制转为战时体制的动员。武装力量动员是夺取战略主动权，赢得战争胜利的重要手段，也是遏制战争爆发、维护和平与国家安全的重要因素，在国防动员中居于核心地位。武装力量动员，通常包括兵员动员、武器装备动员和后勤物资动员。

图1-13 国防动员标志

兵员动员的主要工作有两种。

1）平时

完善动员体制和管理后备兵员，包括健全动员机构和法规，制定和修正动员计划，划分动员补充区和建立专业技术兵储备区，组建预备役部队，登记和训练预备役军官和士兵，以及开展国防教育、增强全民国防观念等。

2）战时

根据国家动员命令，在停止现役军人退役、休假的同时，征召后备兵员，以数量充足、素质优良的兵员将平时编制的现役部队补充满员和组建新部队，并随着战争的发展和形势的需要，进行持续动员，保障战争的最后胜利。武装力量的动员还包括武器装备动员和后勤物资动员。

2. 国民经济动员

国民经济动员是指国家将经济部门及其相应的机构有组织、有计划地从平时状态转入战时体制的措施和活动。其目的是充分调动国家的经济能力，提高生产水平，扩大军品生产，保障战争和其他国防斗争的需要。在现代条件下，搞好经济动员，不仅是保障战争物资需求的基本手段,也是战时稳定社会经济秩序的必要措施,更是解决国防经济与国民经济、战时经济与平时经济矛盾的重要途径。国民经济动员,通常包括工业、农业、物资、商业贸易、邮电通信、财政金融、科学技术等方面的动员。在现代条件下,工业、金融和科技动员尤为突出。

3. 群众性防卫动员

群众性防卫动员的主要任务是:依据国家有关法律、法令,动员社会力量,有计划地紧急疏散城市人口,并把城市、交通枢纽和重要目标地区的居民及民防力量组织动员起来,落实防敌空袭、空降措施,消除空袭的后果,保护国民经济设施及其他重要目标的安全,维护好社会及生产、工作、生活秩序,使全体居民迅速适应战争环境,尽可能减少各种损失,保存好有生力量。

4. 国防交通动员

国防交通动员是指在全国或部分地区调集交通力量,全力保障战争需要的紧急行动。国防交通动员,通常在国家动员领导机构的统一领导下,由国防交通主管机构组织,协同政府、军队有关部门共同实施。国防交通动员准备是在平时制定完备的国防交通动员的法规和计划,健全国防交通机构和机制,建立国防交通保障队伍,储备必要的国防交通物资和器材等。

5. 政治动员

政治动员是国家从政治上、组织上发动军队和人民群众参加(支援)战争的措施和行动。政治动员在国防斗争中有着特殊重要的作用,是赢得战争胜利的根本保证,也是顺利进行其他动员的前提条件和基础。政治动员的目的在于激发全体军民的爱国热情,动员军队英勇作战,动员人民踊跃参军参战,努力增加生产,厉行节约,全力支援战争;通过各种外交活动和对外宣传,争取世界人民和友好国家的同情和支援。政治动员的主要任务是进行广泛的政治宣传和社会组织工作,组织开展全民国防教育和国防宣传,以形成良好的精神条件;通过细致扎实的工作,调动各种社会力量支援战争;开展外交活动和对外宣传,巩固和扩大国际统一战线。

(二)国防动员的意义

第二次世界大战结束以后,随着经济和社会的发展,特别是科学技术的进步,国防斗争成了国与国之间以综合国力为后盾、运用多种手段的综合较量。国防动员也随之扩展为对国家整体力量发挥战争效能的准备和实践,其在现代国防斗争中的作用越来越显著。

1. 国防动员是夺取战争胜利的重要因素

决定战争胜负的因素是多方面的,尤其是战时动员的准备和实施等是主要因素。只有做好战时动员,才能以最快的速度动员足够的兵力、物力、财力投入战争,迅速完成对战争的补充,保障国家在军事、政治、经济、文化等领域适时转入战时状态,夺取战争的主动权。

2. 国防动员是加强经济建设及增强国防实力的重要措施

和平时期,国防动员的准备工作一是与国防教育结合,二是遵循经济建设的基本规律,纳入国家经济和社会发展的总体规划,贯彻军民结合、平战结合的方针。武装力量建设,采取常备军和后备军相结合的原则,平时少养兵、养精兵,保持精干的常备军作为战时动员扩建部队的骨干力量,同时积极储备后备力量。这样既可以加强经济建设,又可以从根本上增强国防实力。

为了做好作战准备,国家必须拥有能够随时补充和满足军队作战需要的后备兵员和物资,以及交通通信、工业生产、科学技术等多方面的条件。所有这些战争的潜在能力,只有通过实施有效的动员,才能转化为战争实力,形成赢得战争胜利的强大的物质和精神手段,以保证战争的顺利进行。

3.国防动员是壮大国威、威慑敌人的重要战略

国防动员准备工作,主要体现在健全全民动员体制。在保持强大的正规军的基础上,平战结合、转制迅捷的体制可振奋国民精神,又可以壮大国威、威慑敌人。

国防动员的地位作用之所以如此突出,根本原因在于国防建设同国家发展之间存在着一种依存关系。只有当国家拥有雄厚的综合国力时,国防和军队建设才能更加强大。如果一味强调国家安全的需要,以过多的财力、物力用于国防和军队建设,势必会妨碍经济建设和社会发展,影响综合国力的提高。为此,世界上许多国家为使有限的国防开支获得最佳的国防效益,普遍选择了加强国防动员准备、提高动员能力的道路。中国还处于社会主义初级阶段,正在建立和发展社会主义市场经济。这决定了中国必须在集中力量发展经济、增强综合国力的同时,按照国防斗争的需要,适应社会主义市场经济发展的规律,认真做好动员准备,以保证国家安全利益得以有效地维护,社会主义现代化建设得以顺利进行。

能力训练

1. 国防的含义是什么?
2. 现代国防的基本特征有哪些?
3. 如何理解国防的地位和作用?
4. 中国国防历史的启示有哪些?
5. 中国对重要国际军事问题的方针政策有哪些?
6. 中国国防建设的主要成就有哪些?
7. 中国武装力量由哪几部分组成?
8. 中国国防动员的内容与意义是什么?

第二章　国 家 安 全

📖 本章导读

国家安全形势和国际战略形势,在各个历史时期都有其含义和特点。正确认识和分析国家安全形势和国际战略形势,对维护国家利益和安全具有十分重要的意义。

本章主要介绍我国周边安全环境和安全策略以及国际战略格局的现状、特点和发展趋势。

📖 学习目标

正确把握和认识国家安全的含义,理解我国总体国家安全观,提升学生防间保密意识;深刻认识当前我国面临的安全形势;了解世界主要国家军事力量及战略动向,增强学生忧患意识。

第一节　国家安全概述

一、国家安全的含义

国家安全就是一个国家处于没有危险的客观状态,也就是国家既没有外部的威胁和侵害又没有内部的混乱和疾患的客观状态,这是国家安全的基本含义。

第一,国家安全是国家没有外部的威胁与侵害的客观状态。

所谓外部的威胁与侵害,大致可分为外部自然界的威胁和侵害与外部社会的威胁和侵害两大类,但由于国家安全是一种社会现象,国家的外部威胁和侵害主要是指处于一国之外的其他社会存在对本国造成的威胁和侵害。从威胁和侵害者来看,这种外部威胁和侵害包括:①其他国家的威胁;②非国家的其他外部社会组织和个人的威胁,如某些国际组织或地区组织对某国的威胁和侵害;③国内力量在外部所形成的威胁和侵害,如国内反叛组织在国外从事的威胁和侵害本国的活动。

第二,国家安全是国家没有内部的混乱与疾患的客观状态。

危及国家生存的力量不仅来源于一个国家的外部,而且还时常来源于一个国家的内部。国内的混乱、动乱、骚乱、暴乱,以及其他各种形式的疾患,都会危害到国家生存,造成国家的不安全。因此国家安全必然包括没有内部混乱和疾患的要求。仅仅是没有外部的威胁和侵害,国家并不一定就会安全。

第三,只有在同时没有内外两个方面的危害的条件下,国家才安全。因此,只有这两个方面的统一,才是国家安全的特有属性。

二、国家安全的原则

国家安全的原则主要有以下几点。

第一,确立国家与民族崛起的基本目标。

第二,采取综合一体化的手段。

第三,新安全观包括主权安全、综合安全和合作安全。国家享有主权,包括独立权、管辖权、平等权、自卫权。国家综合安全包括政治安全、经济安全、社会安全、信息安全等,经济安全是国家综合安全的核心,军事安全是国家安全的支柱。

第四,解决经济发展与国家安全脱节的问题。

第五,树立独立发展理念,为"全球化"条件下的民族国家定位。

三、总体国家安全观

2014年4月15日上午,中共中央总书记、国家主席、中央军委主席、中央国家安全委员会主席习近平在主持召开中央国家安全委员会第一次会议时提出,坚持总体国家安全观,走出一条中国特色国家安全道路。首次提出"总体国家安全观",并首次系统提出"11种安全"。习近平指出,要构建集政治安全、国土安全、军事安全、经济安全、文化安全、社会安全、科技安全、信息安全、生态安全、资源安全、核安全等于一体的国家安全制度体系。

国安才能国治,治国必先治安。保证国家安全,是完善和发展中国特色社会主义制度,推进国家治理体系和治理能力现代化的有机组成部分。国家安全,必须在国家治理的大背景下来思考和筹划,必须以安全治理作为基本路径来维护和保障。坚持总体国家安全观,体现在治理实践上,就是推进国家安全总体治理;走出一条中国特色国家安全道路,就是安全各领域、各要素、各层面统筹治理,创建当代中国国家安全治理系统格局。

(一)总体国家安全观的特征

总体国家安全观是新形势下党中央对我国面临的各种安全问题和安全挑战的系统回应,是马克思主义时代化、中国化在安全领域的最新体现,具有系统性、全面性、持续性三个重要特征。

1.系统性

总体国家安全观揭示了国家安全的整体性,即与国家安全相关的方方面面是相互联系的一个整体。例如,国家的政治安全同国土安全密切相关,领土不完整,国家就无政治安全可言。再如,要实现经济安全,不但需要以政治安全、军事安全和社会安全为前提,而且需要以科技安全、网络安全和资源安全为支撑。事实表明,不同领域的安全是相互联系、相互影响和相互作用的。

总体国家安全观要求"既重视外部安全,又重视内部安全",蕴含的是一种系统性战略安排。例如,恐怖主义所导致的安全问题既是内部安全问题,也是外部安全问题。这类安全问题所体现的境内与境外安全威胁的交织,是当代主权国家所面临的典型的全球性问题。

从系统的角度看,传统安全与非传统安全相互联系、相互影响,并在一定条件下相互转化。例如,国家间的政治军事对抗是传统安全问题,而这种对抗所引发的货币战、贸易战、能源冲突则是非传统安全问题。另一方面,发展与安全也存在相互联系与相互影响。例如,社会不稳定,金融体系就会发生危机,科技不安全,发展就会出问题;发展出问题,社会就可能不稳定,国防力量的建设就会受影响,安全就会出问题。国家必须统筹兼顾,处理好它们的关系,以发展为本,以安全保发展,以发展促安全。总体国家安全观要求"既重视自身安全,又重视共同安全",与我国面临的外部安全环境密切相关。我国所面对的安全问题,很多是全球性问题,或者是与别国利益相关的问题,如生态恶化、资源枯竭。这些问题都不是我国可以独自解决的,必须开展国际合作,参与全球治理,谋求共同安全。

2. 全面性

相比以前的安全观,总体国家安全观更具全面性。它所涵盖的领域,既包括政治安全、国土安全、军事安全等传统安全领域,也包括经济安全、文化安全、社会安全、科技安全、网络安全、生态安全、资源安全、核安全和海外利益安全等非传统安全领域。随着时代的进步,总体国家安全观的内涵将不断丰富,外延将不断拓展,同时还出现了太空、深海、极地等新的安全领域。

对于影响安全的因素,按照总体国家安全观的要求,既要关注战争冲突、政治颠覆、情报窃密、分裂破坏、恐怖袭击、文化渗透等人为因素,也要关注地缘环境、气候变化等自然因素;既要关注国际局势、时代主题、经济转型等宏观因素,也要关注实现安全的各种具体因素。

对于实现国家安全的途径,总体国家安全观强调工作体制机制和法制的建设,这就涉及军事、政治、外交、情报等领域的工作机构和相关法律制度,同时也要求经济、文化、教育、社会等领域建立相应工作机制;既重视军事攻防、情报保障、外交活动等硬手段,也重视经济发展、社会和谐、文化交流、科技进步等软手段。

强调国内安全问题,也体现了总体国家安全观的全面性。当前国内各种社会矛盾和安全问题越来越突出,如果不重视国内安全问题,那么对国家安全的理解就是不全面的。综合考量内部和外部安全,是总体国家安全观作为一种"大安全观"的重要体现。

3. 持续性

总体国家安全观的持续性,首先体现在实现国家安全的总体设想上,即国家谋求安全,不是权宜之计,而是为了长治久安。国家所面临的安全问题短期内不会消失,甚至可能会发生复杂变化,因此维护安全必定是一个持续的过程。这个过程不但要治标,也要治本;不但要有现实的应对措施,也要有后续手段;不但要着眼于眼前,也要立足于长远。

追求国家安全状态的可持续性是总体国家安全观的重要目标。统筹现在和未来的国家安全工作,实现国家安全状态的可持续,就不能只是被动应付,而必须有前瞻性地针对各种安全问题,开展机制化和常态化的治理。总体国家安全观的持续性,也体现在对可持续发展的重视。发展是安全的基础,要实现可持续安全,就必须实现可持续发展。总体国家安全观重视生态安全和资源安全,强调正确处理经济发展与生态环境保护的关系,主旨都是要以可持续发展促进可持续安全。

(二)坚持总体国家安全观的原则

国家安全工作能不能掌握主动权、迈上新高度,道路选择是关键。走中国特色国家安全道路,是顺应国家安全形势新变化,创造国家安全工作新局面,推进国家治理体系和治理能力现代化的迫切需要。

1. 坚持党对国家安全工作的绝对领导

中国共产党是中国特色社会主义事业的领导核心。国家安全工作既是中国特色社会主义事业的重要组成部分,也是中国特色社会主义事业的坚强安全保障,坚持党对国家安全工作的绝对领导,必然成为国家安全工作必须遵循的根本政治原则。党的领导是中国特色社会主义制度的最大优势。党对国家安全工作的绝对领导是社会主义制度的必然政治要求,是维护国家安全和社会安定的根本政治保证,关乎社会主义的前途命运,关乎国家的长治久安,关乎"两个一百年"奋斗目标的顺利实现。

2. 坚持国家利益至上

国家利益是指一个主权国家在国际社会中生存需求和发展需求的总和。国家利益可以分为核心利益、重大利益和一般利益,也可以分为整体利益、局部利益,等等。国家利益反映的是国家作为整体的需求,因而往往具有至高无上的特点。同时,国家针对不同层次的利益,通常会作出不同性质的反应,并采取不同性质的行动。例如,核心利益是国家最高层次的利益,涉及这种利益的问题,国家在国际谈判中是不可以让步的。在国家关系中,无论是一个国家界定自身利益,还是评估别国的利益,最重要的都是判定什么是生死攸关的利益。对于这样的利益,属于自己的要坚持到底。坚决捍卫国家利益是国家安全工作的根本使命,国家利益意识不强,国家安全战略就容易迷失方向,国家安全工作就会失去合力。

3. 坚持以人民安全为宗旨

人民安全是国家安全最核心的部分,其他安全都应统一于人民安全。人民安全高于一切,是总体国家安全观的精髓所在。国家安全依靠人民、服务人民是历史的必然选择。人民安全高于一切,是唯物史观和党的性质宗旨在国家安全领域的必然要求和集中体现。人民群众是维护国家安全最为可靠的力量源泉。要从人民群众那里获得力量,就必须为人民群众谋取实实在在的利益,进而赢得人民群众的信任。保障人民安全是国家安全工作的根本任务,这是我们党的先进性决定的,也是社会主义民主政治建设要求决定的。做好国家安全工作,其根本任务就是全方位保障人民安全,即维护人民的根本利益,保障人民当家作主的各项权利,为人民创造良好的生存发展条件和安定的工作环境,保障人民的生命财产安全和其他合法权益。只有坚持群众路线,才能保证国家安全决策的科学性,才能将国家安全决策转化为人民群众的实践力量。

4. 坚持共同安全

全球化深入发展意味着,国与国之间利益交织、彼此关切,形成深层次的相互依赖。任何国家都不可能脱离世界而实现自身安全,也不可能将自身安全建立在其他国家不安全的基础上。以习近平同志为核心的党中央审时度势,与时俱进地提出"共同安全"的理念,是对当今世界主要安全问题和共同安全利益的准确把握,是维护自身安全与国际安全的重要举措。共同安全意味着安全是双向的,不仅自己安全也要保证其他国家安全。在国际社会中,虽然国家实力强弱不同、意识形态和政治制度各异、利益诉求存在差别,但每个国家都是平等的成员,在安全互动中都是利益攸关方,是相互依赖、休戚与共的关系。坚持共同安全是走中国特色国家安全道路的必然要求。

5. 坚持促进中华民族伟大复兴

实现中华民族伟大复兴的中国梦,就是要实现国家富强、民族振兴、人民幸福。当代中国正处于关键而又特殊的阶段,把国家安全工作放到中华民族伟大复兴的历史征程中加以领导和运筹,是中国特色国家安全道路的基本发展方向。维护国家安全是中华民族伟大复兴的重要保障。中国梦是发展的梦,对内求发展、求变革、求稳定。中国梦的实现是与世界和平发展紧密联系在一起的,对外求和平、求合作、求共赢。实现中华民族伟大复兴,保证国家安全是头等大事。在这一历史进程中,要始终高度警惕国家被侵略、被颠覆、被分裂的危险,始终高度警惕改革发展稳定大局被破坏的危险,始终高度警惕中国特色社会主义进程被打断的危险,始终不渝地坚持走中国特色的国家安全道路。

第二节 国家安全形势

传统安全威胁与非传统安全威胁相互交织,是我国安全面临的严峻形势。当前,我国不仅依然面临着政治、军事、外交等传统安全威胁的挑战,而且面临着恐怖主义、跨国犯罪、环境污染、自然灾害、严重传染性疾病等非传统安全威胁。"台独"等分裂势力的存在,东海、南海等周边又存在着一些复杂而敏感的历史问题和现实问题,我国安全形势面临的不稳定、不确定因素增多。

国际因素和国内因素互动增强,是我国安全问题的时代特点。在对外开放不断扩大和经济全球化、信息网络化不断发展的过程中,我国与世界各国的联系日益紧密,境内外人员和信息流动日益增多、加快,一些国内问题处理不当就可能演变为国际问题,一些国际问题传导到国内也可能诱发社会稳定问题,维护国家安全的复杂性增大。

随着时代的进步国家利益不断拓展,我国加快发展中出现不容忽视的新安全问题。我国经济与世界经济融为一体,能源和其他一些重要战略资源的对外依存度上升。我国海洋专属经济区和大陆架的保护与利用、海上通道安全、太空安全与信息安全、海外重要资源产地安全,以及海外同胞和华人财产生命安全等面临的威胁,已经十分现实地摆在我们面前。

一、我国周边安全环境概况

我国的陆海邻国众多,陆地邻国有 14 个,分别是俄罗斯、蒙古、哈萨克斯坦、吉尔吉斯斯坦、塔吉克斯坦、阿富汗、巴基斯坦、印度、尼泊尔、不丹、缅甸、老挝、朝鲜、越南;海上邻国有 9 个,分别是韩国、日本、菲律宾、马来西亚、文莱、印度尼西亚、新加坡、越南、朝鲜。其中,越南、朝鲜既是陆上邻国又是海上邻国。

这些邻国中,有些过去曾经对我国发动过侵略战争,现在仍是经济大国,并正在成为军事强国。一些邻国之间存有积怨,甚至对立,一旦它们之间发生冲突,必将影响我国的边境安全。有的国家内部不稳定因素多,一旦发生内乱,将对我国边境安全造成压力。有的国家居民与我国边境居民同为一个民族,有的国家居民与我国某些地区居民信奉同一宗教,积极因素是有利于我国边境居民与邻国居民友好往来,改善国家之间的关系,但也存在消极因素。还有一些国家,与我国之间存在着历史遗留下来的边界领土争端和海洋划界争议。随着这些不同因素的变化,将对我国安全环境产生不同的影响。

我国安全环境的外部影响,主要来自陆、海两个方面。历史上,美国、苏联曾分别从海上和陆上对我国施加过影响。苏联解体后,俄罗斯仍是世界上最大的陆地国家。美国和俄罗斯对欧亚大陆具有全局性影响。

日本、印度是我国周边地区的两个重要国家,是构成我国地理环境的重要因素。日本资源缺乏,对海外资源和海外市场的严重依赖性是它的显著特点。在近代,日本经历了 50 年的侵略扩张和对美国的依附。甲午战争至第二次世界大战结束以前,日本军国主义积极推行侵略扩张政策,主要是向亚洲大陆扩张。第二次世界大战结束后,美国控制世界海洋,日本转而依附美国,充当美国在太平洋的前沿堡垒。冷战结束后,日本继续追随美国,变化了的国际形势曾为日本提高国际地位提供了难得的机会,日本注重将经济、科技、金融优势转化为政治和军事影响力,积极开拓战略空间。

印度人口众多,是一个依陆面海的大国。从地理条件来看,印度北面被崇山高原带阻隔,其半岛却深入印度洋,陆地上的隔绝与海路上的通达,形成鲜明对照。所以,"由陆向海"是印度关注的战略发展问题。印度的地理条件较为优越,周边邻国主要是中小国家。我国是直接与印度毗邻的唯一大国,两国虽然存有边界争议,但是中印分别面对太平洋和印度洋两个不同的方向,同时受到青藏高原的阻隔,地理上的矛盾是有限的。

东南亚、中亚是我国周边的两个重要地区,也是我国陆、海两面的两个枢纽地区。这两个地区的形势稳定与否,对我国的安全和经济发展具有重要影响,在通道、资源、安全等方面都有重要战略意义。在交通方面,东南亚是连接亚洲与大洋洲,沟通印度洋和太平洋的"十字路口",控制太平洋到印度洋的主要水上航线。中亚地区处于东亚、西亚、南亚和北亚的地理连接点上,是连接欧亚大陆以及我国、俄罗斯、欧洲、中东、南亚各地陆路连接的枢纽。在资源方面,东南亚有丰富的战略资源,锡储量占世界的60%,橡胶年产量占世界的80%以上,矿产资源丰富,石油和稻米出口量较大。在安全方面,东南亚邻接我国的东南沿海与西南地区,是影响我国南部安全的重要方向。贯穿东南亚的海上战略通道对日本有重要的意义,对美欧各国的航运也有重要的影响。中亚地区与我国新疆、西藏等地接壤,该地区的形势与我国西北边疆的安危密切相关。随着上海经济合作组织的建立,我国与中亚各国建立了平等合作的友好关系,将对这一地区的安全环境产生有利影响。

二、新形势下的国家安全形势

随着国际形势深刻演变、国家利益全方位拓展和国内经济社会持续转型,我国面临的安全威胁日趋复杂。

(一)霸权主义威胁

美国把中国视为称霸全球的战略竞争对手,持续推进印太战略,加大对中国的战略防范和牵制力度,对中国的国家安全构成严峻挑战。

美国在巩固传统盟友的同时,与印度、越南、蒙古等国建立密切关系;向缅甸、柬埔寨、老挝等国进行意识形态渗透,努力构筑对华政治"隔离墙";利用中国同周边国家的矛盾,在钓鱼岛和南海问题上不断炒作危机、放大冲突,掣肘中国的和平发展。

美国加大西太平洋军事部署力度,将兵力从一线岛链向二、三线岛链转移,"前沿存在"规模维持在10万人左右,计划将更多力量部署到亚太;增强在关岛、澳大利亚、印度洋、夏威夷、塞班岛等地的军事存在,将布兵重点转向东南亚;将新型核动力航母、F-22和P-35战斗机、濒海战斗舰等部署到中国周边,加快构建一体化战略预警体系、战场监视体系、联合作战指挥体系、联盟作战力量体系和地面反导体系,确保形成"在必要时刻能够迅速应对的能力"。

美国注重与地区盟国的双边、多边军事合作,以便随时组成一体化作战联盟,重点推进美日韩、美日澳、美日菲、美日印等多边合作。不断强化亚太安全体系,与越南、马来西亚、印度尼西亚、缅甸等环太平洋非盟友国家建立紧密军事关系,不断强化与印度、马尔代夫等环印度洋非盟友国家的防务关系,承诺进一步加强国防合作和海洋政策协调。

随着中国经济的快速发展,以美国为中心的贸易规则面临中国的质疑和挑战。美国指责中国以"一带一路"和"亚投行"为标志的新经济外交正在挑战国际经济规则和秩序。同时,美国政府还频繁对中国发起贸易案件诉讼,屡屡设置经济技术壁垒,迅速通过了拖延多年的《美韩自由贸易协定》,并不断运用经济援助等手段与中国争夺周边国家,以阻碍中国经济的发展。

(二)海上安全威胁

1.台海局势存在逆转风险

台湾将大陆视作"主要军事威胁",把武力作为维持台岛现状的重要工具。一方面,调整兵力结构,强化军事演练,大力提升自制和外购武器装备水平,重点针对大陆的不对称战力建设,企图以此作为抗衡资本;另一方面,与美国保持安全战略高度一致,接受来自美军的制度设计与作战规划,并与美方联合建构情报交流机制和亚太区域侦察体系,逐步走向情报、组织与作战一体化。

2. 南海斗争形势复杂严峻

南海斗争复杂化、国际化和长期化。美国插手南海事务,频繁攻击中国,妨碍南海"航行自由"和威胁海上通道安全,反复质疑"九段线"的合法性和正当性,支持东盟各国与中国对抗,加大在南海武装巡逻和对中国抵近侦察力度,多次与中国形成军事对峙。日本寻求将"两海问题"联动起来,对中国进行侧翼牵制。印度坚持"东向"战略,在经济和战略上不断向东南亚靠近,注重与越南开展能源和军事合作,企图借机增强存在和获取实利。

【知识拓展】

三沙市

3. 海上通道安全问题凸显

随着我国国家利益向海外拓展,海上战略通道安全已经成为影响我国经济发展的关键因素。近年来,美军加大在马六甲海峡附近的存在;印度加快建设安达曼—尼科巴群岛军事设施;越南宣布设立"潜艇伏击区"等,均对我国海上运输构成重大威胁。我国还在中东面临霍尔木兹海峡问题,我国石油进口严重依赖中东地区,其中有相当部分要经过霍尔木兹海峡,由于伊朗与美国不时爆发对峙,对我国能源安全产生极大影响。美国在印度洋打造地区军事力量投射基地,企图截断我国海上交通和丝绸之路经济带;印度企图利用在印度洋的地缘优势,限制我国海军进入印度洋。

(三)陆上安全威胁

冷战后,在多种因素的作用下,我国陆上周边的热点问题日益突出,国家间关系更加多变。

1. 边界领土争端依然存在

中印边界全长约 1700 千米,分为东、中、西三段,涉及争议区面积近 13 万平方千米。印度继续收留"藏独"势力,不断强化边境军力,频繁进行越界侦巡和渐进蚕食,导致双方武装对峙事件屡有发生。中不边界全长约 550 千米,争议区总面积约 1200 平方千米。由于不丹的防务处于印度的控制之下,因此中印边界领土争议影响我国至今未与不丹建立正式外交关系。

2. 朝鲜半岛问题存在变数

朝鲜半岛危机重重,各方力量博弈导致地区局势不断升级。朝鲜的核试验与导弹试射、韩国部署萨德系统、美韩军事同盟压力外溢,导致东北亚地区推动协商与合作的趋势发生严重逆转。

三、面向新世纪的中国国家安全战略

21 世纪,和平与发展依然是时代的主题。然而必须看到,和平中潜伏着动荡和不安,合作中交织着对抗与冲突。环顾全球风云,霸权主义推行新的"炮舰政策",企图构筑恃强凌弱的单极世界;静观两岸局势,"台独"势力挟洋自重,日益构成对国家统一和主权完整的现实威胁;经济全球化在给我们带来发展的大好机遇的同时,其对国家安全的负面作用也日益显现。面对多元的、综合性的安全威胁,在 21 世纪我们应该树立什么样的安全观念,采取什么样的安全战略,将直接关系到中华民族的全面崛起和复兴。

党的十六大报告中明确提出了中国新世纪"实现推进现代化建设、完成祖国统一、维护世界和平与促进共同发展"这三大历史任务。这是历史和时代赋予我们党的庄严使命,也是新世纪国家的大战略目标。努力创造经济持续发展、国家安定团结以及外部良好生存环境的条件,保证国家战略目标的实现是新世纪国家安全战略的核心内容。具体来讲,中国新世纪的安全战略应着重体现在以下几个方面。

(一)以新安全观作为国家安全战略的根本指导方针

人类曾经历过无数次战争,最近100年更是经历了两次世界大战和40年冷战的磨难。历史证明,武力不能从根本上解决矛盾和争端,以行使武力或以武力相威胁为基础的安全观和体制难以营造持久和平。人们普遍要求摒弃旧的观念,以新的方式谋求和维护安全。

近年来的成功实践证明,中国所倡导的新安全观是维护国家安全、地区安全乃至世界和平与稳定的有效途径。中国新安全观的核心是"互信、互利、平等、协作"。互信,是指超越意识形态和社会制度异同,摒弃冷战思维和强权政治心态,互不猜疑,互不敌视;互利,是指顺应全球化时代发展的客观要求,互相尊重对方的安全利益,在实现自身安全利益的同时,为对方安全创造条件;平等,是指国家无论大小强弱,都是国际社会的一员,应相互尊重,平等对待,不干涉别国内政,推动国际关系的民主化;协作,是指以和平谈判的方式解决争端,并就共同关心的安全问题进行广泛深入的合作,消除隐患,防止战争和冲突的发生。中国倡导的新安全观是一种与时俱进的全新的安全观念,它反映了世界上多数国家,特别是广大发展中国家的利益和要求,适应了国际关系民族化的历史潮流,是一种具有普遍意义的安全观。由于国际关系民主化是不可抗拒的历史潮流,中国倡导的新安全观必将成为未来国际社会的主导性安全观念,并由此奠定中国全面崛起的重要理论基础。

(二)坚持独立自主的和平外交政策,维护国家主权安全

自中华人民共和国成立以来,中国就以独立自主的政治大国姿态屹立于世界的东方。从毛泽东以来的中国各代领导人,都把独立自主作为对外政策的基本准则。中国坚持维护自己独立和主权,坚持自己的发展道路,同时又尊重别国的独立和主权,尊重别国人民的选择。"上海合作组织"的成立是中国倡导新型国家关系的最好见证,它不仅对增进中国、俄罗斯、哈萨克斯坦、吉尔吉斯斯坦、塔吉克斯坦、乌兹别克斯坦六国之间的睦邻友好合作,维护地区安全与稳定发挥了重要作用,同时更对21世纪国际社会摒弃冷战思维,探索新型国家关系、新型安全观和新型区域合作模式提供了宝贵的经验和启示,在国际上产生了积极影响。

独立自主不等于闭关自守,在相互尊重主权独立的基础上,中国积极发展与一切友好国家之间的交流和合作。中国应继续坚持"与邻为善、以邻为伴"的方针,开展全方位的外交:进一步加强同第三世界国家的团结与合作;在和平共处五项原则的基础上,改善和发展同发达国家的关系;要努力提高对外开放水平,面对经济、科技全球化趋势,以更加积极的态势走向世界,完善全方位、多层次、宽领域的对外开放格局;不仅要与各国建立友好合作关系,而且要与各政党建立多种联系;不仅要与各国政府建立和发展关系,而且也要同各国议会建立和发展关系;不仅与官方建立和发展多方面关系,而且要与民间开展多渠道的交往;在平等互利的基础上,同世界各国和地区广泛开展有贸易往来、经济技术合作和科学文化交流。总之,新世纪的中国将沿着自主合作的道路,与世界其他国家共同走向发展与繁荣。

(三)全面提高综合国力是有效维护国家安全的根本

维护国家的安全要有强大的军事力量,但是单靠军事力量并不能保证国家的长治久安。而

且如果片面追求强大的军事力量,结果可能适得其反。第二次世界大战结束后,美国、苏联冷战40多年,两个超级大国的常规军备竞赛和核军务竞赛愈演愈烈,军事力量特别是核力量似乎成了国家实力的唯一标志。军备竞赛的结果是两个超级大国背上了沉重的包袱,最后造成"一死一伤"的局面。冷战结束后,各国都吸取了美苏冷战的教训,把注意力集中到以科技为先导,以经济建设为重心,以军事力量为后盾的综合国力竞争上来。可以预言,21世纪的国际竞争主要是综合国力的竞争,尤其是高科技和人才的竞争。不断增强综合国力,才是确保国家长治久安的万全之策。

改革开放40多年来,中国综合国力显著增强,经济总量已居世界前列,但是,科技、教育、卫生、文化、社会事业的发展却相对滞后,综合国力与西方发达国家相比还有很大差距。为实现全面建设小康社会这一新世纪的宏伟目标,就要坚持以人为本,树立全面、协调、可持续的发展观;就要深化改革,完善社会主义市场经济体制;就要着力解决经济社会发展中的一些突出问题。可以预见,随着改革开放的不断深入,综合国力的不断提高,中国维护国家安全以及地区与世界和平的能力将会越来越强。

(四)构建周边安全机制,营造睦邻友好环境

目前,中国与周边国家在建立安全机制方面已经取得了一定的成绩。由中国发起并组织成立的"上海合作组织",不仅有效维护了这一地区的和平与稳定,促进了六国间睦邻友好、平等信任、互利合作关系的进一步发展,而且对维护亚太地区乃至世界的和平、安全与稳定提供了一种不同于冷战思维的安全模式,为增进国家间的相互信任开辟了一条有益的途径;中国还积极参与"东盟地区论坛"的活动。在经济领域,通过东盟与中日韩(10+3)和东盟与中国(10+1)合作框架,有力地推动了中国与东盟经济贸易关系的发展。2002年中国和东盟签署《中国-东盟全面经济合作框架协议》,提出到2010年建立中国与东盟自由贸易区。2003年10月,中国加入了《东南亚友好合作条约》,成为第一个加入该条约的非东盟国家,双方决定建立"面向和平与繁荣的战略伙伴关系"。中国与东盟关系的发展对本地区的和平、发展与合作具有重要战略意义,为世界的和平与发展也做出了积极的贡献。东北亚是世界上最重要又是最复杂的地区之一,对中国安全利益具有极其重要的意义,中国积极参与该地区安全机制的建立,以积极的态度表明了中国对在该地区开展安全合作的意愿和决心。特别是在"朝鲜核危机"问题上,通过中国的大力斡旋,有关各方保持了克制的态度,并坐在一起共同寻求通过政治手段解决危机的途径,避免了矛盾的激化。

在安全机制化方面我们还有很多的工作要做,这也是中国今后要努力加强的方面。建立周边安全合作机制应遵循以下原则:一是要尊重亚太地区的多样性,互信是实现安全合作的前提,而相互尊重则是互信的必要条件;二是必须把和平共处五项原则作为建立安全机制的基本准则,要承认国家不分大小、强弱、贫富,都有平等参与亚太地区安全事务的权利;三是采取协商一致的原则,多边安全合作机制建立的目标是谋求区域内所有国家的共同安全,途径是通过对话与合作建立信任。要实现这一目标,贯彻协商一致和求同存异的原则特别重要,也是安全机制能否得以建立的关键。

(五)积极参与和改造国际体系,推动建立国际政治经济新秩序

现行的国际秩序是第二次世界大战结束后,由美国、苏联、英国等国在《雅尔塔协定》的基础上建立起来的。它是大国之间相互斗争与妥协的产物,这是造成国际关系中长期存在不平等、不公正、不合理等现象的主要根源。早在20世纪五六十年代民族解放和民族独立运动高涨时期,亚非拉新兴独立国家就提出了反对国际旧秩序的进步主张。但由于当时的历史条件所限,客观条件尚不成熟,因此收效甚微。到了20世纪80年代末、90年代初,世界格局发生了巨大变化,建立国际经济政治新秩序的问题提到议事日程上来。美国从它的全球战略出发,以海湾战争为契机,在西方世界首先提出了建立"世界新秩序"的构想,意图确立美国在世界范围内的主导地位,联合西方大国主宰国际事务,以美国和西方的社会制度及价值观念改造世界。日本、西欧各国也探讨和研究这一问题,它们与美国在基本立场上相同,分歧在于"新秩序"的主导权是由美国独享,还是由西方"共管"。

20世纪80年代末,中国也提出了自己关于建立世界政治经济新秩序的主张。中国主张应该以和平共处五项原则为基础建立国际新秩序,因为它概括了最根本的国际关系准则,也符合《联合国宪章》的宗旨和原则,反映了新型国际关系的本质特征。中国提出的世界政治经济新秩序主张,符合和平与发展的时代潮流,符合世界多极化、多样化的发展趋势。和平共处五项原则具有强大的生命力,在历史上是经得起考验的,在当今世界也正为大多数国家所普遍接受,其基本精神必将成为国际新秩序的行为规则。

四、新兴领域的国家安全

太空、远海、网络、极地、人工智能等领域高新技术的迅猛发展,使得传统国家安全的"领域"与"利益"大大拓展。博弈与角逐的战场已经向着新兴领域延伸。美国等发达国家为占有新兴领域战略高地,进行了一轮又一轮的明争暗斗。美国一些专家提出了"全球公域"的概念,掀起了新一轮全球公域"圈地运动",其霸权行径昭然若揭。美国把全球公共区域或空间,当作其21世纪安全战略的重中之重,悄然把军事力量部署在这一领域。英国、法国、日本、俄罗斯、印度等国也纷纷效仿美国,纷纷把占据新兴领域战略高地,作为赢得未来战争主动权的关键。

(一)太空作为赢得未来战争优势的战略高点,成为大国激烈博弈的新舞台

在陆、海、空、天、电、网多个作战维度中,谁控制了太空,谁就能占据多维作战空间制高点,就可牢牢把握感知、认知、决策优势。美国等发达国家竭力为本国争夺太空创造条件,载人航天、卫星发射、反导、登月及火星探索层出不穷。研发太空"利器"、锻造太空"精兵",构建军事航天力量体系。太空领域成为各国争夺全球优势的战略高点:一是不断推出并完善太空战略;二是紧锣密鼓组织太空技术研发;三是太空作战力量已成功运用到实战;四是不断强化太空作战力量建设;五是强化太空新型力量实战化训练。

(二)深海开发作为赢得未来战争优势的战略基点,成为各国明争暗斗的新焦点

众所周知,海洋是世界战略资源的重要基地。深海油气资源、可燃冰、砂矿,等等,储量之大远超当今人类需求。从而引发各国不断上演"蓝色圈地"运动。岛屿归属、专属经济区与大陆架划定、海底资源的争夺,特别是对深海资源的竞争成为新焦点:一是适时调整并完善海洋战略与政策;二是研发深海设备与创建深海部队;三是不断研发创新深海技术;四是强化信息融合能力提高海上作战能力。

(三)网络空间作为赢得未来战争优势的战略热点,成为全球激烈竞争的新空间

信息网络技术催生了人类活动新的空间——网络空间。而网络空间直接关乎社会政治、经济、文化、金融等系统正常运转。网络领域已经成为世界各国军事角逐的新空间:一是西方军事强国都有国家网络战略、网络领导机构和网络部队;二是网络空间激烈较量贯穿始终;三是研发网络装备、创新网络技术;四是加强网络领域新型力量演练;五是网络领域实战能力不断提升。

（四）极地领域作为赢得未来战争优势的战略极点，成为多国争相占据的新疆域

许多国家都把极地研究与开发作为国家重要战略。北极地区潜在的可采石油储量有1000亿桶至2000亿桶，煤炭则占到世界总量的9%。北极还有大量的铜、镍，以及金、金刚石、铀等。北极还有鳕鱼，南极有磷虾，这些作为食物不仅数量多而且营养都极为丰富。从军事上来说，北极位于亚、欧、北美三大洲的顶点，有联系三大洲的最短航线，从华盛顿到莫斯科仅6750公里，比欧洲航线近1000公里，地理位置极为重要。地处亚、欧、北美三大洲弧顶位置的北极地区，是一个瞰制北半球的战略制高点和实施威慑的支撑点。冷战时期，美、苏两国就在北极地区部署战略轰炸机和战略核潜艇。为赢得极地竞争优势，掌握极地主动权，不仅美国、俄罗斯、加拿大等极地国家纷纷制定极地战略，而且一些非极地国家也积极参与极地事务。围绕极地领域的国际斗争将日趋复杂激烈：一是制定极地领域战略与规划；二是极地军事力量部署越演越烈；三是普遍加大研发投入；四是建立极地新型力量并进行对抗性演练。

（五）人工智能作为赢得未来战争的战略重点，成为多国竞相研发的新利器

世界主要军事强国将人工智能视为大国博弈的战略重点，采取多种措施积极研发，人工智能在军事领域应用取得重大突破。军事家们认为，人工智能是自互联网诞生以来的重大战略前沿技术，将使未来战争发生全新变革：一是出台人工智能战略规划，从国家战略层面进行整体推进；二是强化人工智能领导机制，推进人工智能向实战转化；三是美国处在人工智能全球领先地位，其他国家也不甘落后；四是美国人工智能研究型人才优势显著，人才培养体系完整；五是美军启动类脑超算长远发展计划。

第三节 国际战略形势

一、国际战略格局的历史演变

国际战略格局的形成是一种历史合力，要求一定的历史条件并形成一定的历史模式。从历史来看，国际格局的演变与大国兴衰、大国争夺霸权的战争，以及两次世界大战之后大国关系协调和重组相关。

（一）以欧洲为中心的国际战略格局

现代国际战略格局的第一次重要演变发生在17世纪初期，其标志是该时期席卷欧洲的三十年战争。1648年《威斯特伐利亚和约》的签订，成为现代国际关系史的开端。和约确立的各国无论大小，无论是战胜国还是战败国，均能以主权国家身份参与国际协议的原则，作为国际关系发展的重要里程碑而载入史册。这一时期，国际关系中的重要特点就是西欧向世界各地的扩张。西班牙、荷兰、英国、法国、葡萄牙等国均以各种形式在世界各地建立殖民地和进行宗教文化渗透，形成了以欧洲为中心的国际"秩序"。欧洲列强因殖民地等问题形成了协约国与同盟国两大军事集团的对峙和战争。第一次世界大战后，形成了"凡尔赛体系"，世界出现了暂时和平。"凡尔赛体系"与华盛顿会议确定的"华盛顿体系"合称为"凡尔赛-华盛顿体系"。到了20世纪30年代，由于德国、意大利、日本等国家经济、军事实力的不断发展，打破了"凡尔赛-华盛顿体系"所建立的平衡，形成了反法西斯同盟国与轴心国之间的对峙和战争。第二次世界大战后，国际关系

发生了新的排列组合,以欧洲为中心的世界格局被打破,世界的中心向美国转移。

(二)以美国、苏联争霸为主要特征的两极格局

第二次世界大战使国际政治经济力量对比发生了深刻的变化。欧洲主要大国综合国力受到了极大的削弱,以致丧失昔日主宰国际事务的能力和地位,欧洲中心地位不复存在。而美国却在战争中得到发展,成了资本主义世界的政治、军事和经济超级强国。苏联虽在战争中损失巨大,但其经受住了考验,成为欧亚大陆强国,美国、苏联两国成为国际政治舞台上两支主要力量。1945年雅尔塔会议达成了若干对战后国际关系产生全局性、持续性、制度性影响的公开的和秘密的协议。这些协议具有美国、苏联合作、划分势力范围的双重特征,从而为战后美国、苏联两极格局的形成奠定了基础。这一时期两极格局的主要特点是:第一,两个超强国家拥有军事实力、经济资源及政治控制力,对全球事务起着支配作用;第二,系统的平衡机制在两极自身,双方的相互核威慑是战略平衡的基础,地区的常规威慑均势是子系统;第三,以美国、苏联为盟主、在意识形态和社会制度上对立的两大阵营,组成了各自的军事集团,拥有各自的势力范围,在分界线上高度对峙,在中立地区和国际化地区保持默契;第四,它们以对方为主要敌手和威胁,保持高度紧张与敌意。

(三)冷战后单极多元的世界格局

20世纪80年代末,东欧剧变、两德统一和苏联解体,两极世界的国际格局随之结束。经过世界各种力量的发展和重新组合,形成了"一超多极"的世界格局,即单极多元的世界格局。单极就是唯一的世界性大国,多元则是若干具有全球性色彩的地区性大国,这是一种介于单极格局与多极格局之间过渡型格局状态。"一超"是指冷战后,美国的地位和影响力虽与第二次世界大战结束时期相比,呈相对衰落和下降状态,但雄厚的实力仍使其成为世界上独一无二的超级大国。无论是在政治、经济、军事、科技实力,还是在文化和外交影响上,它都处于明显的优势地位。"多极"通常意义上是指欧洲联盟、中国、俄罗斯、日本等正在崛起的"大国"构成的世界中心。欧洲联盟、日本具有相当强大的经济、科技实力;俄罗斯仍然是世界上唯一能在军事上同美国抗衡的国家,并有着巨大潜力;中国的经济实力也在迅速增长,国际影响日益增大。

二、国际战略格局的现状

(一)美国欲建立"一超独霸"的单极世界

美国在冷战中取得了对苏联的"不战而胜",成为世界上唯一的超级大国。20世纪90年代以来经济全球化和社会信息化的发展,更使美国经济、科技实力获得了持续增长。美国"一超"地位的确立和经济实力的增长,使冷战后的国际力量对比出现了严重失衡的局面。之所以如此,是因为美国在全球四个具有决定性作用的方面居于首屈一指的地位。在军事方面,它有无可匹敌的在全球发挥作用的能力;在经济方面,它仍然是全球经济增长的火车头,即使它在有些方面已受到日本和德国的挑战(日本和德国都不具有全球力量的其他属性);在技术方面,美国在开创性的尖端领域保持着全面领先地位;在文化方面,美国文化虽然有些粗俗,却有无比的吸引力,特别是在世界的青年中。所有这些使美国具有一种任何其他国家都望尘莫及的政治影响。这四个方面加在一起,正是美国竭力奉行"单边主义",企图建立"单极世界"的内在动因。

(二)欧洲联盟力量日益增长

欧洲联盟是当今世界上规模最大、一体化程度最高的地区经济集团,其具有雄厚的经济、科

技和军事实力,整体经济实力已经超过美国。冷战时期,欧洲是两极对抗的主战场,欧洲联盟依附于美国。冷战结束后,欧洲联盟国家对美国产生了离心力,使美国的盟主地位受到冲击。欧洲联盟正在设法排除各国在政治、外交、防务等问题上的分歧,共同谋求使欧洲真正成为未来多极世界中强有力的一极,争取与美国平起平坐的地位。美国与欧洲联盟之间的关系,正在由过去的盟主与盟友关系,逐步转变为平等的伙伴关系。

(三)俄罗斯力保大国地位

苏联解体后,俄罗斯的实力和国际影响力大大受到削弱,但总体上仍然具有较强的综合国力,尤其在军事力量方面,仍是当今世界上唯一能与美军抗衡的军事力量。原苏联陆军战略机动力量大都部署在俄罗斯境内,原苏联军队的北海舰队、波罗的海舰队、太平洋舰队已属俄罗斯,而黑海舰队的相当一部分也属于俄罗斯,苏联的28 000多枚核弹头(包括战略和战役战术核弹头)中,有19 000多枚在俄罗斯境内,约占67.6%;11 000多个战略核弹头中约8250枚在俄罗斯境内,占总数的75.5%,俄罗斯用军事力量有效支撑其大国地位。俄罗斯为恢复昔日的大国地位也不断调整外交政策,力求在世界和地区事务中发挥其大国的影响力。从发展来看,俄罗斯仍有重新崛起的可能,成为国际战略格局中有重大影响力的角色。

(四)日本走向政治军事大国的步伐加快

日本是世界第三经济大国。从长期的发展来看,日本经济仍将走在世界的前列。但由于历史原因,日本在国际社会的政治军事影响却远未达到其经济上对世界的影响。它在外交上依附于美国,唯美国马首是瞻,亦步亦趋。人们很少在国际问题上听到日本与美国的不同声音。然而,近年来日本通过对内外政策的调整,争取进入联合国安理会常任理事国,与美国签订防务协议、建立战区导弹防御系统,努力扩大国际影响力,走向政治军事大国的迹象明显加快。日本正在试图由经济大国向世界政治大国甚至军事大国转变。尤其是防卫政策的调整,引起了世界人民的关注。但由于日本没有对自己在第二次世界大战中的侵略行径进行深刻反思,"右翼"思潮日渐猖獗等因素的影响,使其在走向政治军事强国的道路上面临主张正义的国家的强烈反对。

(五)中国在国际事务中将发挥越来越大的作用

中国是社会主义国家,也是最大的发展中国家。中国不与任何国家结盟,不干涉别国的内部事务,坚决维护自己的独立和主权,同时也尊重别国的独立和主权。中国一贯坚持和平共处的原则,反对以大欺小、以强凌弱和以富压贫的强权政治,致力于建立公正合理的国际新秩序,是反对霸权主义和维护世界和平的重要力量。中国作为独立自主的政治大国,坚持走具有自己特色的现代化发展道路,这是中国作为多极化世界中独立一极的政治分量所在。

中国已拥有一支数量可观、实力较为雄厚的科技队伍和较为齐全的科研设施,在一些重要的科技领域已接近或达到世界先进水平。中国的国防实力日益增强,能够独立研制各种型号的主战兵器,而且成为世界上少数几个掌握自行设计和制造原子弹、氢弹、运载火箭、卫星等技术的国家之一。随着科教兴国战略的实施,中国的综合国力日益强盛,成为世界上维护和平、反对霸权主义的一支重要力量。

(六)其他国家和国家集团的实力也在增长

目前,世界上有一些国家和地区集团,除印度、巴西、东盟外,还涌现出非洲联盟和南美洲联盟等,其经济的迅速发展带动了综合国力的明显增强,在全球地区事务中的地位和作用日益提高。多极化趋势的发展,增强了广大中小国家参与国际事务的权利,削弱了超级大国控制和左右国际局势的能力,有利于世界的和平与稳定。在新旧格局的长期复杂、曲折的转换过程中,各种力量将呈现出既相互竞争又相互依存,既相互制约又相互借重,既充满斗争又协调合作的多极互动局面。

三、未来国际战略格局的发展趋势

(一)"多极化"将是国际战略格局发展的必然趋势

目前,美国不顾国际战略格局多极化的发展趋势,凭借自己的强大实力,把其意识形态、价值观念、发展模式和社会制度强加于国情不同的世界各国,企图建立美国一家独霸的单极世界。"9·11"事件后,美国更是借反恐之名,趁机对战略地位极其重要的中亚和外高加索地区进行了"历史性"的军事介入并开始施加经济和政治影响。

美国在21世纪的首要目标是要防止在欧亚大陆出现对其构成战略威胁的新对手,从而确保"美国在世界的领导地位"和巩固"既定的世界政治和经济秩序"。同时,以美国为主导的北大西洋公约组织(以下简称"北约")继续东扩,美国依仗自己庞大、先进的军事装备和雄厚的经济实力,正在加紧全方位推行自己称霸世界的全球战略;但是,美国的单极世界之路是行不通的,多极化是必然的趋势。世界经济政治发展的不平衡所导致的均衡趋势,是国际战略格局中两极体制解体并最终走上多极化的根本动因。

(二)国际战略格局中各方关系将日趋复杂化

两极格局解体后,当今世界的主要战略力量都在通过调整对外政策来寻求自己的有利地位,以其他战略力量迅速增长为主要特征的多极化趋势正在发展。美国虽然认为它是"唯一有能力进行全球干预的超级大国",但也开始承认世界多极化的现实。

最近几年来,美国的对外政策也在进行调整,特别是"9·11"事件后,美国出于"反恐"的需要,也在局部调整其外交政策和安全战略。在欧洲,美国一方面积极推进北约东扩,另一方面也开始顾及俄罗斯在原苏联地区的特殊利益。同时,美国还改变了过去只要求欧洲联盟尽"义务"而不给"权利"的做法,开始支持欧洲联盟在维护欧洲安全方面发挥更大的作用。在亚洲,美国开始着手建立美日之间的新型同盟关系,支持日本在参与亚太事务中承担更多的权利和义务。对中国,美国主张采取"全面接触"战略,使中美关系得到一定程度的改善。俄罗斯也在积极调整对外政策,努力恢复其大国地位和作用。俄罗斯坚持其在原苏联地区的"特殊责任和特殊利益",反对北约东扩,并将外交政策的重点逐步转移到亚太地区。欧洲联盟在积极推进欧洲政治、经济一体化的同时,也在加强欧洲自身的防务力量,逐步削弱美国对欧洲的控制和影响。日本为了谋求政治大国和军事大国地位,一方面加强日美同盟关系,另一方面也在积极改善与亚洲国家的关系,并企图在国际和地区事务中发挥更大的作用。中国在加大改革力度、加速经济发展的同时,通过开展灵活的全方位的外交,明显改善了和周边国家的关系,进一步提高了国际地位和国际事务的发言权。

随着冷战后国际形势的发展,经济全球一体化趋势不可避免。当今世界几大力量的地位和关系已经发生了重要变化,随着中国、俄罗斯、日本、欧洲联盟地位的提高,大国间的制约关系显著增强。世界各大国对外政策和战略关系的调整,将使未来国际战略格局呈现新的特征:一是关系复杂化,在多极格局里,世界各大国力量之间将形成交叉关系,各国政策变化取向不确定;二是集团松散化,政治与军事集团内部关系相对松散,各国对外政策独立性增强,因各自利益关系,同盟国和非同盟国之间的距离有所接近;三是外交多边化,多边机构和组织的作用突出,双边关系受多边事务和多边关系的制约日益增大,各国政策将由双边政策为主转向多边与双边政策并重;四是合作区域化,区域化成为新地缘政治的动力,地域和文化的同一性有可能取代意识形态的同一性,地区或次地区经济合作和安全合作将成为重点。

(三)中国在"多极格局"中的地位与作用将愈显突出

作为一个发展中的社会主义大国,中国的和平崛起已经使其成为当今世界维护和平的重要力量。这主要体现在以下四个方面。

1.对霸权主义和强权政治起制约作用

冷战结束后,国际战略格局并没有真正形成美国独霸的单极格局。在各种政治力量的矛盾与冲突中,在中国、美国、俄罗斯和中国、美国、日本等三角关系中,中国起到了平衡与制约作用,并成为抑制霸权主义和强权政治的重要因素。中国之所以能起到这样的作用,除了中国不断增强的综合国力和一贯坚持的反对霸权主义政策、和平共处五项原则外,更重要的是因为中国始终站在第三世界国家一边,永远不称霸,永远不做超级大国。这一正义的立场必将得到世界大多数国家的信任和支持,从而使中国在反对霸权主义和强权政治的斗争中发挥应有的作用。

2.对世界各国尤其是发展中国家的经济发展起示范作用

实行改革开放以来,中国经济持续强劲增长,综合国力极大提高,中国的社会主义现代化建设取得了巨大成就,经济和社会面貌发生了深刻的变化,一跃成为世界第二大经济体。这些成就和变化为世界所瞩目,中国的经济改革也受到了国际社会的普遍关注。加入世贸组织后,中国在世贸组织中扮演着重要角色,是发展中国家中较为愿意与国际贸易接轨的国家之一。中国在经济上的发展成果,可以对其他国家尤其是发展中国家起到十分重要的示范作用。

3.在维护第三世界权益的斗争中发挥重要作用

中国作为一个负责任的大国,为维护第三世界国家的权益进行了不懈的努力和斗争。中国不介入第三世界国家之间的分歧和争端,并积极宣扬通过和平协商求得公平合理的解决方式,防止和避免外来势力的干预和利用。中国还努力推动"南北对话",积极开展同发展中国家的经济交流,大力促进"南南合作"。中国曾先后提出对外援助的八项原则和发展经济技术合作的四项原则。中国高举和平、发展、合作的旗帜,支持独立自主的和平外交政策,坚持走和平发展道路,广泛开展友好交往和互利合作。中国坚决维护第三世界国家权益的主张和行动,受到了第三世界国家和人民的高度赞扬。

4.在21世纪世界治理中起到引领作用

当今世界格局的不确定性,不同利益和不同价值取向,促使世界秩序的分化和重组加速向前,世界旧秩序难以维系,需要尽快建立世界新秩序。中国提出的"共商共筑人类命运共同体"主张,在反全球化、逆全球化和贸易保护主义的阴霾中给世界带来了信心和希望。中国主张的世界新秩序是基于全世界人民的共同认同、包容和共享的新秩序,绝不是只约束别国、排他性政治思维;是促进经济全球化和贸易平等、机会平等、权利平等、规则平等的新秩序,绝不是贸易保护主义、关税壁垒和带有歧视性秩序;是倡导主权平等、伙伴关系、经济平等、安全格局、文明交流、生态共建共享、持久和平、普遍安全、共同繁荣、开放包容的新秩序,绝不会因一国的"绝对安全"而引发世界局部战乱和动荡。中国的国际秩序观和国际治理观已上升到构建合作共赢的新型国际关系和人类命运共同体的治理思维,这无疑将在21世纪的世界治理中发挥引领作用。

【知识拓展】

人类命运共同体

能力训练

1. 试述当前国际战略环境的主要特征。
2. 国际战略格局的含义是什么？其构成要素与结构类型包括哪些？
3. 简述国际战略格局的现状。
4. 国际战略格局的发展趋势是怎样的？
5. 面向21世纪的中国国家安全战略的主要内容是什么？

第三章 军事思想

本章导读

军事思想是军事理论科学的重要组成部分,在军事科学中居首要地位。它不仅是指导军事学术、军事技术、军事运筹学的理论基础,而且是国防建设、军队建设、武器装备发展和未来战争的指导思想。

本章主要介绍军事思想的含义、军事思想的形成和发展、外国军事思想、中国古代军事思想、当代中国军事思想等内容。

学习目标

了解军事思想的形成与发展历程,了解外国代表性军事思想,熟悉我国军事思想的主要内容、地位作用和现实意义,理解习近平强军思想的科学含义和主要内容,使学生树立科学的战争观和方法论。

第一节 军事思想概述

一、军事思想的含义、分类和基本特征

(一)军事思想的含义和分类

1. 军事思想的含义

军事思想是关于战争、军队、国防等问题的理性认识,通常表现为国防与军队建设、战争准备与实施的指导理论与原则。军事思想是军事科学的重要组成部分,属于社会意识形态,受世界观和方法论的制约,具有鲜明的政治性。

2. 军事思想的分类

(1)按时代划分,军事思想可分为古代军事思想、近代军事思想、现代军事思想等。

(2)按阶级划分,军事思想可分为封建地主阶级军事思想、资产阶级军事思想、无产阶级军事思想等。

(3)按地域划分,军事思想可分为东方军事思想、西方军事思想等。

(4)按国别划分,军事思想可分为中国军事思想、美国军事思想、俄罗斯军事思想、法国军事思想等。

(二)军事思想的基本特征

1. 深刻的实践性

军事思想源于军事实践,又给军事实践以理论指导。战争和军事实践是检验军事思想正确与否的唯一标准。军事思想是否具有真理性,要通过实践,把它与客观实际联系起来,看它是否

与客观实际相符合。战争和军事实践的不断发展,推动着军事思想的不断发展。军事思想在指导军事实践的过程中,正确的将得到肯定,不完善的将得到补充,错误的将被否定,过时的将被淘汰。同时,战争和军事实践不断为军事思想提出新课题,推动着人们去研究。这些因素必然引起军事思想的发展变化,而这种发展变化必然为军事思想注入新的生命力。

2. 鲜明的阶级性

军事思想作为战争规律的理论概括,必然打上鲜明的阶级烙印。军事思想产生并存在于社会,必然涉及社会的政治、经济、科学技术、文化教育,特别是意识形态等各个方面。人们为了各自阶级的利益所奉行和推崇的军事思想,必然要反映各个阶级对战争和军队建设的认识和立场。国家是阶级统治的工具,军队是国家政权的主要成分,因而,任何国家占统治地位的军事思想都是统治阶级的军事思想,它必然要服从并服务于本国的政治和统治阶级的利益。因此,不同阶级、国家或政治集团必然有不同的军事思想。

3. 强烈的时代性

从总体上来说,时代是根据一定的政治、经济、文化、科技状况划分的历史时期,任何一种军事思想都有它产生的时代背景,也必然要受到所处时代的影响。迄今,人类经历了两大战争时期,即冷兵器时期、热兵器时期;经历了四个历史时代,即游牧时代、农耕时代、工业时代、信息时代;经历了和正经历着五大战争形态,即木石化战争形态、金属化战争形态、火器化战争形态、机械化战争形态、信息化战争形态。同时,与这些时代背景和战争形态相适应的军事思想也应运而生。

4. 明显的继承性

这里所说的继承,是指对传统的军事思想和军事遗产中具有真理意义的原理、原则,以及宝贵经验的保留和借鉴。这是由战争和军事的统一性(共性)决定的。由于战争和军事的变动性和多样性,这种继承也不是静止的继承,而是在运用和发展中继承的。历史上许多优秀的军事家和军事理论家,之所以能够创造出伟大的军事思想,一方面是由于他们有丰富的战争和军事实践经验;另一方面是由于他们大量地借鉴了前人和别人的军事思想,深刻地研究了大量的战史和战例,总结了多方面的战争经验。许多军事思想家都认为,战史是最好的教科书。必须指出的是:军事思想的继承,不是采取教条主义的态度对传统的军事思想照搬照套,而是从现代战争的实际情况出发,灵活运用,去其糟粕,取其精华,注入新的时代内容,创造性地加以运用和发展。

5. 不断的创新性

军事思想是一定历史发展阶段的产物,社会生产力的不断提高和科学的飞速发展,要求军事思想在继承历史上一切优秀遗产的基础上,不断地有所创新和发展。一时先进的军事思想,随着社会的进步和科学的发展会逐渐变得落后了,如果不创造新的先进的思想来代替旧的落后的思想,就不能正确认识和解决现实问题,墨守成规就会打败仗。战争指导者正是认识到了这一点,所以就不断创新军事思想。从游牧时代的徒手作战到农耕时代的冷兵器作战,再到工业时代的半机械化、机械化作战,直至信息时代的信息化作战,军事思想有过无数次创新。这种必然的不断的创新,形成了军事思想的重要特征。

二、军事思想的形成和发展

(一)古代军事思想

原始社会末期和奴隶社会初期,战争开始频繁发生,这促进了奴隶主阶级军事思想的萌芽。人类进入奴隶社会后,战争的规模、样式、性质、作用等发生了根本性变化。战争开始具有鲜明的政治目的,成为政治斗争的工具,并有了专门的军队组织和相应的军事制度,战争的规模也越来越大。与此同时,战争决策已涉及战前力量的组织与准备,并有了心理战和间谍战等。正是这些客观情况的发展变化以及历次战争经验的积累,使得人们对战争和军队建设的认识由感性逐渐上升到理性,从而产生了最早的军事思想,即奴隶主阶级军事思想。其主要代表著作有《希腊波斯战争史》《伯罗奔尼撒战争史》《军政》《军志》《周易》等。

随着生产力的发展和社会制度的变革,军事方面的许多因素发生了变化。铁制兵器代替了石制兵器和铜制兵器,实行了征兵制和募兵制,单一兵种发展到了步兵、骑兵并进。封建社会比奴隶社会更为先进的社会政治、经济、军事,为封建地主阶级军事思想的发展打下了坚实的基础,人们对战争和军队的认识有了更大的提高。与此同时,反映当时军事思想的一大批兵书相继问世。其中,最杰出的代表著作就是被称为世界兵书"鼻祖"的《孙子兵法》。这些杰出的军事著作基本上概括了冷兵器时代一般战争的战略战术、战争理论和原则,揭示了战争的本质、起源、战争与政治、经济、外交、自然条件等因素的关系等,体现了朴素的辩证法和唯物主义思想。

封建地主阶级军事思想对战争起源的认识,已从"自然存在"上升到由"争名、争利、仇恨、内乱、饥荒"等社会原因而引起的层次,具有朴素的唯物主义思想。封建地主阶级军事思想对战争的性质有了正义与非正义之分,提出了战争是镇压暴乱和制止不义行为的有利手段。封建地主阶级军事思想对战争和军队的重要性,有了"兵者,国之大事,死生之地,存亡之道,不可不察也"的认识,提出了"慎战"的思想。在军队建设方面,封建地主阶级军事思想揭示了"以治为胜"和"以教为先"的思想,重视军队的作战训练,重视选拔"将才"。在作战指挥方面,封建地主阶级军事思想提出"知彼知己,百战不殆""不战而屈人之兵""兵贵胜,不贵久""多算胜,少算不胜"的思想,要求做好充分的战前准备。在后勤保障方面,封建地主阶级军事思想初步确立了经济是战争的物质基础的思想。例如,《孙子兵法》提出"军无辎重则亡,无粮食则亡,无委积则亡",《孙膑兵法》提出"坤垒无其资,众恐,可败也"。同时,封建地主阶级军事思想还提出多备财物的最好办法是利用敌人的所有财物,从而丰富和发展了"以战养战"的思想。

【知识拓展】

三十六计

(二)近代军事思想

近代军事思想发展的总体特征,一是资产阶级军事思想体系得到确立,二是以马克思主义军事理论为代表的无产阶级军事思想宣告诞生。

资产阶级军事思想产生于欧洲,大约经过了3个世纪的时间,随着资产阶级革命战争实践而逐步形成,并随着战争的发展而发展。15世纪与16世纪之交的文艺复兴时期,欧洲出现了近代军事思想的萌芽,主要代表作是意大利思想家马基雅维利于1521年发表的《论军事艺术》。17世纪,英国爆发了具有世界影响的资产阶级革命。资产阶级革命打破了封建地主阶级的生产关系,极大地解放了生产力,使经济得到很大的发展。资本主义制度建立后,英国实力倍增,开始在北美、亚洲、非洲进行野蛮掠夺殖民地的战争。英国经济的发展、科学技术的进步、社会思想的前进,极大地推动了资产阶级军事思想的发展。

无产阶级军事思想作为一种崭新的军事思想体系,也是在近代确立的。1848年至1849年,无产阶级以特殊身份参加了欧洲资产阶级革命。在这场大革命中,一方面,无产阶级与资产阶级共同反对封建地主阶级的统治,推翻封建制度;另一方面,无产阶级在革命中举行了反对资产阶级的大规模起义。马克思和恩格斯及时总结了无产阶级斗争的经验,并发表了相关文章和评论。这些文章和评论,对人民战争、战争与政治的关系、战略战术和武装起义的思想进行了阐述,体现了马克思和恩格斯早期的军事思想。19世纪中后期,为适应当时工人运动发展的需要,迎接即将到来的无产阶级革命,马克思和恩格斯针对这些战争和起义撰写并发表了数百篇文章及评论,系统地阐述了关于战争、军队和作战指导方面的基本思想,形成了马克思主义关于战争、军队和作战理论的军事思想体系。他们运用辩证唯物主义和历史唯物主义理论确立了军事问题的认识论和方法论的科学原则,创立了马克思主义军事理论,建立了关于城市工人武装起义、无产阶级军队和人民战争及其战略战术原则的学说,为无产阶级军事科学奠定了理论基础。

【知识拓展】

克劳塞维茨与《战争论》

(三)现代军事思想

从19世纪后期到第二次世界大战结束,是资产阶级军事思想丰富和发展的时期。19世纪末到20世纪初,资本主义经济得到了迅速发展,许多新技术被应用于军事领域。新技术的运用必然导致作战理论和作战原则的重大变革。与此同时,战争的规模越来越大,战争对经济的依赖程度越来越大,卷入战争的人员也越来越多,国际政治、经济、外交斗争也日益复杂和激烈。这些重大变化推动了资产阶级军事思想的发展,致使这一时期相继出现了"制空权"理论、"小型职业化军队"理论、"机械化战争"理论、"坦克制胜"理论、"总体战"理论等。其中,"总体战"理论为希特勒发动第二次世界大战奠定了军事理论基础。

20世纪,无产阶级军事思想也在世界范围内蓬勃发展。列宁在领导俄国十月革命和反对帝国主义武装干涉的战争中,创立了关于战争与革命、武装起义和建设工农红军、实行全民战争等无产阶级的军事理论和军事思想。斯大林在反对法西斯侵略、捍卫无产阶级政权和国家现代化建设的过程中,继承和发展了马列主义的军事理论,建立了苏联军事思想体系。其他国家的无产阶级政党在领导本国人民的革命武装斗争中,创立了各具特色的军事思想。毛泽东把马列主义军事理论与中国革命实践相结合,创立了具有中国特色的毛泽东军事思想,这一军事思想成为指导中国革命战争、军队建设、国防建设不断走向胜利的理论武器和行动指南。毛泽东军事思想中的人民战争思想、人民军队思想、人民战争的战略战术思想、国防建设思想和关于战争论、方法论的学说,不但深刻揭示了中国革命的特殊规律,而且反映了军事领域的一般规律,是无产阶级军事思想史上的一座里程碑。

第二节 外国军事思想

冷战结束后,美国、俄罗斯、日本、印度、英国、德国等国大力推进新军事变革,积极创新军事理论,工业时代的军事思想加速向信息时代的军事思想转变。这些国家有关信息时代的安全、战争、军队、作战、训练等问题的新思想或新观点,主要体现在国家安全战略报告、防务审查报告、作战条令等相关文件中。概括起来,主要包括以下几个方面的内容和基本特点。

一、外国军事思想的内容

(一)新安全思想

冷战结束以来,外国安全思想发生了重大变化。在威胁判断上,普遍强调国际安全环境的不确定性、突然性和多变性,不仅重视传统威胁,而且重视跨国犯罪、恐怖主义、极端主义、毒品走私等非传统威胁。在国家安全问题上,强调信息时代的国家安全不仅包括军事安全,还包括信息安全、经济安全、科技安全、政治安全和文化安全;不仅强调通过军事竞争实现安全,而且强调通过加强军事交往与军事合作实现安全。因此,美国通过颁布《国家安全战略报告》,提出了"超越遏制""参与和扩展""反恐怖""巧实力"等新安全思想;俄罗斯通过发表《国家安全构想》,首次提出了"综合安全"思想;日本通过发表《日本安全保障与防卫力量的应有姿态——展望21世纪》《面向未来的安全保障与防卫力量构想》《安全保障与防卫力量恳谈会报告》等咨询报告,提出了"统合安全保障""多层次合作安全保障"等新安全思想;印度提出了"军事谋安全""经济保安全""合作安全"等新安全思想;德国通过发表《国防白皮书 1994》《国防白皮书 2006》等文件,提出了"外向辐射""网络化安全"等新安全思想;英国通过颁布《国家反恐战略》《英国国家战略:相互依赖世界中的安全》《国家反恐战略 II》等文件,提出了"预防、追踪、保护、准备"等新安全思想。

(二)新战争思想

在信息时代,由于传统威胁和非传统威胁相互交织,国际国内各种政治力量矛盾错综复杂,导致战争动因更加复杂,战争的可控性增强,战争的目标、规模和手段都严格地受到政治的控制;战争由陆地、海洋和空中三维空间扩展到太空、信息、网络等六维空间,太空战、信息战和网络战将成为决定未来战争胜负的重要作战样式;进行战争不再是民族、国家或国家集团的专利,非国家行为体、非政府组织、跨国公司、恐怖集团也同样能够发动战争;由于战场透明度加大和各种精确制导武器的发展,战争的附带损伤将越来越小,地形、气候等地理因素对战争进程的影响将大为减弱。根据信息时代战争的这些基本特征,美国、俄罗斯、印度等国提出了"高技术战争""信息战争""非正规战争""混合战争""非对称战争""非接触战争""第六代战争""有限战争"等新战争思想,并用于指导本国的国防建设、军队建设和战争准备。

(三)新军事战略思想

国家军事战略是平时和战时分配和运用军事力量达成国家安全战略和国防战略目标的艺术和科学。在信息时代,如何根据变化了的安全和作战环境,恰如其分地分配和运用国家军事力量达成国家战略目标,是外国军事思想必须考虑的重要问题。总的来看,外国军事战略在指导方针上,既强调进行核威慑和常规威慑,又要求在特定情况下发动"先发制人"的军事打击;在手段运用上,既要求充分运用"硬实力",同时又要求运用"软实力";在核威胁判断上,认为爆发核大战的可能性越来越小,但由于核技术与核武器扩散严重,发生小规模核袭击和核攻击的可能性在不断增加。根据对冷战后国际安全环境、自身面临的威胁和未来战争类型的判断,美国先后提出了"地区防务""灵活与选择参与""塑造、反应、准备""确保、劝止、威慑、战胜""保护、预防、战胜""新三位一体""平衡"等防务战略思想;俄罗斯提出了"综合回应""非对称回应""有效核遏制""初战即决战"等军事战略思想;日本"联盟""拓展""拒止"等军事战略思想渐趋成型;印度提出了"惩戒威慑""劝诫威慑""可靠的最低限度核威慑""远洋进攻"等军事战略思想;德国提出了"全方位防御"军事战略思想;英国提出了"有限核威慑"军事战略思想。

(四)新作战思想

信息时代的到来和信息技术被广泛用于军事领域,引起作战样式和战争形态发生根本性变化。外国新作战思想认为:信息时代的所有作战行动都是联合作战或联合行动,任何单一军种都难以完成联合作战或联合行动任务,工业时代的军种部队最终要转型为信息时代的联合部队。在作战目的上,将不再一味谋求大量歼灭敌有生力量和攻城略地,而是通过直击敌方政治、军事、经济中心,消耗敌人战争潜力,震慑和摧毁其战争意志,力求以最小代价换取较大效果。在作战方式上,将改变以往线式作战、对称性作战等方式,转而采取"非线式""非对称"作战方式,实施体系对抗、结构破坏。在作战空间控制上,不仅重视夺取和保持制空权、制海权,而且更加注重争夺制天权和制信息权,将信息战、太空战、心理战、网络战、特种战等,由以往的支援性、辅助性作战行动转变为独立的、重要的作战样式。在作战程式上,主张放弃工业时代的兵力集结、部署—逐次突破推进—最后举行决战等程序化行动方法,转而采用探明敌情—部队进入—实施打击—夺取或摧毁关键目标,以及决战、信息作战和作战保障同时展开的"平行作战"方法。在作战手段上,不再以大面积、高毁伤的粗放式作战为基本手段,而是以"点穴式"、高效能的精确打击为主要手段,避免造成大量附带损伤。在兵力编成上,由以往按级编组的固定庞大的军种建制部队编成方式,改变为在尽可能低的层次上编组联合部(分)队和常备联合特遣部队。在作战部署上,由过去的集中部署和使用兵力,改变为分散部署和使用兵力,共享态势感知和集中作战效果。在指挥协同上,由以往预先制订周密计划的计划协同为主,转变为随机临时制订计划和各级联合互动制订计划的临机协同为主。在作战保障上,强调综合运用军事和非军事手段及本国和盟国甚至非政府组织的资源,缩短作战准备时间,提高作战保障时效,并由以往各军种自我保障为主的粗放式保障,转变为诸军兵种一体化的精确保障。根据信息时代战争的这些基本特征,美国提出了"联合作战""信息作战""太空作战""网络中心战""快速决定性作战""基于效果作战""感知和响应后勤"等20余种新作战思想;俄罗斯提出了"战略性空天战役""维和战役""网络破袭战""特种反游击"等新作战思想;日本提出了"伴美干预""领域防卫""联合快反"等新作战思想;印度提出了"冷启动""攻势防御"等新作战思想;德国提出了"任务式指挥""网络化作战指挥"等新作战思想;英国提出了"攻势作战"新思想。

(五)新军队建设思想

随着冷战的结束和信息时代的到来,外国军队建设思想也在发生革命性变化。这些变化大致可以归纳为"基于能力、国家统筹、信息主导、系统集成"。"基于能力",就是将过去"基于威胁"的国防和军队建设规划模式改变为"基于能力"的模式,即不是以对手可能是谁、战争可能在哪里发生为基础,而是以对手可能具有什么能力、可能以何种方式作战为基础,以作战能力需求牵引军队的建设和发展。"国家统筹",就是强调军队信息化是国家信息化的重要组成部分,要求把国防与军队信息化建设战略规划纳入国家决策范畴,由中央政府统一筹划,充分利用国家信息资源,加速推进机械化军队向网络化军队的转变。"信息主导",就是确立"以信息为基础"建设军队的新思想,让"信息主导军队建设的方方面面",把军队建设的着眼点放在"看得见""联得通""传得快""打得准"上。"系统集成",就是通过网络化建设,使战场感知、指挥控制和精确打击三个职能领域实现无缝隙链接,共享情报信息,最终形成信息优势、决策优势和作战行动优势。根据自身对未来作战环境和战争需求的理解,美国在军队建设方面提出了"基于能力""概念驱动""模块化部队""联合训练""全谱作战训练"等新思想;俄罗斯提出了"军事转型""协调发展""创新型军队"等新思想;日本提出了"合理、高效、精干""多能、弹性、有效""软实力""硬实力"等新思想;印度提出了"基于威胁建军""基于联合建军""基于信息建军""一体化作战群"等新思想;德国提出了"军事转型"新思想;英国提出了"网络赋能"新思想。

二、外国新军事思想的基本特点

冷战结束后,外国新军事思想虽然因各国安全环境、战略目标、自身实力等因素不同而有所差异,但仍有一些共同的基本特点。

(一)服从和服务于国家安全战略

军事是手段,政治是目的,军事服从并服务于政治。在主权国家,国家安全是最大的政治,因此也是军事思想的风向标。无论是美国还是俄罗斯,无论是日本还是印度,其军事思想的创新与发展,都是在其安全战略的指导下进行的。

冷战刚结束时,美国提出了"超越遏制"安全战略和确保美国独立自由地生存、经济健康成长、世界稳定而安全、与盟国和友好国家保持健康而充满活力的合作关系等安全战略目标。根据"超越遏制"战略的要求,老布什政府适时提出"地区防务"军事战略和"联合作战""前沿存在"等作战思想,从军队建设、兵力部署、战争准备等方面强化美国军事力量,确保顺利达成美国安全战略目标。

在俄罗斯提出"以发展保安全"的综合安全观和"国防与经济和社会保持协调与可持续发展"的战略目标之后,俄罗斯军队根据国家安全战略思想的要求,提出了国防与社会经济协调发展、根据威胁实施军事转型、用"效费比"原则提升建设效益、建设创新型军队等发展理念,把国家安全战略思想贯彻到军队建设的各个方面,确保国家安全战略目标的实现。

(二)具有鲜明的时代特征

冷战后外国新军事思想的最显著特征是其时代性,主要表现在两个方面。

一是冷战后时代特征。和平与发展成为世界的主流,合作多于对抗,美国、俄罗斯两国所面临的严重现实威胁消失,世界处于前所未有的安全环境之中。根据变化了的国际安全环境,美国把种族敌视、民族抗衡、宗教关系紧张、武器不断扩散、个人野心、极权主义等引起的地区性冲突,作为威胁其国家利益的主要威胁,有针对性地提出了"超越遏制"和"地区防务"战略;俄罗斯则将苏联时期的战略扩张转变为战略收缩,重点研究战略防御问题,主要考虑如何以有限的力量尽可能多地捍卫国家安全与国家利益,备战基点开始由大规模战争转向局部战争与武装冲突;日本、印度、德国、英国等国也对本国军事思想做了相应的调整。

二是信息时代特征。高新技术特别是信息技术越来越多地用于军事领域,不仅大大地提高了作战效能,而且从根本上改变了作战方法、作战方式和战争形态。根据这些变化,美国于20世纪90年代中期创立了"信息作战"理论,提出必须实施军事欺骗、心理战、电子战、计算机网络战、作战保密等作战行动,首先夺取信息优势,为实现全谱优势和战争的最后胜利创造条件。21世纪初,美国又创新了"网络中心战""太空作战""网空作战"等作战理论,为发展全球信息栅格、传感器网络、指挥控制网络、交战网络和太空攻防作战装备,打造一支网络化、陆海空天一体化的美国军队提供了有力的理论支撑。俄国密切跟踪世界军事发展,在借鉴国外信息战、网络中心战等思想的基础上提出了网络破袭战、信息—突击战役、信息—心理战等新作战概念,用于指导军事转型。日本、印度、德国、英国等国也提出了适应信息时代战争需要的新思想和新理论。

(三)着眼体系对抗

冷战后外国新军事思想认为,现代战争是体系与体系的对抗,作战双方通过破坏对方体系的完整性和保护己方体系的完整性夺取战争的胜利。从国家层面上来讲,战争体系包括政治、经济、军事、外交、领土、人口等国家力量要素,是一个国家的综合力量。从军队层面上来讲,作战体系包括兵种部队、武器装备、指挥控制结构、既定战场、国防基础设施等,是军队遂行作战行动的基本要素和能力。现代战争就是作战双方综合运用战争体系和作战体系力量的较量。

体系对抗思想要求用大系统的思维来筹划军队建设和运用作战力量。在作战力量建设上,强调把战场预警、指挥控制和精确打击三个作战职能领域建成无缝链接的大系统;在武器装备上,要求提高信息化和标准化程度,努力实现互联互通互操作,减少作战保障痕迹;在战场准备上,要求建设信息能够横向纵向高速流动、陆海空天电一体的数字化战场;在部队结构上,要求陆海空军兵种部队平衡发展,同时组建太空作战、网络空间作战等新型兵种部队和常设联合部队指挥部与常设联合特遣部队;在作战力量运用方面,把作战力量看作是由各军兵种力量组成的大系统,不仅要求陆军、海军、空军部队弥合军种缝隙,实现一体化联合作战,而且要求把联合范围扩展到国防部与其他政府部门之间、军队与地方之间、本国军队与外国军队之间,其目的就是要把所有力量要素整合成为一个有机联系的一、没有缝隙的作战体系,不给敌人可乘之机。

(四)具有明显的继承性

冷战后外国新军事思想是冷战后外国军队军事创新的成果,是对新的历史条件下国防建设和军事行动新特点、新规律的探索与总结,虽不同于传统的军事思想,但却与传统的军事思想有着千丝万缕的联系,具有明显的继承性。

美军是一支具有创新文化、提倡创新思维、鼓励创新行为的军队,冷战后提出了"非正规战争""联合作战""快速决定性作战""网络中心战"等许多新作战思想。这些新作战思想既是对信息时代战争新特点、新规律的探索与总结,也是对美军"有限战争""低强度冲突""空地一体战""两栖作战"等理论的继承和发展。冷战结束后,日本为实现争做"世界政治大国"的战略目标,提出了"多层次合作安全保障"战略和"联盟""拓展""拒止"军事战略思想,不仅反映了日本对新安全环境、历史地位和地缘条件的新认识,而且体现了日本军事思想的外张性传统,是日本"岛国根性"的再度张扬。冷战后,为实现"争做世界一流大国"的战略目标,印度提出了"新地缘安全观""新军事安全观""冷启动""攻势防御"等军事思想,不仅反映了印度在新的历史条件下对国家安全问题的新看法,而且表现出对英国殖民者安全观和本土战略思想的全面继承和发展。

(五)具有一定的开放性

外国新军事思想是当代军事活动的客观反映,是带规律性的东西,但它又是随着客观事物的发展变化而变化的,不是一成不变的。因此,外军在强调军事战略、作战条令、训练条令等文件的权威性、指导性和规定性,要求部队遵照执行的同时,也为修改、发展和完善它们预留了空间。

美军的每本联合条令,在序言中都有这样一句话:"本出版物的指导具有权威性。因此,应遵照执行,除非根据指挥官的判断特殊情况不允许这样做。"这最后一句话,说明该条令不是包罗万象、尽善尽美的,还有例外情况和需要改进的余地。美军联合作战概念体系架构已经比较完善,但这并不意味着这个架构会一成不变。美军规定,新概念颁布 18 个月后,要进行全面评估,并在此基础上对该概念进行修改。如果评估结果表明该概念符合预想情况,体系结构基本可行,就进一步深化和完善。否则,就放弃该概念或修改不合理的体系结构,而不论这个概念或体系结构是谁提出来的,是由谁批准的。

开放性也是俄国军事思想的重要特点。俄军的开放性包括对外对内开放两个方面。对外开放,就是广泛吸收和接纳国外军事理论发展的最新成果,为俄罗斯军事理论创新提供丰富的营养。对内开放,就是军事理论研究不再是军事部门的专利,允许各种非官方军事学术组织研究军事理论,拓展学术界认识军事问题的视野和高度,为军事思想发展注入新的活力。

各种军事理论观点的争鸣与交锋,为认识军事问题提供了丰富的营养和多维的视角,有助于增强军事思想的科学性、合理性和适用性,也为军事决策提供了可选择性。

(六)具有较强的规范性

外国军事思想创新提倡百花齐放、百家争鸣,不管是将军还是士兵,都可以适当的形式阐述自己的创新性观点。当一种新思想、新观点、新术语一出现时,任何人都可以发表不同的或相同的见解,对其进行修正或完善。但当这种思想、观点或术语被官方接受后,就以官方文件或法规的形式对其加以规范,要求遵照执行。

美国参谋长联席会议于20世纪90年代陆续制定了1-6系列,包括战略、战役、战术三级的联合作战条令。接着,就用联合作战条令规范各军种的作战条令。从形式上来看,各军种作战条令都按联合作战条令模式划分为战略级、战役级、战术级3个层次和人事、情报、作战、后勤、计划、C4"系统等六七个系列(空军除外),并且放弃了军种作战条令原来的编号方式,而统一采用联合作战条令的编号方式。从内容上来看,各军种根据联合作战的要求,逐步更新军种条令,使之由强调单一军种作用向重视联合作战方向转变,在军种作战条令与联合作战条令发生冲突时,要求以联合作战条令为准。20世纪末21世纪初,美国相继提出了"行动中心战""知识中心战""网络中心战"等前瞻性作战理论。经过一段时间的发展,美国最后确定采用"网络中心战"理论,并且以向国会的报告、四年防务审查报告、军队转型路线图等文件形式对其加以规范,使"网络中心战"理论成为全军认可和共同开发的未来作战理论。

(七)具有一定的前瞻性

由于现代科学技术特别是信息和网络技术飞速发展,危机爆发突然,作战对象、作战地点和作战方式很难确定,现代战争存在着不可重复性。因此,外军作战理论创新、军队建设、教育训练等都应着眼于如何打赢下一场战争,而不是如何重复上一场战争。

美国无论是在创新作战理论上还是在设计军队建设上都特别着眼于未来。在作战构想创新上,美国一般前瞻15~20年,如1996年提出的《2010年联合构想》和2000年提出的《2020年联合构想》。在作战概念创新上,美国一般前瞻8~15年,如2003年提出的《联合作战概念》。在军队建设上,美国一般前瞻30年,如美国国防部在2001年向国会提交《网络中心战报告》时,就计划到2030年全面建成网络化部队。此外,美国对可能出现的新作战样式十分敏感。当海湾战争首次出现"信息作战"的萌芽时,美国立即抓住信息时代战争这一独特的作战样式,组织人力物力进行前瞻性研究,在较短时间内陆续写出了军种和联合信息作战条令,形成了比较完善的信息作战理论体系。

俄国在作战理论研究方面也具有较强的前瞻性和独创性。例如,"非对抗回应"理论和"网络破袭战"理论,就为信息时代后发国家克敌制胜探索了可能的途径;科科申等人关于创新型军队的理论,不仅从技术层面,而且从战术层面,预见到了作战方式的根本性变化,从而提出彻底跳出现行军队建设思路,超前设计未来军队的结构和能力,以期实现军队的创新型发展。

第三节 中国古代军事思想

中国古代军事思想,是从公元前夏朝建立到1840年鸦片战争以前,中华民族的军事家、军事理论家对军队和战争规律的理性认识,其产生和发展具有自己的特定历史条件。中国古代军事思想的内容是极其丰富的,现从几个大的方面简要概述。

一、战争的性质和作用

战争是人类有私有财产和阶级分化的产物,是常见的一种社会现象,我国古代军事思想家有许多精辟的论述。春秋时代的孙武说:"兵者,国之大事,死生之地,存亡之道,不可不察也!"战争是怎样产生的呢?战国时代的吴起认为,有五种原因可能引起战争:"一曰争名,二曰争利,三曰积恶,四曰内乱,五曰因饥。"那么,战争有什么作用呢?《尉缭子》说"故兵者,所以诛暴乱,禁不义也",认为战争是镇压暴乱、制止不义行为的有力手段。《司马法》更进一步提出了"以战止战"的思想,写道:"是故杀人安人,杀之可也;攻其国爱其民,攻之可也;以战止战,虽战可也。"有的把战争区分为"义兵"与"不义之兵","得道"之兵与"失道"之兵,在一定意义上说,上述论点已经触及战争的本质。

关于战争与政治的关系,《尉缭子》明确指出:"兵者,以武为植,以文为种;武为表,文为里。能审此二者,知胜败矣。"《司马法》提出:"正不获意则权,权出于战。"这就更进一步说明了战争是政治的特殊手段的继续。

关于政治对战争的作用问题,《淮南子》讲:"兵之胜败,本在于政。"《商君书》讲:"凡战法必本于政胜。"《韩非子》说:"治强不可责于外,内政之有也。"《淮南子》还讲:"为存政者,虽小必存;为亡政者,虽大必亡。"《孙子兵法》指出:"善用兵者,修道而保法,故能为胜败正之政。"这些论点都说明了政治是决定战争胜负的首要因素,但也绝不能忽视军事。孔子说"有文事者,必有武备;有武事者,必有文备",就是指搞政治斗争,必须有军事做后盾;搞军事斗争,必须以政治做基础,才能做到"文武尽胜。"因此,对政治和军事的关系,任何片面的理解都是有害的。

二、将帅修养

古人很早就认识到将帅在战争中的重要作用,提出了"英雄者,国之干","治国安家,得人也",并规定了反映新兴地主阶级政治要求的选将条件,从不同角度强调了将帅修养的标准。《孙子兵法》对将帅的要求是:"将者,智、信、仁、勇、严也。"汉初的隐士黄石公所著《三略》,在强调将帅要选贤任能的同时,从正反两个方面对将帅提出了要求,认为一个良将必须具备十二能:能清、能静、能平、能整、能受谏、能听讼、能纳人、能采言、能知国俗、能图山川、能表险难、能制军权。他还十分强调将帅以身作则的表率作用,认为"必与士卒同滋味而共安危","以身先人,故其兵为天下雄",这些对后世的影响很大。宋代官修兵书《武经总要》在论述选将标准时,除重申了"智、信、仁、勇、严"五才必须具备外,还要求必须具备"五谨",即"理、备、果、戒、约"。理是指调度有方;备是指居安思危,常备不懈;果是指临敌果敢,临机果断;戒是指胜而不骄,持身严谨;约是指军令简明易懂,不搞繁文缛节。

将帅是带兵打仗的人,除具备良好的政治修养和个人的品行外,更重要的是才干,是指挥艺术。在古代军事思想中还特别强调了将帅要德才兼备,智勇双全。如《武经总要》提出,"夫大将受任，必先料人，知其才力之勇怯，艺能之精粗"，以便"所使人各当其分"，并说"为将之道，智勇贵兼全。弓马便捷，所向无敌，勇也。计算深远，无所遗失，智也。智勇双全而后可以建功业。勇而无智，一卒之能耳"。《六韬》上说："将不仁，则三军不亲；将不勇，则三军不锐；将不智，则三军大疑；将不明，则三军大倾；将不精微，则三军失其机。"

三、作战思想

我国古代的军事家们在长期的战争实践中认识到，战争既然是人类的一种社会活动，人类的理智可以找到战争的法则，并遵照这些法则去取得胜利。正如《孙子兵法》所说"胜可为也"。因此，在我国古代军事思想中，反映指导作战行动的基本观点和提出的作战活动规律的法则是丰富多彩的。

（一）在作战指导思想上

1. 关于歼灭战的思想

我国古代的军事家很重视歼灭战，在《国语》中，就有"夫战，尽敌为上"的论点。《孙子兵法》提出："凡用兵之法……全军为上，破军次之；全旅为上，破旅次之。"战国后期，秦国的作战方针就是"毋独攻其地，而攻其人"。明代《登坛必究》上说："击虏以殄灭为期，小利不足贪。"同时，还认为歼灭战不仅可以歼灭敌人，而且还可以补充自己的力量。《孙子兵法》说："取敌之利者，货也……是谓胜敌而益强。"

2. 关于先发制人的思想

战争是敌我双方力量的较量，是一场生死存亡的斗争。在战场上，两军对阵，剑拔弩张，没有什么斯文客套。我国有句古话"先下手为强"，就反映了先发制人的思想。因此，古代的军事家强调了这一层思想。《左传》上说："宁我薄人，无人薄我……先人有夺人之心，薄之也。"《尉缭子》也说："故兵贵先，胜于此，则胜彼矣。"如何先发制人呢？《百战奇略》上讲："凡与敌战，若敌人初来，阵势未定，行阵未整，先兵以急击之，则胜。法曰：'先人有夺人之心'。"

3. 关于后发制人的思想

我国古代一些政治家和军事家从战争实践中总结和产生了后发制人的思想。他们之所以主张后发，是从政治和军事两个方面来考虑的。从政治影响上来说，《管子》提出了"德盛义尊，而不好加名于人；人众兵强，而不以其国造难生患；天下有大事，而好以其国后。如此者，制人者也"的论点。从军事力量上来说，认为军事力量弱，只能采取后发制人。《孙子兵法》说："避其锐气，击其惰归。"《兵经百篇》提出："敌锋甚锐，少俟其怠；敌来甚众，少俟其解。"唐朝《卫公兵法》讲："后则用阴，先则用阳。尽敌阳节，盈吾阴节而夺之，此兵家阴阳之妙也。"

4. 关于速战速决的思想

"兵贵神速"乃兵家至理名言。速战速决的思想，在我国古代军事思想中占据着光辉的一页。历代兵家论用兵法则，一脉相承，都强调一个"速"字。《孙子兵法》说："其用战也，胜久则钝兵挫锐"，"故兵贵胜，不贵久"。《登坛必究》讲："兵贵拙速，不尚巧迟。速则乘机，迟则生变。"《六韬》上讲："而速乘其利，复疾击其不意。"《武编》上讲："兵之以速为策者，其机在速。"古代军事家们认为"速"就"使智者不能为之谋，勇者不及为之怒矣"。如果"久"，就会"钝兵""挫锐"，甚至"生变"。

古人对战争多主张速战速决，一般来说是对的。但在特殊条件下，赋予战争、战役以持久性质也是必要的，如我国抗日战争就采取了持久作战的方针。

(二) 在作战原则上

1. 力争主动

作战双方谁掌握了主动权,谁就保持了军队行动的自由权,就能取胜。谁处于被动地位,就使军队被迫处于不自由的状态,就要失败。这是战争的一般规律。因此,力争主动,力避被动,是重要的作战原则,古代的军事家都强调了这一点。《孙子兵法》说:"善战者,致人而不致于人。"

2. 调动敌人

《鬼谷子》说:"制人者,握权也;见制于人者,制命也。"《淮南子》说:"故凌人者胜,待人者败,为人构者死。"这都是说在战争中要争取主动,避免被动。

3. 集中兵力

马克思说:"战略的奥妙就在于集中兵力。"集中兵力是进行战争的物质基础。古人在战争实践中已认识到集中兵力打击敌人这一原则的重要性。《淮南子》说:"夫五子之更弹,不如卷手之一挃;万人之更进,不如百人之具至也。"《白豪子兵》说:"兵之贵合也。合则势张,合则力强,合则气旺,合则心坚。"同时,也指出了分散兵力的害处。《孙子兵法》讲:"无所不备,则无所不寡。"《删定武库益智录》指出:"兵散则势弱,聚则势强,兵家之常情也。"这些论述是很精辟的,也可以说古人对集中兵力的体会是较深刻的。

4. 出敌不意

《孙子兵法》说:"攻其不备,出其不意。此兵家之胜,不可先传也。"因此,出敌不意是军事上的一条重要作战原则。古人认为,出敌不意可以使敌人"莫识其来,莫知所御,是谓握率然之用"。出敌不意的办法,第一是秘匿企图。《六韬》指出:"用莫大于玄默,动莫大于不意,谋莫大于不识。"《淮南子》讲:"上隐之天,下隐之地,中隐之人。隐之天者,无不制也。"第二是行动神速。《三略》上说要"攻敌欲疾",因为"攻敌疾则备不及设"。古人还要求作战行动要快得"如风之陡发,如云之陡合,如转圆石,溃积水于万丈之上"。古代战争和现代战争的条件虽然有很大的不同,但上述论点,仍不失它的价值。

5. 奇正相变

"出奇制胜"是人们常引用的一句成语,这里的"奇"和与之相应的"正",是兵家研究了几千年的命题。《老子》上说过"以奇用兵"。但是,真正把奇正作为作战原则阐述的还得首推孙子,从理论上加以叙述和发挥的是唐朝的李靖。奇正之变,就是正确地运用兵力和灵活地变换战术。《孙子兵法》说:"凡战者,以正合,以奇胜。故善出奇者,无穷如天地,不竭如江河。"又说:"战势不过奇正,奇正之变,不可胜穷也。"《卫公兵法》讲:"行兵之要,不外奇正。"《李卫公问对》中还说:"故形之者,以奇示敌,非吾正也;胜之者,以正击敌,非吾奇也。此谓奇正相变。"所以宋朝人王晰在注释《孙子兵法》时说:"奇正者,用兵之钤键,制胜之枢机也。"足见奇正在军事上具有何等的重要性。

6. 兵贵其和

协同作战是争取战争胜利的重要因素。古代虽然在单一兵种的冷兵器时代,但已充分认识到协同作战的重要性。如《淮南子》上提出:"良将之用卒也,同其心,一其力。"《司马法》上说:"凡胜,三军一人,胜。"《左传》上讲:"师克在和不在众。"《吴子兵法》说:"兵贵其合,和则一心。兵虽百万,指呼如一。"《武备要》上说:"将权不一则败,同役而不同心者亦败。"《太平天国史稿》上讲:"如欲奋一战而胜万战,必须联万心而作一心。"《司马法》上讲:"兵不杂则不利。长兵以卫,短兵如守。"古人重视"和"的这些论点,已反映出协同的实质了。

四、治军思想

(一)安国之道,先戒为宝

古人从战争经验之中认识到战争是不可避免的。如《吕氏春秋》上讲:"有以用兵丧其国者,欲偃天下之兵,悖。"怎么做才是正确的呢?《兵法史略学》上讲:"苟欲弭兵,莫如备兵。"因此,《吴子兵法》认为:"夫安国家之道,先戒为宝。"《司马法》上讲:"天下虽安,忘战必危。"《兵法史略学》上讲:"无日不治兵,无日不备战,我有虑败之道,而后可以自存。"同时,古人还看到:和好为权宜,战守为实务。虽然古今历史条件不同,但提高警惕,加强战备的治军原则,则是一致的。

(二)明法审令,以治为胜

魏武侯曾问吴起:"兵何以为胜?"吴起回答:"以治为胜。"并说:"若法令不明,赏罚不信,金之不止,鼓之不进,虽有百万,何益于用。"因此,历代兵家都注重明法审令和严明军纪,认为这是治军法则。如孙武吴宫斩美姬、诸葛亮挥泪斩马谡、岳飞杖责岳云等故事,历来为军纪严明的典范。正如胡敬斋的名言:"兵当先严纪律,设谋制胜在后。"怎样维护严格的纪律和执行命令?古人强调要"赏罚严明"。《司马法》上讲:"从命为士上赏,犯命为士上戮,故勇力不相犯。"《陆宣公集》上讲:"驭众而不用赏罚,则善恶相混,而能否莫殊。"《商君书》上讲:"功赏明,则民竞于功;为国而能使其民尽力以竞于功,则兵必强矣。"怎样做到赏罚严明呢?就是要及时、准确。如《司马法》上讲:"赏不逾时,欲民速得为善之利也;罚不迁列,欲民速睹为不善之害也。"《阵纪》中讲:"若赏及无功,罚加无罪,行赏于人而心怨恨,加罚于人而心不甘者,下将背叛也。"明代爱国名将戚继光更进一步提道:"夫赏不专在金帛之惠,罚不专在斧钺之威。"奖惩都要"申明晓谕,耳提面命,务俾人人知其所以赏与罚之故",达到"感心发则玩心消,畏心生则怨心止"的目的。

(三)用兵之法,教戒为先

古代许多兵家把练兵看成是提高战斗力的重要因素,提到了用兵法则的高度去认识,作为治军思想的重要方面。《吴子兵法》中说:"夫人常死其所不能,败其所不便。故用兵之法,教戒为先。"《左传》上讲:"明耻教战,求杀敌也。"《司马法》上讲:"士不先教,不可用也。"《兵略丛言提纲》上讲:"不教则不明,不练则不习。不明不习,卒乃予敌。"荀子对练兵重要性的认识更为深刻,他说:"不教诲,不调一,则入不可以守,出不可以战。教诲之,调一之,则兵劲城固,敌国不敢婴也。"

第四节 中国当代军事思想

一、毛泽东军事思想

(一)毛泽东军事思想的科学含义

毛泽东是伟大的马克思主义者,是伟大的无产阶级革命家、战略家、军事家和理论家,是中国共产党、中国人民解放军、中华人民共和国的主要缔造者和领导者。毛泽东军事思想是毛泽东为代表的中国共产党人关于当代中国革命战争、人民军队和国防建设问题的科学理论体系,是马列主义基本原理与中国革命战争具体实践相结合的产物;是中国共产党领导中国人民及其军队长时期军事化实践经验的科学总结;是毛泽东思想的重要组成部分;是中国共产党集体智慧的结晶;同时也多方面吸取了古今中外军事思想的精华,是中国共产党领导中国革命战争、军队建设、国防建设和反侵略战争的指导思想。

1. 马列主义基本原理与中国革命战争具体实践相结合的产物

毛泽东军事思想的产生、形成和发展,离不开马列主义理论基础,更离不开中国革命战争的实践。马克思、恩格斯在《共产党宣言》中指出:"共产党人不屑于隐瞒自己的观点和意图,他们公开宣布:他们的目的只有用暴力推翻全部现存的社会制度才能达到。"列宁进一步指出:"革命军队之所以必要,是因为只有强力的组织才能解决伟大的历史问题,而在现代战争中,强力的组织就是军事组织。"由此列宁、斯大林开创了工人武装通过城市武装起义取得政权的先例。以毛泽东为代表的中国共产党人根据中国大革命多次夭折的教训,形成了创立共产党自己军队的思想,并结合中国的特点,建立以农民为主体的新型人民军队和以农村为根据地、走农村包围城市的道路的军事理论,在革命战争中,根据不同时期、不同对象建立统一战线的理论等,将马列主义的普遍原理与中国革命战争的具体实践科学地结合了起来。

2. 中国人民革命战争和军队国防建设实践经验的科学总结

中国革命战争主要包括国共合作的北伐战争、土地革命战争、抗日战争、解放战争。中国革命经历战争之频繁、规模之大、情况之复杂、道路之曲折、形式之多样、军事斗争内容之丰富,不仅在中国历史上是空前的,而且在世界历史上也是罕见的。通过这些战争和武装斗争,我党领导中国人民及其军队推翻了反动政权,粉碎了外敌入侵,捍卫了民族独立,成立了中国,并通过抗美援朝战争和边境自卫反击作战,巩固了国防,维护了国家安宁和世界和平。如此丰富的战争和武装斗争实践,为产生、形成和发展毛泽东军事思想提供了源泉,充分体现了毛泽东军事思想鲜明的实践性特点。因此,毛泽东军事思想是以毛泽东为代表的中国共产党人对中国革命战争实践经验的科学总结,是来源于中国革命战争实践而又被中国革命战争实践所证明是正确的科学理论。

3. 毛泽东思想的重要组成部分

党的十一届六中全会通过的《关于建国以来党的若干历史问题的决议》指出,毛泽东思想主要内容的基本点:一是关于新民主主义革命的理论;二是关于社会主义革命和社会主义建设的理论;三是关于革命军队的建设和军事战略的理论;四是关于政策和策略的理论;五是关于思想政治工作和文化工作的理论;六是关于党的建设的理论。其中第三点就是军事思想。在取得全国政权前的22年,军事斗争是我们党的工作重心,占有最突出的地位。毛泽东和他的战友们以极大的精力研究军事以指导战争,因而军事著作很自然地在他的著作中占有大量篇幅和重要地位。毛泽东在指导战争的过程中,将军事、政治、哲学、经济、文化、党的建设等熔于一炉,因而在他的其他部分论著中,也不可避免地大量联系军事斗争问题。蕴藏在毛泽东军事思想中的许多原理,也经常被毛泽东引申到重大的政治、经济等理论著作中。毛泽东对军事实践活动倾注了大量的精力,指导战争又是他一生中最光辉的经历。因而其军事思想部分必然在其整个思想体系中占有重要的位置。国外众多著名军事理论研究者普遍认为,共产党军事思想的最好阐述见之于中国。

4. 集体智慧的结晶

毛泽东军事思想虽然是以毛泽东命名的,但它不是毛泽东一个人智慧的产物,而是中国共产党人集体智慧的结晶。这是因为遵义会议后,党中央逐步形成了以毛泽东为首的集体领导,很多重大路线方针,都经过党中央集体讨论,凝聚了毛泽东及其战友们的集体智慧。中国革命战争在相当一段时间内,是在彼此分割、互不相连的若干地区进行的,从而造就了一大批独当一面的领袖人物和军事帅才,他们对毛泽东军事思想的形成和发展都做出了重要的贡献。毛泽东在指导中国革命战争的过程中,不仅征询听取各战略区指挥员的意见,鼓励他们按实际情况处置问题,而且善于把各战略区作战、建军的经验教训上升到理论高度加以科学总结和集中概括,逐步形成无产阶级军事科学中最博大精深的理论体系。所以,毛泽东在1942年延安整风时说,毛泽东思想不是他一个人的思想,是千百万先烈用鲜血写出来的,是党和人民的集体智慧。如同用马克思的名字来命名马克思主义这一科学理论一样,中国共产党也以毛泽东的名字来命名这一中国化的马克思主义军事理论——毛泽东军事思想。

(二)毛泽东军事思想的主要内容

1. 无产阶级的战争观和方法论

无产阶级的战争观和方法论主要有以下内容:战争是随着私有财产和阶级的产生而产生的,是用以解决阶级、民族、国家、政治集团之间,在一定发展阶段上的矛盾的一种最高斗争形式;战争是政治的继续,政治是不流血的战争,战争是流血的政治,和平时期的斗争是政治,战争也是政治,战争与和平既互相排斥,又互相联结,并在一定条件下互相转化;人类社会只有进步到消灭阶级、消灭国家的时候,战争才能从根本上消除;帝国主义和霸权主义是现代战争的根源;战争的政治目的决定战争的性质,战争有正义和非正义之分,一切进步的战争都是正义的,一切阻碍进步的战争都是非正义的,共产党人要拥护正义战争,反对非正义战争;两军相杀的军事目的是保存自己,消灭敌人,这是战争自身的本质,是一切战争行动的根本依据;战争胜负主要决定于作战双方的军事、政治、经济等条件,与此同时,还决定于作战双方主观指导的能力;共产党人研究和认识战争的目的是消灭一切战争,实现人类的永久和平;战争是有规律的,战争规律是可以认识的,不仅要研究一般战争的规律,尤其要研究特殊战争的规律;一切战争指导规律都是发展的,研究和指导战争要从实际出发,着眼于其特点和发展,客观全面地了解和掌握敌我双方各方面的情况,找出其行动的规律,使主观指导符合客观实际;要有全局观念,善于统筹全局,把握关键;要在既定的客观物质基础上,充分发挥人的自觉能动性,争取战争的胜利。

2. 人民军队理论

人民军队理论主要有以下内容:把创建人民军队作为进行武装革命的首要问题,强调人民军队是夺取和巩固国家政权的工具,没有人民的军队,便没有人民的一切;人民军队是执行革命政治任务的武装集团,全心全意为人民服务是建军的唯一宗旨,人民军队永远是一支战斗队,它也担负着工作队和生产队的任务;坚持共产党对军队的绝对领导,保持我军的无产阶级性质和坚定正确的政治方向;坚持军民一致、官兵一致和瓦解敌军的三大原则;实行民主制度和严格的纪律,要在集中指导下,实行政治民主、经济民主、军事民主,要坚决执行命令,执行"三大纪律八项注意";发扬勇敢战斗、不怕牺牲和艰苦奋斗的优良作风;人民军队要从低级阶段逐步向高级阶段发展,在加强革命化建设的同时,加强现代化、正规化建设,逐步把我军建设成为一支强大的现代化、正规化的革命军队。

3. 人民战争思想

人民战争思想阐明了人民战争的理论基础。其基本观点是:人民群众是历史的创造者,是革命战争的主体,战争的伟力之最深厚的根源,存在于民众之中,兵民是胜利之本;革命战争是反抗阶级压迫或民族压迫、为人民群众谋解放的正义战争,能够得到广大人民群众的拥护和积极参与;武器是战争的重要因素,但不是决定因素,战争的决定因素是人不是物。

人民战争思想还从中国的实际情况出发,阐明了如何进行人民战争的问题。其主要内容是:进行广泛深入的政治动员,组织最广泛的革命战争的统一战线;开辟农村包围城市的武装革命道路,创建农村革命根据地,把武装斗争、土地革命和建立农村革命根据地有机地结合起来;以人民军队为骨干,实行野战军和地方军相结合,正规军和民兵、游击队相结合,武装群众和非武装群众相结合;以武装斗争为主,各条战线、各种斗争形式相配合;实行党的一元化领导,发挥党政军民的整体力量。

4. 人民战争的战略战术

人民战争的战略战术主要有以下内容:战略上藐视敌人,战术上重视敌人;实行积极防御,反对消极防御;在战略上实行内线上的持久的防御战,在战役战斗上实行外线上的速决的进攻战;运动战、阵地战、游击战三种作战形式紧密结合,适时进行以改变主要作战形式为主要内容的军事战略转变;做好战争准备,不打无准备、无把握之仗;集中优势兵力,各个歼灭敌人;以歼灭战为主,辅之以消耗战;实行有利决战,避免不利决战;强调近战和夜战;实行作战指导的主动性、灵活性和计划性等。总之,我军的战略战术是在承认敌强我弱、敌大我小的条件下,从战争实际出发,你打你的,我打我的,扬长避短,趋利避害,避强击弱,充分利用敌之弱点和我之优点,充分依靠人民群众的力量,以求得生存、发展和胜利的战略战术。

从总体上把握人民战争的战略战术,要注意以下几点:第一,保存自己、消灭敌人的战争目的是我军一切战略战术原则的依据;第二,基本的原则是承认积极防御,反对消极防御;第三,我军的战略战术是灵活机动的战略战术;第四,以弱胜强是我军战略战术的显著特点;第五,我军的战略战术是建立在人民战争基础上的。

5. 国防现代化建设理论

国防现代化建设理论主要有以下内容:为捍卫国家的独立、主权和领土完整,保卫国家的安全,必须重视和加强国防建设;实行积极防御的战略方针,认真做好战争准备,遏制战争爆发,确保打赢战争;国防建设要以现代化为中心,国防科研要走在前面,并积极引进外国的先进军事技术,努力实现国防科技和武器装备的现代化,军队建设要以现代化为中心,把我军建设成为一支现代化、正规化的革命军队;要正确处理国防建设和经济建设的关系,在经济发展的基础上增强国防力量,国防建设必须服从和服务于国家经济建设的大局;要坚持独立自主的方针,以自力更生为主,争取外援为辅,根据自己国家的情况决定国防政策,建设中国特色的现代化国防;要实行人民国防的指导路线,在人民群众中广泛深入地开展国防教育,增强全民族的国防观念,国防建设要走军民兼容、平战结合、寓兵于民的道路,实行精干的常备军与强大的后备力量相结合的武装力量体制;要研究现代条件下的人民战争,发展我国军事科学;在世界大战可以避免的相对和平时期,要实行国防建设和军队建设指导思想上的战略性转变,要从准备"早打、大打、打核战争"的临战状态,转到以现代化为中心的长远建设轨道上来,使国防建设有重点、有步骤地向前发展。

(三) 毛泽东军事思想的历史地位和指导意义

毛泽东军事思想是把辩证唯物主义和历史唯物主义创造性地运用于军事领域的典范,在军事科学发展史上独树一帜,占有重要的历史地位。

1. 毛泽东军事思想创造性地发展了马列主义军事理论

毛泽东军事思想是具有中国特色的马克思主义军事理论。以毛泽东为代表的中国共产党人,运用马列主义的基本原理,从中国的实际情况出发,研究总结历史上的战争经验,探索中国革命战争的规律,并指导中国革命战争取得了彻底的胜利。通过长期战争实践,逐渐形成了符合中国实际情况的军事理论体系,这就是毛泽东军事思想的科学体系。毛泽东军事思想不仅揭示了中国革命战争的特殊规律,而且揭示了战争和战争指导方面的许多普遍规律,极大地丰富和发展了马克思列宁主义的军事理论宝库。

毛泽东军事思想对马列主义军事理论的独特贡献主要体现在以下几点:一是开辟了农村包围城市、武装夺取政权的革命道路;二是把以农民为主要成分的革命军队建设成为一支无产阶级性质的人民军队;三是丰富和发展了马列主义的人民战争思想;四是制定了一整套适合中国革命战争特点的人民战争的战略战术;五是系统地阐述了无产阶级的战争观和方法论。

2. 毛泽东军事思想在世界上具有广泛而深远的影响

毛泽东军事思想在世界军事思想史上独树一帜,它所揭示的军事规律达到了前所未有的深度和广度,是一座博大精深的军事理论大厦,在世界军事思想史上占有重要地位。特别是它的军事辩证法思想,为人们科学地认识军事领域的各种矛盾运动规律、正确地指导军事斗争和军事建设的实践,提供了最基本的立场、观点和方法,尤其具有普遍的真理性意义。毛泽东军事思想从产生和形成之日起,就受到国外的关注。在中国革命取得胜利后,毛泽东军事思想更是受到世界各国的普遍重视,许多人开始对它进行探索和研究,有些国家还成立了毛泽东军事思想研究会和学习会,主要研究毛泽东军事思想中的战争观、人民战争、持久战、游击战、运动战等方面的问题。许多第三世界国家在进行民族的或人民的解放战争时,都十分重视吸取和运用毛泽东军事思想,使毛泽东军事思想成为这些国家被压迫民族和人民争取民族独立和解放的强大思想武器。

3. 毛泽东军事思想是中国国防和军队建设的行动指南,是我军打赢高技术战争的法宝

毛泽东军事思想过去是我军建设和作战的行动指南,现在和今后仍然是我军建设和作战的行动指南。历史证明,毛泽东军事思想是我军制胜敌人的强大思想武器,是我们党的宝贵的精神财富,是中国化的无产阶级军事理论,是我军唯一正确的指导思想。中国革命战争和国防建设与国防斗争的伟大胜利,充分肯定了毛泽东军事思想的历史地位。以毛泽东军事思想为指导,是在长期的革命战争和国防建设实践中牢固确立起来的,是历史发展的必然结果,是全党全军的历史选择。在新的历史条件下,中国进一步继承和发展了毛泽东军事思想,先后形成了邓小平新时期军队建设思想和江泽民国防和军队建设思想,为我军新时期国防和军队建设指明了方向,使我军不断地从胜利走向胜利。

二、邓小平新时期军队建设思想

(一)邓小平新时期军队建设思想的科学含义

邓小平新时期军队建设思想是指,中国人民解放军创建人和主要领导人、军事家邓小平在中国社会主义建设新时期,坚持实事求是的思想路线,创造性地运用马列主义军事理论和毛泽东军事思想的基本原理,总结历史和现实经验,为指导中国军队建设和国防建设而提出的系统理论。它是邓小平建设中国特色社会主义理论的重要组成部分,是对毛泽东军事思想的继承和发展,是新时期军队建设的指针。

邓小平军事思想是毛泽东军事思想的继承和发展。

(1)邓小平关于战争与和平形势的科学判断,是运用毛泽东的战争观对世界基本矛盾及其

发展趋势进行辩证分析的结果。

(2)邓小平关于军队建设与经济建设关系的论述,是对毛泽东关于国防建设要建筑在经济发展基础之上的重要原则的继承和发展。

(3)邓小平关于军队建设总目标的论述,是对毛泽东20世纪50年代初期所提出的国防和军队建设目标的进一步完善。

(4)邓小平关于注重军队质量建设、走精兵之路的论述,是对毛泽东揭示的军队战斗力生成规律的继承和发展。

(二)邓小平新时期军队建设思想的形成过程

1. 第一阶段(1975年1月至1976年10月)

1975年1月5日,邓小平任中共中央军委副主席兼中国人民解放军总参谋长。1975年1月25日,邓小平在中国人民解放军总参谋部机关团以上干部会上发表了题为《军队要整顿》的重要讲话。邓小平说:"我们这个军队有好传统。从井冈山起,毛泽东同志就为我军建立了非常好的制度,树立了非常好的作风。我们这个军队是党指挥枪,不是枪指挥党……可是从1959年林彪主管军队工作起,特别是在他主管的后期,军队被搞得相当乱。现在,好多优良传统丢掉了,军队臃肿不堪。"针对这种情况,邓小平强调:"要按照毛泽东制定的军事路线、建军原则,好好地清理一下。"上述的实质,就是邓小平要恢复我军优良传统,使军队的各项工作重新回到毛泽东军事思想的正确轨道上来。这次整顿在短时间内就收到了明显的效果,但由于受到"四人帮"的破坏与干扰,整顿被迫中止。1975年年底,全国开展"批邓、反击右倾翻案风"。1976年4月,邓小平被撤销一切职务,他提出的有关思想和措施因此被打断。

2. 第二阶段(1976年10月至1981年6月)

1976年10月,"四人帮"被粉碎。1977年7月,党的十届三中全会决定恢复邓小平1975年初担任的全部职务。邓小平恢复工作的第一件事就是抓具有决定意义的思想路线上的拨乱反正。邓小平指出:"两个凡是"不符合马列主义,一定要坚持实事求是的正确路线。

1977年8月,邓小平在军委座谈会上提出了解决林彪、"四人帮"对军队破坏问题的思路,首先调整各级领导班子,然后抓教育训练,接着学习现代战争知识,通过办院校,解决干部指挥现代化战争能力不够的问题。这本身就是在坚持恢复毛泽东军事思想的前提下,着眼于发展。1977年12月28日,邓小平又向全军提出了十项任务,即揭批"四人帮";做好战争准备;加强干部队伍建设;加强党的建设;把教育训练提到战略地位的高度;大抓国防科技;继续精简整编;加强后勤建设;坚持三结合武装力量体制;恢复和发扬我军的优良传统。同时通过了《关于加强部队教育训练的决定》等9个决定和条例。

1978年9月,邓小平提出:理论要通过实践来检验。同时,邓小平还说:世界天天发生变化,新的事物不断出现,新的问题不断出现,我们关起门来不行,不动脑筋永远陷于落后不行。

1978年12月,我党十一届三中全会召开,这是我党历史上的又一个伟大转折。在为这次全会做准备的中央工作会议上,邓小平做了《解放思想,实事求是,团结一致向前看》的重要讲话。其主要观点包括:

全党工作的重心要转到四化建设上来,这是一场新的长征。实现四化是一场伟大的革命,革命的阻力就是干部中间不少人的思想处于僵化、半僵化状态。因此,首要的任务是解放思想,坚持实践是检验真理的唯一标准。如果一切从本本出发,思想僵化,迷信盛行,那它就不能前进,事物的生机就会停止,这就要亡党亡国。所以,实事求是是无产阶级世界观的基础。

他的这次重要讲话,实际上是十一届三中全会的主题报告,是开创我国社会主义事业发展新时期的宣言书。

1979年7月,邓小平又指出:思想路线、政治路线的实现要靠组织路线来保证。要求中央党政机关要选好接班人,军队高级机关也要吸纳一些比较年轻的干部。1980年1月,邓小平提出了80年代的三件事:反对霸权主义、台湾回归祖国、加紧经济建设。核心是现代化建设,再次要求军队"要消肿"。

3. 第三阶段(1981年6月至1985年6月)

1981年6月,在党的十一届六中全会上,邓小平当选为中央军委主席。1981年9月19日,邓小平在华北某地阅兵时,发表了《建设强大的现代化正规化的革命军队》的讲话,提出了一系列重大决策和重要理论原则,包括:实现我军装备现代化的途径和方法;军队调整的方针;第三世界是维护和平,反对霸权主义的主力;我国80年代的三大任务;台湾回归祖国,"一国两制";我国的对外政策;加强国防建设等。邓小平在这一时期对毛泽东军事思想的发展,做了提纲挈领的概括和归纳。

4. 第四阶段(1985年6月军委扩大会议以后)

这一时期,邓小平新时期建军思想得到了进一步深化和完善。其主要表现在:进一步辩证地论述了战争与和平;重申了解决两种社会制度矛盾的"一国两制";谁搞霸权主义就反对谁;在国际关系中,我国一向关心的是和平与发展;一要改革开放,二要坚持四项基本原则;为建设现代化、正规化、革命化的军队而奋斗;应该建立国际政治新秩序等。1989年11月,党的十三届五中全会批准邓小平辞去中央军委主席的职务,但他仍然关心着我国的国防和军队建设。

(三)邓小平新时期军队建设思想的基本内容

邓小平新时期军队建设思想是马克思列宁主义军事理论、毛泽东军事思想在新的历史条件下的创造性运用和发展,是中国化的、最具时代特色的当代马克思主义军事理论。完整准确地把握邓小平军事理论的科学体系,具有十分重要的意义。邓小平新时期军队建设思想的内容是极其丰富的,概括起来主要有以下几个方面。

1. 现代战争理论

战争与和平问题是马克思主义军事理论的一个重要内容,是涉及人类命运和文明发展的重大问题,也是制约军事战略、国防建设和军队建设,乃至影响国家内外政策的基本问题。马克思主义认为,战争与和平是人类社会的两种不同的社会运动状态,它们之间既对立又统一,而且在一定条件下相互转化,两者的相互交替运动,构成了社会急剧动荡和相对稳定相交替的历史发展过程。邓小平依据马克思主义的基本原理,高瞻远瞩,综观世界全局,对国际形势进行了全面而深刻的观察、思考和分析,并据此提出了现代战争的新理论,极大地丰富和发展了马克思主义的战争理论。

2. 军事战略理论

在新的历史时期,邓小平根据国际政治和战略格局的变化,战争与和平形势的发展,以及党和国家路线、方针、政策的调整,坚持从新的历史条件出发,明确提出了新时期军事战略理论。邓小平新时期军事战略理论集中体现在以下几个方面。

1)在新的历史时期,必须继承和发展积极防御的战略思想

邓小平关于继承和发展积极防御的战略思想,着重强调了以下基本精神:一是强调了寓攻于防、攻防结合这个积极防御战略思想的基本精神;二是强调了要充分重视战争准备的基本精

神;三是强调了坚持后发制人的基本精神;四是强调了持久作战的基本精神。

2)必须坚持积极防御的战略方针

邓小平关于坚持积极防御的战略方针,主要强调了以下三点:一是强调在新的历史时期,必须坚持积极防御的战略方针;二是强调坚持积极防御的战略方针,必须把立足点放在以劣势装备战胜优势装备之敌上;三是强调坚持积极防御的战略方针,在军事上必须适应客观实际的发展变化,既要坚持积极防御的战略方针,又要保持战略指导上的灵活性,以适应不同对象、不同样式和不同规模的局部战争与武装冲突的需要,从而更加有效地捍卫国家领土主权和海洋权益,维护国家安全和世界和平。

3)必须坚持人民战争

人民战争是中国革命战争的指导路线,是毛泽东军事思想的核心。在新的历史条件下,邓小平继承和发展了毛泽东的人民战争思想,提出了现代技术特别是高技术条件下的人民战争理论。邓小平关于现代条件下的人民战争理论的基本观点是:①在现代条件下必须坚持人民战争;②坚持人民战争并不是不要国防和军队现代化,也就是说,一方面,不能因为强调国防和军队现代化而轻视人民战争的重要性和必要性;另一方面,也不能因为坚持人民战争而放松了国防和军队现代化;③实行现代条件下的人民战争必须根据发展变化了的情况,努力研究新情况,总结新经验,探讨新战法,概括新理论,发展人民战争的战略战术,使人民战争理论伴随着科学技术的发展和现代战争条件的变化,从内容到形式都获得新的充实和发展,以适应现代条件下人民战争实践的需要。

3. 国防建设理论

邓小平以马克思主义实事求是的科学态度,对国内外形势和新的历史条件进行了深入的思考,在实践中探索和规划了新时期我国的总体发展战略和国防发展战略,形成了建设中国特色现代化国防的理论。这一理论主要包括以下内容。

1)从国际国内形势和社会主义建设的全局出发,做出了国防建设、军队建设指导思想实行战略性转变的重大决策

党的十一届三中全会以后,邓小平从国际国内形势的发展变化和我国社会主义建设的全局出发,做出了国防建设、军队建设指导思想实行战略性转变的重大决策,要求我国国防建设和军队建设的指导思想必须从立足早打、大打的临战状态转变到和平时期的建设轨道上来,并按照战略性转变的要求,逐步确立了国防建设和军队建设的一系列方针和原则,从而使我国的国防建设、军队建设走上了和平时期健康发展的正确轨道。

2)从国情、军情实际出发,提出中国特色的国防现代化建设目标

在国防建设和军队建设指导思想实行战略性转变的同时,邓小平又从我国的国情、军情出发,在设计整个国家发展战略的基础上,对国防现代化的发展目标和发展途径做出了精心筹划。他明确提出,按照国家总体发展战略的要求,我国国防现代化的发展目标是:充分利用世界大战可以避免、国际形势趋于缓和的有利时机,随着国民经济的不断发展,努力加强国防建设,力争到 21 世纪中叶,即在中华人民共和国成立 100 周年的时候,使我国的国防综合实力接近或赶上当时世界其他军事强国,能在维护国家安全利益和维护世界和平中发挥更加积极的作用。

3)明确指出要把保卫国家的主权和安全作为国防现代化建设的根本任务

邓小平强调,国防建设要以维护国家利益为最高原则,国家的主权和安全是国家的根本利益。因此,必须把国家主权和安全作为国防建设的根本任务。在国家以经济建设为中心,实行改革开放的新的历史时期,国防建设的着眼点,必须放在为国家的经济建设提供一个和平稳定

的安全环境上。

4）明确提出了实现国防现代化建设目标的原则、途径和措施

邓小平强调,建设中国特色的国防现代化,实现发展目标：一是必须从中国的实际出发,始终把基本点放在独立自主、自力更生上,国防现代化不可能依靠别人来实现。当然,在科学技术高速发展的今天,要注意虚心学习和借鉴外国的有益经验,博采众长,为我所用。二是必须正确处理国防建设与国家经济建设的关系。也就是说,必须坚持以经济建设为中心,国防建设要服从和服务于国家经济建设这个大局,两者要协调发展。三是要从国家经济建设和国防建设的需要出发,调整国防科技工业体制,走军民结合、平战结合的发展道路。四是要坚持控制数量、提高质量的方针,按照"控制数量、提高质量、抓好重点、打好基础"的十六字方针,建设强大的、高质量的国防后备力量队伍。五是加强全民国防教育,增强国防意识和国防观念,使全国人民在任何情况下都始终保持较高的国防观念。国家有关部门要通过立法措施,建立和完善有关的法规,从法律上、制度上来保证国防教育工作的落实。

4. 军队建设理论

在新的历史时期,以邓小平为核心的党中央、中央军委,根据新的历史条件和新时期军事斗争的实际需要,进一步明确了新时期人民军队的基本职能,重新确立了建设现代化、正规化革命军队的总目标,提出了实现军队建设目标的指导原则和措施,开辟了相对和平时期中国特色的军队建设道路,从而形成了军队建设的系统理论。这一理论主要包括以下内容。

1）重新确立了新时期军队建设的发展目标

邓小平明确提出把建设现代化、正规化革命军队作为新时期我军建设的发展目标,并规定了这个发展目标的基本内容和落实这个发展目标的具体要求。

一是在军队的革命化建设方面,强调要坚持中国共产党对军队的绝对领导,坚持全心全意为人民服务的根本宗旨,始终保持人民军队的无产阶级性质;强调要加强政治思想工作,坚持用马克思列宁主义、毛泽东思想和党的路线、方针、政策教育部队,使全军指战员成为贯彻执行党的路线、方针、政策的模范;强调要注意研究新情况,坚持在新的历史条件下,继承和发扬人民军队的优良传统。总之,要通过加强革命化建设,使我军永远成为党和国家的钢铁长城,成为国家政权、社会主义制度和人民利益的忠实捍卫者。

二是在军队现代化建设方面,强调要在国民经济不断发展的基础上,逐步改善和发展武器装备,缩小我军同发达国家军队在武器装备方面的差距;要把教育训练提到战略地位,培养和造就符合现代战争需要的军事人才,使军人成为具备现代科学技术知识、文化知识和军事知识,具备良好的军事素质和心理素质,能够使用现代化装备、能够指挥现代战争的人才;要搞好体制编制,优化部队的组织结构,实现人和武器的有机结合;要加强军事科学理论研究,掌握先进的军事思想,发展适应现代战争需要的作战理论和军队建设理论,充分发挥军事理论的先导作用。

三是在军队正规化建设方面,强调在发扬我军优良传统的基础上,完善各种规章制度,加强对全军指战员的法制教育,真正实现依法治军、从严治军,使部队建设和管理走上正规化轨道。

2）强调新时期军队建设要以现代化为中心

邓小平对新时期我军革命化、现代化和正规化建设的关系做了精辟论述。他明确提出,军队的现代化建设是人民解放军全部工作的中心,是现代战争提出的必然要求,也是人民解放军向高级阶段发展的必由之路。军队的一切工作和正在进行的一切改革,都要服从和服务于现代化建设,都要紧紧围绕这个中心。

在这方面,邓小平着重强调了以下主要观点：一是以现代化为中心,这是由我军建设的主要

矛盾,即现代战争的客观需要同我军现代化水平还比较低的矛盾所决定的,是从实际出发得出的正确结论;二是以现代化为中心,就要坚持我军战斗队的根本职能,坚持以战斗力作为我军建设和改革的出发点和落脚点,作为检验我军各项工作的基本标准;三是以现代化为中心,就要积极稳妥地进行改革。邓小平强调,军队的改革必须从军队建设的实际情况出发,符合军队的特点,有利于军队实现革命化、现代化、正规化建设的发展目标,有利于提高军队的战斗力,有利于保持军队的高度稳定和集中统一。

3) 注重质量建设,坚持走中国特色的精兵之路

进入新的历史时期以后,邓小平着眼于我国的国情、军情,始终把精简部队数量作为提高军队战斗力、改善武器装备、实现精兵合成的前提和先决条件,充分体现了注重质量建设,走精兵之路的思想。

军队的质量建设主要包含以下基本内容:一是加强政治建设,坚持党对军队的绝对领导,保证军队在政治上永远合格;二是精简整编,优化组织结构,实现人与武器的最佳结合;三是坚持独立自主、自力更生的方针,积极发展和改善我军的武器装备;四是把军队教育训练提高到战略地位,通过严格的教育训练来提高军队的素质和战斗力;五是坚持依法治军、从严治军,加强部队管理;六是加强后勤建设,提高现代战争的后勤保障能力;七是加强军事科学研究,发展我国军事科学,充分发挥军事理论的先导作用。实践证明,邓小平提出的以精简整编和体制改革为突破口,以精兵合成、平战结合、提高效能为原则,通过抓编制、抓装备、抓合成、抓教育训练、抓后勤建设和军事理论研究来实现我军现代化的军队质量建设的思想,深刻地反映了新时期军队建设的基本规律,为我军的质量建设指明了方向,开辟了道路。

综上所述可以看出,邓小平军事理论是一个具有丰富内容的科学体系,是邓小平关于建设中国特色社会主义的基本理论、基本路线和基本方针在军事领域的展开和延伸,是邓小平理论所坚持的科学世界观、方法论在军事领域的贯彻和运用。可以说,解放思想、实事求是既是邓小平理论的精髓,又是邓小平军事理论的精髓。邓小平关于坚持走中国特色的精兵之路,建设一支强大的现代化、正规化革命军队的理论则是邓小平军事理论的核心,也是邓小平对新时期我军建设最重要的贡献之一。

(四) 邓小平新时期军队建设思想的地位和作用

邓小平新时期军队建设思想源于实践,高于实践,对指导新时期我国国防、军队建设以及未来作战的实践,都具有十分重要的现实意义和历史意义。

1. 邓小平新时期军队建设思想是继承和发展毛泽东军事思想的典范

邓小平是我们党第一代领导集体的重要成员,是毛泽东的亲密战友。邓小平对毛泽东军事思想的形成和发展做出了重要贡献。在社会主义改革开放和现代化建设的新时期,邓小平作为我们党的第二代领导集体的核心,面对风云变幻的国际国内形势,以马克思主义实事求是的科学态度、无产阶级革命家的创新精神和战略家的远见卓识,进行了深谋远虑的战略思考和实践探索。他领导规划了我国新时期国防建设、军队建设的发展战略,创造性地总结并提出了关于军队、国防建设的一整套理论、方针和原则,极大地丰富和发展了毛泽东军事思想。

邓小平对毛泽东军事思想的继承、丰富和发展主要体现在:一是针对"和平与发展"主题时代的战争与和平问题提出了新的论断;二是与社会主义现代化建设的要求相适应,确定了国防建设的总目标是实现现代化;三是提出并实行国防与军队建设指导思想的战略性转变,使国防与军队建设真正走上和平时期建设的轨道;四是贯彻党在社会主义初级阶段的基本路线,确定

了国防建设、军队建设要服从国家经济建设大局的基本原则;五是根据新的历史条件,提出了军队建设的一系列新观点、新原则;六是提出军事改革是国防现代化的根本出路,是社会主义国家制度自我完善的重要方面;七是根据现代科学技术的发展和国际战略形势的变化,重新明确了我军在新的历史时期要继续坚持积极防御的战略方针。

2. 邓小平新时期军队建设思想是邓小平理论的重要组成部分

邓小平既是我国经济建设和改革开放的总设计师,也是军队建设和改革的总设计师。邓小平新时期军队建设思想,是邓小平理论在军事领域的具体化,是适应党在社会主义初级阶段基本路线的要求,是在军事领域形成的军队建设和改革的指导思想。

首先,邓小平新时期军队建设思想与邓小平理论体系两者的形成和发展具有共同的实践基础。在毛泽东思想的基础上,邓小平通过对新时期国际环境的长期观察和科学分析,提出和平与发展是时代的主题,并实行了国家和军队建设的战略性转变。为大力推进我国四个现代化建设和人民军队的现代化建设,做出了一系列重要决策,确立了包括基本目标、根本任务、发展道路在内的完整的指导思想和指导原则。

其次,邓小平新时期军队建设思想是邓小平理论在军事领域的延伸和具体化。在新的历史条件下,强调军队和国防建设要服从和服务于国家经济建设大局,注重提高综合国力,走富国强兵之路;强调军事斗争要适应和平与发展时代主题的要求,反对霸权主义、强权政治,维护世界和平,创造国家现代化建设所需要的和平安定环境;强调军队建设要以现代化为中心,重视科学技术,发展自己的高科技;强调军队建设要坚持四项基本原则,坚持党对军队的绝对领导,保持人民军队的性质等。"一个中心,两个基本点"的基本路线是邓小平理论的核心内容,也是新时期军队建设思想的灵魂。

最后,邓小平新时期军队建设思想是邓小平理论所坚持的科学世界观和方法论在军事领域的贯彻和运用。解放思想、实事求是是邓小平理论的精髓,也是邓小平新时期军队建设思想的精髓。邓小平解决军队和国防现代化建设问题,总是始终如一地坚持党的解放思想、实事求是的思想路线,始终把中国的国情、军情、世界战略格局和世界军事发展形势,作为指导军队和国防建设的依据。正是在这一思想的指导下,实现了我军建设指导思想的战略性转变,军队和国防建设进入了健康、快速发展壮大的新阶段。

3. 邓小平新时期军队建设思想是军事斗争和军队建设的科学指南

邓小平新时期军队建设思想揭示了和平时期军队和国防建设的基本规律。它坚持把当今世界各国国防和军队建设的一般规律和原则,同我国我军实际情况有机结合,把我军传统的经验原则同新时期新情况有机结合,抓住我军建设的主要矛盾,创造性地回答和解决了新时期我军建设亟待解决的一系列重大理论和实际问题。

邓小平新时期军队建设思想揭示了现代战争的特点和规律,为现代高技术条件下局部战争的作战指导提供了理论武器。邓小平提出的和平与发展的新理论,极大地丰富了马克思主义的战争观;他提出的现代条件下的人民战争理论,强调把建设强大的常备军与建设强大的后备力量相结合;他为我军制定了新时期积极防御战略方针,赋予了具有时代特点的新内涵;他为我军建设确定的总目标,强调以现代化为中心,按照现代战争客观要求,全面加强军队质量建设,做好军事斗争准备,等等。该理论不仅是新时期军队和国防建设的依据,同时也为我们做好战争准备、赢得未来高技术条件下局部战争的胜利提供了锐利的思想武器。

三、江泽民国防和军队建设思想

(一)江泽民国防和军队建设思想的含义

江泽民国防和军队建设思想是指以江泽民为核心的党的第三代领导集体,着眼于解决新形势下国防与军队建设的新情况、新问题,创造性地坚持和运用毛泽东军事思想、邓小平新时期军队建设思想,在事关国防和军队建设的方向性、全局性问题上,提出一系列重大方针和指导原则,做出一系列重要的决策。

江泽民论新时期国防和军队建设思想是党的第三代领导集体,继承和发展毛泽东军事思想、邓小平新时期军队建设思想的体现;是第三代领导集体根据时代发展的新要求、新任务,创立的新时期我军建军学说;是第三代领导集体智慧的结晶;是我军新时期革命化、现代化、正规化建设的纲领。

(二)江泽民国防和军队建设思想的主要内容

1. 新时期军事战略学说

1)世界局势总体趋向缓和,但战争危险依然存在

在新时期,以江泽民为核心的党的第三代领导集体根据国际形势的发展变化,制定了中国新时期军事战略方针。这一战略方针的本质仍然是积极防御。同时,以江泽民为核心的党的第三代领导集体又根据新时期军事斗争的实践,对军事领域的一系列重大问题做了新的科学阐述和明确规定,科学地回答了新时期有关战争与和平的一系列重大理论与现实问题,揭示了现代军事运动的新趋势和基本规律,明确了新形势下中国国防与军队建设的任务和目标,为在新的时代条件下加强国防与军队建设指明了正确的方向。

2)立足打赢一场高技术条件下的局部战争

以江泽民为核心的党的第三代领导集体确立了新时期积极防御的军事战略方针,主张把军事斗争准备的基点放在打赢高技术条件下的局部战争上。新时期积极防御战略方针的基本精神包括五个方面:一是坚持战略上后发制人;二是坚持持久作战的思想;三是坚持人民战争;四是坚持立足以劣势装备战胜优势装备之敌;五是坚持实行防御中的进攻、持久中的速决、内线中的外线等作战原则。

3)坚持高技术条件下的人民战争

人民战争是我军的传统优势,是我军以劣胜优、克敌制胜的法宝。在新的形势下,江泽民特别强调,应对现代技术特别是高技术条件下的局部战争,现阶段我们确有困难,但我们也有自己的优势,我们真正的优势还是人民战争。江泽民要求全军树立立足现有装备作战的思想,发扬人民战争的优良传统,研究和演练以劣胜优的战法,增强战胜敌人的信心。

2. 军队建设学说

在新的历史条件下,军队建设的总目标和总方针是什么,这是关系到军队建设的方向性问题。要想建设一支目标明确、方针正确的军队,必须做到以下几个方面。

(1)按照"政治合格、军事过硬、作风优良、纪律严明、保障有力"的"五句话"总要求,加强军队的全面建设。

(2)认真贯彻"三个代表"要求,把思想政治建设摆在全军各项建设的首位。坚持党对军队的绝对领导是我军特有的优势,必须保证我军始终处于中国共产党的绝对领导之下,永葆人民军队的性质、本色和作风。

(3)坚持和发展人民战争的战略思想和作战方法,充分发挥人民战争的整体威力。
(4)加快发展国防科技,集中力量把我军的武器装备,特别是"杀手锏"装备搞上去。
(5)把培养和造就大批高素质新型军事人才作为一项刻不容缓的战略任务。
(6)努力完成机械化和信息化建设的双重任务,实现我军现代化的跨越式发展。
(7)走出一条投入较少、效益较高的军队现代化建设的路子。
(8)依法从严治军。
(9)在继承优良传统的基础上大胆改革创新。

3. 国防建设学说

1)正确处理国防建设与经济建设的关系

在新形势下,江泽民指出:"国防建设和军队建设必须以经济建设为依托,服从国家经济建设的大局。国民经济发展了,才能为国防现代化提供必要的物质技术基础。"科学技术的飞速发展,使得国防建设对经济基础的依赖程度越来越高,高技术战争实质就是国家与国家间的经济与科学技术的总体较量,如果没有强大的以科学技术为基础的综合国力,在世界舞台上就没有发言权。

2)建设中国特色的现代化国防

江泽民从新时期的形势、任务和实际情况出发,指出:"把经济搞上去和建立强大的国防,是中国现代化建设的两大战略任务。""如果不随着经济的发展而努力加强国防建设,提高军队武器装备的现代化水平,一旦发生战争,我们就可能陷于被动,就难以有效地维护国家安全。"一方面,把经济建设搞上去,是发展国防科技,改善武器装备的前提条件,雄厚的经济基础是推动武器装备上质量、上台阶、上水平的根本保证;另一方面,要在国家财力增加的基础上,逐步加大国防科技发展和武器装备建设的投入,努力提高武器装备的现代化水平。

3)确立科技强军的思想,走中国特色的精兵之路

确立"科技强军"战略,正确处理数量与质量的关系,是军队建设的重要问题;要实行精干的常备军与强大的后备力量相结合的武装力量体制。

4)坚持"两个基点"

一方面,在赢得战争上,把基点放在立足现有武器装备战胜优势装备的敌人上;另一方面,在军事斗争准备上,把基点放在打赢可能发生的现代技术上,特别是放在高技术条件下的局部战争上。

5)实现"两个根本性转变"

一方面,在军事斗争准备上,由应付一般条件下的局部战争向打赢现代技术,特别是高技术条件下的局部战争转变;另一方面,在军队建设上,由数量规模型向质量效能型、由人力密集型向科技密集型转变。

6)加强全民国防教育,增强全民国防观念

在加强国防建设的诸项工作中,国防观念建设是其中很重要的一项。江泽民指出,越是在和平时期,越要宣传国防建设的意义,克服和平麻痹思想,增强人们的国防观念。现代的国际竞争,不仅仅是军事、政治、经济和科学技术的竞争,而且也是国民素质的全面较量。因此,强国必先强民,强民必先强心。

(三)江泽民国防和军队建设思想的地位和作用

江泽民国防和军队建设思想,正确回答了新形势下建设一支什么样的军队和怎样建设这支

军队的一系列问题。该思想具有鲜明的时代性、强烈的实践性和系统的理论性,不仅对国防和军队建设具有根本的指导意义,而且关系到巩固中国共产党的执政地位、国家的长治久安、社会主义的兴衰成败。

1. 江泽民国防和军队建设思想是对毛泽东军事思想、邓小平新时期军队建设思想的继承、丰富和发展

江泽民主持中央军委工作以来,面对不断发展变化的新形势,毫不动摇地坚持毛泽东军事思想和邓小平新时期军队建设思想的地位,坚持解放思想、实事求是的思想路线。与时俱进,创造性地运用马克思主义的立场、观点和方法,系统地提出了具有鲜明时代特点的关于国防和军队建设的一系列新的理论、原则和方针政策,对新形势下国防和军队建设中一系列重大的带有规律性的基本经验做了深刻的概括和总结,领导我军开拓了国防和军队现代化的道路。江泽民国防和军队建设思想在理论体系上,与毛泽东军事思想和邓小平新时期军队建设思想是一脉相承的,是毛泽东军事思想特别是邓小平新时期军队建设思想同新的历史条件相结合的产物,是对马克思主义军事理论新的开拓、新的创造。

2. 江泽民国防和军队建设思想是"三个代表"重要思想在军事领域的充分展开,深化了我军建设的基本理论

江泽民站在世纪交替的历史制高点上,深刻洞察复杂多变的国内外形势,为使我党永远立于不败之地,为了中国特色社会主义事业的兴旺发达,创造性地提出了"三个代表"重要思想。"三个代表"重要思想从根本上回答了"建设一个什么样的党、怎样建设这个党"的问题,而在新的形势下"建设一支什么样的军队,怎么建设这支军队"正是江泽民国防和军队建设思想的主题和回答,是"三个代表"重要思想在军事领域的延伸、拓展和在军队建设上的贯彻和反映。从根本上回答并解决了世纪之交军队建设面临的历史性课题,形成了建设一支面向21世纪的现代化、正规化、革命化军队的指导理论。

3. 江泽民国防和军队建设思想是指导我军打赢未来战争的指南

打赢现代技术特别是高技术条件下的局部战争。这是江泽民提出的两个历史性课题之一,也是江泽民国防和军队建设思想的核心内容之一。20世纪90年代以来,我国国家安全虽说处于新中国成立以来比较好的时期,但国际风云变幻,我国仍存在有许多不安定因素。南海争端,日本与美国加强军事合作,印度与巴基斯坦的核武器竞赛,美国加强东南亚军事部署,等等,都严重地危害着我国的国家安全。江泽民与时俱进地及时调整了过去"保家卫国、固守边疆"的国防观,提出了大国观念,加快解决我军建设的矛盾,在加快我军的现代化建设步伐的同时要不断加强立足于现有装备打赢高技术条件下局部战争的研究和信心,这样才能保证我国的领土及政治、经济利益不受侵犯。同时承诺:中国永远不称霸,中国的国防力量永远是维护世界和平的基础。江泽民国防和军队建设思想的许多方面,都是围绕着如何打赢未来战争而提出来的,这是新形势下加强军事斗争准备、夺取未来战争主动的理论指南。

四、胡锦涛国防和军队建设思想

(一)胡锦涛国防和军队建设思想的主要内容

1. 我军在21世纪新阶段的历史使命

21世纪新阶段,党要团结带领全国各族人民全面建设小康社会,实现继续推进现代化建设、完成祖国统一、维护世界和平与促进共同发展三大历史任务,在中国特色社会主义道路上实

现中华民族的伟大复兴。我军已经从革命战争时期在党领导下为夺取全国政权而进行武装斗争的重要力量,发展成为社会主义建设时期巩固人民民主专政的坚强柱石、保卫社会主义祖国的钢铁长城和建设社会主义的重要力量。在这一伟大历史进程中,胡锦涛指出了我军应肩负的历史使命,即"三个提供、一个发挥"。

1)为党巩固执政地位提供重要的力量保证

21世纪新阶段,我们既面临难得的发展机遇,又面临严峻的挑战。因此,必须把坚持党对军队绝对领导的根本原则和制度,加强军队的革命化、现代化、正规化建设作为党执政的一项重要战略任务抓紧抓好,确保我军能够经受住各种斗争任务和各种复杂环境的考验,始终成为党巩固执政地位的中坚力量。

2)为维护国家发展的重要战略机遇期提供坚强的安全保障

抓住机遇促进发展,对全面建设小康社会、加快推进社会主义现代化建设至关重要。军队要把国家主权和安全放在第一位,履行好维护国家主权的神圣职责,为创造一个有利于全面建设小康社会、加快推进社会主义现代化的长期安全环境做出应有的贡献。

3)为国家利益的拓展提供有力的战略支撑

时代的进步和国力的发展,使我国的安全利益逐渐超出了传统的领土、领海、领空范围,不断向海洋、太空、电磁空间扩展和延伸。这就使我们必须拓展安全战略和军事战略视野,不仅要关注和维护国家的生存权益,还要关注和维护国家的发展利益;不仅要关注和维护领土安全、领海安全、领空安全,还要关注和维护海洋安全、太空安全、电磁空间安全以及其他方面的国家安全。

4)为维护世界和平与促进共同发展发挥重要作用

现在,中国经济和世界经济总体上形成了一种"你中有我、我中有你"的局面。中国的发展离不开世界,世界的发展也离不开中国。我们必须正确把握世界发展趋势,根据我们社会主义国家的性质,坚持走和平发展道路,高举和平、发展、合作的旗帜,坚持依靠自身力量,独立自主地建设中国特色的社会主义。同时,积极通过合作共赢的方式充分利用国外资源和市场,争取和平环境来发展自己,又以自身发展来维护世界和平。

2. 推进我军"三化"建设

胡锦涛指出,加强我军全面建设,是贯彻落实科学发展观的基本要求。总结长期以来的历史经验,军队全面建设的基本内容是革命化、现代化、正规化。革命化是军队建设的政治方向,现代化是军队建设的中心任务,正规化是军队建设的重要基础。革命化、现代化、正规化建设相互联系、相互促进,构成一个有机的统一整体。

我军作为执行党的政治任务的武装集团,必须始终把革命化建设放在第一位。胡锦涛指出,思想政治建设是革命化建设的核心,是军队最根本的建设,任何时候都不能放松。推进国防和军队现代化建设,要从中国的国情和军情出发。胡锦涛指出,要按照国防和军队现代化建设"三步走"的战略构想,以建设信息化军队、打赢信息化战争为战略目标,坚持以机械化为基础,以信息化为主导,推进机械化和信息化的复合发展,实现部队火力、突击力、机动能力、防护能力和信息能力整体提高,增强我军信息化条件下的威慑和实战能力。加强我军正规化建设,必须要加深对新形势下治军特点和规律的认识,推动正规化建设向更高水平发展。胡锦涛指出,要把依法治军作为正规化建设的基本要求,加强军事法治建设,把革命化、现代化建设和部队管理中创造的成功治军经验及时用法规的形式确定下来,完善军事法规体系,依照条令条例和规章制度规范军队各项建设和工作,使军队建设进一步走上法治化轨道。

3\. 坚持以人为本,加快转变战斗力生成模式

战斗力是军队履行根本职能的能力。坚持把科学发展观作为加强国防和军队建设的重要指导方针,必须依靠科技进步和自主创新,必须高度重视武器装备和国防科技的发展,加快战斗力生成模式的转变。这是贯彻落实科学发展观与推进中国特色军事变革有机结合的关键所在,也是建设信息化军队、打赢信息化战争的必然要求。马克思主义战争观认为,人是战争中的决定性因素,最终决定战争胜负的是人而不是物。人是战争中武器装备的使用者、战法的创造者、军事行动的实践者,人的素质和精神状态,对战斗力的形成和发挥具有重要影响。只有坚持以人为本,充分尊重广大官兵的主体地位和创新精神,才能使军队充满活力,不断增强战斗力。胡锦涛要求各部队要坚定地相信和依靠广大官兵,不断提高官兵的思想政治素质、科学文化素质、军事专业素质和身体心理素质,大力培育战斗精神,充分调动官兵的练兵积极性,充分发挥官兵在军队建设中的主人翁作用。

4\. 加强科学管理,落实从严治军,不断提高军队建设质量

在军队建设中,要全面落实科学发展观,加强科学管理,不断提高国防和军队现代化建设的质量和效益。胡锦涛指出,中国正处于并将长期处于社会主义初级阶段,国家尚不富裕,要解决好军队建设需求和国防投资不足的矛盾,把有限的资源最大化地转换为国防实力和战斗力,必须加强科学管理,走一条投入少、效益高的国防和军队现代化建设的路子。全军各级要强化质量效益观念,切实转变传统的人力密集型、数量规模型的管理模式,向科学管理要效益,向科学管理要战斗力。

胡锦涛就如何加强科学管理,提高我军现代化建设的质量和效益这一问题指出,要加强战略筹划,统筹军队各方面建设,着眼于全局和长远确定科学可行的发展目标和思路,有计划、有步骤、快速高效地推进部队的建设和改革。要运用综合集成的方法对各种作战要素进行系统整合,防止和克服条块分割、重复建设等问题,提高部队在信息化条件下的整体作战能力。要充分发挥社会主义制度能够集中力量办大事的优势,抓住对全局具有重要影响的关键问题和建设项目进行重点突破,通过局部跃升带动整体发展。必须大力发扬艰苦奋斗的精神,始终贯彻勤俭建军的方针,坚决反对大手大脚、铺张浪费、盲目攀比的风气,真正把有限的经费用在刀刃上,用出效益来。胡锦涛要求军队各级管理干部,要下功夫学理论、学科技、学管理。

(二)胡锦涛国防和军队建设思想的地位和作用

1\. 拓展了前三代领导人军事思想的内容

前三代领导人的军事思想是使中国国防和军队建设在各个时期取得重大成就的创新理论。21世纪新阶段,国防和军队现代化应如何建设和发展,同样需要党的创新理论进行指导。胡锦涛用科学发展观指导国防和军队建设的重要论述,指明了新时期新阶段国防和军队现代化建设的方向,确定了坚持以人为本的战斗力生成模式的有效途径,明确了我军新时期新阶段的历史使命,规范了国防和军队建设的基本要素,是实施新军事变革,提高信息化作战能力,维护国家安全环境,加强国防和军队现代化建设的纲领,极大地丰富了前三代领导人军事思想的内容。

2\. 为国防和军队建设提供了理论依据

进入21世纪新阶段,中国国防和军队建设所处的环境和面临的任务发生了重大变化,既面临难得的发展机遇,又面临严峻的挑战。胡锦涛关于国防和军队建设的重要论述提出,要充分把握时机,在中国经济实力、科技实力、国防实力和民族凝聚力不断增强的基础上,大力推进国防和军队建设,不断增强应对危机、维护和平、遏制战争、打赢战争的能力,切实把国防和军队建

设转入全面协调可持续发展的轨道,做到国防建设和经济建设全面协调发展。

3.为解决国防和军队建设与发展的现实问题和矛盾开辟了途径

21世纪新阶段是中国国防和军队现代化建设的关键时期,中国特色军事变革和军事斗争准备面临的任务非常繁重和艰巨。国防和军队建设存在的规模、结构、效益等方面的问题迫切需要解决。胡锦涛国防和军队建设思想,为国防和军队建设转变发展观念、创新发展模式、提高发展质量提供了新思路和新方略。只有在国防和军队建设中,全面落实科学发展观,坚持面向未来、着眼全球、解放思想、更新观念,才能解决国防和军队建设中面临的现实问题和矛盾,保证国防和军队建设健康、有序、高效地进行。

4.为我军履行21世纪新阶段历史使命提供了重要保证

用科学发展观指导国防和军队建设,先要明确21世纪新阶段我军肩负的历史使命。胡锦涛正是在深刻洞察国际战略形势与中国安全环境、科学判断国家发展和军队建设所处历史地位的基础上,提出了我军21世纪新阶段的历史使命。"三个提供、一个发挥"的历史使命,深刻揭示了军队的职能和任务必须与党的历史任务相一致,军事战略必须与国家战略相协调,军队建设和改革必须与世界军事发展趋势相符合的客观规律。胡锦涛关于国防和军队建设的重要论述进一步指明了国防和军队建设的发展方向,为我军履行历史使命提供了重要保证。

5.为加快我军战斗力生成模式转变提供了强大的思想武器

21世纪新阶段我军要加速推进中国特色军事变革,完成实现机械化和信息化的双重任务,实现军队现代化的跨越式发展,不断探索国防和军队建设与发展的特点与规律,更加科学地把国防和军队建设推向前进。胡锦涛国防和军队建设思想深刻揭示了军队建设的主体和动力源泉,提出一定要充分调动广大官兵的积极性、创造性,坚持以人为本,尊重官兵的主体地位,创新培养人才的模式,增强官兵的科技素质、战略素质和思想政治素质,维护官兵的合法权益,不断改善官兵的物质文化生活,促进战斗力生成模式的转变,凝聚巨大的战斗力,为打赢信息化条件下的局部战争做好准备。

胡锦涛国防和军队建设思想,对开创国防和军队建设的新局面,实现国防和军队现代化建设的全面协调可持续发展,用科学发展观指导国防和军队现代化建设,具有重大的现实意义和历史意义。

五、习近平强军思想

(一)习近平强军思想的主要内容

习近平强军思想,明确了新时代国防和军队建设一系列根本性方向性全局性的重大问题,是习近平新时代中国特色社会主义思想的"军事篇",是马克思主义军事理论中国化时代化的新飞跃,是党的军事指导理论的重大突破、重大创新、重大发展,为实现党在新时代的强军目标、把人民军队全面建成世界一流军队提供了科学指南和行动纲领。其主要内容主要包括以下十个方面。

一是明确强国必须强军,巩固国防和强大人民军队是新时代坚持和发展中国特色社会主义、实现中华民族伟大复兴的战略支撑。安不可以忘危,治不可以忘乱。新时代我国安全的内涵外延、时空领域、内外因素都在发生深刻变化。由大向强、将强未强之际往往是国家安全的高风险期,我们越是发展壮大,面临的压力和阻力就越大。这是我国由大向强发展进程中无法回避的挑战,是实现中华民族伟大复兴绕不过的门槛。习近平总书记深刻指出:强国必须强军,军强才能国安。国防和军队建设是国家安全的坚强后盾,军事手段是实现伟大梦想的保底手段,军事斗争是进行伟大斗争的重要方面,打赢能力是维护国家安全的战略能力。国防和军队现代化进程必须同国家现代化进程相适应,军事能力必须同实现中华民族伟大复兴的战略需求相适应。我军必须服从服务于党的历史使命,把握新时代国家安全战略需求,为实现中华民族伟大复兴提供战略支撑。

二是明确党在新时代的强军目标是建设一支听党指挥、能打胜仗、作风优良的人民军队,必须同国家现代化进程相一致,力争到2035年基本实现国防和军队现代化,到21世纪中叶把人民军队全面建成世界一流军队。建设强大的人民军队是我们党的不懈追求。在各个历史时期,我们党都根据形势任务的变化,及时提出明确的目标要求,引领我军建设不断向前发展。习近平总书记提出中国梦不久就提出强军梦,做出全面建成社会主义现代化强国战略部署的同时,提出实现党在新时代的强军目标,把人民军队全面建成世界一流军队。这是准确把握国家安全环境的深刻变化、强国强军的时代要求,对我军建设目标做出的新概括新定位,内在要求建设强大的现代化陆军、海军、空军、火箭军、战略支援部队、联勤保障部队和武装警察部队,建设绝对忠诚、善谋打仗、指挥高效、敢打必胜的联合作战指挥机构,不断提高我军现代化水平和实战能力。

三是明确党对军队绝对领导是人民军队建军之本、强军之魂,必须全面贯彻党领导军队的一系列根本原则和制度,确保部队绝对忠诚、绝对纯洁、绝对可靠。坚持党对人民军队的绝对领导是新时代中国特色社会主义基本方略的重要内容,是党和国家的重要政治优势。习近平总书记反复强调:抓军队建设首先要从政治上来看,对党绝对忠诚要害在"绝对"二字。必须按照新时代党的建设总要求加强我军党的建设,强化"四个意识",严肃政治纪律和政治规矩,深入抓好军魂教育,经常、主动、坚决地向党中央和中央军委看齐,坚决维护权威、维护核心、维护和贯彻军委主席负责制,全面彻底肃清郭伯雄、徐才厚流毒影响,坚决抵制"军队非党化、非政治化"和"军队国家化"等错误政治观点的影响,确保全军在任何时候任何情况下都坚决听从党中央和中央军委指挥。军队高级干部必须对党忠诚、听党指挥,做对党最赤胆忠心、最听党的话、最富有献身精神的革命战士。

四是明确军队是要准备打仗的,必须聚焦能打仗、打胜仗,创新发展军事战略指导,构建中国特色现代作战体系,全面提高新时代备战打仗能力,有效塑造态势、管控危机、遏制战争、打赢战争。习近平总书记强调:人民军队永远是战斗队,人民军队的生命力在于战斗力。必须贯彻新形势下军事战略方针,把备战与止战、威慑与实战、战争行动与和平时期军事力量运用作为一个整体加以运筹,牢固树立战斗力这个唯一的根本的标准,提高军事训练实战化水平,扎实做好各方向各领域军事斗争准备,聚力打造精锐作战力量,着力建设一切为了打仗的支援保障力量,加快构建适应信息化战争和履行使命要求的武器装备体系,加快建设以联合作战指挥人才为重点的高素质新型军事人才队伍,发扬一不怕苦、二不怕死的战斗精神,锻造召之即来、来之能战、战之必胜的精兵劲旅。

五是明确作风优良是我军鲜明特色和政治优势,必须加强作风建设、纪律建设,坚定不移正风肃纪、反腐惩恶,大力弘扬我党我军光荣传统和优良作风,永葆人民军队性质、宗旨、本色。"作风优良才能塑造英雄部队,作风松散可以搞垮常胜之师",这是习近平总书记反复强调的一个重要观点。人民军队要恪守全心全意为人民服务的宗旨,牢记为人民扛枪、为人民打仗的神圣职责,始终做人民信赖、人民拥护、人民热爱的子弟兵,不断发展坚如磐石的军政军民关系。把理想信念的火种、红色传统的基因一茬茬一代代传下去,加强党史军史和光荣传统教育,永葆老红军的政治本色。军中绝不能有腐败分子藏身之地,要锲而不舍、驰而不息地把作风建设和反腐败斗争引向深入,努力铲除腐败现象滋生蔓延的土壤,积极培育风清气正的政治生态。严肃各项纪律,坚持严字当头、一严到底,下大气力治松、治散、治虚、治软,用铁的纪律凝聚铁的意志、锤炼铁的作风、锻造铁的队伍。各级领导干部要以钉钉子精神抓落实,以行动做无声的命令,以身教做执行的榜样,形成崇尚实干、敢于担当、主动作为的良好氛围。

六是明确推进强军事业必须坚持政治建军、改革强军、科技兴军、依法治军,更加注重聚焦实战、更加注重创新驱动、更加注重体系建设、更加注重集约高效、更加注重军民融合,全面提高革命化现代化正规化水平。政治建军是我军的立军之本,任何时候任何情况下都不能有丝毫松懈;改革是决定军队未来的关键一招,必须大刀阔斧实施改革强军战略;科学技术是核心战斗力,必须下更大气力推进科技兴军、赢得军事竞争主动;军队越是现代化越要法治化,必须厉行法治、从严治军。贯彻"五个更加注重"战略指导,必须强化作战需求牵引,提高军队建设实战水平;下大气力抓理论创新、抓科技创新、抓科学管理、抓人才集聚、抓实践创新,靠改革创新实现新跨越;坚持成体系筹划和推进军事力量建设,全面提高我军体系作战能力;坚持以效能为核心、以精确为导向,提高国防和军队发展精准度;深入实施军民融合发展战略,加快把国防和军队建设融入经济社会发展体系,实现国防和军队建设更高质量、更高效益、更可持续发展。

七是明确改革是强军的必由之路,必须推进军队组织形态现代化,构建中国特色现代军事力量体系,完善和发展中国特色社会主义军事制度。习近平总书记指出:深化国防和军队改革,是为了设计和塑造军队未来。领导管理和作战指挥体制改革,以重塑军委机关和战区为重点,强化中央军委集中统一领导和战略指挥、战略管理功能,形成决策权、执行权、监督权既相互制约又相互协调的运行体系,构建平战一体、常态运行、专司主营、精干高效的战略战役指挥体系。规模结构和作战力量体系改革,按照调整优化结构、发展新型力量、理顺重大比例关系、压减数量规模的要求,推动我军由数量规模型向质量效能型、由人力密集型向科技密集型转变,部队编成向充实、合成、多能、灵活方向发展。军队政策制度调整改革,立起打仗的鲜明导向,营造公平公正的制度环境,使军事人力资源配置达到最佳状态,让军人成为全社会尊敬的职业,把军队战斗力和活力充分激发出来。

八是明确创新是引领发展的第一动力,必须坚持向科技创新要战斗力,统筹推进军事理论、技术、组织、管理、文化等各方面创新,建设创新型人民军队。习近平总书记指出:创新能力是一支军队的核心竞争力,也是生成和提高战斗力的加速器。我们这支军队,靠改革创新走到现在,也要靠改革创新赢得未来。必须把创新驱动发展的引擎全速发动起来,善于运用新理念、新思路、新方法推进我军各项建设。要加快形成具有时代性、引领性、独特性的军事理论体系,依靠科技进步和创新把我军建设模式和战斗力生成模式转到创新驱动发展的轨道上来,下大气力推进军事管理革命,努力培养造就宏大的高素质创新型军事人才队伍,大力弘扬创新文化,激励官兵争当创新的推动者和实践者,使谋划创新、推动创新、落实创新成为全军的自觉行动。

九是明确现代化军队必须构建中国特色军事法治体系,推动治军方式根本性转变,提高国防和军队建设法治化水平。习近平总书记指出:一支现代化军队必然是法治军队。强化法治信仰和法治思维,坚持依法治官、依法治权,领导干部带头尊法学法守法用法,引导官兵把法治内化为政治信念和道德修养,外化为行为准则和自觉行动。构建系统完备、严密高效的军事法规制度体系、军事法治实施体系、军事法治监督体系、军事法治保障体系,坚决维护法规制度权威性,强化法规制度执行力。推动实现从单纯依靠行政命令的做法向依法行政的根本性转变,从单纯靠习惯和经验开展工作的方式向依靠法规和制度开展工作的根本性转变,从突击式、运动式抓工作的方式向按条令条例办事的根本性转变,形成党委依法决策、机关依法指导、部队依法行动、官兵依法履职的良好局面。

十是明确军民融合发展是兴国之举、强军之策,必须坚持发展和安全兼顾、富国和强军统一,形成全要素、多领域、高效益军民融合深度发展格局,构建一体化的国家战略体系和能力。把军民融合发展上升为国家战略,是我们党长期探索经济建设和国防建设协调发展规律的重大成果,是从国家安全和发展全局出发做出的重大决策,是应对复杂安全威胁、赢得国家战略优势的重大举措。着眼经济实力和国防实力同步增长,强化统一领导、顶层设计、改革创新和重大项目落实,同步推进体制和机制改革、体系和要素融合、制度和标准建设,完善军民融合组织管理体系、工作运行体系、政策制度体系,努力开创经济建设和国防建设协调发展、平衡发展、兼容发展新局面。

(二)习近平强军思想的丰富内涵和重大指导意义

习近平总书记作为党中央的核心、全党的核心和军队统帅,在带领全党全军全国各族人民进行伟大斗争、建设伟大工程、推进伟大事业、实现伟大梦想的不平凡征程中,以马克思主义政治家的巨大理论勇气和战略智慧,对国防和军队建设做出深邃思考和战略筹划,提出一系列新思想新观点新论断新要求,形成了内涵丰富、博大精深的科学思想体系。党的十九大将习近平强军思想作为习近平新时代中国特色社会主义思想的重要组成部分,把坚持党对人民军队的绝对领导纳入新时代坚持和发展中国特色社会主义的基本方略,全面部署新时代的强军事业,标志着党的军事指导理论的与时俱进。

习近平强军思想深刻回答了新时代"人民军队听谁指挥、怎样铸牢军魂""为什么强军、怎样强军""打什么仗、怎样打胜仗"等基本问题,丰富发展了我们党建军治军思想和方针原则,指引了人民军队的强军新征程。提出建设一支听党指挥、能打胜仗、作风优良的人民军队,是实现"两个一百年"奋斗目标、实现中华民族伟大复兴的战略支撑,强调坚持总体国家安全观,人民军队要坚决维护中国共产党领导和我国社会主义制度,维护国家主权、安全、发展利益,维护地区和世界和平,进一步明确了国防和军队建设在全面建设社会主义现代化强国中的地位作用,拓展和规定了我军新时代使命任务。提出坚定不移走中国特色强军之路,实现党在新时代的强军目标,把人民军队建设成为世界一流军队,进一步明确了全面实现国防和军队现代化的目标引领,鲜明确立了军队建设的时代主题。提出与时俱进创新军事战略指导,强调深入贯彻新形势下军事战略方针,坚持积极防御战略思想,提高基于网络信息体系的联合作战能力、全域作战能力,有效塑造态势、管控危机、遏制战争、打赢战争,立起了统揽军事力量建设和运用的总纲;强调更加注重聚焦实战、更加注重创新驱动、更加注重体系建设、更加注重集约高效、更加注重军民融合,强化作战需求牵引,提高创新对战斗力的贡献率,全面提高我军体系作战能力,提高国防和军队发展精准度,促进经济建设和国防建设协调发展、平衡发展、兼容发展,进一步明确了军队建设发展的战略指导。提出坚持政治建军、改革强军、科技兴军、依法治军,强调政治建军是立军之本,必须坚持党对军队绝对领导,加强和改进新形势下我军政治工作,最紧要的是把理想信念、党性原则、战斗力标准、政治工作的威信这四个带根本性的东西在全军牢固立起来;强调改革是强军必由之路,必须着力解决制约国防和军队建设的体制性障碍、结构性矛盾、政策性问题,建设强大的现代化陆军、海军、空军、火箭军和战略支援部队,建设绝对忠诚、善谋打仗、指挥高效、敢打必胜的联合作战指挥机构,加快构建中国特色现代军事力量体系,完善和发展中国特色社会主义军事制度;强调科技创新是核心驱动,必须坚持自主创新的战略基点,提高科技创新对军队建设和战斗力的贡献率,建设创新型人民军队;强调依法治军是强军之基,必须强化全军法治信仰和法治思维,构建中国特色军事法治体系,按照法治要求转变治军方式,这些进一步明确了军队建设的重点领域、主攻方向、战略抓手,科学确立了强军兴军的战略布局。提出军队要向能打仗、打胜仗聚焦,加强练兵备战,强调牢固树立战斗力这个唯一的根本的标准,大力提高军事训练实战化水平,建设一切为了打仗的后勤,构建适应信息化战争和履行使命要求的武器装备体系,加强以联合作战指挥人才为重点的高素质新型军事人才建设,确保部队召之即来、来之能战、战之必胜,进一步明确了军队建设的根本指向,形成了全部心思向打仗聚焦、各项工作向打仗用劲的鲜明导向。提出深入推进军民融合发展,强调军民融合是国家战略,既是兴国之举又是强军之策,形成军民融合深度发展格局,构建一体化的国家战略体系和能力,进一步明确了实现发展和安全兼顾、富国和强军统一的重要途径。提出建设现代化武装警察部队,强调忠诚于党始终是第一位的政治要求,在任何时候任何情况下都必须坚决听从党中央和中央军事委员会指挥,着力提高遂行多样化任务能力,不断提高信息化条件下防卫作战能力,永葆武警部队性质、本色、作风,进一步明确了武警部队建设的永恒课题和时代要求。提出全面掌握辩证唯物主义和历史唯物主义世界观和方法论,强化战略思维、辩证思维、创新思维、底线思维;强调正确认识和把握战争与和平、军事与政治、发展与安全、威慑与实战、人与武器以及军事训练中的辩证法,形成了具有时代性独创性的军事辩证法思想,为强军打赢提供了科学思想方法和工作方法。

习近平强军思想与毛泽东军事思想、邓小平新时期军队建设思想、江泽民国防和军队建设思想、胡锦涛国防和军队建设思想,既一脉相承又与时俱进,是习近平新时代中国特色社会主义思想的"军事篇",是马克思主义军事理论中国化时代化的新飞跃,是人民军队的强军之道、制胜之道,升华了我们党对军事指导规律的认识,把马克思主义军事理论和当代中国军事实践提升到新境界,为我军实现强军目标、迈向世界一流提供了科学指南和行动纲领,点亮了照耀强军征程的时代灯塔。

能力训练

1. 军事思想的含义是什么?
2. 军事思想的分类以及基本特征有哪些?
3. 简述军事思想形成与发展的过程。
4. 毛泽东军事思想的科学含义和主要内容是什么?
5. 邓小平新时期军队建设思想的基本内容是什么?
6. 江泽民国防和军队建设思想的含义以及内容有哪些?
7. 胡锦涛用科学发展观指导国防和军队建设的重要论述的主要内容有哪些?
8. 简述胡锦涛国防和军队建设思想的地位和作用。

第四章 现代战争

本章导读

从 20 世纪 80 年代以来发生的屡次局部战争,特别是 20 世纪末发生的科索沃战争以及后来的英美联军对伊拉克战争,都更进一步说明了现代战争已在很大程度上表现为军事高技术的较量。因此,军事高技术领域成为世界各国较量新的"战场"。

本章主要内容是介绍战争的内涵、新军事革命、机械化战争和信息化战争。

学习目标

了解战争内涵、特点、发展历程,理解新军事革命的内涵和发展演变,掌握机械化战争、信息化战争的形成、主要形态、特征、代表性战例和发展趋势,使学生树立打赢信息化战争的信心。

第一节 战争概述

一、战争的基本概念

战争是民族与民族之间、国家与国家之间、阶级与阶级之间或政治集团与政治集团之间的武装斗争。战争是政治的继续,是流血的政治,是解决政治矛盾的最高的斗争形式。

自原始社会末期起,战争——这一人类互相残杀的怪物就已降临人间。在我国,有文字记载最早的战争是约 4600 年前发生在黄帝与蚩尤之间的涿鹿之战;国外最早见于文字记载的战争是公元前 1469 年在巴勒斯坦的麦吉多发生的埃及法老图特摩斯三世平定巴勒斯坦和叙利亚诸部落反叛的战争。在人类社会有文字记载的文明史中,据统计,共发生战争 14 500 多次,真正的和平岁月是很少的。可以说,战争曾深刻地影响了人类社会的发展历史。

战争,不仅是军事力量和政治力量的角逐,更是经济力量的竞赛。战争的进程和结局首先依赖于一定的军事力量,即武器装备的水平和武装人员的数量与质量。而军事力量的这两种最基本的要素的强弱,都是以一定的经济条件为物质基础的。因此,战争的进程和结局归根到底取决于一定的经济条件。然而,战争对经济也存在着巨大的反作用。它一方面能够对社会经济的发展造成重大的破坏作用,阻碍经济的发展,吞噬无数生命,消耗巨大的经济力量,造成人类劳动所创造的物质财富的空前浩劫;另一方面又可以通过科学技术在战争中的应用,刺激和促进经济的发展。尤其是革命战争,能扫除阻碍生产力发展的落后的生产关系,为生产力的发展开辟广阔的道路。正如列宁所说:历史上常常有这样的战争,它们虽然像一切战争一样不可避免地带来种种惨祸、暴行、灾难和痛苦,但是它们仍然是进步的战争,也就是说,它们有利于人类的发展,有利于破坏特别有害的和反动的制度。

战争也是科学技术的竞争。谁掌握了先进的科学技术,谁就能够掌握先进的战争手段。因此,科学技术成果往往最先应用于军事领域,转化为各种新式武器装备。而新式武器装备的使用,又直接推动着战争方式的发展变化。从冷兵器战争、热兵器战争、核战争、信息化战争,每一步发展与演变都体现着科技的力量。一部战争史,在某种意义上也是一部军事科技发展史。

战争可以分为各种不同的类型。从进行战争的不同阶级来说,则有阶级与阶级之间的战争;从战争的不同政治目的来说,则有侵略与反侵略、掠夺与反掠夺、奴役与解放战争;从战争使用兵器来说,有冷兵器条件下的战争、热兵器条件下的战争;从战争时间来说,有古代战争、近代战争、现代战争等。从战争的根本性质来说,无外乎正义的战争和非正义的战争两种基本类型。

二、战争的发展历程

冷兵器是指用石块、木棍、青铜器、钢铁、弓箭等不使用火药的武器的统称。冷兵器时代大约从原始社会晚期到公元10世纪,经历了石器兵器时代、青铜器兵器时代和铁器时代。最初,人们用石块和棍棒进行格斗,后来逐步发展为用矛、剑、刀、弓箭和盾来拼杀。

(一)冷兵器时代的战争

在原始社会末期到奴隶社会早期,人们主要使用石质兵器,决定战争胜负的主要是士兵的士气、武艺和体力,基本上无战略战术可言。战争非常残酷,初期有人吃人的现象,后来变为把俘虏杀掉,直到氏族社会末期,生产力的增长带来了对劳动力的需求才使用俘虏劳动。原始部落之间频繁的掠夺战争,加速了私有财产和剥削的发展,推动了阶级、国家的形成。

从原始社会进入奴隶社会,是人类社会发展的一个巨大的进步。进入阶级社会后,随着阶级矛盾的加剧,战争更是频繁发生,使用兵器也随着生产力的进步而进步,人们逐渐开始使用青铜器、铁器等兵器。这个时期的战争主要有以下几类:新兴奴隶主推翻腐朽奴隶主统治的战争,如罗马战争;奴隶制国家之间的兼并与争霸战争,如伯罗奔尼撒战争;新兴的封建势力推翻奴隶主统治的战争,如"蛮族"灭亡罗马帝国的战争;反外来侵略战争,如埃及反喜克索斯人的战争;奴隶反对奴隶主统治的战争,如斯巴达克起义等。进入中世纪以后,西方的军队构成以封建骑士为核心,当时使用的兵器主要是长矛、剑和盾牌。随同骑兵的步兵装备简陋,缺乏防护的铠甲,也缺乏战斗力,因此当时的战争主要依靠骑士的搏斗来决定胜负。当火药由中国经阿拉伯地区传入西方,并在战场上表现出它的威力时,铠甲失去了防御作用,战争进入了热兵器时代。

(二)热兵器时代的战争

大约在公元9世纪,中国人发明了火药。大约在公元10世纪初,火药用于军事。十字军东征,促使中国发明的火药和火器由阿拉伯传入欧洲。当欧洲人发现火药产生的杀伤力超过以往任何兵器时,将铁器与炸药结合,发明了枪炮。火枪和火炮开始用于战争,战争从冷兵器时代逐渐向热兵器时代过渡。

18世纪中叶,欧洲的产业革命,把社会生产力从铁器时代推进到机器时代。法国资产阶级革命,猛烈冲击了欧洲各国的封建农奴制,为资本主义发展开辟了道路。在资本主义上升时期,管型火器的运用,蒸汽机的发明,大工业的出现,为军队装备了大量的火器火炮,使战争从冷兵器与火器并用逐渐转变为主要使用火器。这个时期资产阶级革命战争相继爆发,如英国资产阶级革命时期的国内战争,美国独立战争和解放奴隶的战争,法国革命战争等,扫清了资本主义发展道路上的障碍。资本主义国家为了争夺霸权也经常发生战争,如英荷战争、克里木战争等。这种战争是由资本主义发展不平衡引起的,给殖民地和参战国人民带来深重的灾难。19世纪末20世纪初,各主要资本主义国家先后从自由资本主义发展到垄断资本主义,进入帝国主义阶段。垄断资产阶级对本国无产阶级和广大劳动人民剥削的加深,帝国主义列强对殖民地人民的掠夺和压迫的加剧,国际垄断资本集团之间竞争的激化,帝国主义国家政治、经济、发展不平衡和重新瓜分世界的斗争,使帝国主义列强之间,殖民地与宗主国之间,无产阶级和资产阶级之间,以及后来出现的帝国主义和社会主义国家之间的矛盾日益尖锐,导致了一系列激烈的、大规模的战争。这些战争包括帝国主义争夺殖民地的战争,如美西(西班牙)战争、日俄战争等;帝国主义两大集团重新瓜分世界的第一次世界大战;法西斯国家与反法西斯国家之间进行的空前规模的第二次世界大战;无产阶级革命战争和民族解放战争也相当活跃。

随着社会的变革和科学技术的进步,军队的武器装备增添了全新的成分,如坦克、飞机、潜艇、航空母舰和化学武器等,并相应地出现了空军等新军种。也出现了像闪电战那样的崭新作战方法;不宣而战、实施突然袭击成为战争发动者的惯用方法;利用航空母舰编队争夺制海权以及潜艇战和反潜战,成为海上斗争的主要形式;总体战、大战略、海权论等新理论应运而生。

(三)热核兵器时代的战争

1945年8月,美国在日本的广岛和长崎扔下了两颗原子弹,标志着热核兵器时代的到来。继原子弹之后,氢弹、中子弹等相继问世,而导弹武器的出现,又使这些令人望而生畏的核武器插上了翅膀,使它无处不可及。从此,人类始终处于核恐怖的阴影之下。

伴随核武器来到人间的,是崭新的核战争理论和核威慑条件下的战略战术,人们第一次将核战争与常规战争加以区别,报复战略、相互威慑战略、相互确保摧毁战略等核战略应运而生。

在此期间,美苏两个超级大国几乎是失去理智地投入了核军备竞赛,并且拉起了北约和华约两大军事集团,在全球展开了激烈的政治对抗、军事对峙和经济封锁,使人类在"冷战"中度过了40多年,战争危机屡屡出现,世界曾几次走近大战的边缘。

美苏两个超级大国拥有核武器的当量足以把地球毁灭数次。有人曾用"核冬天"来描述核战争的惨状,预言一场核战争可以把地球送回冰期,人类将可能再次经历从猿到人的进化。值得庆幸的是,由于世界和平力量的增长超过了战争力量的增长,在冷战时期既没有爆发核战争,也没有爆发世界大战。

虽然大战打不起来,但是使用常规武器的局部战争从未间断。这些战争有一个突出的特点,就是都深深地烙上了冷战的痕迹,往往都有美苏两个超级大国争霸的背景:或是美苏直接参与、亲自发动的战争,如朝鲜战争、美国入侵越南的战争、苏联入侵阿富汗等;或是美苏间接插手,如印巴战争、中东战争等。在美苏争霸的同时,民族解放运动蓬勃发展,很多国家和地区的人民坚持民族独立或民族解放战争,如印度支那人民抗法战争、古巴革命战争、阿尔及利亚民族解放战争,等等,使新兴民族独立国家大批涌现,第三世界作为一支独立的政治力量登上了历史舞台。

(四)信息化战争

核武器的超杀伤作用限制了它的实用性。因此,世界各国,特别是主要大国逐渐将注意力向发展高技术常规武器方向转移。

同时,20世纪50年代以来,世界上陆续出现了一大批高新技术群:以微电子技术、电子计算机技术、人工智能技术和通信技术为基础的信息技术;以导弹为代表的精确制导技术;以人造卫星和航天飞机为代表的航天技术;以激光技术为先导的聚能技术;以核聚变为代表的新能源技术;以新材料为基础的隐形技术等。其中,信息技术在高技术群中起主导作用。这些新技术一经出现,便以前所未有的速度向深度和广度发展。高技术的迅猛发展和运用,必将导致新的技术革命。高技术群的出现,除其本身的发展具有革命性之外,它的影响之深远、波及领域之广阔,是历史上任何一次技术革命都无法比拟的。如今,高新技术群体,尤其是微电子技术和计算机技术已渗透人类社会活动的各个领域,引发了政治、经济、科技、军事和文化等各个领域的深刻变革,已经产生并将继续产生难以估量的重大影响。科学技术的进步必将引起军事领域的技术革命。

在科学技术和战争实践的推动下,一场迄今为止人类军事史上波及范围最广、变化最深刻、发展最迅速的军事革命正在世界范围内蓬勃兴起。一个以使用信息化武器装备为主导,使战争基本方式发生根本变化的信息化战争,开始登上战争舞台。

20世纪90年代以来先后发生的海湾战争、科索沃战争、阿富汗战争和伊拉克战争,是人类战争史上具有划时代意义、承前启后作用的战争。它们既是工业时代机械化战争的延续,更是孕育信息化战争雏形的"母体"。这几场局部战争几乎都使用了全新的武器和全新的战法,每场战争都给人们耳目一新的感觉。人们越来越强烈地感悟到,战争形态正在发生深刻的变化,机械化战争形态正向信息化战争形态转变,信息化战争已处于萌芽阶段。海湾战争闪现了新军事革命的影子,世界从此进入一个新的战争时代。信息攻击、远程精确打击、陆海空天电一体化作战,成为主要作战行动。传统的线式作战、梯次攻击、层层剥皮的作战方式已经被摒弃,"零死亡率"的战争已经成为人们追求的目标。

总之,近年来几场局部战争的实践,使人们已经深刻感悟到新的战争形态所具有的深刻内涵,战争实践成为推动信息化战争形成和发展的催化剂。它促使人们更加自觉地接受信息化战争,适应信息化战争,更重要的是主动地选择和设计信息化战争。

三、战争的特点

战争的特点因不同时期战争形态的不同而不同,但究其共性,大致有以下几点。

(一)政治性

克劳塞维茨认为:"战争是政治的继续。"战争就是政治,战争本身就是政治性质的行动,从古以来没有不带政治性的战争。这说明,任何战争都是政治的产物,都是为政治服务的,都是在政治的支配下进行的。同时,战争又要按照自己的规律向前发展,具有某种程度的独立性,反作用于政治。纵观人类战争的历史,战争爆发的根源、规模、进程和结局,无一不受政治的制约和支配。因此,战争具有政治性。

(二)暴烈性

克劳塞维茨认为:"战争是迫使敌人屈从我方意志的一种暴力行为。"这说明,战争是使用暴力工具施行的暴力行为,战争的根本功能是通过暴力实现的,战争的基本要素都具有鲜明的暴力性特征。马克思主义战争观也认为,战争是阶级斗争的最高形式,矛盾越激烈,暴烈性就越强。所以,战争区别于其他斗争形式的特定属性就是暴烈性。

(三)规律性

毛泽东认为:"战争不是神物,仍是世间的一种必然运动。"这说明,战争是不以任何人的意志为转移的,战争反映自身矛盾运动发展过程中的本质联系和必然趋势,即战争的规律性。古今中外的战争史表明,战争的发生、运动和发展,以及战争中的各种事物和现象,都是有其必然性的,也都是有规律可循的。

(四)偶然性

战争中的偶然性是指战争运动发展中的外在的联系和不确定的现象变化,它是由战争的非本质因素所决定的暂时的外在联系和多种可能的发展变化。毛泽东认为:"我们承认战争现象是较之任何别的社会现象更难捉摸,更少确实性,即更带所谓'盖然性'。"由于战场情况瞬息万变,熟知敌我双方的实际情况是很难办到的,影响战争胜负因素具有不确定性。因此,战争具有偶然性。

(五)创造性

由于战争具有不确定性,使得战争的进程和结局呈现出多样性,所以战争是最具有创造性的活动。正如世界上没有两片完全相同的树叶一样,世界上也没有两场完全相同的战争。因此,战争具有不可复制性。另一方面,人可以能动地驾驭战争,人的主观能动性的发挥决定了战争不同的走向和结局。毛泽东认为,战争是有规律可循的,在进行战争时,必须要发挥人的自觉能动性,认识并驾驭战争规律,夺取战争的胜利。因此,战争具有创造性。

第二节 新军事变革

军事高技术的发展历来是军事领域变化和战争形态演变的原动力。以军事信息技术为核心的军事高技术,为世界新军事变革提供了所需的技术基础、物质手段等直接动力。而世界新军事变革的深入又必将牵引着以军事信息技术为核心的军事高技术的飞跃性更新和跨时代发展,使军事高技术与新军事变革之间建立互为因果、互为动力、互相促进、共同发展的关系,在军队作战能力构成的诸要素间保持良性循环。

一、军事革命的含义

所谓革命,通常是指人们在改造社会中所进行的重大变革。比如,把改造自然中的重大变革称为技术革命,把改造社会中的重大变革称为社会革命等。人类进入现代社会后,欧洲一些军事理论家和历史学家开始使用军事革命这一术语来表述人类在军事领域的重大变革。不过,由于人们考察军事革命问题的角度不同,关注的重点有别,因而对军事革命的定义有不同的看法。

20世纪80年代,以苏军总参谋长奥尔加尔科夫为代表的苏联军事理论家最先指出正在发生新军事革命。他们认为,所谓军事革命,即军事技术革命,是可以导致战场发生根本性变化的技术进步。军事技术革命是一个过程的结果,在这个过程中,不断变化的技术对作战样式、国家需求和军事机构带来了影响,并综合形成新的军事成果。

继苏联之后,美国华盛顿战略与国际问题研究中心及其国防部对正在发生的新军事革命提出了自己的看法,他们认为,许多技术和军事思想的发展,可以广义地理解为革命;而真正军事意义上的革命是技术、军队组成编制和军事思想发展结合的产物。也就是说,军事革命是军事技术进步、军事思想革新和编制体制改变,并将三者结合起来,导致军队作战能力提高若干数量级的重大质变。

美国著名未来学家托夫勒认为真正的军事革命应该满足三个条件:一是它应当改变战争的一切方面,包括作战方式、武器装备、编制体制、教育训练等,从而改变战争本身;二是这些变化不只是在一个国家的军队发生,而应该同时发生在许多国家的军队,具有世界性特点;三是应当改变战争同社会本身的关系,即军事革命一旦发生,军事同经济与社会的关系会改变,世界军事力量平衡就会打破。

中国学术界对军事革命的含义的看法比较一致,认为军事革命应是在时代的科技、经济、政治、军事等因素的综合作用下所导致的包括战争形态、作战理论与作战方式、军队结构、军事训练、国防体系在内的军事领域方方面面的根本变革。简言之,只有能够改变世界整个军事领域的面貌或世界军事历史进程的变革,才称得上军事革命。

二、新军事革命的内容

根据国内外对军事革命的研究分析,可以得出这样的结论,新军事革命是指以现代信息技术为代表的高技术的应用和发展,引起军事领域发生具有质的,甚至是断代性的飞跃或变革。

新军事革命的内容包含着多种要素，涉及多个领域，出现了军事系统新军事技术革命群，呈现出综合性、复合变革发展趋势。这里我们主要从引起新军事革命产生的基本要素进行分析。

（一）军事技术的变革

军事技术的变革经历了三个革命性的过程，即军事工程革命、军事探测革命、军事通信革命。

军事工程革命是通过新的工程工艺技术，使各种武器和作战平台的射程、航程和速度等指标达到或接近物理极限。它是新军事革命的一个重要因素。

军事探测革命的主要表现是，出现了计算机控制的探测器材，以及单个作战平台和武器系统的计算机化。随着控制系统的计算机化，武器的性能也随之得到了相应的提高。由于信息搜集能力的增强，装有远程制导武器的单个作战平台的性能指标成倍地提高。

军事通信革命的主要表现是，出现了处理大量数据信息的指挥、控制、通信、情报与计算机系统，从而产生了"多系统的大系统"和"整体力量综合"等概念。导致军事通信革命的关键技术是数字化技术，它可以把原来在时间上连续的语言、图像信号，变成二进位数字式信号来传送，收到后再还原成连续信号。与模拟信号相比，数字信号抗干扰性强，能适时进行整形再生，能除去噪声和防止失真，从而保证远距离、高质量传输。

（二）武器装备的变革

军事技术革命的出现，必然导致武器装备变革的发生。以军事信息技术为核心的军事高技术群，正在也必将使进行战争的工具——武器装备发生"断代性的飞跃"，即由热兵器和热核兵器阶段进入高技术兵器阶段，出现了信息化弹药、信息化平台、单兵数字化装备等。信息化弹药，即精确制导武器，主要包括制导炸弹、制导炮弹、制导子母弹、制导地雷、巡航导弹、末制导导弹、反辐射导弹等。实际上，它们能够获取和利用目标所提供的位置信息，修正自己的弹道，以准确命中目标。信息化作战平台主要包括坦克与装甲车、火炮与导弹发射装置、作战飞机与直升机、作战舰艇等武器载体。信息化作战平台装有大量的电子信息设备，它们不仅有多种信息传感设备，以便探测敌方目标，为实施精确的火力打击提供目标信息，还有足够的计算机系统及联网能力，能为各种作战行动及时提供有效的辅助信息。信息化作战平台除了能充分利用己方和敌方信息外，还有防止敌方利用己方信息的能力，有侦察、干扰、欺骗的功能。单兵数字化装备是指士兵从头到脚，从攻击、防护到观察、通信、定位、侦察和传递信息，都具有在数字化战场上使用的人机一体化、多功能等特点的个人装备。它主要由头盔、单兵武器、通信装置和军服等四个分系统组成。

武器装备变革的实质，是使武器系统实现信息化、智能化和一体化。武器系统信息化是指利用信息技术和计算机技术，使预警探测、情报侦察、精确制导、火力打击、作战指挥与控制、通信联络、战场管理等领域的信息采集、融合、处理、传输、显示，实现联网化、自动化和实时化。武器装备信息化可能产生的影响是：作战保障装备的地位和作用有很大提高，并成为作战系统的眼睛、神经和大脑；目标探测、火力控制、火力打击和毁伤评估等功能结合在一起，形成各种武器系统；产生软、硬杀伤概念，出现软、硬杀伤兵器；在各类兵器中，电子和信息设备的比重将越来越大，其作用也日益重要。智能武器系统由于采用计算机、大规模集成电路及相应软件，能够模拟人类大脑的部分功能，不仅能利用自身的探测和信号处理装置，自主地对目标进行分析、区别和识别，而且还能把搜索区内的目标排出先后顺序，掌握最佳攻击时机，攻击最有价值的目标，使表示命中精度的圆概率误差趋于零。

（三）军事理论的变革

军事理论的变革是这次新军事革命的重心。它既是军事技术革命的必然结果，又是进一步开展军事技术革命、武器装备革命和军事编制体制革命的指针。迄今为止,军事理论变革的新观点主要有以下几个方面。

1. 战争动因更趋复杂

在信息时代,各国之间的交往不断增多,联系日趋密切,差距不断扩大,这就必然导致各个国家、民族、社团之间由政治、外交、精神等因素引发的冲突增多,使宗教、民族矛盾上升,这些矛盾与冲突不仅是恐怖活动等"亚战争行动"的直接根源,也是导致战争的动因之一。

2. 战争目的更加有限

未来战争一般不追求占领敌国、全歼敌军或使敌方彻底投降等终极目标。在战争对广大民众十分透明的信息时代,战争指导者不得不对战争进程和战争目的严加限制。

3. 战争内涵扩大

信息时代的战争不仅要对付敌国军队和削弱敌国工业基础,还要摧毁其信息系统;战争的发动者增多,发动者不仅包括国家和国家联盟,还包括恐怖组织、宗教团体、贩毒集团和工商集团等;作战样式更新,将出现信息战、精确战、控制战、瘫痪战、隐形战、恐怖战等许多新的作战样式。

4. 战争伤亡破坏减小

信息时代战争的一大特点是,将使伤亡破坏,特别是附带破坏,减少到最低限度。

5. 争夺"制信息权"的斗争异常激烈

由于未来的战略、战役、战术级作战行动都是凭借和围绕信息展开的,因此争夺制信息权的斗争将异常尖锐、激烈,并贯穿于战争的全过程。

6. 战争一体化程度空前提高

战争一体化主要表现为陆、海、空、天、电磁战将高度一体化;军种间作战的界限将不易区分;战区作战行动将联为一体;战略级、战役级和战术级作战的界限将模糊不清。

(四)军事编制体制的变革

在新军事革命的内容中,军事编制体制的变革进展最慢,迈出的步伐最小。尽管如此,从各国军队建设的长远规划和军事理论家的预测中,仍可看到军队体制编制变革的基本走向和前景。首先是军队规模将大幅度压缩。在未来广泛使用高技术兵器的战场上,军队的数量、质量与战斗力之间的关系将发生根本的变化;质量将上升到主导地位,数量将退居次要地位;质量可以弥补数量的不足,数量往往难以抵消质量上的差距。其次是指挥体制将"扁平网络化"。为了适应信息时代和信息战的要求,发达国家的军队正在酝酿变纵长形"树"状指挥体制为扁平形"网"状指挥体制。这种指挥体制的结构特征是:外形扁平,横向联通,纵横一体。外形扁平要求减少指挥层次,缩短信息流程,充分发挥横向网络的作用,使尽量多的作战单元共处于一个信息流动层次。横向联通是指,不仅平级单位之间能直接沟通联系,每个作战平台之间也能实时交换信息。实现纵横一体的关键设备是计算机,不仅在指挥中心、网络节点,而且每一件武器、每一个士兵都有计算机,整个战场就像一个计算机大平台,从而实现信息流程最优化,信息流动实时化,信息采集、传递、处理、存储和使用一体化。再就是部队编制将小型化、一体化。一体化部队比合成化部队的合成度更高、内部结合更紧密,协同作战能力更强。

三、新军事革命的影响

军事革命作为一种带有质变性的重大发展,所产生的影响将是非常广泛和深远的。新军事革命的不断深入,必将对军事领域的空间、时间、效能、国防科研、军事建设、未来作战与军事观念的更新产生重大影响,导致其发生一系列变化。

(一)对空间、时间和效能方面的影响

空间方面的变化主要表现在：工业时代的战争，没有超出地球的范围，而信息时代的战争，战场已扩向宇宙。航天站、航天器的发展，使航天基地和航天军兵种的生成有了可能。战场的空间距离加大，主要反映在远战能力上。微型的超视距的遥感器材装备于作战平台上，加上超视距的打击兵器，主要是各种制导导弹，再由航天的侦察卫星、导航定位卫星和通信卫星的配合支援，可以在人的目视、听觉距离以外杀伤敌人，也可以通过计算机遥控无人驾驶机、巡航导弹等毁伤目标。不但远战的机会增多了，近战的可能性相对减少了（一定条件下的近战不能排除），而且计算机屏幕前的战斗将相应增多，面对面的兵器搏斗将相应减少。空间方面的军事革命，不仅影响作战环境，而且影响军队的作战方法。信息技术运用到军事领域以后，战场扩向外层空间，出现了天地一体化作战。现代作战不仅是大纵深的，而且是高立体的，并且还将是前后方区别淡化的远近交叉、高低结合的大空间作战。如果说以往的战场空间平面通常以几千米、几十千米、几百千米计算，而现在则要以几十千米、几百千米、几千千米计算，战略武器可以攻击一万千米以外的目标；以往战场空间的高度通常以几百米、几千米、十几千米计算，而现在则要以几十千米、几百千米、几千千米计算。

时间方面的变化主要表现在：新军事革命使对时间的利用率都上了几个台阶。通信技术的革新使信息传递速度接近光速。战场信息高速公路使网络中的用户可以信息共享。战场的网络化把侦察到的信息实时地传递给有关单元，信息的快速处理和快速决策能够缩短处理时间，网络化又便于各个单位的及时横向联络，增强战斗协调，减少误伤，使信息的获取快、传递快、处理快、决策快、指挥快、部队机动快、火力支援快、互相协同快、结束战斗快。在信息网络化的条件下，对获取的信息，指挥中心、有关部队和战斗单元都可以同时知晓，卫星通信、光纤通信的可靠性和保密性完全能保证通信顺畅，全球定位系统和多媒体技术还可以使指挥中心形象地了解最前线的有关景象。从获取信息到采取行动的时间过程大大地缩短了，这就使作战的节奏明显加快，战争的进程明显缩短。军事高技术和武器装备的发展，提高了战场上的时间利用能力，使现代作战不仅是高速度的，而且可以实施全天候、全时辰的连续作战。如果说以往作战时间常以日、小时、分钟为单位计算，那么现代作战的许多场合将真正以分钟、秒钟为单位计算。如果说以往夜晚的黑暗和不良气象条件会对作战造成障碍，而现在这种障碍正逐渐被消除。

效能方面的变化主要表现在：作战是最讲效能的，所谓效能即在单位时间内能按照要求完成任务的速率。现代战争的效能问题，具体体现在提高了对信息获取、传递、处理的能力，对敌信息干扰、对己抗干扰的能力，隐蔽突防能力，超视距精确打击能力，快速反应能力和机动能力，协同作战能力，夜间打击能力以及快速的作战保证能力和后方保证能力，等等。信息差影响到火力差，掌握信息的及时性与进行决策和动用火力的及时性成正比。先进的信息技术提高了信息处理的快速性、决策的科学性和行动的及时性，提高了武器毁伤的精度，更便于发挥整体威力，这无疑是十分深刻的革命。

(二)对武器装备的研制和实践评估的影响

新军事革命使武器装备的研制和军事训练从强调实物试验和演习转向强调计算机分布式交互仿真模拟。分布式交互仿真技术的出现为武器系统的研制和军事训练带来了新手段。它通过联网技术将分散在各地的人在回路中的仿真器、计算机生成的兵力以及其他设备联成一个整体，形成一个可以在时间和空间上互相耦合的虚拟战场合成环境，参与者可以自由地交互作用，以完成军事人员或团组的训练，并可对武器系统的性能、方案进行验证和评估。分布式交互仿真具有仿真技术的可控性、无破坏性、安全性、可多次重复性和经济性等特点。在武器装备系统的研制方面，计算机交互仿真技术有助于缩短研制周期、减少研制经费。美军十分重视用虚

拟方法进行"预实践"评估。在新武器研制计划开始之前,可利用分布式交互仿真检验武器系统的设计方案和战术技术指标,避免过去那种在研制计划开始以后经常出现的设计修改,拖延时间。另外,由于只需用模拟样机而不必制造出实物样机,而用户和研制都可同场进行试验、探讨。因此,研制过程中发现的问题能及时解决或修改设计。在军事训练方面,利用仿真器产生动态的、直观的环境,配合仿真的地形、烟雾和"敌军"的武器装备,使部队能够进行生动逼真的空战或坦克交战等军事演习,同传统的实物演习相比,它具有节省费用、有助于保持部队的高水平战备状态、可避免因实战演习造成人员意外伤亡、武器损耗和环境污染。

(三)对新军兵种的建设和作战方法的影响

军队建设将向信息化方向发展。任何军事革命,都将在军队建设上充分反映出来。军事技术的发展,必然会促进新军兵种的诞生。如炮兵、坦克兵、海军、空军、导弹部队等军兵种的生成和发展,都离不开军事技术发展的推动。与以往军事革命都有一些新的军兵种出现不同,在信息时代,所需要的是组建信息化的合成军队。陆海空军都应组织这样的合成部队,甚至还可考虑某个军兵种或若干军兵种联合组成信息军队。这是信息技术的综合性决定的。信息时代,信息获取和决策手段的改进,为人们提供了运用作战方法的多种选择。随着大量高技术武器装备的使用,已经出现了不少新的作战方法,将有更新的作战方法继续产生出来,并不断完善。这些新的作战方法主要体现在以下几个方面:一体化作战、非线性作战、纵深作战、机动作战、非接触作战、制信息权的争夺战、电子战、导弹战、夜战等;为了使军事训练与作战方法的运用相一致,在武器装备的革新和训练实践中,广泛采用了虚拟实践法、信息渗透法、综合集成法等创新方法。信息时代的战争十分注重打击对方的信息设施,因此,组织国防的信息屏护十分重要。最近几场局部战争的经验告诉我们,在信息时代的战争中,以电子战、导弹战组成的信息突击是战争的开路先锋,因而信息屏护首当其冲的是电子屏护和导弹屏护。组织信息屏护,现有的信息技术设施是物质基础,缺乏获取信息、传递信息和处理信息的技术设施,就谈不上什么信息时代的保卫国防的信息屏护。在信息技术处于劣势情况下组织信息屏护,更加需要巧妙的组织。只有把各种信息技术力量严密组织起来,巧妙运用起来,发挥它们的优势,才能形成真正的信息屏护。

(四)对后勤保障发展趋势的影响

新军事革命更加重视后勤保障技术的改革,为后勤保障的发展指出了方向。后勤保障的发展涉及后勤计划的科学性,军工生产的布局,后勤技术的发展,后方基地的建设,人员投送的运输保障,武器、装备、油料、食品的储备、采购、分发、输送、保养维修和报废处理,以及人员治疗、后方防卫等知识体系和实际工作。因此,必须以新军事革命的发展为动力,与时俱进,跟上新军事革命的步伐。新军事革命的发展要求将信息、后勤和运输技术有机结合起来,能够在战争中及时做出快速灵活的反应,在危急时刻,即使物资已经在运输途中,也可以根据战争的需要及时地跟踪和转移,把保障物资和给养直接改变和送到最需要的战略、战役和战术单位。

四、树立现代军事观念

军事观念的转变是对现代军事革命实践的反映,也是变革作战理论、作战方法和其他军事问题的重要前提条件。由于军事高技术水平的发展与突破,对军事观念产生了诸多方面的影响,促使人们必须更新落后观念,树立新的现代军事观念。军事革命中的创新永无止境,军事观念的革新不能一劳永逸。只有用明晰的时代精神去思考和眺望未来战争的发展,才能树立新的军事观念。

(一) 树立多元一体化的大系统作战观念

现代战场与过去相比,参战的军兵种多、武器装备多、作战手段多,使得现代作战成为一个相互关联、相互依赖、相互制约的众多作战要素构成的更加庞大复杂的作战系统。现代战场的作战力量,是更多的军兵种和武器装备经过科学组合形成的多元一体化的整体力量。为了筹划和处置好现代作战这一更加庞大复杂系统的各种问题,在作战思想上必须强化作战的系统观念,善于运用系统科学的原理和方法,着眼全局,把各种作战要素联成一个完整的系统,进行全面综合的分析。要根据系统功能原理,在考虑作战系统外部环境作用的条件下,充分分析作战系统内部各个作战要素之间的联系,以构成作战系统整体的最佳结构;同时,对诸如部队的作战编成、作战方案、作战样式的转换与衔接、作战后勤保障等问题都要按照科学决策的程序和方法进行处理,并做出定量和定性相结合的分析。只有这样才能更加可靠地扩大作战系统的整体功能,提高总体作战能力。

(二) 强化作战的信息观念

在高技术战争中,信息的获取、传输、利用和对抗,不仅渗透战场的各个领域、各个环节、各个角落,而且其在作战中的功能、地位和作用大大提高,使现代战场置身于广阔的电磁环境中,并向信息化发展。按照系统科学的观点,在一定意义上,我们可以把战争看成是人流、物流、能量流和信息流的有序流动过程,而人流、物流、能量流的流向和流量是由信息流指挥和控制的。战争指导就是通过把握信息流去控制整个战争全局。由现代军事信息技术加强了的武器和技术装备,不仅构成了总体作战的"神经系统",而且成为总体作战能力的"倍增器"。可见,信息已成为影响战争全局的极其重要的巨大的战略资源和力量。掌握和使用信息资源的能力和水平,已经成为战争胜负的关键,成为战争指导能力和水平的突出标志。所以,在作战思想上,必须强化作战的信息观念,必须把信息作为比人力、物力、财力等更重要的战争资源来加以集聚、谋划和运用,努力提高作战信息的获取、传输、利用和对抗能力。

(三) 树立现代安全防卫观念

防卫观是人们对维护国家安全与稳定的总的看法和观点,也就是关于国家安全防卫的基本观点。随着科学技术的迅速发展和生产力的不断提高,人类步入了信息时代。军事高技术的发展,使人们的安全防卫观念也发生了新的变化。传统的以军事为主的安全观,让位于以政治、经济、军事、外交、社会、文化、科技、环境、信息资源等领域综合考虑的安全观。在信息时代,在安全防卫上必须拓宽思维的时空范围。人是构建防卫观的主体,而人的思维又是决定防卫观的主要因素。高技术的发展,直接影响着人们构建防卫观的时空认识。因此,构建新的防卫观必须拓宽思维时空范围,这是时代的客观要求。高技术的兴起,特别是以计算机技术和通信网络技术为主的信息技术的兴起,将地球变成了一个"地球村",大大地缩短了人类相互间的距离,扩大了人类活动的空间范围,地球上乃至太空宇宙所发生的事情都可能对国家的安全防卫构成威胁和产生影响。另外,数字化信息技术和网络技术的发展与广泛应用,使信息的传递具有实时的趋势,国家安全防卫的决策程序必须跟上信息传播的节奏要求,才能在复杂多变的安全环境中,有力地维护国家安全利益。

在信息时代,国家防卫要考虑地缘明确的"硬范围"防卫的新意义。特别是远程精确武器装备的使用,使得国家对纵深内的政治、军事、经济等战略目标的防卫更困难。在边界发生的局部战争,可能要牵涉或影响整个国家和安全,也使得筹划和决定国家防卫重点和政策更困难。与此同时,高技术的发展,信息范围的软攻击也出现了。敌对势力能通过政治、经济、军事和社会生活的各个渠道对领导层、武装力量及其他国家机器、普通民众实施信息攻击。诱导领导人做出有利于敌的决策,涣散武装力量的斗志,扭曲和伤害民众的心理,煽动民族间的矛盾,等等。

所以，在国家防卫上，就出现了"软环境"的安全问题，即在信息控制上要有维护国家信息网络安全的控制权和维护国家的"信息空间"或"信息边疆"安全的能力。在这样的情况下，国家安全防卫如果还仅仅局限于捍卫传统意义的地缘界限的"硬范围"，就不足以维护完整意义的国家利益。因此，防卫的含义较之以往已发生了深刻的变化，它不再仅指地缘明确的"硬范围"的防卫，而且还有对国家"软环境"的防卫。

对国家的"软环境"进行防卫是现代防卫观念的综合体现。随着高技术的发展，特别是信息技术的发展，信息在国家安全中的地位日益突出。信息已变成维持社会活动和经济活动以及生产活动的重要资源，成为政治、经济和军事乃至社会一切领域的基础，掌握国家信息网络的控制权对国家防卫的重要性日益突显出来。利用信息网络可以对一个国家的通信网、公路铁路网、空中交通网、电力网、金融网、股票交易网、商贸网、资源信息网、油气管网等基础设施进行软破坏或软摧毁。信息资源是国家最为关键的政治、军事、经济资源，是国家新实力的主要指标。信息网络是国家赖以生存的基础设施和基本信息资源，如其遭到破坏，其后果不亚于一场战争的破坏。从中国的情况来看，"金税""金工""金建"等国内互联网络工程已投入使用或正在兴建。从1994年引入因特网起，中国先后建成6个因特网国家出口，这既对建立国家信息资源有重要的作用，同时也对国家防卫提出了新的挑战。电子入侵、信息攻击和信息心理战不仅在战争时期有，即使在和平时期也会经常发生。在电磁空间所展开的软攻击和软摧毁，既可以由敌对国家的国家机器发动，也可以由有敌意的非政府组织甚至个人发动；既可以来自境外，也可以发自境内。这样，传统的前后方界限、军民界限、战争与犯罪的界限就变得模糊不清了。这都是在考虑国家防卫时，必须予以注意的时空范围。因此，必须关注更大的时空范围，更多的信息及诸多的相关因素，才能满足国家安全防卫的要求。

随着时代的发展，国家利益的内涵也呈现多元化的趋势，这要求国家必须重视对非战争状态下多元化国家利益和防卫。而实现这一目标的基本手段是非战争状态下的军事行动，如小范围的军事管制、平民的撤运行动、抢险救灾等人道主义救助以及反恐怖、反走私、反毒品、对付国际性犯罪等，这些行动对国家利益的维护是必须的，也是比较有效的。总之，在新的时代，应该始终把能否维护国家利益作为安全防卫的核心，从这个角度来思考防卫问题，才能真正做好防卫工作。

（四）树立现代胜负观念

胜负观是对战争胜负的基本观点和看法。任何一场军事斗争，几乎都要经历求胜与防败的激烈角逐，都有一个胜利与失败的问题。胜负既是具体的军事矛盾运动之所在，又是检验军事斗争中各项活动效益的根本标准。军事高技术的发展，使传统的胜负观有了新的含义。

军事活动中的胜负就军事活动的结果而言，首先要看是否实现了军事活动的目的。胜负情况怎样、程度如何，还可以用军事活动中的效益度和耗损度之比加以衡量。效益度是指实现目标与利益的程度，耗损度是指为实现这种利益与目标所付出的总代价。例如，一方以威慑为目的，进行了大规模军事演习，对方没有理解这次演习的威慑含义，反而引起了双方大规模的军事对抗。从演习所要达到的目标来看，演习是失败的。在高技术条件下，军事活动的胜负仍遵循胜负的基本含义，但又有极大的发展。

军事高技术的广泛发展和应用，使军事活动的物质基础和技术基础发生了巨大的变化，军事斗争呈现许多新的特点。在高技术条件下，战争中单纯的军事、政治、经济等的胜利，已不是战争的胜利，只有取得综合性的胜利，才能说是战争的胜利。最能说明这个问题的例子要算"沙漠之狐"军事行动了。1998年，美英以伊拉克不同联合国武器核查委员会合作为由，对伊拉克发动了"沙漠之狐"军事行动，美英虽然在军事上对伊拉克进行了打击，但却中断了联合国武器核查委员会的工作,违背了多数国家和平解决核查危机的意愿,在国际政治中受到孤立和抨击,许多国际评论家说,美英的这次军事行动是一个最大的失败。

在高技术条件下,新的胜负观念主要表现在以下几个方面。

第一,军事活动胜负较量的主战场已从战争行为转变到综合国力竞争上。战争的胜负主要取决于和平时期的竞争和对综合国力的适宜运用。在新的社会条件下,经济、政治基础和暴力手段都发生了巨大的变化,因而,战争中的胜负较量让位于和平时期综合国力的较量。新技术革命和经济的发展、交流,加强了世界各国之间和社会力量的各个方面的相互联系和依赖,政治、经济、科技、人口资源等国力因素相互作用、相互促进,形成合力,共同推动着国家和民族向前发展。战争的胜负再不由纯军事力量所决定,而依赖于政治、经济、文化、军事各个方面所构成的综合国力,依赖于战争中对这些力量的综合运用。从宏观上来说,综合国力决定着一个国家在世界全局中的战略地位。目前,国家实力仍是谋求国际地位基本的和主要的决定因素。从军事的角度来说,国家实力决定了军队的建设状况,也决定着一支军队在未来战争中的胜负。因此,军事活动胜负的较量首先表现为和平时期综合国力的竞争,从某种意义上来讲,国家的综合实力在和平时期竞争状况成败如何,反映了在未来战争中的胜负。

第二,军事斗争准备具有"先胜性"的特征,并直接影响着未来战争的胜负。所谓"先胜性"就是孙子所讲的"先胜而后求战"的思想;但是,当今的"先胜"不是停留在以往的战前准备上,而是主要地表现在和平时期军事力量的设计与建设上,表现在军事战略的调整上,这是由高技术所带来的战争变化决定的。在高技术战争中,首战即决战,首战定输赢,首战定胜负是一种突出的战争方式。因此,夺取未来战争的胜利,不是"决于战"而是"决于建"。美军的数字化部队建设、欧洲国家的快速反应部队建设以及美、俄、英、法、日等国的战略调整,对信息战、网络战、思维战等新战法的研究等就是着眼于未来战争的胜利而建设军队的举措。高技术战争的胜负还取决于军事斗争准备中对信息的拥有和使用,谁拥有更多的信息资源,谁就拥有更多的战争潜力,谁就将取得战争的胜利。信息资源的获得、使用更多的在于和平时期的积累与建设,因此,军事斗争准备的"先胜性"的主要内容之一是对信息资源软、硬环境的竞争,它将直接影响未来战争的胜负。

第三,战争胜利的衡量标准是有形标准和无形标准的统一,且无形标准占有重要地位。在农业时代,农业国家不具备重新启动战争的能力,只要打败农业国家的军队就可取得战争的胜利。在工业时代,要夺取胜利,就不但要打败其军队,而且要摧毁其基础设施、资源和工业基础,使其丧失支持战争的能力。在信息时代,要取得战争胜利,就要打败军队、摧毁支持战争的物质基础、控制其信息空间和信息资源、剥夺其进行战争的信念。在信息时代,制敌军事能力是重要的,但调控敌人的观念更为关键,因为观念不仅是决定行动的前提,而且调控观念是在战略层面打击敌人。以信息为基础的新技术给调控敌人观念提供了更强有力的手段。通过信息攻击,使敌人产生错觉或做出错误的判断、决策和行动,自己打败自己。

第四,威慑取胜是获取战争胜利的重要方式。高技术武器的杀伤功能使更多的人认识到,未来战争的空间范围空前扩大,它将是人类有史以来最具毁灭性和破坏性的战争,战争的扩大意味着现代文明的毁灭。高技术武器的巨大破坏作用和战争的破坏性,使它们走向了自己的反面。因此,在选择军事打击目标时,不仅考虑军事方面的效益,而且更注重谋取政治、外交、经济、心理等综合效益。在打击军事目标时,力求一战而达成巨大的震慑作用,以小战达到较重要的战略目标,即通过威慑取胜。例如,2003年3月,美英联军对伊拉克作战时,开始阶段采取了"斩首行动"和"震慑行动",由最高层选定有限的军事打击目标,进行精确的外科手术式打击,美英联军的目的主要是消灭伊拉克的政府首脑和通过震慑来遏止和削弱伊拉克军民的抵抗气势。高技术武器的发展,为实现威慑取胜的目的提供了可能。先进的遥感侦察技术,使准确确定要害目标成为可能;精确制导武器使重点打击成为可能;先进的突防技术和远程投送平台使远距离打击得以成功。在战争实施时,通过重点和要害目标的打击,可以获得极大的作战效益,并能给对方造成巨大的心理威慑,达到以较小的代价赢得战争的胜利。

第五,积极推进中国特色新军事变革。进入21世纪,面对世界新军事变革的严峻挑战,实现我军由机械化半机械化向信息化的转变,全面提高我军的实战能力,必须以"三个代表"重要思想为指导,紧紧抓住可以大有作为的重要战略机遇,积极推进中国特色军事变革,探索军事发展的新路子,推动军队建设不断迈上新的台阶。

1. 认清发展形势,关注变革特点

认清世界新军事变革的发展形势,关注新军事变革的发展特点,把握新军事变革的发展规律,是推进中国特色军事变革的前提。始于20世纪下半叶的世界性军事变革所带来的军事效果,在21世纪初的伊拉克战争中得到了比较充分的体现,新军事变革的效果给军事领域带来的"震撼"前所未有,进一步推动了世界各国的发展势头。总体发展趋势可概括为:军事技术向信息化迈进,武器装备向精确化过渡,军队体制向合成化发展,战争形态向信息主导转型。显著的特点是:变革的动因复杂、内容丰富、影响广泛、持续长久,在发展进程中不断掀起新的波澜。

(1)从发展动因来看,美国是这场新军事变革的领先者,其变革的动因是谋求军事上的绝对优势,通过在军事领域的一系列科技创新和突破,拉大与潜在对手的"时代差"和"技术差",从而形成"不对称局面",为实现和保持单极世界打造新的利剑。俄罗斯的军事变革主要是为应对美国及北约的威胁,利用其雄厚的军事基础,谋求新的战略主动,维护其在国际事务中的大国地位。英、法、德、日等国,力图通过军事变革,形成相对优势,能够在国际战略格局中发挥重要作用。发展中国家的军事变革,主要是为了反对外来侵略,为本国发展创造和平稳定的环境,其军事变革既有主动原因,也有被动成分。

(2)从变革内容来看,与历次军事变革相比,这次军事变革的内容十分广泛和深刻。它不仅包括军事技术、武器装备、部队编制、指挥体制、军事训练、军人素质、后勤保障和战争动员等客观要素,而且包括军事理论、军事思想、军事观念、军事思维方式等主观要素。基本包含了军事形态的各个方面和各个领域。

(3)从变革途径来看,美国等西方少数军事强国的变革,是在国家经济基础极为雄厚、社会信息化程度十分发达、军队机械化达到较高水平的情况下进行的,属于抢占先机型的全面变革,因而走的是自主开发完善的路子。落后国家由于受经济、科技基础所限,不具备全面变革的条件,多数采取的是被动式跟进发展的模式。中国经过四十余年的改革开放,经济、科技基础已经达到了一定的水平,军队建设也处于机械化的中高级阶段,并且有较强的后发优势,军事变革的基础既不同于西方军事强国,也不同于某些落后国家,其变革途径同样具有鲜明的特性。

(4)从变革进展来看,由于科学技术和生产力发展水平的差异,使得世界各国军事变革所处的发展阶段大不相同。信息技术先进、信息产业发达的国家,在新军事变革的道路上已经走了很长距离,如美、英、法、德、日等国的军事变革,都取得了很大的进展。而信息技术落后、信息产业不发达的国家,其军事变革则刚刚起步,并且随着时间的推移,这种发展的不平衡性将有进一步加剧的可能;但也要看到,尽管变革的起点有高有低,速度有快有慢,其发展趋势是不可逆转的,落后国家只要综合国力达到一定水平,并注重发挥后发优势,在军事变革的大潮中也是大有作为的。从变革过程来看,这次波及全球的军事变革,可能要持续相当长的时间,其中关键阶段也要五六十年的时间。完成这样的过程,要反复试验论证,不断完善改进,需要大量的经费投入和物资消耗,多数国家难以在短时间内满足这种高支出,一般只能分阶段逐步投入。同时还会受到技术和外部环境等因素的制约,因而其变革过程将是长期的、复杂的。

2.确立发展思路,采取有效对策

江泽民同志指出,推进中国特色的军事变革,必须按照实现信息化的要求,科学确立我军建设的战略目标、发展思路和具体步骤。面对世界新军事变革的发展,我们不仅要认清趋势、把握特点,还要确立思路、采取措施、积极应对。按照高起点,紧贴军事需求,有所为、有所不为,重点突破的思路实施跨越式发展;坚持针对性,突出非对称性,兼顾协调性,走出一条适合中国特色军事变革的创新之路。

实施跨越式发展,是推进中国特色军事变革的必由之路。实施跨越式发展,不是跟在别人后边一步一步地走,而是要有走有跳,利用自己的优势,迎头赶上,缩小差距。目前,西方军事强国占据了新军事变革的先发优势,而我军信息化建设刚刚起步,客观上处于后发的位置。但后发并不意味着失去主动、注定落后,我们仍然具有相对的优势。我军有党的坚强领导,具有集中力量办大事的社会主义制度优越性,能够统一调动和协调各方面的力量,可以对军事变革和社会变革的总体资源进行合理配置等。我们还有外军的变革过程做参照,不必事事从头做起,可以避开前人所走过的弯路,直接从较高的起点上起步,直接瞄准高新技术前沿,坚持自主创新,在关键领域求突破,发展独创性技术,从而形成局部领先优势。走跨越式发展道路,是我们充分发挥后发优势最现实的战略选择。

紧贴军事需求,有所为、有所不为,就是要以需求为牵引,坚持有针对性的发展,这是中国特色军事变革应遵循的一条原则。我军基础比较薄弱,需要和发展之间的矛盾比较突出,样样都搞全面出击,既不可能也不现实。因此,只能按照战时牵引平时、需求拉动发展的原则,把有限的财力物力用到最需要的地方。一是针对急需,根据未来可能的作战样式和采取的作战手段,充分估计困难和不足,最急需什么就发展什么;二是针对弱点,一方面要瞄准敌方弱点,有针对性地发展反制武器与战法,另一方面是针对自身弱点,建设"提速",在最短的时间里改变面貌,把"短板"补齐。

突出非对称发展,是我军建设和发展的成功经验。邓小平同志曾深刻地指出:如果20世纪60年代以来中国没有原子弹、氢弹,没有发射卫星,中国就不能叫有重要影响的大国之一,就没有现在的国际地位。在新的历史条件下,仍然要把非对称发展作为推进我军军事变革的一条重要途径,坚持"你发展你的、我发展我的"的方针,未来作战对手最担心什么我们就发展什么。在当前和今后一个时期,应把发展"杀手锏"等威慑武器、信息时代的人民战争理论和战法作为不对称发展的主要内容。特别是利用我军在国防科技领域某些前沿技术的重大突破,如纳米技术、激光技术、电磁脉冲技术、航空航天技术等强势项目,在武器装备发展上突出超前性,加快跨越式发展的步伐。认真研究在信息化条件下人民战争的新理论,根据战争形态、作战样式的新变化,深入探讨人民群众参与战争的样式,人民战争武装力量组成,以及多种斗争形式相互配合等问题。充分发挥中国社会物质资源丰富、人才精英群体集中、信息技术发展迅速等优势,形成在信息化战争背景下的人民战争优势。

兼顾协调性发展是我军军事变革现实条件的客观要求。之所以全面启动中国特色军事变革,是因为世界军事发展的均势已经构成了挑战和威胁;之所以兼顾协调性发展,是因为中国的综合国力还没有达到与之相当的水平。兼顾协调性发展:一是要着眼于国家和军队整体建设大局,做到系统筹划,协调发展,把军事变革纳入国家总体发展规划,实现军事变革与国家战略的协调发展;二是在军事力量的构成上,既要考虑未来打信息化战争的需求,也要考虑应付多种突发事件。在装备建设上,既要突出某些军、兵种的优先发展,又不能导致军事力量结构的失衡等。总之,协调发展,是我们推进中国特色军事变革应把握的一条基本原则。

3.确保发展方向,加强科学调控

推进中国特色的军事变革,核心是建设信息化军队,目的是打赢信息化战争。这是一个宏大的系统工程,涉及军队建设方方面面的调整和改革,关系十分复杂,如果处理不好,就会直接影响军事变革的进程和质量。所以我们必须站在中国特色军事变革战略全局的高度,把握正确的发展方向,处理好军事变革中的某些关系。

1)正确处理当前建设与长远发展的关系

推进我军军事变革是一项长期的战略任务,需要站在长远发展的高度制定建设规划。同时也要结合部队现状和现实需求,抓好当前建设,特别是新时期军事斗争准备的落实。近几年,我军紧紧抓住军事斗争准备这个"龙头",下大力解决部队建设的突出矛盾和问题,使我军建设面貌发生了深刻的变化,有力地推动了军事变革的深入发展。我们必须把当前建设纳入军事变革的历史进程之中,以扎实做好用军事斗争准备推动军事变革不断向前发展,用军事变革的成果促进军事斗争准备的落实。真正做到当前建设与长远发展、应急准备与整体建设的统一。

2)正确处理局部跃升与整体推进的关系

我军的军事变革,总体上需求与发展的矛盾比较突出,处理好局部跃升与整体推进的关系是不可回避的问题。因此,在关系的处理上,一方面要集中有限的资源和力量,合力攻关,首先在某个方面、某个领域取得突破。另一方面要有目的、有计划地把局部建设所取得的成功经验、成熟技术,逐步扩展到军队建设的相关领域,从而有效带动军事变革的整体推进。

3)正确处理借鉴外军与自主创新的关系

学习借鉴外军变革的有益经验和成果,可以提高建设层次和起点,这是推进我军军事变革的捷径。但是,学习借鉴不是简单地照搬照套,必须在借鉴他人成果的同时,坚持以我为主、消化吸收、自主创新。我们应把学习借鉴和自主创新有机结合起来,善于在学习借鉴中开拓创新,在创新发展中借鉴他人、超越他人,争取在关键领域实现较大的突破。

4)正确处理提高质量与减少数量的关系

提高质量、减少数量是世界军事发展的大趋势,也是中国特色军事变革的努力方向。我军的军事变革,应该针对国家战略需求来确定军队建设规模,针对信息化战争要求来改革军队组织结构,针对军队建设的突出问题进行有重点的改革。中央宣布裁减军队员额为正确处理提高质量与减少数量的关系打下了良好的基础,下一步最关键的是优化结构、理顺关系,在提高效能上做文章,使减员增效成为现实。

5)正确处理政策引导与利益拉动的关系

中国特色军事变革不是孤立进行的,它是社会、政府、国家以及军队内部等诸多方面共同作用的推动,要充分调动各方面的资源和力量,必须建立一套与之相应的政策制度法规体系,通过政策引导确保军事变革的顺利进行。同时,还要重视利益拉动的作用,遵循市场经济规则,走军地合作开发的道路,这样既能节省国防经费的投入,提高经费的使用效益,也能拉动地方经济的增长,特别是民用科技的发展。在这方面,中国有军转民、民转军的成功经验,只要政策到位,就能大有作为。

4. 更新发展概念,把握基本环节

推进中国特色的军事变革,就要解放思想,更新观念。思想观念是军事变革的先导。新军事变革的潮流,要求人们的思想观念必须跟上时代发展的步伐。我们要站在世界新军事变革的前沿,用发展的、变化的、开放的观点观察形势、认识问题,坚持解放思想、实事求是、与时俱进、开拓创新,努力打破思想认识上的"禁忌"和"框框",使我们的思想自觉从那些不合时宜的观念、做法和体制的束缚中解放出来,在新的起点、更高的层次上,谋划我军的建设和发展。要确立把握机遇、加快发展的观念,对世界军事领域的大环境要有新的认识;确立科学技术是重要战斗力的观念,对局部战争的新环境要有深刻的认识;确立做知识型革命军人的观念,对知识是战争最重要的资源要有新的认识……通过思想观念的转变,推动中国特色军事变革的进程,加快步伐。

推动中国特色军事变革,还要把握以下四个基本环节。

(1)要以军事理论创新为先导。当前军事领域的深刻变革,迫切要求我们丰富和发展毛泽东军事思想和习近平新时期军队建设思想,努力创建中国特色的信息化军队和信息化战争理论,特别要着眼中国军队面临的军事斗争现实任务,重点在信息化条件下联合作战理论、非对称、非接触、非线式作战理论,以及在情报战、电子战、火力战、心理战、媒体战、特种作战等战法理论上大胆创新,为中国特色的军事变革提供强有力的理论支撑。

(2)要以武器装备建设为重点。20世纪90年代以来,我们通过自主创新研制和引进消化国外先进装备,中国的国防科技和武器装备建设取得了长足进步。但由于综合国力等方面的原因,中国军队武器装备总体上仍处于机械化半机械化水平。面对这样的形势,我们必须采取超常措施,走跨越式发展道路。要坚持以信息化为主导,以机械化为基础,以信息化带动、提升机械化,以机械化促进信息化,走机械化和信息化复合发展的路子。要充分发挥后发优势,在高起点上利用高新技术,跨越机械化、信息化发展的某些阶段,实现中国军队现代化的跨越式发展。要坚持有所为、有所不为、有所赶、有所不赶,加快发展有自主知识产权的核心技术,拿出让敌人害怕的"杀手锏",争取以局部优势对敌形成必要的战略威慑能力。

(3)要以体制编制调整改革为突破口,按照提高战斗力的标准和要求,立足中国国情、军情,吸收和借鉴西方发达国家信息化军队和职业化军队建设的先进经验,进一步压缩规模、减少数量、提高质量、优化结构、理顺关系,逐步完善具有中国军队特色的体制编制,为打信息化战争做好组织准备。

(4)要以高素质军事人才培养为根本,加大人才超前培养的力度,这是推进新军事变革最重要的环节。争取经过一二十年的努力,培养和造就一支具有战略眼光、能够把握世界军事发展趋势、懂得信息化战争指挥和信息化军队建设的指挥军官队伍;一支具有较高科学文化素养和全面军事素质、善于对军队建设和作战问题出谋划策的参谋队伍;一支能够站在科学前沿,组织谋划武器装备创新发展和关键技术攻关的科学家队伍;一支精通高新武器装备性能,能够迅速排除各种故障、解决复杂难题的技术专家队伍;一支具备专业技术基础,能够熟练掌握手中武器装备的士官队伍。要大兴学习之风,在全军部队形成一个学习科学理论和现代科学文化知识的热潮,使官兵思想政治素质和科学文化素质有一个大的提高,为推进我军新军事变革提供强大的人才和智力支持。

第三节 机械化战争

一、机械化战争的基本内涵

机械化战争的形成与发展,是与特定的历史条件相联系的。这一历史条件就是,17世纪中叶人类文明开始由农业时代向工业时代过渡。工业时代的来临,机械化战争的出现,是由两次工业革命造成的。18世纪中期爆发的第一次工业革命——蒸汽机革命,对军事装备的发展产生了巨大的影响,特别是蒸汽动力船的出现,造就了现代海军;蒸汽机车和铁路的实际运营,增强了军队后勤补给和战略机动能力,使战争的规模明显扩大,预示着全新的机械化战争时代必将到来。19世纪下半叶,以近代科学炼钢法的发明与应用为起点,以电能及内燃机的广泛应用为标志,人类又开始了以重工业为重点、以大机器生产为特征的第二次工业革命。在科技革命的推动下,19世纪末20世纪初,速射机枪、坦克、飞机、潜水艇、航空母舰、无线电设备等一大批自动化、机械化武器装备相继问世,不仅使战场面貌发生了彻底变化,也使军事领域开始了一次新的革命,人类真正步入了机械化战争时代。20世纪中叶,以人类对微观世界的认识以及对核能的掌握和利用为特点的新一轮科技革命,又把人类社会带入了核时代,核战争以及核威慑条件下的常规战争,成为机械化战争的重要阶段。

二、机械化战争的主要形态和特征

机械化战争的发展主要经历了三个阶段。在这三个阶段当中,有它们各自的形态与特征。

(一)形成阶段

形成阶段主要是指20世纪初至第一次世界大战结束这一时期。

两次工业革命对战争形态的变革的影响是巨大的,当人类社会由"蒸汽时代"步入"电气时代""大机器工业时代"时,机械化战争形态开始形成。一是体现在武器装备上。出现了航空母舰、潜水艇、飞机、坦克和毒气等。二是体现在军队体制上。陆军航空兵、装甲兵、防空兵首次进入军队战斗序列。三是体现在作战运用上。飞机由大战初期只能执行航空侦察任务发展到大战中后期争夺制空权、在战术地幅内对地面部队实施航空火力支援,并出现了战场轰炸等作战样式,空中战术初步形成。装甲兵引导步兵突破取得巨大成功,从此开创了步、坦、炮协同作战的先河。但由于机械化部队尚处于初创阶段,力量比较薄弱,除大战后期英国陆军航空兵改编为独立空军外,其他国家的空军还没有形成独立的军种,装甲兵也未成为独立的战术单位,只是配合步兵作战的辅助兵种。作战运用的局限性比较明显,飞机基本上是在战术范围内执行作战任务,装甲兵也是以连或营为单位配属支援步兵作战,仅能担负战术突破任务。在作战理论上,这一时期正处于机械化战争的探讨和争论阶段,没有形成权威性的机械化战争理论。马汉在《海权论:海权对历史的影响》一书中提出制海权理论,使该书成为这一时期的军事理论经典著作。

(二)快速发展阶段

快速发展阶段主要是指第一次世界大战结束至第二次世界大战结束这一时期。

在这一阶段,机械化战争形态快速发展,不断完善。其主要标志是:军队的机械化程度迅速提高,机械化作战理论空前繁荣,适合于打机械化战争的军事结构得以确立,大规模机械化战争得到实践。特别是第二次世界大战期间,各主要军事强国将现代化的陆、海、空军及其具有高度机动力、突击力的机械化作战平台大量运用于战争,推动了机械化战争的高速发展,使战争进入了真正的机械化时代。在武器装备发展和军队体制编制变革上,陆军新型坦克、装甲战车、自行火炮及其他机械化装备不断涌现,并大量装备部队,使装甲兵成为陆军的主要突击力量,步兵也发展为机械(摩托)化部队,并组建了强大的战役机械化军团。海军方面,不仅装备了各种水面舰艇,航空母舰数量也由第二次世界大战前的30艘发展到大战期间的140余艘,潜艇由350艘发展到1500余艘。舰载航空兵和潜艇在大战中显示出强大的突击威力,使海军成为能在水下、水面、空中进行立体作战的合成军种。空军是这一期发展最为迅速的军种。从20世纪30年代开始,许多国家陆续建立了空军联队、师、军和集团军,侦察机、歼击机、强击机、轰炸机、水上飞机等相继问世,并由木布结构发展为全金属结构,性能得到很大的改善。在数量上,第二次世界大战前欧洲主要国家和美国、日本的作战飞机都有几千架,最多的是苏联拥有8000架。第二次世界大战期间,交战国生产的军用飞机则多达70余万架。这一时期,欧洲及美国、日本等军事强国的陆、海、空军作战装备多数实现了机械化和摩托化,古老的步兵、骑兵等兵种悄然隐退。

在战争形态上,由于现代化的陆军、海军、空军武器装备大量涌入战场,使过去仅限于陆地、海上的平面战争,发展为陆海空一体、陆空一体、海空一体的大纵深立体战争。在作战方式上,也实现了由线式作战向纵深作战发展。在作战理论上,出现了杜黑的"空军制胜论"、富勒的"机械化战争论"、鲁登道夫的"总体战"等具有代表性的战争理论。特别是古德里安的"闪击战"理论,提出了以装甲战车部队在飞机和空降兵的协同下远程奔袭敌后,实施高速进攻的新的作战观念,成为第二次世界大战中德军作战的理论基础,并在战争初期取得显著成效。与之相对应的苏联"大纵深战役"理论,首次提出实施方面军、集团军群战役观点,强调以杀伤兵器压制敌整个防御纵深,在选定方向上突破其战术地幅,而后将扩张战果的梯队,包括坦克、摩托化兵投入交战,并以空降兵实施空降,迅速将战术胜利发展为战役胜利,以尽快达成预定目的,这一理论也在第二次世界大作战中得以充分利用,取得了举世瞩目的辉煌战绩。

【知识拓展】

第二次世界大战

(三)成熟阶段

成熟阶段主要是指第二次世界大战结束至 20 世纪 80 年代末这一时期。

在这一阶段,机械化战争形态走向成熟。第二次世界大战结束后,世界形成雅尔塔格局,人类进入了长达半个世纪的冷战时期。1945 年 8 月,美国在日本投下两颗原子弹,宣告核时代的到来。随后几年,苏联、英国、法国等工业强国也分别发展了核武器。原子弹、导弹的大量涌现,使机械化战争的形态演变为一个新的状态。这一时期的战争形态沿着机械化战争和核战争两个方向急速演进。在武器装备发展和军队体制编制建设上,美军建立了战略空军司令部,苏联组建了战略火箭军,英国、法国也相继建立了有限的战略核力量。在常规力量建设上,苏联、美国及欧洲各主要国家陆军的组织结构沿着增强突击力的方向发展,装备了威力强大的战役战术导弹,各种火炮性能也大为提高,部队全部实现了机械化;空军装备了新型作战飞机,并随着科技的发展不断更新换代;海军导弹舰艇、导弹核潜艇和携带导弹的海军航空兵成为海军的主要突击力量。在作战样式上,尽管战后核武器的发展十分迅速,但由于受其巨大杀伤力和破坏力的制约,人类始终没有爆发核战争,也未再次发生世界范围的大规模战争,其基本样式是常规条件下的局部战争和武装冲突,其中影响较大的有朝鲜战争、越南战争和四次中东战争等。

这一时期的军事思想是在苏联、美国两个超级大国争夺世界霸权的背景下形成的。在核战争理论方面,形成了全面核战争理论和有限核战争理论;在常规战争理论方面,把战争区分为大规模常规战争、局部战争和低强度冲突三大类。20 世纪 70 年代中后期至 80 年代中期,又进一步形成核威慑条件下的机械化常规战争理论,准备进行机械化常规大战,但不排除升级为核战争的可能。20 世纪 80 年代初,美军提出"空地一体作战"理论,要求诸军兵种协同进行立体作战。这一时期,苏军的"大纵深战役"理论又进一步发展为"大纵深立体战役"理论,高度强调重视核条件下的战役作战,又不忽视非核条件下的机械化战役作战,并形成战区战略性战役样式、战役机动集群理论和战役的大纵深立体性等三个方面思想。这种既准备打世界大战,又能应付中等规模的地区战争和低强度冲突的作战理论,标志着机械化战争形态已进入成熟时期。

三、机械化战争代表性战例

塞瓦斯托波尔战役,是 1941 年 10 月 31 日至 1942 年 7 月 4 日,苏联红军为防守被德军夺取塞瓦斯托波尔城和黑海舰队主要海军基地,与德军进行的一次战役。

在本次战役中,德军及仆从国——罗马尼亚一起组织了第 11 集团军,共 35 万人(下辖 3 个德国军,2 个罗马尼亚军,共计 11 个师的兵力),在曼斯坦因的指挥下围攻塞瓦斯托波尔要塞。其当面是苏联南方面军下属的黑海舰队,独立滨海集团军,第 51 集团军的 23 个师及配属分队,约 27 万人。在进攻中,德军投入了前所未有的重炮部队,利用超重型榴弹炮对塞瓦斯托波尔城外围的诸多要塞阵地进行了攻击,其中就出动了古斯塔夫列车炮(见图 4-1),该炮口径 800 毫米,需 500 人协同操作。同时歼灭了从刻赤半岛来援的苏军第 44、51 集团军等部队。最终塞瓦斯托波尔城因后勤不济而陷落。战役中,苏军在刻赤半岛损失约 17 万人,在塞瓦斯托波尔城损失约 7 万人,合计 24 万人。

图 4-1　古斯塔夫列车炮

第四节　信息化战争

一、信息化战争的含义

信息化战争作为一种全新的战争形态,目前尚无统一的定义和规范的解释。

在我国军事理论界,"信息化战争"是近年来特别是科索沃战争之后才经常使用的术语。其渊源主要有两个。

一是由我国著名的科学家钱学森首创。1995 年 7 月 21 日,钱学森在国防科工委首届科技学术交流大会上的书面发言中指出:"从人类历史的过程看,最初出现的战争是徒手战争,然后有了冶炼技术,才出现了冷兵器战争。继之,由于炸药的发明,才出现热兵器战争。科学技术的进一步发展,又导致内燃机的制造和其他机械兵器的制造,于是战争又进而演化为机械化作战。到 20 世纪 50 年代,更因核技术和火箭技术的发展,出现了远程核武器。远程核武器的巨大破坏力,再加上现在高度发展的信息技术和电子计算机技术,就形成现阶段和即将到来的 21 世纪的战争形式:在核威慑下的信息化战争。"这是首次开创性地提出"信息化战争"概念。

二是中国学者的演绎和创新。我国1997年修订印发的《中国人民解放军军语》中还没有"信息化战争"词条,只有"信息战"词条,即"敌对双方在信息领域的对抗活动,主要是通过夺取信息支援,掌握信息的生产、传递、处理等的主动权,破坏敌方信息传输,为遏制或打赢战争创造有利的条件"。我国军事科学院作战理论和条令研究部与信息化作战理论研究室共同编著的《信息化作战理论学习指南》一书对信息化战争的解释是:"信息化战争是人类社会进入信息化时代后,交战双方依托信息化战场,以信息化军队为主要作战力量,以信息化武器装备为主要作战手段而进行的战争行为,是由信息时代战争形势、军事力量状态和主导兵器的技术形态等决定的战争动因、性质、规模等整体的表现形态。"

理解信息化战争,需要把握六个基本点。一是信息化战争发生在信息时代。在信息时代,有多种战争,但信息化战争是最基本的战争形态,就像在工业时代机械化战争是最基本的战争形态一样。二是交战双方至少一方是信息化军队。机械化军队或半信息化军队打不了信息化战争。高技术局部战争之所以算不上信息化战争,就是因为迄今世界上任何国家都没建成完整的信息化军队。三是在全维战略空间进行作战。特别是在外层空间、信息空间进行的战争要占相当大的比例,不能将现在这样的外层空间系统只起支援作用的战争称之为信息化战争。四是信息技术起主导作用。在物质、能量、信息等构成作战力量的诸要素中,信息要素必须起主导作用。五是以信息化作战为主要作战形式。六是附带杀伤破坏减至最低限度。信息化战争中的必要破坏和"流血暴力"依然存在,但附带破坏,亦即与达成战争目的无关的不必要的杀伤破坏,应降到最低限度,甚至趋于零。

【知识拓展】

信息战

二、信息化战争与其他战争形态之间的关系

信息化战争不是当代的战争,是未来信息时代的战争。研究信息化战争是为在未来的战争中取得胜利而做准备。在人类社会出现以来,根据社会生产力的发展状况和社会形态的发展情况,人类已经经历了农业化战争和工业化战争两种战争形态。农业化战争使用的战争工具主要是铁器,部队机动主要依靠人力和畜力。因此,农业化战争的战争规模相对不大,战争节奏相对较慢,对人类社会的破坏相对较小。工业化战争也可称为机械化战争,使用的战争工具是机器和火药,部队机动的能源主要来自煤炭和石油等自然资源,战争节奏明显加快,对人类社会的破坏较大,直至出现可以使人类毁灭的核武器,使机械化战争的破坏作用发挥到极限。未来的信息化战争使用的战争工具主要是信息和信息武器,战争节奏快,持续时间短,战争的针对性强,附带损伤小。这三种战争形态是相对独立的,但又是有一定联系的。后出现的战争形态是对前一种战争形态的继承和发展。冷兵器的发展受到人的体力极限的限制,而战争对兵器性能的不断要求,使得火药在战争中得到应用并得以推广,由此出现了战争从农业化战争向工业化战争的过渡。火药的应用使人类对武器杀伤力的要求越来越高,直到核武器出现,使武器的杀伤力发挥到了极限,战争的双方都可以毁灭对方多次,核战争没有胜利者这是所有战争决策者的共识。由此,现代战争转而走向追求武器杀伤力的精确性和有限性,于是出现了由机械化战争向信息化战争过渡的信息战,为了取得信息战的胜利,双方都需要更多更

好的信息武器,信息武器的应用和推广,必将出现战争武器的广泛信息化,当战争主要依靠信息和信息武器装备来进行时,就进入了信息化战争时代。这三种战争形态在一定的时期是相容的。在农业化战争中也可能有火药的使用,甚至在个别战斗中,火药的使用对战斗的胜负起了相当大的作用;在工业化战争中,个别战斗也可能出现由冷兵器决定战斗胜负的情况,或在战争的某一阶段,以信息武器作战为主。当作战双方的社会生产力发展水平相差较大时,也可能出现一方使用工业化战争时代的武器,而另一方使用农业化战争时代的武器或使用初步信息化的武器的情况。因此,各国生产力发展水平的差异和战争的不确定性使得三种战争形态有时会交织并存。

航天力量支援下的一体化联合作战示意图如图4-2所示。

图4-2　航天力量支援下的一体化联合作战示意图

三、信息化作战的基本特征

一般来说,信息化作战有六大基本特征。

(一)技术支撑,信息主导

历史上,战争从来都离不开信息,但信息却从来没有支配过战争。只有在信息时代的信息化作战中,信息的主导作用才真正凸现出来。一方面,以信息技术为核心的高新技术成为信息化作战的重要支撑。信息化的作战力量,以及高度发达的信息网络对作战平台的技术联结,使信息化作战体系的能量控制和释放方式都发生了质的变化,极大地提高了信息化作战的效能。另一方面,以信息要素为代表的新质成分成为信息化作战的关键要素。在信息化作战中,信息力的高低,逐渐成为战争胜负的决定性因素。信息无所不在地融入作战的各个要素之中,就使信息发挥了战斗力的"倍增器"的作用。如果说机械化作战是打"钢铁",那么信息化作战就是打"信息"。这是信息化作战的标志性特征。

(二)结构严密,体系对抗

信息化作战中,通过全球军事信息网格的无缝链接,形成基于信息系统的全维化、全天时、全天候的,一体化、实时化的作战体系。这种体系对抗有六大突出表现:一是综合信息系统把陆地、空中、海上、太空等实体空间,信息、网络、认知等虚拟空间,以及配置于其间的侦察监视、指挥控制、精确打击、支撑保障等战役力量联结成为一个统一的有机整体;二是军种界线被打破,诸军兵种作战实现一体化高度合成;三是人与武器装备的结合空前紧密;四是作战部队与支援保障部队密切配合,协调行动,连为一体;五是战役与战略、战术行动高度融合,战略级、战役级、战术级作战的界限趋于模糊;六是整个作战系统的完整性、稳定性、抗毁性大大增强。

(三)时空扩展,全维作战

在信息化作战中,时间、空间、速度方面变化特别大。一是作战节奏加快。信息化指挥平台和网络化战场结构的出现,使军队获得了对海量信息的实时处理能力;卫星定位系统的全面使用,使对目标的发现变得越来越快捷;远距离投射技术的发展,使打击兵器的投射距离大大延伸,运行速度大大加快。这些都极大地缩短了作战时间。二是作战空间扩展。人类进入机械化作战后,才开始向空中和水下延伸。在信息化作战中,作战空间进一步扩展至太空、电磁、网络、认知等空间领域,不断由多维空间向全维空间扩展。三是时空高度融合。信息化作战,在全球军事信息网络的作用下,传统的战场空间概念将不复存在,时间和空间对作战行动的阻隔将日益减少。战场是流动的战场,信息是实时的信息,时间、空间和力量等诸要素高度融合了。

(四)全程控制,精确打击

信息化作战是可控型、高效型、节约型作战。一是夺取综合控制权、有效控制战局成为作战双方追求的目标。通过战略信息战和战场信息战,夺取全维空间、全频谱信息、全部作战行动的有效控制权,从而使己方力量放大,使敌方作战体系瘫痪、部队失去指挥而难以发挥效能。二是对敌实行节点摧毁和精确打击成为作战的突出特色。打击重心由机械化作战以歼灭敌人有生力量为主变为以打击敌方作战体系的关节为主。

(五)人机融合,高效指挥

一是人的智能与武器装备的性能全面融合。武器装备不再是纯粹的机械组装,而是会思考、能判断,具有人工智能,可以自动发现、识别和打击目标的智能武器。二是人的指挥艺术与指挥平台的效能紧密结合。指挥艺术和指挥谋略在很大程度上被融入人机交互系统、专家知识库系统和武器智能制导系统中,智能、战役、战术层面实现一体化实时指挥。同时,指挥层面减少,指挥效能提高,呈现出实时化、扁平化、一体化的信息化作战指挥特征。

(六)一体保障,强力支持

信息化作战的技术性、一体化、全时空等特征,决定了其保障任务的艰巨复杂。信息化作战,首先要基于需求的、实时的一体化保障。必须使保障要素融入作战体系中去,保障的重点向智力、知识、信息、网络、软件等方面倾斜。其次要建立基于整体的、快速的多维保障。为此,在时间上强调快速保障,在内容上强调信息动员,在方法上强调预储预置,战场建设上强调军民两用、平战结合。最后要建立基于规模、力量的系统保障。军队专有保障开始向社会化保障发展,专业清晰、分工明确的机械化保障开始向专业模糊、系统集成的信息化保障演变。

理解了信息化作战及其特征,对信息化战争就不难理解了。"从历史的宏观角度来看,人类社会正处在向'信息化'转进的时代变迁中。对战争而言,尚处于信息化战争加速走来,信息化作战还不成熟的特殊时段上。"

四、信息化战争的基本作战行动与样式

同其他作战形式一样,信息战的基本作战行动也分为两类,即进攻和防御。但其作战目标和手段则与传统作战有明显的不同。

信息化战争样式如图4-3所示。

图4-3 信息化战争样式

（一）进攻行动

信息战的进攻行动分为物理攻击和逻辑攻击两种类型。

1. 物理攻击

物理攻击是指采用侦察监视、目标捕捉、电子战、定向能武器以及电磁脉冲武器和核武器等手段,破坏、摧毁敌指挥控制系统物理设备的行动。从攻击的技术角度来看,物理攻击分为硬杀伤和软杀伤两种类型。硬杀伤是使用精确打击兵器等手段实施的火力摧毁行动;软杀伤是指运用电子干扰、光电干扰以及声干扰等手段实施的信息干扰行动。

2. 逻辑攻击

逻辑攻击是指采用计算机病毒和其他逻辑手段,通过侵入和破坏敌方军用信息系统的相关数据库,削弱敌指挥控制能力直至使其指挥控制系统陷于瘫痪。逻辑攻击的主要方式是计算机病毒战和"黑客"行动等。其可能的破坏手段有以下两种:将伪数据或有害程序(如计算机病毒)嵌入信息系统,破坏系统的正常运行;在信息系统运行非法程序,改变信息正常流向,甚至篡夺对该系统的控制权。

逻辑攻击的范围是极为广泛的,它不仅用于战术层次,而且可对国家信息基础设施的安全构成极大的威胁,在战略层次上产生深刻影响。逻辑攻击将成为未来信息战中重要的攻击方式。

（二）防御行动

信息战中的防御行动可分为主动防御和被动防御两类。

1. 主动防御

主动防御是指首先使用精确打击兵器及包括逻辑攻击在内的其他攻击手段先行打击敌信息重心,使进攻者变成"瞎子"和"聋子"。与此同时,用电子战器材压制敌指挥系统,使敌无法实施协调一致的进攻行动。

2. 被动防御

被动防御主要指对己方指挥控制系统可能遭受的攻击所采取的以技术补救为主要内容的信息防护行动。它包括传统的伪装和设立应急补救装置等措施。除此之外,现代网络技术为解决信息安全问题,对有密级的信息系统设置了"防火墙",并试图建立能自动探测和消除计算机病毒的防护系统。主动防御是对付物理攻击的有效办法,但对逻辑攻击则很难奏效。因为逻辑攻击源具有分散和隐蔽的特点,不存在信息中心的问题,因而运用攻击手段很难达到防御的目的。另一方面,由于计算机网络固有的交互性,对逻辑攻击的被动防御也面临两难的境地:要么牺牲指挥控制系统的交互操作功能,要么承担受到攻击而陷于瘫痪的风险。

随着信息技术的发展和社会的信息化,信息在战争中的作用将逐步从战术层次向战略层次深化。美国许多专家提出了未来战争将以"比特"代替钢铁,以微机代替坦克,以信息系统代替舰母编队,以信息保护伞代替核保护伞等观点,这些观点虽然带有一定的科幻性,但它却预示着机械化战争正在走向历史的尽头,信息化战争的时代已经到来。如何顺应这一发展趋势,建立自己的信息战理论,发展信息技术和信息武器装备,以谋取 21 世纪的战略主动,已成为各国军队面临的重大课题。

五、信息化战争代表性战例

海湾战争是由美国领导的联盟军队为恢复科威特主权、独立与领土完整并恢复其合法政权而对伊拉克进行的一场战争,是冷战结束后的第一场大规模武装冲突。其持续时间从 1990 年 8 月至 1991 年 2 月。

以美国为首的联盟军队以较小的代价取得决定性胜利,重创伊拉克军队。1991 年 2 月 27 日,美国宣布解放科威特的战争结束并于当天午夜停火,伊拉克最终在 4 月接受了停火协议。

海湾战争改变了传统的作战模式,对第二次世界大战以来形成的传统战争观念产生了强烈的震撼。其最大特点为:这是一次高科技战争。以美国为首的多国部队普遍使用各种先进技术:①电子战对战争进程和结果产生重要影响,以美国为首的多国部队的电磁优势将成为战争中的新制高点;②空中力量发挥了决定性作用。海湾战争开创了以空中力量为主体赢得战争的先例,在空袭中,由于大量精确制导武器的使用,提高了空袭的准确性,又使平民伤亡降低到最低程度;③作战空域空前扩大,战场向大纵深、高度立体化方向发展,不存在明显的前方和后方;④高技术武器大大提高了作战能力,使作战行动向高速度、全天候、全时域发展。

海湾战争显示出高技术武器的巨大威力,标志着高技术局部战争已经作为现代战争的基本样式登上了世界军事舞台,对第二次世界大战以来形成的传统战争观念产生以强烈震撼,促使在全世界范围内掀起了研究未来新型战争的热潮,从而引发了一场以机械化战争向信息战争转变为基本特征的世界性新军事革命。

六、信息化战争的发展趋势

(一)武器装备和作战指挥的智能化程度将更高

信息化战争的最高表现形态是智能化。知识化军人运用智能化武器装备和智能化指挥控制手段进行的谋略对抗、知识对抗、智能对抗,信息攻击的目标主要是敌方的知识系统,信息渗透主要是向精神世界和思维空间渗透,谁的知识化程度高,武器装备的智能化水平高,谋略运用的艺术高,谁就可能获取战场的制信息权,从而获得战场的主动权。随着信息技术特别是人工智能技术在军事领域的广泛应用,必将使武器平台、指挥手段等方面朝着智能化方向发展,智能化武器装备的数量将会更多,质量将会更高。

1. 智能化武器装备

这是指不用人直接操作和控制,采用了人工智能技术,可自行按照人的意志完成侦察、搜索、瞄准、攻击目标,以及情报的收集、综合处理等多种军事任务的高技术武器装备。武器平台是指坦克与装甲、火炮与导弹的发射装置、作战舰艇、作战飞机与直升机等各类武器的载体。智能化武器装备的发展给未来信息化战争注入了新的活力,从而使军队的编成更精干,传统的作战方式也将被改变。

近几年来,人工智能化武器装备逐步增多。其中,众多类型不同、功能各异的人工智能机器人是智能化武器装备的集中代表,它具有一定程度的感觉,以及分析、判断、推理与决策能力,能模仿人的行为执行多种军事任务。人工智能坦克、车辆是一种由计算机控制中心、信息接收和处理系统、指令执行系统及各种功能有机组合成的能自主完成不同军事任务的新型坦克和车辆。其中,人工智能作战坦克可越过各种障碍物,识别目标的不同特征及威胁程度,并通过比较来确定最佳行动方案,控制武器射击。人工智能军用车辆能观测方向、测定距离、分辨道路、绕过障碍,把所需物资送到指定地点。人工智能弹药是一种采用了现代电子技术和子母弹技术,从而使其具有人的某些智能的弹药。这种弹药不仅能自动寻找和判定攻击目标,而且能自动发现和攻击目标的薄弱部位,命中精度比普通弹药高几十倍。智能导弹是一种能自动搜查识别和攻击目标,具有思维、判断和决策能力的新型导弹,具有发射后不用管的特点。无人驾驶的智能化坦克、飞机和舰船,它们可以深入危险地区执行任务。智能电子战系统,它可以自动分析并掌握敌方雷达的搜索、截获和跟踪工作程序,发出有关敌方导弹发射的警告信号,并确定出最佳防卫和干扰措施。人工智能地雷,是一种能自动识别目标,自动控制起爆,并能在最有利时机主动毁伤目标的新型地雷。

2. 指挥手段智能化

信息化战争中的指挥系统,具有人的大脑的思维功能,能辅助指挥员和指挥机关进行辅助决策。指挥系统中的智能决策系统,主要包括智能计算机及配套设备、智能专家系统和相关的多媒体、显示系统及文电处理系统等。未来信息化战争中的计算机是具有"神经元"的光计算机,这种计算机能模拟人的大脑功能,是具备"能学会想"综合神经网络的新概念计算机。以这种高度智能化计算机为核心的C4ISR系统,不仅能够实现实时的战场监控侦察、情报搜集和通信联络,而且可以辅助指挥员下定决心和制订计划,将会为作战指挥提供更加先进的智能化手段。

(二)信息化作战平台将成为战场的主要支撑

信息化作战平台是指信息化弹药所依托的作战平台。电子信息技术广泛渗透武器系统的各个领域,为作战平台的信息化提供了空前的机遇。未来的作战飞机、舰艇、坦克,直至外层空间的卫星等都将装备大量先进的电子信息系统与电子战系统,使每一个信息化作战平台都成为C4ISR系统的一个节点,具备电子战能力,并向隐形化、遥控化、小型化和全智能化方向发展,使作战平台的纵深突防能力、攻击能力和生存能力大大增强。特别是隐形飞行器、隐形舰船以及无人机等将成为未来信息化战场上新型的信息化作战平台,这些信息化作战平台将与有人驾驶飞机和舰船相辅相成,形成一支互为依存的强大的空中、海上打击力量,从而成为信息化战场的主要支撑。

隐形技术将进一步发展。隐形技术也叫隐身技术或低可探测技术,它是通过降低武器装备等目标的信号特征,使敌方探测系统难以发现、识别、跟踪和攻击,或使敌方探测系统发现、识别、跟踪和攻击的距离缩短的综合技术。采用隐形技术可避免被探测、跟踪和摧毁,是提高武器系统和作战人员的防护力、增强作战突然性的主要技术途径。自20世纪80年代以来,由于隐形技术的飞速发展并应用于武器装备,使之出现了隐身飞机、隐身舰艇、隐身坦克和隐身导弹。在近几场局部战争中隐形技术应用的武器装备得以大量使用,因而隐身攻击也被看作是一种非接触的作战样式。在自海湾战争以来的4场信息化特征较明显的高技术局部战争中,F-117隐形轰炸机、B-1B隐形轰炸机、B-2隐形轰炸机、F-22隐形战斗机、RAH-66"科曼奇"隐身直升机、AGM-129隐身巡航导弹悉数登场亮相,均取得了骄人的战绩。

无人机攻击是一种非接触作战方式,在未来战争中将更多地使用。2001年的阿富汗战争中,第一次使用RQ-1"捕食者"无人机对地面实施攻击。开启了空中无人机实施火力打击的新纪元,也使原来只是侦察工具的无人机成为这场战争中最抢眼的"明星"。在RQ-1A基础上改进的RQ-1B,具有世界上任何无人驾驶飞机所不具有的"本事",它装备的武器系统能携带8枚导弹,在侦察的同时可以对地面点状目标实施攻击。该机在阿富汗战争中,携带AGM-114导弹,摧毁了"塔利班"的许多重要军事设施。随着科学技术的发展,未来将会有更多的无人机、无人潜艇、无人战车、机器人士兵奔赴战场,无人装备已从一种单纯的作战支援装备转变为支援与作战装备,使无人攻击这种非接触作战方式应用更加普遍。

利用电磁频谱和网络空间实施信息攻击,将是信息化战争中一种常见的作战样式,也是一种非接触作战样式,在信息化战争中将广泛使用。在科索沃战争中,从首轮空袭开始,北约对南联盟(南斯拉夫联盟共和国)实施强大的信息攻击,对其通信、雷达电子技术侦察系统进行了全面的电子压制。此外,美军还召集计算机专家与南联盟进行网络对抗,将大量病毒和欺骗性信息输入南联盟军的计算机网络和通信系统,以阻塞南联盟军的信息传输渠道。同时,南联盟军也利用国际互联网对北约的军事网站进行攻击。这种信息攻击,可以在上百千米之外实施电子干扰,也可以在上千千米甚至上万千米之外实施网络攻击。攻防双方可以通过电子信息实施激烈的交战,但都互不接触,甚至不知道对方身处何地,不能进行直接的火力攻击。

(三)作战形式将发生质的变化

随着信息技术的发展和武器装备性能的改进,武器装备的精度、杀伤力、机动性、生存力、隐蔽性、反应速度和目标捕捉能力将大大提高,进而引起作战形式发生质的变化。一是电子战将贯穿始终。未来信息化战争中的电子装备种类将更多,部署密度将更大,电磁信号将更加密集,电子战频谱将更宽,信号特征将更复杂,为夺取制电磁权而展开的电子战将渗透各个作战领域,贯穿于战争的始终。二是机动战将广泛实施。未来信息化战争中的机动战不仅是兵力、兵器、火力机动,而且更是软杀伤力机动,软杀伤力机动将成为兵力机动和火力机动的前提而大量运用。三是计算机病毒战将普遍展开,这种软杀伤力将更强。四是非接触作战将成为主要作战方式。随着武器装备远程打击能力的提高和信息化侦察控制系统的完善,非接触作战将越来越多地成为未来信息化战争的主要作战方式。五是隐形战将充满战场空间。隐形技术的飞速发展,为隐形战的运用提供了机遇。未来信息化战争中,隐形飞机、隐形导弹、隐形舰船、隐形战车将在战场上大量出现,在看不见的战场上进行隐形较量将是未来信息化战争的一个突出特征。六是太空战将有较大进展。随着航天技术的发展和军用卫星、航天飞机、载人飞船、太空站的增多,将把众多的军用航天器部署在太空,从而将促进天军的组建和太空战的展开。七是虚拟战场欺骗战将悄然兴起。虚拟现实技术的发展使虚拟战场成为可能。战争中,通过运用信息化战场上的某一网络节点,将虚拟现实技术植入敌方指挥控制系统,向敌方传送假命令、假计划,从而使其军事行动陷入混乱。

(四)作战思想将有新的突破

未来战争,随着战争内涵的扩大,作战思想将有新的突破。

1.战争主体将多元化

传统的战争主要发生在国家和政治集团之间,战争打击的目标主要是对方的军事力量和战争潜力,实施战争的主体是军队。在未来的信息化战争中,一方面,如信息战和反恐战本身具有的特点,战争主体还包括恐怖组织、贩毒集团、工商集团、民族组织、宗教组织、犯罪团伙等。另一方面,随着科学技术的发展,一些社会团体和组织,不仅可以掌握和使用常规武器,而且也可能掌握和使用核生化武器、计算机病毒等信息武器。这就可能使得战争不仅会在国家与国家之间展开,而且也可能在社会团体和社会团体之间、少数个人与社会团体之间、社会团体与国家之间、少数个人与国家之间展开,使战争主体呈现多元化。

2.战争的目的将有所改变

夺取经济资源是战争的重要目的之一。在工业时代,因为人力、土地、能源和矿产等资源是经济发展的基础和主导因素,所以战争的目的主要表现为对这些有形物质资源的争夺。未来的信息化战争的目的将发生变化,将不再主要是攻城略地,占有自然资源,而是通过争夺和控制知识和信息资源,包括控制敌对国家领导层和民众的精神、意识和价值观,进而控制有形的物质资源,最终维护和发展国家与集团的政治利益与经济利益。未来信息化战争中,战争目的将由"消灭敌人、保存自己"转变为"控制敌人,保护自己";表现形式将由血与火有声战争的搏斗转变为精神、意志、智慧无声战场的角逐;信息作战的目标将由侧重以信息系统为核心的物质目标转变为侧重以认识体系为核心的精神目标;信息作战的目的将由用信息流控制能量流、物质流,取得战场主动权转变为用信息流直接控制战争的策划者和决策者,从而达到"不战而屈人之兵"的目的。

3. 战争的层次将更加模糊

在未来信息化战争中,战争的战略、战役和战术层次逐渐模糊。一是因为战役或战术行动具有战略意义。由于武器装备的作战效能越来越高,精确打击和信息战等作战行动对敌方的军事、政治、经济和心理的攻击力越来越大,因而小规模的作战行动就能有效达成一定的战略目的,一场战斗或一次战役就有可能是一场战争。二是因为作战行动主要是在战略级展开。信息化战争不再是从战术突破到战役突破,而是战争一开始就把敌方的军事、政治和经济等重要战略目标作为打击对象。战略信息战和超视距非接触式的精确打击,使得战争在全纵深内展开,使战略、战役和战术融为一体。如科索沃战争中,几乎没有发生过地面战斗,北约的战争目的主要是由战略性空袭达成的。

能力训练

1. 战争有哪些内涵和特点?
2. 新军事革命的主要内容有哪些?
3. 机械化战争主要有哪些形态?
4. 信息化战争的基本特征是什么?
5. 试述信息化战争的发展趋势。

第五章 信息化装备

📖 本章导读

信息化战争是人类社会由工业化社会步入信息化社会的产物。战争形态正由机械化战争向信息化战争转变,信息化战争是 21 世纪孕育的必然战争形态。正确认识信息化战争这一崭新的战争形态,对推进中国特色军事变革,加强我国的国防和军队建设,以及打赢未来信息化战争具有十分重要的意义。

本章主要介绍信息化装备的内涵及发展趋势、信息化作战平台、信息系统和信息化杀伤武器。

📖 学习目标

了解信息化装备的内涵、分类、发展及对现代作战的影响,熟悉世界主要国家信息化装备的发展情况,激发学生学习高科技的积极性,为国防科研奠定人才基础。

第一节 信息化装备概述

一、信息化装备的内涵与分类

(一)信息化装备的内涵

自从美国军事理论家汤姆·罗那在 1976 年首次提出"信息战争"概念以来,人们就开始了对信息化装备的思考,并陆续提出了电子战装备、网络战装备、信息战装备、信息武器、信息作战武器、数字化装备、电子信息装备、信息化时代的装备等概念。这些概念反映了人们对信息化战争所需要的武器装备某一阶段和某一侧面的认识,对推进信息化装备建设与发展,深化人们对信息化战争及其武器装备的认识发挥了重要的作用。

信息化装备,是指信息技术对军事装备性能的提高及使用、操纵、指挥起主导作用,是具有信息探测、传输、处理、控制、制导、对抗等功能的装备。

除上述关于信息化装备概念的界定之外,也有一种观点认为:信息化装备,是指信息技术在装备技术构成中占主导地位,信息要素在作战行动中支配物质、能量要素的效能发挥,具有较高信息获取、传输、处理、存储、共享、管理、分发、对抗能力及数字化、智能化、网络化和一体化水平的武器、武器系统和军事技术器材的统称。还有一种观点认为:信息化装备就是指充分运用计算机技术、信息技术、微电子技术等现代高技术,具备信息探测、传输、处理、控制、制导、对抗等功能的作战装备和保障装备。

无论信息化装备的概念表达如何变化,我们必须充分认识到信息化装备是信息时代军队作战的物质基础,信息化装备的大量使用将使军队战斗力产生质的飞跃,并导致军队作战理论、编制体制等方面发生重大变革。因此,我们必须高度重视信息化装备对现代战争的影响。

(二)信息化装备的分类

信息化装备有多种分类方法。根据信息化装备的性质,可分为进攻类信息化装备、防御类信息化装备和支援类信息化装备;根据杀伤效应,可分为"硬杀伤"类信息化装备和"软杀伤"类信息化装备;根据信息化装备的功能,可分为信息系统、信息化作战平台、信息化弹药(精确制导武器)、新概念武器和单兵数字化装备等。

1. 信息系统

信息系统,是由信息获取、信息传输、信息处理、信息管理和信息应用等部分组成,用于保障军队作战和日常活动的系统。

2. 信息化作战平台

信息化作战平台是指安装有大量电子信息设备的高度信息化的作战平台,是信息化弹药的依托,如信息化的飞机、舰艇、装甲车辆等。与传统的作战平台相比,信息化作战平台有五大优势:一是科技含量高,其高科技含量占50%以上;二是作用机理有重大突破,采用了计算机技术、隐身技术,具有非常规机动能力;三是在使用观念上,由以平台为中心转向以网络为中心,注重系统对抗,以发挥平台最大的作战效能;四是性能优越,如高机动性、高防护性、高隐身性等;五是信息化程度高,有较强的信息获取、信息处理和信息协同能力。

3. 信息化弹药

信息化弹药,是指采用精确制导技术,具有较高命中精度或直接命中概率大于50%的弹药。与传统的弹药相比,精确制导武器能够获取和利用目标的位置信息,进行飞行控制、弹道修正直至准确命中目标。信息化弹药包括各类导弹、制导炸弹和制导炮弹等。

4. 新概念武器

新概念武器,是工作原理、毁伤机理和作战运用方式与传统武器有显著不同的各类高技术武器的统称。新概念武器是超出传统武器范畴的,它能够运用新的毁伤机理和先进技术,能够对敌方造成物质或精神杀伤。新概念武器主要包括定向能武器、动能武器、基因武器以及非致命武器等。

5. 单兵数字化装备

单兵数字化装备,是指士兵在信息化战场上使用的集攻击、防护、观察、通信、定位于一体的多功能装备,也称信息士兵系统。通常由单兵计算机、通信系统、综合头盔系统、单兵武器系统、敌我识别系统、综合人体防护系统和电源系统组成。

二、信息化装备对现代作战的影响

(一)全方位情报支援

情报是军事行动的先导和基础,知己知彼方能百战不殆。以信息为基础的现代侦察手段的发展和信息化装备的出现,使军队能够获得全时空、全方位的情报支援,为赢得战争的胜利奠定了良好的基础。

侦察监视是作战的重要基础,主要是获取敌方或作战所需的各类情报,如敌方人员、武器装备、部署等情况,地形、气象、水文、社会环境以及作战结果等情况。侦察监测主要包括五项内容：一是发现，即确定某个地域有没有目标；二是识别，即区分目标的属性和真假；三是监视，即密切观察目标的变化；四是跟踪，即对目标进行不间断的监视；五是定位，即测定目标的方位、距离、高度等位置信息。

现代侦察监视，在空域上覆盖太空、空中、地面、海上、水下等多维物理空间，还延伸到电磁空间和信息空间；在手段上包括光学侦察、声学侦察、电子侦察（雷达和电磁信号截获等）、传感器、网络等多种方式；在距离上没有任何空白点，实现了全方位、高立体、全天时、全频谱，可以随时、随地、迅速、准确、全面地掌握作战情报。

现代作战的信息情报一般通过航天侦察、航空侦察、海上侦察和地面侦察这四种主要渠道获得。航天侦察主要是侦察卫星，包括照相侦察卫星、电子侦察卫星、海洋监视卫星和导弹预警卫星等。航空侦察可对战场目标进行详查和跟踪，是战术情报的重要来源，大多使用预警机、侦察机、无人侦察机等。海上侦察主要使用侦察船、舰载雷达、深潜机器人、海底电缆窃听设备、水声探测器、海上巡逻机等。地面侦察主要使用光学侦察、电子侦察、地面传感器等设备。

在近期世界几场局部战争中，作战行动之所以"一边倒"，一个非常重要的原因就是拥有信息化侦察手段的一方可以看见对手，而对手却看不见它；可以准确地命中和摧毁目标，而自己不会受到任何威胁；可以随时随地实施这种打击，而对手只能忍气吞声。在一定意义上来讲，侦察能力的差异决定了交战双方的不对等性。信息化武器装备能提供全方位的情报支援，使己方部队耳聪目明，为赢得战争胜利起到重要的保障作用。

（二）全纵深精确打击

精确制导武器和信息化指挥系统的出现及应用，极大地改变了现代战争的面貌，使现代军队具有了全纵深精确打击能力，使现代作战样式出现了重大的变化，出现了非对称、非接触和非线式作战这三种崭新的作战样式。

所谓非对称作战，就是使用大量的信息化装备，在数量和质量上形成绝对优势，以优抗劣，以长击短，以有打无。掌握信息化装备的军队可以利用信息优势以信息化对付机械化，利用高技术差进行非对称作战。

所谓非接触作战，就是主要通过在防区外发射精确制导武器或巡航导弹实施远距离空袭作战，它是远程精确制导武器发展的必然结果。在机械化战争中，由于侦察器材性能落后，武器射程近、精度低，因此大规模作战和大面积毁伤是主要作战方式。而未来信息化战争中，远程精确打击将以"非接触作战"的样式进行，利用信息化隐形飞机、空中侦察平台和智能化导弹可以进行超视距攻击，在远离敌人、不与对手接触的条件下杀伤和消灭敌人。非接触作战的明显优点是可以减少己方的人员伤亡，极大地提高作战效率，有利于掌握战场的主动权。

所谓非线式作战，就是战场不分前线与后方，而是对预定目标实施全纵深精确打击和重点打击，目标在哪里，精确制导武器打击到哪里，哪里就是前线和战场。以往的地面交战主要是在火炮的射程之内进行的，进攻作战是逐次向敌纵深推进，防御方是由前向后依次抗击。信息化装备的广泛运用，使这种样式发生了深刻的变化。无论是进攻还是防御都将是在战场全纵深同时作战。非线式作战改变了战场前方、后方的概念，迫使军队放弃进攻时层层剥皮、防御时节节抗击的模式，要立足于在陆、海、空、天、电磁五维战场和各个作战地域同时与敌进行交战。

（三）实时指挥控制

由于各种信息化装备广泛运用于现代战争，突发的威胁来自四面八方，如果缺少有效的早期预警和实时的指挥控制进行反击或规避,后果不堪设想。

快速、实时的指挥控制,能极大提高对战场信息的反应和处理能力,把信息情报和作战计划快速传送到上下级和传递给同级,做到反应灵敏、先敌行动,夺取战场主动权。信息化军队从地面的主战坦克、战车、指挥车到空中的侦察、指挥直升机以及战术空军的机载雷达系统,都加装了数字化信息系统,无人机、直升机、卫星和坦克上都安装有摄像头,可全面拍摄陆、海、空、天战场上敌对双方激烈交战的场面,并实时传送到地面站进行转播,形成了空地一体的数字通信指挥网络,实现了信息上下左右的快速传递。指挥员可以像看体育比赛实况转播一样,从屏幕上看见不断变化的战场全貌,能够通过参谋作业系统快速生成各种敌我态势图、决心图并下达部队,通过显示屏和通信网络直接指挥作战部队的行动,实现从预警探测、情报侦察、监视捕捉、敌我识别、跟踪制导、电子对抗直到命中目标的全程指挥控制,使指挥效率得到前所未有的提高。

(四)信息战贯穿全程

工业时代进行的机械化战争,强调的是火力和机动力的运用,拼的是更多的弹药和钢铁,物质和能量起主导作用,交战双方争夺的是制陆权、制海权和制空权。而信息时代使用信息化装备的战争,火力和机动力的发挥,主要依赖于信息的收集、处理、传递、控制和利用。离开了信息资源,性能再好的飞机、坦克和大炮也只能成为靶标,再精锐的部队也会又聋又瞎,失去行动自由。因此,对信息系统的打击与反打击,赢得网络和电磁频谱的控制权,就成了控制战争全局的关键因素。战争双方拼得更多的是信息化系统和"硅片",首先争夺的是制信息权,并贯穿于作战的全过程。

第二节 信息化作战平台

一、信息化作战平台的分类

信息化作战平台主要包括陆上信息化作战平台、海上(水下)信息化作战平台、空中信息化作战平台和太空信息化作战平台。

(一)陆上信息化作战平台

陆上信息化作战平台主要是指大量采用信息技术的各类坦克、步兵战车、自行火炮、无人地面车辆等陆上作战平台。它是在原有机械化作战平台的基础上,嵌入了指挥控制、通信、侦察监视、敌我识别、导航定位和威胁预警与对抗等信息系统,实现了作战效能的大幅提升。

如坦克装备的信息系统就包括数字式火控系统、定位导航系统、综合电子战系统、指挥控制系统,通信系统、威胁预警与对抗系统等。美军 M1A2SEP 主战坦克(见图 5-1)装备有"21 世纪部队旅及旅以下作战指挥数字化系统"和数字化坦克火控系统,信息化程度很高。我国陆军列装的 99 式主战坦克(见图 5-2)装备有稳像式火控系统、敌我识别与卫星定位系统,以及压制观瞄装置、多功能烟幕发射器等光电对抗系统,具有较强的战场指挥控制、通信及作战能力。德国的豹 2A7 主战坦克不仅装备有驾驶安全转向系统,其观瞄信息系统能够实现 360°态势感知能力,全球定位系统以光纤技术与指挥控制系统相连。

图 5-1　M1A2SEP 主战坦克

图 5-2　99 式主战坦克

(二)海上(水下)信息化作战平台

海上(水下)信息化作战平台,主要是指大量采用信息技术的各类水面舰艇和潜艇等海上(水下)作战平台。海上(水下)信息化作战平台嵌入的信息系统主要包括情报采集与处理系统、作战支持系统、舰载武器控制系统、舰载通信系统、舰载作战指挥控制系统和电子战系统等。

海上信息化作战平台主要以水面舰艇为主,其中航空母舰、驱逐舰是其典型代表。美军的航空母舰及驱逐舰的信息系统中,就包含指挥控制系统、电子对抗、卫星导航、综合通信等系统,大幅度提高其作战效能。如其"阿莱·伯克"级驱逐舰装备有 SPY-1D 相控阵雷达、NTDS-5 作战数据系统和 SLQ-32(V)2 型电子战系统等舰载电子装备。其中,SPY-1D 相控阵雷达天线由四块固定式辐射阵面构成,仅一部雷达就可以完成探测、跟踪、制导等多种任务。我国海军近年来也一直在升级辽宁号航空母舰(见图 5-3)的信息系统,驱逐舰方面我国海军 052D 型驱逐舰(见图 5-4)装备了第二代相控阵雷达,雷达探测、跟踪、制导能力相对突出,综合电子战系统也比较优越,且配备有多型警戒雷达、拖曳线列阵声呐等信息化装置,具有较强的对海、对空和水下探测与通信的能力。

图 5-3 辽宁号航空母舰

图 5-4 052D 型驱逐舰

水下信息化作战平台主要是以潜艇为主,通常分为攻击型核潜艇、战略导弹核潜艇和常规潜艇。如美国"俄亥俄"级战略导弹核潜艇装备的 CCSMK2-3 作战指挥系统、MK118 鱼雷射击指控系统、AN/BQQ-6 综合声呐系统以及高性能的观通设备,使潜艇能在复杂海情和噪声环境下,进行战术态势评估与分析,指挥鱼雷实施攻击。

【知识拓展】

航空母舰和驱逐舰

(三)空中信息化作战平台

空中信息化作战平台,是指大量采用信息技术的各类作战飞机和直升机等空中作战平台。通常装备有综合显示控制管理、目标探测、通信导航识别、电子战、精确制导武器管理等构成的综合航空电子信息系统。空中信息化作战平台主要包括战斗机、轰炸机、战斗轰炸机、武装直升机和无人机等。

战斗机是空中信息化作战平台的典型代表。战斗机是指主要用于拦截和摧毁敌空中目标、进行空战以夺取制空权的飞机。战斗机装备有飞行控制系统、通信导航系统、火控系统和电子对抗系统等信息系统。如俄罗斯的苏霍伊苏-35战斗机（见图5-5）装备的前视雷达，有12种不同的波形，可达到抗干扰和一定的隐身目的，机尾装备的NO14后视雷达可发现尾追目标并引导火力攻击，该机还可挂装"游隼"光电瞄准吊舱等设备。美国的F15战斗机（见图5-6）装备有多功能航电系统，包括抬头显示器、超高频通信、战术导航系统与仪器降落系统、AN/APG-70（C/D型）或 AN/APG-63（A/B型）雷达、AN/ASN-108姿态/方向参考系统、AN/ALQ-119电子干扰吊舱、AN/ARN-118塔康系统、AN/ASN-109惯性导航系统、AN/AWG-20火控系统、AN/ASK-6大气数据计算机、CP-1075/AYK中央数据计算机等。我军的歼10战斗机采用四余度电传控制，具有较强的飞行自动控制能力，并装备有脉冲多普勒雷达，采用了相控阵机制，作用距离远，电子战能力强，并有多目标接近能力。除此之外，歼10战斗机可携带各种对地、对海武器系统，还能加挂多种辅助吊舱以加强作战能力。我军最新装备的歼20战斗机信息系统更是实现了屏幕化、触摸化及声控操纵，以及采用先进的光传操纵系统，保证歼20战斗机具有可靠的飞行能力，装备的AESA有源相控阵雷达的T/R组件有2000～2200个，光电分布式孔径系统（EODAS）的配备使其在不开启雷达的情况下仍旧保持对战机周围空情的掌握能力，从而提高作战效能和生存能力。

图5-5　苏霍伊苏-35战斗机

图5-6　F15战斗机

(四)太空信息化作战平台

太空信息化作战平台,主要是指能对敌方卫星和空中、海上、陆地目标实施攻击的太空作战平台。太空信息化作战平台主要包括两类:一是可用于攻击对方航天器的拦截歼击卫星系统,以及可实施对地、对空攻击的卫星等;二是各类军用载人航天器,如载人飞船、空天飞机、空间站等。

二、信息化作战平台在战争中的应用

(一)科索沃战争

科索沃战争是由科索沃的民族矛盾直接引发,在以美国为首的北约的推动下,发生在20世纪末的一场重要的高技术局部战争。其持续时间从1999年3月24日至1999年6月10日。

科索沃战争以大规模空袭为作战方式,以美国为首的北约凭借占绝对优势的空中力量和高技术武器,对南斯拉夫联盟(以下简称"南联盟")的军事目标和基础设施进行了连续78天的轰炸。1999年6月20日,北约正式宣布结束对南联盟轰炸。科索沃战争以塞尔维亚人的失败而告终。

科索沃战争是以美国为首的西方国家利用绝对空中优势,对弱势的南联盟进行打击,武力迫使其就范。其作战样式是一种典型的非接触式交战,交战双方从始至终都没有在战场上近距离交战,这在世界战史上是极为少见的。

北约信息化作战平台的主要运用方式:大量使用精确制导武器,进行远程超视距精确打击。海湾战争后,美军大力发展精确制导武器,"战斧"巡航导弹、常规空射巡航导弹、联合直接攻击弹药等采取全球定位+惯性制导,可在全天候条件下使用。这些射程远、精度高、威力大、功能齐全的新一代远程精确制导武器,成为以美国为首的北约对南联盟实施远程超视距精确打击的主要手段。美军还利用A-10、F-15E等空中信息化作战平台发射加装过全球定位制导系统的激光制导炸弹。整个战争中,精确制导弹药的使用量占全部投弹量的35%,大大超过了海湾战争中的8%。

(二)伊拉克战争

伊拉克战争是以英美军队为主的联合部队在2003年3月20日对伊拉克发动的军事行动。因为是海湾战争的延续,又称为第二次海湾战争。这次战争再次诠释了科技是现代军队发展和军事实力的重要支柱。其持续时间从2003年3月20日至2011年12月18日。

在地面作战中,各种先进的作战装备发挥了卓越效能,使地面作战开辟了一个崭新的发展空间。

1. 战争中使用的主要地面作战装备

地面作战部队的武器装备,基本呈现以下两个特点:

(1)少数部队配备了全新或改装的数字化武器装备,成建制、成系统,形成了信息化作战能力,如第4机械化步兵师等;

(2)部分主战装备仍处于第三代水平,在维持机械化武器装备原貌的基础上进行了信息化改造,提高了火力、防护力和信息感知能力,占有明显的火力优势和信息优势。

伊拉克战争中使用的装甲战斗车辆,主要有M1A2和M1A2SEP(数字化)主战坦克、M2A3步兵战车等;火炮主要有M109A6"帕拉丁"自行榴弹炮,M119牵引式榴弹炮,M198牵引式榴弹炮、M270多管火箭炮、60 mm、81 mm和120 mm迫击炮等；导弹主要有PAC-3"爱国者"反导系统、陆军战术导弹系统、"海尔法"反坦克导弹等。伊军则使用了俄制AT-14"短号"反坦克导弹，实战中摧毁多辆M1A2主战坦克。

2. 地面作战装备的作战运用

(1) 快速闪击。伊拉克战争中，美军对巴格达的快速闪击战是一个亮点。这是美陆军向网络中心战转型的一次积极尝试：第3机械化步兵师先头部队7000人在开战后绕过伊拉克南部各城市，长驱直入、日夜兼程穿越700千米沙漠地带，目标直指巴格达，在开战后第5天，该部队就到达了距巴格达约80千米的南部战略重镇卡尔巴拉附近，并与伊军防守部队交战。

(2) 城市作战。伊拉克战争中，美军多次成功地实施装甲突击，开创了城市作战的成功范例。2003年4月5日上午，第3机械化步兵师第2旅一个坦克营的20辆坦克和10辆步兵战车，沿巴格达南部高速公路突入城内执行侦察任务，顺利穿越市中心并击溃了遭遇的伊军。当天下午，美军另一支坦克部队的25辆坦克和12辆步兵战车从萨达姆国际机场出发，沿巴格达西南部深入到距离市中心仅7千米的地方，通过多拉区向北挺进到底格里斯河，然后掉头向西经8号公路返回机场。

(3) 阵地攻防。美军在纳西里耶、纳杰夫、卡尔巴拉、巴格达等地与伊军发生过多次交战。存在着技术时代差的两支军队进行的阵地战，具有不对称性。美军在进军巴格达的一场3小时激战中，第3机械化步兵师击毙了至少2000名伊军士兵，而美军仅阵亡1人。巴格达郊外萨达姆国际机场的争夺战更加典型。4月3日21时左右，第3机械化步兵师向机场发起攻击，先用炮火袭击机场附近一个村庄，造成83人丧生（多数是伊军）和120多人受伤。地面部队随后开始推进。战至4日凌晨，美军部分控制了机场，摧毁、缴获伊军31门高炮、3辆装甲输送车、23辆卡车和1车弹药，伊军阵亡320人。

第三节　信 息 系 统

一、信息系统的分类

从作战应用的角度来看，信息系统主要包括指挥信息系统和信息作战系统。

(一) 指挥信息系统

指挥信息系统是以计算机网络为核心，由指挥控制、情报、通信、预警探测、信息对抗、综合保障等分系统组成，可对作战信息进行实时的获取、传输、处理，用于保障各级指挥机构对所属部队和武器实施科学高效指挥控制的军事信息系统。指挥信息系统主要包括指挥控制系统、情报侦察系统、预警探测系统、通信系统和综合保障系统等。

1. 指挥控制系统

指挥控制系统是保障指挥员和指挥机关对作战人员和武器系统实施指挥和控制的信息系统，是指挥信息系统的核心。指挥控制系统主要包括指挥所信息系统、作战单元指挥或武器平台控制系统、指挥信息网和数据链系统。

1) 指挥所信息系统

指挥所信息系统是部署在各级指挥所内，由网络系统、计算机系统、显示控制系统等硬件设备及相关基础软件和应用软件组成,用于作战指挥与保障业务信息汇集、处理、分发的信息系统。主要由指挥要素和技术设备构成。技术设备通常包括网络设备、计算机硬件设备、应用软件与数据库设备、显示控制设备和安全保密设备等。

2)作战单元指挥或武器平台控制系统

作战单元指挥或武器平台控制系统是用于武器平台控制或营以下作战分队及单兵指挥控制的信息系统。可分为携行式系统和嵌入式系统。携行式系统主要由便携式手持终端及其应用软件和相应的计算机网络、通信传输系统组成。如美军"陆地勇士"士兵系统就是一种典型的携行式指挥控制系统。嵌入式系统是以应用为中心,整合了计算机软、硬件技术,通信技术和微电子技术,把需要的功能嵌入应用系统的设备中的专用信息系统。嵌入式系统适用于对功能、可靠性、成本、体积、功耗要求严格的指挥控制系统。

3)指挥信息网

指挥信息网是指挥员及其指挥机关实施指挥所依托的军用信息网络,具有收集、传输、存储、处理、显示指挥信息等功能。

4)数据链系统

数据链系统是按规定的消息格式和通信协议,链接传感器、指挥控制系统和武器平台,可实时自动地传输战场态势、指挥引导、战术协同、武器控制等格式化数据的信息系统。

2. 情报侦察系统

从广义上来讲,情报侦察系统泛指与情报活动相关的各种要素相互联系、相互制约而构成的一个整体,包括情报侦察指挥机构、情报侦察人员、情报侦察对象、各种情报侦察工具和手段,以及支持情报侦察指挥机构对所属力量进行指挥控制的信息系统。从狭义上来讲,情报侦察系统仅指支持情报侦察指挥机构和情报人员实时收集、处理、存储、分发、传输各类情报的信息系统。情报侦察系统主要包括地面、水面(水下)、空中和太空侦察系统。

1)地面侦察系统

地面侦察系统主要包括侦察车、侦察站、地面战场传感器系统等。侦察车上装备有由战场侦察雷达、红外热像仪、电荷耦合器件摄像机、激光测距机构成的综合系统,主要用于实施战术侦察。如美国的"角斗士"无人侦察车可以在任何天气与地形条件下,执行侦察、核生化武器探测、突破障碍、反狙击手和直接射击等任务。侦察站可分为信号情报侦察站和空间目标监视系统,信号情报侦察站主要侦察从长波、短波、超短波到微波频段的电磁信号,空间目标监视系统主要对太空目标进行探测和监视。地面战场传感器系统由音响传感器、震动传感器、磁敏传感器、压力传感器、电磁传感器和红外线传感器等构成,主要通过探测地面目标运动所产生的声响、震动或引起地球磁场、红外辐射场等物理量的变化,判明目标性质、位置、数量和运动方向的侦察情报系统。

2)水面(水下)侦察系统

水面(水下)侦察系统主要由侦察舰船和作战舰艇所配备的无线电侦察设备、雷达侦察机、预警探测雷达、声呐侦察设备、搭载的无人侦察艇以及相应的情报侦察处理设备组成。信息化战争中,无人侦察艇将得到广泛应用,成为海军的主要侦察手段之一。如美国攻击型核潜艇上装备的近程/远程水雷侦察系统(NMRS/LMRS)是当前最先进的潜艇用无人潜航侦察系统,能够达到222千米的搜索范围,续航时间达到40~48小时,每小时可以侦察3.86平方千米的水域。

3)空中侦察系统

空中侦察系统是利用各种空中飞行平台(包括固定翼飞机、直升机、无人机、浮空器和动力侦察飞翼等),装载各种侦察传感器,从空中侦察各种有价值目标的侦察系统。空中侦察任务主要由侦察飞机完成,包括有人驾驶侦察机、无人驾驶侦察机、侦察直升机。有人驾驶侦察机通常分为两类:一类是专用侦察机;另一类是由各型飞机改装的侦察机。无人驾驶侦察机能携带可见光照相机、电视摄像机、前视红外遥感器及侧视雷达等。侦察直升机可以在很低的高度(距地面10~15米,距海面1米),以较低的速度进行侦察。

4)太空侦察系统

太空侦察系统是以航天器为平台,携带侦察设备对地面、水面、空中和太空目标执行军事侦察任务。按使用的平台是否载人,可以分为卫星侦察和载人航天侦察,卫星侦察是太空侦察与监视的主要方式。根据任务和侦察设备的不同,侦察卫星通常分为照相侦察卫星、电子侦察卫星、海洋监视卫星、核爆炸探测卫星等。载人航天侦察通常以飞船、航天飞机、空间站等载人航天器为平台,搭载侦察载荷,执行太空侦察任务。

3.预警探测系统

预警探测系统,是指运用信息获取技术,为早期发现、定位、跟踪、识别来袭武器,并发出相应警报而建立并持续运行的系统。预警探测系统主要包括陆基、海基、空基和天基预警探测系统。

1)陆基预警探测系统

陆基预警探测系统是国土防空预警系统的一个重要组成部分,因陆基预警探测设备安装在地面上,对其重量和体积没有严格的限制,是远程、超远程预警的最佳选择,系统主要设备是天波超视距雷达、防空警戒雷达、引导雷达以及大型相控阵雷达。美国"铺路爪"雷达,是一种典型的全固态大型相控阵雷达,主要担负战略防卫任务,用于从美国的东西海岸,监视大西洋和太平洋上战略导弹核潜艇发射的弹道导弹。同时,也可用于对空间目标的监视,如监视和探测卫星、太空飞船等空间目标。

2)海基预警探测系统

海基预警探测系统是指将预警探测设备(主要是预警探测雷达和预警探测声呐)装载在海基平台上的预警探测系统。海基预警探测系统主要用于对海面(水下)和空中威胁目标的预警探测。海基预警探测系统的主体是各种舰载雷达,包括警戒雷达、引导雷达、搜索雷达、目标指示雷达、火控雷达、导航雷达和多功能雷达等。如美国"宙斯盾"级舰艇上的 AN/SPY-58 电子扫描战术多功能相控阵雷达(见图5-7),能实施全方位搜索,搜索距离400千米,可同时跟踪监视400批来袭目标,并能自动跟踪其中100批最具威胁的目标。

3)空基预警探测系统

空基预警探测系统是指将预警探测设备(主要是预警侦察雷达)装载在空基平台(固定翼飞机、直升机、无人机,以及高空系留气球)上的预警探测系统。空基预警探测系统主要用于对低空和超低空飞行威胁目标的预警探测以及同时引导拦截来自多方的威胁。常用的空基预警探测系统及设备主要由预警机、机载雷达预警探测系统和系留气球预警探测系统。如美国的 E-3A"哨兵"预警机(见图5-8),是一种具有指挥、控制、通信与情报功能的全天候远程预警机,其机载监视雷达能探测高空、低空、地面、海上的各种活动目标;我军的"空警2000"预警机(见图5-9)为空基预警探测系统的一种。

第五章 信息化装备

图 5-7　AN/SPY-58 电子扫描战术多功能相控阵雷达

图 5-8　E-3A"哨兵"预警机

图 5-9　"空警 2000"预警机

4）天基预警探测系统

天基预警探测系统是指将预警探测设备（主要是预警探测雷达和红外探测器）装载在天基平台（主要是卫星）上的预警探测系统。天基预警探测系统主要用于对战略导弹和空间飞行器的预警探测。天基预警探测系统主要由星上探测系统、地面信息处理分系统和地面信息分发分系统三部分组成。星上探测系统主要是导弹预警卫星，装有红外探测器、X射线探测器和电视摄像机等侦察设备，用于探测弹道导弹发射和飞行方向，并将探测到的数据通过通信卫星及时传送到地面站进行处理。地面信息处理分系统负责对传回的数据进行分析处理，并由地面信息分发分系统向受到威胁的部队发出预警。典型的天基预警探测系统主要有美国的天基战略预警系统和天基红外系统。

4. 通信系统

通信系统，是由传输、交换、处理、终端等通信设备及辅助设施构成，用于保障军事信息活动的具有特定功能的有机整体。通信系统主要包括通信枢纽、传输信道和用户终端三类。

1）通信枢纽

通信枢纽是汇接、调度通信线（电）路和传递、交换信息的通信中心，是通信系统的基础。按保障任务和范围的不同，通信枢纽分为指挥所通信枢纽、辅助通信枢纽、干线通信枢纽和信息台（站）等。

2）传输信道

传输信道是将各通信枢纽、通信节点和通信用户终端有机连接，形成各种功能的网络，保障各种信息的传递。传输信道主要由短波通信、超短波通信、微波接力通信、长波（低频、甚低频）通信、卫星通信、散射通信、流星余迹通信等无线电传输信道和光纤通信、电缆通信等有线电传输信道。发展中的还有激光通信、毫米波通信等传输信道。

3）用户终端

用户终端是指由通信用户直接操作使用，并为其提供通信业务的各类设备。用户终端主要包括语音、数据、文字、电报、传真、静态图像、活动视频等终端设备。

5. 综合保障系统

综合保障系统，是为军队作战提供支援保障的各类信息系统，是实现"精确保障"的物质基础。综合保障系统主要包括气象水文保障信息系统、测绘保障信息系统、卫星导航定位信息系统、后勤保障信息系统、装备保障信息系统、防险救生/工程/防化保障信息系统、教育训练保障信息系统等。本节主要介绍卫星定位导航信息系统。

卫星导航定位信息系统，是以人造地球卫星为基准的无线电定位与导航信息系统，用户通过接收多颗卫星的导航信号，测量并计算出自己的三维位置、速度和精度时间等导航信息。目前使用的卫星导航定位信息系统有美国的GPS，俄罗斯的GLONASS，中国的"北斗"以及欧洲的"伽利略"系统。主要由空间部分、地面控制部分和用户部分三部分组成。

（二）信息作战系统

信息作战系统，是以信息技术为核心，直接用于摧毁和破坏敌方电子信息装备和设施，影响敌方信息和士气，保护己方信息、信息系统和人员心理的信息系统。从功能和应用的角度来看，主要由电子战系统、网络战系统和心理战系统构成。

1. 电子战系统

电子战系统是以各种电子攻防武器为主要手段的信息作战系统。电子战系统按行动性质，主要包括电子进攻系统和电子防御系统。

1）电子进攻系统

电子进攻系统是以电子干扰和反辐射攻击为主要手段的信息作战系统，主要包括电子干扰系统和电子摧毁系统。

根据电子干扰的目标不同,电子干扰系统通常可分为雷达干扰、通信干扰、光电干扰、水声干扰等系统。雷达干扰系统主要通过雷达干扰设备,辐射、转发、反射或吸收电磁能量,削弱、破坏敌方雷达对目标的探测和跟踪能力。通信干扰系统主要通过通信干扰设备,破坏和攻击敌方的信息传输。光电干扰系统主要利用辐射、散射、吸收光波能量或改变目标的光学特征,削弱或破坏敌方光电设备的使用效能,由红外诱饵弹、红外干扰机、激光干扰机、激光武器、烟幕器材等构成。水声干扰系统主要由大功率噪声发射机、宽带水声发射换能器、浮力调整器、电源等组成,通过发射干扰信号或模拟目标的回声和噪声,压制或欺骗敌方的声呐设备,使其不能正常工作。

电子摧毁系统,通常分为反辐射导弹和反辐射无人机摧毁。其中,反辐射导弹又称为反雷达导弹,是利用敌方雷达波束进行制导的武器。反辐射导弹具有代表性的有美国的"哈姆"、英国的"阿拉姆"、法国的"阿马特"、俄罗斯的 X-31 等。

2)电子防御系统

电子防御系统是为保护己方电子信息设备、系统、网络及相关武器系统或人员作战效能正常发挥的系统。电子防御系统主要包括抗电子干扰系统和抗精确摧毁系统。

抗电子干扰系统通常可分为雷达抗干扰、通信抗干扰、光电抗干扰、水声抗干扰等系统。其基本方法是采取控制辐射、频率(参数)捷变、多站接力、多路由迂回等技术和战术对抗敌电子干扰。

抗精确摧毁系统主要分为抗精确制导攻击和抗反辐射攻击系统,包括假目标、假辐射源等被动干扰手段和各种主动干扰手段。如地空干扰系统,用于对敌机载轰炸瞄准雷达、空地导弹制导雷达和地形回避跟踪雷达进行干扰,可有效保护目标免遭敌机的袭击;GPS 干扰系统,可对敌方依靠 GPS 导航的各类导弹实施有效干扰,保护重要目标的安全。此外,假雷达辐射源可有效对抗敌反辐射武器的攻击,光电对抗可使敌光电制导武器偏航,命中概率降低。

2. 网络战系统

网络战系统,是以计算机网络为主要平台和对象,以各种网络战武器为主要手段的信息作战系统。网络战系统主要包括网络侦察、网络攻击和网络防御等系统。

1)网络侦察系统

网络侦察系统主要由各种网络侦察武器装备和专用侦察系统构成。其中,网络侦察武器装备包括网络扫描器、网络窃听器、网络密码破译器和电磁侦测器等。网络扫描器可以通过扫描获取敌方网络的 IP 地址、开放端口、所采用的网络操作系统和网络协议、网络结构与配置、保密方式等信息。网络窃听器是一种能监视网络状态和数据流的软件或工具,一般部署在网络中的重要位置,如网关、路由器、防火墙一类的设备或重要网段上,功能强大的网络窃听器不仅能截获网络通信数据包,而且还能修改数据包。网络密码破译器是能从敌方网络所截获的密文中推断原来的明文软件或工具,功能强大的网络密码破译器还能采取删除、更改、增添、重放、伪造等方法,在敌方密文中加入假消息。电磁侦测器能对敌方计算机网络系统内各种电子设备所发射或辐射的电磁信号进行搜索、定位、检测、识别、记录和分析,以获取敌方计算机系统内的有关信息和情报。专用网络战侦察系统是综合多种侦察武器装备和技术,构成的更专业、功能更强大的网络侦察工具。

2)网络攻击系统

网络攻击系统主要由各种计算机网络攻击武器构成,主要包括计算机病毒、预设陷阱、微米/纳米机器人、芯片细菌以及非核电磁脉冲武器等。其中,计算机病毒是一种人为编制的有害程序,它能在计算机系统运行过程中,把自身精确地或修改复制到其他计算机程序体内,从而对源程序进行置换或者破坏，甚至毁灭整个信息系统中的软件和数据。预设陷阱是在信息系统中人为地预设一些陷阱，以干扰和破坏计算机系统的运行，一般可分为硬件陷阱和软件陷阱两种。硬件陷阱主要是芯片捣鬼活动，即蓄意修改、更动、设计或使用集成电路芯片，以达到破坏计算机系统的目的。较典型的软件陷阱有"特洛伊木马"程序、逻辑炸弹和陷阱门等。微米/纳米机器人主要用来攻击电子设备的硬件系统。其形状类似黄蜂或苍蝇，大小则比蚂蚁还小，而且能飞、能爬，很难被发现或识别，可以大量"飞入"或"爬入"敌方的信息中心大楼及保密室，通过计算机的接口钻进计算机或网络服务器，偷窃秘密信息或破坏信息系统。芯片细菌主要是用来攻击计算机硬件，是经过特殊培育的、能毁坏计算机等信息系统硬件的一种微生物。这种细菌能"吃掉"硅芯片，毁坏计算机内的集成电路，进而破坏整个城市、大楼、站点或实验室中的信息系统。

3）网络防御系统

网络防御系统主要由各种计算机网络防御软、硬件构成，包括网络哨兵、网络防火墙、信息加密系统、漏洞扫描系统、入侵检测系统等。网络哨兵通常安装在网络服务器或主机上，只要用于对入侵网络的行为进行威胁预警，提高网络的预警防护能力，并确定敌方网络攻击的范围、目标和性质等。网络防火墙是用于保护计算机网络安全的一种常用手段，可阻断来自外部网络对内部网络的非授权访问或非法入侵。信息加密系统是指采用自动加密技术，能给文件或电子邮件提供加密和解密功能的系统，用户可通过台式计算机或便携式计算机，在开放式平台系统中传送秘密信息数据，系统自动控制对特定文件的访问等。漏洞扫描系统可以探测出网络主机存在的操作系统漏洞、网络设置漏洞、安全配置漏洞等信息。入侵检测系统是能够实时检测网络入侵者的计算机软件，主要有基于网络的入侵检测系统（实时数据包分析）、基于主机的入侵检测系统（实时活动监视）以及两者混合系统。此外，身份认证与鉴别系统、访问控制与安全审计系统、数据备份与恢复系统等也属于网络防御系统。

二、指挥自动化系统

指挥自动化系统是军队的一种重要高科技装备，是军队现代化的标志之一。现代战争证明，只有建立并使用指挥自动化系统，才能最大限度地发挥各种作战部队和武器的潜能，增强军队的战斗力，因此，人们把军队指挥自动化系统看作"力量倍增器"和继核武器和导弹武器之后的"第三次军事革命"。

指挥自动化系统是在军队指挥体系中，采用以电子计算机为核心的技术装备与指挥人员相结合，对部队和武器实施指挥与控制的"人-机"系统。它综合运用现代科学技术和设备，把指挥、控制、通信和情报紧密地联系在一起，形成一个多功能的统一系统。如C4ISR系统，它是军队实现指挥自动化的手段和工具。

【知识拓展】

C4ISR

（一）指挥自动化系统的特点

1. 能快速搜集、处理、传输情报

现代战争中，地面、机载、舰载、星载等探测器遍布全球，不分昼夜，时刻提供陆、海、空的各种军事情报，这些情报不仅信息量大，而且瞬息万变。军队指挥自动化系统能大量、准确、迅速地搜集、处理、传输情报。目标一旦进入荧光屏规定的某一区域,设备即自动跟踪目标,将目标的方位、距离、高度、速度、船身等数据传送到指挥中心,使指挥人员能立即掌握情况,确定对策。如海湾战争中,其信息量至少达上千万字,人力手工作业是无能为力的。

2."记忆"和计算能力强

军队指挥自动化系统能"记住"大量的数据,也就是把来自不同信息源的原始数据或经过处理的数据存于系统的计算机存储器中,如美军大西洋总部舰船航行监视中心的计算机中存有15 000艘舰船的各种数据。现代战争中,反导弹系统预警时间只有10分钟左右。在这样短的时间内,要从多个弹头中识别出真假弹头,算出真弹头的飞行轨道,分配和控制拦截武器进行拦截,没有自动化的指挥系统,是无法想象的。海湾战争中,伊军的"飞毛腿"导弹从发射、升空、离开大气层,到击中目标,飞行时间7分钟,而美军的"爱国者"导弹从"飞毛腿"导弹在入大气层时的尾焰中捕捉到信息,计算导弹的航路、速度、弹着点等,然后发射导弹拦截只用10秒左右。由此可见,"爱国者"导弹系统的信息收集、数据处理和计算能力是何等强大。

3.具有一定的逻辑判断能力

C4ISR系统的核心技术设备是电子计算机,它具有逻辑判断能力,可协助指挥人员拟订各种作战方案,模拟战斗过程,评价其效果,进行方案选择。既可将作战指挥的有关规则编成程序,预先存入计算机,当情况输入时,按规则处理并显示处理结果,供指挥人员参考选用;也可以由指挥人员根据作战任务和已知情况,拟订几个作战方案,同时拟订几个敌人可能采用的反击方案,输入计算机进行"推演",以便分析各个方案的优缺点,否定某些方案,完善某些方案,最后选定最佳方案。

(二)指挥自动化系统的组成与功能

一个完整的军队指挥自动化系统通常可分成若干个分系统,各分系统的组成也各不相同。从信息在C4ISR系统中的流程角度来看,C4ISR系统通常可看成是由信息收集分系统、信息传输分系统、信息处理分系统、信息显示分系统、决策监控分系统和执行分系统等6个分系统组成,这些分系统互相联系、互相配合,构成一个统一的整体。

1.信息收集分系统

信息收集分系统也称情报获取系统,主要由各种自动化侦察探测设备,如侦察卫星、侦察飞机、雷达、声呐、遥感器等所组成,能及时收集敌我双方的兵力部署、作战行动及战场地形、气象等情况,为指挥员提供适时准确的情报。

2.信息传递分系统

信息传递分系统主要由通信信道、交换设备和通信终端设备三部分组成。通信信道主要有短波、超短波、有线载波、微波接力、散射、卫星通信及光纤通信等;交换设备主要有电话自动交换机、电报和数据自动交换机等;通信终端设备主要包括电传机、传真机、汉字终端机和数字式电话机等。通常由这些设备组成具有各种功能的通信网,从而迅速、准确、保密和不间断地自动传输各种信息。

3.信息处理分系统

信息处理分系统包含用来进行信息处理的电子计算机及其输入输出设备。电子计算机是自动化指挥系统各种技术设备的核心,用来进行文字、图形和数据处理;输入输出设备除通用的磁盘机、磁带机、光电输入机、鼠标、触摸屏、键盘、打印机等外,还有多媒体系统中的视频、音频输入/输出设备,如扫描仪、CD-ROM光盘、数字录像机、话筒、激光唱盘等。该系统能对输入计算机的各种格式化信息自动进行综合、分类、存储、更新、检索、复制和计算等,并能进行军事运筹,协助指挥人员拟制作战方案,对各种方案进行模拟、比较、选优等。

4. 信息显示分系统

信息显示分系统主要由各类显示设备如大屏幕显示器、信号显示板、光学投影仪等组成。以文字、符号、表格以及图形图像等多种形式,为指挥员提供形象、直观、清晰的态势情报和战场实况,供指挥员直观地了解情况。

5. 决策监控分系统

决策监控分系统由辅助决策设备和监控设备组成,包括协助指挥员下定决心的人工智能电子计算机、各种功能的监控工作台以及地面、海上、空中、空间的监视系统等,有些系统则需指挥员或操作员进行决策监控,如作战指挥系统。

6. 执行分系统

执行分系统主要由自动把指令信息变成行动的执行设备和人员组成,如导弹武器系统的发射控制和制导装置、火炮的发射控制装置以及各种遥控设备和执行机构等。执行分系统与信息获取分系统具有反馈关系。执行分系统的当前情况可由信息获取分系统反馈给指挥员,从而进一步修订计划,更加有效地指导执行分系统的动作和行动。

军队自动化指挥系统是一个多功能系统,具有很强的渗透能力,目前已广泛应用于作战指挥、武器控制、情报处理、后勤保障及军队训练、科研、管理等军事领域的所有部门。从作战方面来讲,自动化指挥系统的主要功能是提高整个作战指挥的效能。具体来说,一是提高指挥质量,二是缩短反应时间。自动化指挥系统的效能主要反映在以下几个方面:快速收集与处理情报、执行高效率计算、拟订作战方案,准确判断"是"与"非"、自动进行作战指挥。

(三)指挥自动化系统的发展趋势

未来军队指挥自动化系统将在信息技术的牵引和支持下,朝着功能综合化、系统一体化、业务太空化、战场数字化、信息安全化、武器智能化的方向发展。指挥自动化系统的发展趋势是:数字化将继续推动军队指挥自动化系统建设;武器平台和单兵的指挥自动化系统将大量装备部队;战场监视与侦察设备将快速发展(如有人和无人驾驶侦察机、侦察卫星、微型侦察器等);军队指挥自动化系统将从多军互通走向多国互通(如伊拉克战争的多国部队);军队指挥自动化系统的安全将面临新的威胁(如黑客入侵、欺骗干扰、病毒战、网络战等)。

第四节 信息化杀伤武器

一、新概念武器

新概念武器主要是指在工作原理、结构、功能和杀伤破坏机制上与传统武器不同的新型武器。目前,最具代表性的新型武器有高能激光武器、粒子束武器、基因武器、动能武器、军用机器人与军用人工智能车辆、非致命武器等。

1. 高能激光武器

高能激光武器又叫强激光武器或激光炮。它是利用高能激光束摧毁飞机、导弹、卫星等目标或使之失效的定向能武器。

高能激光武器的杀伤破坏效应主要是烧蚀效应、微波效应和辐射效应。与常规武器相比，高能激光武器具有速度快、机动灵活、精度高、无污染、效费比高、不受电磁干扰等特点。高能激光武器按用途可分为战术激光武器和战略激光武器；按部署方式可分为天基激光武器、地基激光武器、机载激光武器和车载激光武器等。

对抗高能激光武器的常用措施有以下几种：破坏敌方的激光装置，使其不能正常发挥作用；在飞机、导弹、卫星上采取相应的防御激光武器的抗激光加固和对抗措施；利用不良气象和烟幕等简易方法对抗激光武器。

2. 粒子束武器

粒子束武器是利用高能加速器产生并发射的高能粒子束杀伤目标的武器。它的基本原理是用高能强流粒子加速器，将注入其中的电子、质子以及各种重离子一类的带电粒子加速到相对论速度（接近光速），使其具有极高的动能，然后用磁场将它们聚集成密集的高能束流，并直接（或去掉电荷后）射向目标，利用这些高能粒子束把大量的能量在极短时间内传递给目标，通过它们与目标物质发生强相互作用，从而达到杀伤、摧毁目标的目的。粒子束武器主要有三种破坏作用：一是使目标物质结构材料汽化或融化；二是提前引爆目标中的引爆炸药或破坏目标中的热核材料；三是使目标的电路被破坏、电子装置失灵。

根据美国的研究结果，粒子束武器在高技术战争中主要用来识别和拦截洲际导弹。这是因为，现代洲际导弹在飞行中段除了释放弹头之外，还释放出大量的诱饵假弹头，只有中性粒子才能有效地对真假弹头进行识别。由此可见，粒子束武器是识别和拦截洲际导弹的最佳选择。

3. 基因武器

20 世纪 70 年代以来，由于分子生物学和细胞生物学迅速发展，现代生物技术异军突起，如今发展成为高技术群体中一朵绚丽的奇葩。生物技术具有鲜明的军民两用性，正在对社会的发展产生重大影响，并将成为 21 世纪的主导技术。而生物技术在军事领域的应用不仅为大幅度地提高部队的作战能力和生存能力开辟了新的途径，同时也使得一种前所未有的武器——基因武器得以问世。

基因武器也称为遗传工程武器，就是运用遗传工程这一新技术，按人们的需要通过基因重组，人为地改变一些致病微生物的遗传基因，培育出新的危害性更大的生物战剂。利用遗传工程制造新的生物战剂，也就是往微生物体内转移一些有害的基因，如接入能够对抗普通疫苗或药物的基因，或在一些本来不会致病的微生物体内接入致病基因，从而拼凑成更凶恶的"瘟神"。例如，把生物战剂中"致病力强的基因"转移，制造出致病力更强的新战剂；或把"耐药性基因"转移，制造出更耐药的新战剂；如果把几种有害的基因一起转移，就会制造出危害性更大的生物战剂。

基因武器利用了基因重组技术，来改变非致病微生物的遗传物质，以产生具有显著抗药性的致病菌，并利用人种特殊化特征上的差异，使这种致病菌只对特定遗传特征的人们产生致病作用，以达到有选择地杀死敌方有生力量的目的，从而克服普通生物武器在杀伤区域上无法控制的缺点。因此，基因武器是现代生物技术制造出的新型生物武器。

与其他武器系统相比，基因武器具有它们所不能具备的特殊性能。一是成本低廉、制造容易、杀伤力大。花费 5000 万美元建立一个基因武器库，其杀伤力远远超过花费 50 亿美元建起的核武器库。据报道，苏联曾研制出一种基因武器，只需 20 毫克就足以令全球 50 亿人口死于一旦。二是使用方法简单多样。可用人工、飞机、导弹或火炮，把经过遗传工程改造过的细菌、细菌昆虫和带有致病基因的微生物投到他国主要河流、城市或交通要道。三是基因武器不易被发现,并且难以防治。因为只有制造者才知道经过改造的病毒的遗传密码,他人是很难破解或控制的。同时,基因武器的作用过程是在秘密之中进行的,人们一般不能提前发现并采取有效的防护措施,而当觉察到伤害时,人已经中了基因武器的病毒。这一点正是基因武器与其他生物武器、化学武器的区别。

正是因为这些特殊的优点,一些好战分子把基因武器视为一种理想的"超级杀手"。虽然许多生物学家都极力反对基因武器,但少数国家仍在积极进行研究和试验。可以预计,一旦基因武器运用于战争,将使未来战争的情况发生巨大的变化。

4. 动能武器

它是一种很有应用前途的新概念武器,它能发射出以 5 倍音速以上速度运动的、具有极大动能的弹丸,通过与目标直接碰撞而将其摧毁。问世于 1982 年的电磁炮就是典型的一种动能武器。它利用电磁力来加速弹丸并以极高速度的弹丸去撞击和摧毁目标。电磁炮的弹丸可以是金属球或塑料球,都是靠自身高速运动所产生的巨大动能去杀伤目标,而不是像普通弹头或核弹头那样去靠爆炸力摧毁目标,因而被喻为"没有火药的怪炮"。其攻击性能令常规火炮望尘莫及。试验表明,将一颗 10~1000 克的电磁炮弹丸加速到每秒钟 3~20 千米时,可以拦截导弹,也可以摧毁人造卫星。一颗 50 克重、速度为每秒钟 3 千米的电磁炮弹丸,可以穿透 25 厘米厚的装甲。

5. 军用机器人与军用人工智能车辆

1) 军用机器人

机器人是具有人的某些功能的机器。自 20 世纪 60 年代第一台实用机器人问世以来,世界上已有上百万台机器人,而且还在以每年 35% 的速度增加。这些机器人,大多数是自动机械作业手之类的工业机器人,真正外形像人并具有人的部分功能和工作能力的机器人还在进一步研制和完善之中。最早将机器人技术用于军事是在 20 世纪 60 年代的越南战场上,当时美国使用夜视机器人站岗,以防越军在夜晚偷袭。自那以后,军用机器人技术获得了重大进展,一些国家已研制并试验了能完成战场上某些危险的、笨重的战斗保障任务的多种机器人,如侦察机器人、警戒机器人、弹药装填机器人、消除核生化武器污染的"三防"机器人等;但由于技术上还不成熟,这些机器人大都未能真正在部队投入使用。不过,理论和试验已证明,军用机器人(见图 5-10)具有超人的效能,以战斗机器人(所谓机器人步兵)为代表的军用机器人在未来的高技术战争舞台上必将发挥不可忽视的作用。

图 5-10　军用机器人

2)军用人工智能车辆

从原理上来讲,军用人工智能车辆也就是军用机器人,只是其行走不是依靠关节而是车轮,因而其运动速度比军用机器人要快得多。美国在 21 世纪初制造并装备部队的人工智能车辆中,最有代表性的当数"徘徊者"轮式无人车辆。它有 3 个系列,即用于侦察的遥控式 50 系列、用于巡逻和警戒的自主式 60 系列和用于反装甲和防空的自主式 70 系列。这些无人车辆均具有"人—机"系统的功能。

6.非致命武器

非致命武器是指为达到使人员或装备失能,并使附带破坏最小化而专门设计的武器系统。按用途化分,非致命武器可分为反装备和反人员两大类。由于化学武器能够大规模造成人员伤亡,所以在使用上会受到限制。在这种情况下,以美国为首的西方发达国家开始研制非致命反装备或反人员化学战剂武器。这种武器主要是利用特制的化学制剂的某种特殊的物理、化学性能而使武器装备不能使用,使人员暂时失去战斗力。目前,正在研制的反装备化学战剂武器主要有强力黏结剂(武器)、特种润滑油(武器)、超级腐蚀剂(武器)、全息致脱剂(武器)、改型燃烧剂(武器)、人员失能剂(武器)等。这些武器与其他非致命武器结合起来使用,可以对付各类装备或作战人员,达到特定的作战目的。

二、精确制导武器

精确制导技术是以高性能光电探测器为基础,采用目标识别、成像跟踪、相关跟踪等新方法,控制和导引武器准确地命中目标的技术。它是精确制导武器系统的关键技术。精确制导武器的本质特点是命中精度高,例如,能在 10 千米以外发射并击中坦克的顶盖;能够把弹头打到几十千米、上百千米以外,追踪并有效地杀伤来袭的空中目标;能够在上千千米以外发射并最终击中目标,而误差不超过 10 米。

【知识拓展】

北斗导航

精确制导武器主要包括导弹和精确制导弹药两大类。精确制导弹药是末端制导弹药和末端敏感弹药的总称。末端制导弹药主要有制导炮弹、制导炸弹、制导地雷、制导水雷、制导鱼雷等;末端敏感弹药主要有反装甲反集群目标子弹药等。精确制导弹药多数无飞行动力装置,但有的也有动力装置,如制导地雷、制导水雷、制导鱼雷等。

导弹是一种携带战斗部,依靠自身动力装置推进,由制导系统导引、控制飞行轨迹,导向目标并摧毁目标的飞行器。

1.战略弹道导弹

战略弹道导弹是具有较大射程(一般超过 500 千米)、可携带核弹头用来攻击和威慑敌方战略目标的一类导弹。其对象是对国家生存和战争胜败有重大意义的目标,如政治经济中心、指挥控制中心、预警系统、机场、港口、核电站和大型发电站、大型水坝等。美国的"民兵"、俄罗斯的"白杨-M"等均属战略弹道导弹。

2.战术弹道导弹

战术弹道导弹是用于支援战场作战、压制和消灭敌方战役战术纵深目标的近、中程弹道导弹。它通常装备常规弹头，也可装备低当量核弹头，一般从机动发射车上垂直发射或倾斜发射。战术弹道导弹攻击的主要目标有指挥所、通信中心、军队集结地、装甲编队机械化部队、导弹部队、前沿机场、防空阵地、加油库和桥梁等。美国的"陆军战术导弹系统"、俄罗斯的"伊斯坎德尔""飞毛腿"等均是战术弹道导弹。

3. 巡航导弹

巡航导弹是一种在大气中飞行，外形类似飞机的导弹。在加速后，主发动机的推力与阻力平衡，弹翼的升力与重力平衡，大部分时间处于近乎等高恒速巡航飞行状态。巡航导弹可分为核巡航导弹和常规巡航导弹。核巡航导弹由战略轰炸机或潜艇发射，其发射平台具有机动范围广、隐蔽性能好的特点，在遭受核打击的情况下，具有较高的生存能力，是实施第二次核打击的重要威慑力量。常规巡航导弹主要执行的作战任务包括远距离精确打击、进攻型防御作战、海上作战和空袭支援等。美国的"鱼叉""战斧"、俄罗斯的"日炙""天王星"、法国的"飞鱼"等都属于巡航导弹。

4. 防空、反导导弹

防空、反导导弹是指由地面或舰船发射，拦截空中目标的导弹，也称为面空导弹。防空导弹可以拦截攻击机、武装直升机、无人机、巡航导弹、空地导弹、反辐射导弹和战术弹道导弹等多种不同飞行高度的空中目标。美国的"爱国者"、俄罗斯的"道尔"、英国的"长剑"等。

5. 反舰、反潜导弹

反舰、反潜导弹是打击水面舰船和潜艇的各类导弹的总称，是对海作战的主要武器。反舰导弹用于攻击大到航空母舰、小到快艇等各类水面舰船；反潜导弹用于攻击战略导弹核潜艇、攻击型潜艇，以及为航空母舰编队护航、巡逻用的潜艇等水下目标。反舰、反潜导弹是临海国家的主要制海和反潜武器。美国的"鱼叉""战斧"、俄罗斯的"海难""日炙""宝石"、英国的"海鹰"、意大利的"玛特"等都是反舰导弹；美国的"萨布洛克"、俄罗斯的"牡马"、法国的"玛拉丰"、意大利的"米拉斯"等都是反潜导弹。

6. 空空导弹

空空导弹是从空中平台发射、攻击空中目标的导弹。美国的"不死鸟""响尾蛇""阿姆拉姆"、俄罗斯的"射手""蚜虫"、以色列的"怪蛇"等都是空空导弹。

7. 空地导弹

空地导弹是一个很大的范畴，是指从空中平台发射，对敌方地面、水面、地下、水下目标实施攻击的导弹。它是现代战略轰炸机、战斗轰炸机、攻击机、武装直升机和反潜巡逻机等的主要攻击武器。美国的"小牛""瞪眼""哈姆"系列导弹等都属于空地导弹。

通用型战术空地导弹用途比较广泛，可以执行各种对地攻击任务；专用型战术空地导弹一般用来攻击特定的目标，如空地反辐射导弹等。

反辐射导弹又称为反雷达导弹，是指利用敌方雷达的电磁辐射进行导引，从而摧毁敌方雷达传感器载体的导弹。在电子对抗中，空地反辐射导弹犹如高悬蓝天的猎鹰，时刻在寻找和分辨敌方的地面雷达。一旦发现目标，反辐射导弹立刻锁定目标的位置和辐射参数，并飞向目标实施攻击。当今数一数二的空地反辐射导弹当推美国的"哈姆"（AGM-88）。反辐射导弹在现代战争中发挥了巨大作用，是电子战中的一种硬杀伤手段，因而也通常被归结为电子战武器。

8. 反坦克导弹

反坦克导弹从20世纪50年代中期开始投入使用，主要用于击毁坦克和其他装甲目标。除了可以攻击装甲目标外，反坦克导弹还可以攻击敌方碉堡、掩体等多种目标。由于精度高、威力大、使用灵活,反坦克导弹迅速成为许多国家反装甲武器队伍中的一支生力军。典型的反坦克导弹有美国的"陶"式导弹、"地狱火""标枪",俄罗斯的"螺旋""短号",英国、法国、德国联合研制的"崔格特",意大利的"麦夫"等。

三、核生化武器装备

核生化武器是核武器、生物武器和化学武器的总称,是大规模毁伤性武器。

1. 核武器

核武器是利用能自持进行的原子核裂变或聚变反应瞬时释放的能量,产生爆炸作用并具有大规模杀伤破坏效应武器的总称。其中,利用铀235或钚239等重原子核的裂变链式或裂变反应原理制成的核武器,叫裂变武器,通常称作原子弹;利用重氢、超重氢等轻原子核的热核聚变反应原理制成的核武器,叫聚变武器或热核武器,通常称作氢弹。此外,还有交错运用上述两种核反应原理制成的特殊性能的核武器。核武器林林总总,类型很多,但就其设计原理来说,都是以裂变和聚变反应为基础的,均可归属到裂变武器和聚变武器的范畴中去。

核反应与化学反应不同。后者只是各个原子间的组合状态起了变化,原子核没有变化;而前者是使原子核发生变化,参与反应的原子核都转变成了其他原子核。因此,核武器的威力远比只装化学炸药的常规武器要大得多。如首次核试验爆炸的原子弹,其释放的能量相当于2万吨TNT炸药爆炸的能量,它将身下30多米高的钢塔熔如稀泥,将方圆800多米的沙石熔成黄绿色玻璃体,使半径在1600米内的一切生灵化为灰烬。核武器在地面以上爆炸时,可产生光辐射、冲击波、早期核辐射、核电子脉冲、放射性沾染等多种杀伤破坏效应,这是常规武器所无法比拟的。

核武器有空中、地(水)面、地(水)下和高空等多种爆炸方式。其杀伤破坏效应因爆炸方式的不同而有很大的区别。空中爆炸可杀伤暴露和隐蔽在野战工事内的有生力量,摧毁地面和浅地下目标;地面爆炸可杀伤工事内的人员和摧毁地面坚固的或浅层地下较坚固的目标;地下爆炸可摧毁地下爆心近处坚固的重要工程设施;高空爆炸可摧毁一定范围内的卫星、来袭导弹,破坏指挥控制通信系统。

核武器的类型从不同的角度来划分,有不同的分类方法:依据核装置的原理结构,可分为原子弹、氢弹和特殊性能核弹,如中子弹、冲击波弹;按照不同的投射系统,可分为核导弹、核航空炸弹、核深水炸弹、核鱼雷、核地雷等;从作战用途来划分,可分为战略武器和战术核武器;根据威力的大小,可分为高威力、中等威力和低威力核武器。

2. 生物武器

生物武器,就是由生物制剂和施放装置组成的一种大规模杀伤性武器。它能在敌军中散播瘟疫,从而有效地摧毁敌人的战斗力,并能保持工业及社会财富的相对完整性。生物武器只能伤害人畜或植物,对无生命的生产资料、建筑物、武器装备等没有影响,所以利用生物武器摧毁被侵略地区的军事和经济力量,实现军事目的是一种有效而方便的手段。

当前生物战剂主要有细菌、立克次体、衣原体、真菌和病毒,还有由细菌或真菌产生的毒素。病毒可能是更有效的武器,因为大多数细菌感染都可以被抗生素和药物所控制,而病毒则一般无药可用。病毒可以以气溶胶的形式在空气中传播从而感染范围更广,且比食物、水、昆虫或鼠类传播更难控制。在基因工程技术高度发展的今天,这种武器的价格比较便宜,用人工方法制造出像艾滋病毒一样的无法对付的病原,或者将各种抗药性基因集中到某种特定的病原菌体内并非不可能。

生物战使用的致病微生物要求是传染性强,在适合条件下短时间即能引起瘟疫,而且作用范围很大。例如用一架飞机运载生物战剂造成的杀伤面积可以达到3000平方千米以上。生物战剂一方面可以迅速起作用且严重致病,另一方面作用的持续时间可以很长,例如能形成芽孢的细菌或真菌的孢子可以存活数年到数十年,有些病毒甚至可以在媒介动物体内长期保存,造成瘟疫的根据地。

当然,生物武器也有缺点,首先是必须在使用前让自己的队伍能够获得免疫能力,而这一点是非常难的,尤其是不利于保守机密。同时使用时对自然条件要求很高,大风、强烈日光或暴雨可能使生物武器完全失效。

3. 化学武器

化学武器是以毒剂杀伤有生力量的各种武器、器材的总称,是一种威力较大的杀伤武器。其作用是将毒剂分散成蒸汽、液滴、气溶胶或粉末状态,使空气、地面、水源和物体染毒,以杀伤和迟滞敌军行动。按毒剂的分散方式,化学武器可分为爆炸分散型、热分散型和布散型。

化学武器的特点是杀伤途径多,通过呼吸道吸入、皮肤渗透、误食染毒食品等多种途径使人员中毒;持续时间长,毒剂污染地面和物品,毒害作用可持续几小时至几天,有的甚至达数周;其缺点是受气象、地形条件影响较大。

能力训练

1. 什么是信息化装备?
2. 信息化装备的发展趋势是怎样的?
3. 谈谈对指挥控制系统的认识?
4. 新概念武器有哪些?

下篇
军事技能篇

DAXUESHENG
JUNSHIKE JIAOCHENG

第六章　共同条令教育与训练

📖 本章导读

条令条例是全军队列训练和队列生活的依据。学习和贯彻共同条令,对继承和发扬我军优良传统,加速军队革命化、现代化、正规化建设,提高部队战斗力具有重要的意义。

本章介绍《中国人民解放军内务条令(试行)》《中国人民解放军纪律条令(试行)》和《中国人民解放军队列条令(试行)》。

📖 学习目标

了解中国人民解放军三大条令的主要内容,掌握队列动作的基本要领,养成良好的军事素养,增强组织纪律观念,培养学生令行禁止、团结奋进、顽强拼搏的过硬作风。

第一节　《中国人民解放军内务条令（试行）》

2018年4月,中央军委主席习近平签署命令,发布新修订的《中国人民解放军内务条令(试行)》,自2018年5月1日起施行。

一、军人宣誓

(1)中国人民解放军军人,是在中国人民解放军服现役的中华人民共和国公民。

(2)军人宣誓,是军人对自己肩负的神圣职责和光荣使命的承诺和保证。军人誓词是:

我是中国人民解放军军人,我宣誓:

服从中国共产党的领导,全心全意为人民服务,服从命令,忠于职守,严守纪律,保守秘密,英勇顽强,不怕牺牲,苦练杀敌本领,时刻准备战斗,绝不叛离军队,誓死保卫祖国。

(3)公民入伍后,必须进行军人宣誓,宣誓的基本要求:

①宣誓时间不迟于入伍(入校)后90日。

②宣誓前,部(分)队首长应当对宣誓人进行中国人民解放军性质、宗旨、任务和军人使命等教育。

③宣誓必须庄重严肃,着装整齐;宣誓地点通常选择在具有教育意义的场所;旅(团)级以上单位组织宣誓时,通常举行迎军旗和送军旗仪式。

④宣誓可以结合授衔、授装进行。

⑤宣誓结束后,宣誓人应当在所在单位的宣誓名册上签名;宣誓名册按照规定存档。

(4)军人宣誓大会的程序通常是:

①宣誓大会开始。

②奏唱军歌。

③主持人讲话(简要说明宣誓的意义,讲解誓词的基本精神)。

④宣读誓词(宣誓人立正,右手握拳上举,由预先指定的一名宣誓人在队前逐句领读誓词,其他人高声复诵)。

⑤宣誓人代表讲话。

⑥其他代表致辞。

⑦首长讲话。

⑧奏唱《三大纪律八项注意》歌。

⑨宣誓大会结束。

宣誓时,若举行迎、送军旗仪式,迎军旗在宣誓大会开始后进行,送军旗在宣誓大会结束前进行;若结合授衔、授装进行,应当先授衔、授装,后宣读誓词。

(5)部(分)队组织战前动员、授装、纪念等活动,可以组织宣誓。宣誓的要求、程序和誓词内容,由旅(团)级以上单位根据任务、环境、人员等确定。

(6)军人退出现役前,士兵通常集体举行向军旗告别仪式;军官可以举行向军旗告别仪式。举行向军旗告别仪式通常与宣布退役命令一并进行,其基本要求和程序参照本条令第十四条、第十五条的规定执行。

(7)举行军人宣誓和向军旗告别仪式时,应当将军旗置于显著位置;没有授予军旗的单位可以使用军徽。

二、士兵职责

(1)中国人民解放军义务兵的基本职责:

①努力学习马克思列宁主义、毛泽东思想、邓小平理论、"三个代表"重要思想、科学发展观、习近平新时代中国特色社会主义思想,贯彻党的路线、方针、政策,遵守国家的法律法规,执行军队的法规制度。

②服从命令,听从指挥,英勇顽强,不怕牺牲,坚决完成任务。

③刻苦训练,熟练掌握军事技能,努力提高打仗本领。

④熟练操作使用和认真维护武器装备,使其经常保持良好状态。

⑤严守纪律,服从管理,尊重领导,团结同志,爱护集体荣誉,维护良好形象。

⑥艰苦奋斗,厉行节约,爱护公物。

⑦积极学习科学技术和文化知识,提高科学文化素养。

⑧落实安全要求,严格保守国家和军队的秘密。

(2)中国人民解放军士官除履行义务兵的基本职责外,还应当履行以下基本职责:

①刻苦钻研专业技术,精通本职业务。

②勇挑重担,以身作则,积极发挥骨干作用。

③协助军官做好思想政治工作和行政管理工作。

④尊重领导,团结同志,积极发挥纽带作用。

(3)士兵的专业职责,由有关法规规定。

(4)从地方普通中学毕业生和部队士兵中招收的军队院校学员,按照本条令第十九条(中国人民解放军义务兵的基本职责)的规定履行职责。

三、军官职责

(1)中国人民解放军军官的基本职责：

①深入学习马克思列宁主义、毛泽东思想、邓小平理论、"三个代表"重要思想、科学发展观、习近平新时代中国特色社会主义思想，贯彻党的路线、方针、政策，遵守国家的法律法规，执行军队的法规制度。

②服从命令，听从指挥，身先士卒，冲锋在前。

③精通本职业务，掌握打仗本领，坚决完成各项任务。

④熟练掌握和认真管理所配备的装备，使其保持良好状态。

⑤忠诚勇敢，敢于担当，清正廉洁。

⑥爱护士兵，尊重下级，团结同志，自觉接受教育、管理和监督，处处做好表率。

⑦拥政爱民，维护军队良好形象。

⑧带头落实安全要求，严格保守国家和军队的秘密，防范事故、案件。

中国人民解放军文职干部按照以上规定履行职责。

(2)军官(文职干部)的专业职责，由有关法规规定。

四、军队内部的礼节

(1)军人必须有礼节，体现军人的文明素养，促进军队内部的团结友爱和互相尊重。

(2)军人敬礼分为举手礼、注目礼和举枪礼。着军服时，通常行举手礼。携带武器装备或者因伤病残不便行举手礼时，行注目礼。举枪礼仅限于执行阅兵和仪仗任务时使用。

(3)军人之间通常称职务，或者姓加职务，或者职务加同志。首长和上级对部属和下级以及同级间的称呼，可以称姓名或者姓名加同志；下级对上级，可以称首长或者首长加同志。在公共场所和不知道对方职务时，可以称军衔加同志或者同志。

军人听到首长和上级呼唤自己时，应当立即答"到"。回答首长问话时，应当自行立正。领受首长口述命令、指示后，应当回答"是"。

(4)军人在下列时机和场合的礼节：

①每日第一次遇见首长或者上级或者军衔比自己高的同志时，应当敬礼，对方应当还礼。

②军人进见首长时，在进入首长室内前，应当敲门并喊"报告"，得到允许后方可以进入并向首长敬礼；进入同级或者其他人员室内前，应当敲门，经允许后方可以进入。

③同级因事接触时，通常互相敬礼。

④在室内，首长或者上级来到时，通常自行起立。

⑤参加集体活动被介绍时，应当敬礼。

⑥营门卫兵对出入营门的分队、首长和上级应当敬礼，分队带队指挥员、首长和上级应当还礼。

⑦卫兵交接班时，应当互相敬礼。

⑧军人受上级首长接见时，应当向首长敬礼，问候"首长好"。

⑨上级首长到下级单位检查工作离开时，送行人员应当敬礼，上级首长应当还礼。

⑩军人登离悬挂军旗的舰艇时，应当在码头舷梯(跳板)口附近，面向军旗立正、敬礼；数艘舰艇并靠时，只在登上第一艘舰艇前和离开最后一艘舰艇后，向军旗敬礼；登离悬挂满旗(代满旗)的舰艇时，应当向悬挂在舰艇主桅的国旗敬礼。

(5)军人不敬礼的时机和场合：

①在实验室、机房、厨房、病房、诊室等处工作时。
②正在操作武器装备和位于射击、驾驶位置时。
③进行文体活动和体力劳动时。
④乘坐交通工具、电梯时。
⑤在浴室、理发室、餐厅、商店、洗手间时。
⑥着便服时。
⑦其他不便于敬礼的时机和场合。

(6) 分队在下列时机和场合的礼节：

①分队在行进间相遇，由带队指挥员互相敬礼；遇见首长和上级，由带队指挥员敬礼。

②分队在停止间，当上级首长来到时，带队指挥员向分队发出"立正"口令，尔后向首长敬礼和报告；当上级首长两人以上到场时，应当向职务最高的首长敬礼和报告；当职务相当的首长先有一人在场，对后到的首长只由本分队在场职务最高者向其敬礼和报告。

③未列队的分队，不论在室内室外，当上级首长来到时，由在场职务最高者或者先见者发出"立正"口令（当人员处于坐姿时，应当先发出"起立"口令），并由在场职务最高者向首长敬礼和报告。

④分队登离悬挂军旗的舰艇时，所有人员依次向军旗敬礼；登离悬挂满旗（代满旗）的舰艇时，所有人员依次向悬挂在舰艇主桅的国旗敬礼。

(7) 分队在下列不便于敬礼并报告的时机和场合遇见首长时，只由在场职务最高者向首长敬礼：

①就餐、文体活动和体力劳动时；
②演习、实弹射击中和行军休息时；
③在修理间、停机坪（机库）、船坞（码头）、车场、炮场、机械场、发射场等处进行作业时；
④其他不便于敬礼并报告的时机和场合。

五、仪容

(1) 军人应当军容严整，遵守下列规定：

①着军服在营区外以及在室内携带武器时，应当戴军帽；着军服在室（户）外通常戴军帽，不戴军帽的时机和场合由旅（团）级以上单位确定；戴作训帽、大檐帽（卷檐帽）、夏常服帽时，帽檐前缘与眉同高；戴冬帽时，护脑下缘距眉约 1.5 厘米；水兵帽稍向右倾，帽墙下缘距右眉约 1.5 厘米，距左眉约 3 厘米；军官大檐帽饰带应当并拢，并保持水平；士兵大檐帽风带不用时应当拉紧并保持水平；大檐帽（卷檐帽）、水兵帽松紧带不使用时，不得露于帽外。

②除军人宣誓仪式、晋升（授予）军衔仪式、授旗仪式等重要集体活动和卫兵执勤外，着军服进入室内通常自行脱帽，按照规定放置，组织其他集体活动时可以统一脱帽；驾驶和乘坐车辆时，可以脱帽；因其他特殊情况不适宜脱帽时，由在场最高首长临时确定。

③着军服时应当穿军鞋、穿制式袜子；在实验室、重要洞库等特殊场所，可以统一穿具有防尘、防静电等功能的工作用鞋（袜）；不得赤脚穿鞋。

④着军服时应当按照规定扣好衣扣，不得挽袖（着夏作训服时除外），不得披衣、敞怀、卷裤腿。

⑤军服内着毛衣、绒衣、绒背心、棉衣时，下摆不得外露；着衬衣（内衣）时，下摆扎于裤内；内着非制式衣服的不得外露；

⑥不得将军服外衣与便服外衣混穿。
⑦不得将摘下标志服饰的军服作便服穿着。
⑧不得着印有不文明图案、文字的便服;不得衣冠不整、穿着暴露、袒胸露背进入办公场所。
⑨不得着自制、仿制的军服。
⑩着军服时不得骑乘非军用摩托车。

(2)军人非因公外出可以着军服,也可以着便服。女军人怀孕期间和给养员外出采购时,可以着便服。

(3)军人头发应当整洁。军人发型应当在规定的发型示例中选择(生理原因或者医疗需要除外),不得蓄留怪异发型。男军人不得蓄胡须,鬓角发际不得超过耳郭内线的1/2,蓄发(戴假发)不得露于帽外,帽墙下发长不得超过1.5厘米;女军人发辫不得过肩。军人染发只准染与本人原发色一致的颜色。

(4)军人服役期间不得文身。着军服时,不得化浓妆,不得留长指甲和染指甲;不得围非制式围巾,不得戴非制式手套,不得在外露的腰带上系挂钥匙和饰物等,不得戴耳环、项链、领饰、戒指、手镯(链、串)、装饰性头饰等首饰;不得在非雨雪天打伞,打伞时应当使用黑色雨伞,通常左手持伞;除工作需要和眼疾外,不得戴有色眼镜。

(5)军人着军服佩带国家和军队统一颁发的徽章以及特殊的识别标志时,应当遵守下列规定:
①参加重大庆典活动,可以在军服胸前适当位置佩带勋章、奖章、荣誉章、纪念章。
②参加重要会议、重大演习和其他重要活动,可以按照要求佩带专用识别标志。
③从地方普通中学毕业生和部队士兵中招收的军队院校学员,可以佩带院(校)徽。
④营区出入证只限于出入本营区时出示,不得佩戴在军服上。

六、举止

(1)军人必须举止端正,谈吐文明,军语标准,精神振作,姿态良好。不得袖手、背手和将手插入衣袋,不得边走边吸烟、吃东西、扇扇子,不得搭肩挽臂。

(2)军人参加集会、晚会,必须按照规定的时间和顺序入场,按照指定的位置就座,遵守会场秩序,不得迟到早退。散会时,依次退场。

(3)军人外出,必须遵守公共秩序和交通规则,遵守社会公德,举止文明,自觉维护军队的声誉。不得猬集街头、嬉笑打闹和喧哗。乘坐公共交通工具时,主动给老人、幼童、孕妇和伤、病、残人员让座。与他人发生纠纷时,应当依法处理。

(4)军人遇到人民群众生命财产受到严重威胁时,应当见义勇为,积极救助。

(5)军人不得赌博、打架斗殴,不得参加迷信活动。

(6)军人不得酗酒,不得违规喝酒,不得酒后驾驶机动车辆、舰(船)艇、飞机以及操作武器装备。

(7)军人不得参加宗教组织和宗教活动,不得围观和参与社会游行、示威、静坐等活动,不得传抄、张贴、私藏非法印刷品,不得组织和参与串联、集体上访。

军人在网络购物、邮寄物品、使用共享交通工具等需要填写单位、身份等信息时,不得涉及部队番号和其他军事秘密。

(8)军人不得购买、传看渲染色情、暴力、迷信和低级庸俗的书刊、图片以及音(视)频,不得购买、私存、携带管制刀具、仿真枪等违禁物品。

(9)军人在公共场所和其他禁止吸烟的场所不得吸烟。

(10)军队文艺工作者扮演我军官兵,军人给报纸、杂志等提供军人肖像,着军服主持节目、参加访谈,必须严格执行军容风纪的规定,维护军队和军人形象。

(11)军人不得摆摊设点,不得以军人的名义、肖像做商业广告。

七、基层单位一日生活

1.起床

听到起床号(信号)后,全体人员立即起床(值班员应当提前10分钟起床),按照规定着装,迅速做好出操准备。

各类值班(值日)人员按照规定认真履行职责;卫生员检查各班、排有无病号,对患病者根据情况处理。

因集体活动超过熄灯时间1小时的,部(分)队首长可以确定推迟次日起床时间。

2.早操

除休息日和节假日外,连队(队、站、室、所、库)通常每日出早操,每次时间通常为30分钟,主要进行体能训练或者队列训练。除担任公差、勤务的人员和经医务人员建议并经连队(队、站、室、所、库)首长批准休息的伤病员外,所有人员都应当参加早操。

听到出操号(信号)后,全体人员迅速集合,检查着装和携带的武器装备,跑步带到集合场,向值班员报告。值班员整理队伍,清查人数,向连队(队、站、室、所、库)首长报告,由首长或者值班员带队出操。

结合早操,每半月至少进行1次着装、仪容和个人卫生的检查,每次不超过10分钟。

营级单位每季度、旅(团)级单位每半年组织1次会操。

驻城市部队不得到营区外出早操;出早操时,应当避免影响营区周围居民休息。

3.整理内务和洗漱

早操后,整理内务、清扫室内外和洗漱,时间不超过30分钟。连队(队、站、室、所、库)值班员检查内务卫生。

连队(队、站、室、所、库)首长每周组织1次内务卫生检查。

4.开饭

按照规定时间准时开饭。就餐时间通常不超过30分钟。

听到开饭号(信号)后,列队带到食堂门前,整队后依次进入。

就餐时保持肃静,餐毕自行离开。

休息日和节假日坚持3餐制。

5.操课

操课前,根据课目内容做好准备。听到操课号(信号)后,迅速集合整队,清查人数,检查着装和装备、器材,带到课堂(训练场、作业场)。

操课中,按照计划要求周密组织,认真听讲,精心操作,遵守课堂(训练场、作业场)纪律,严防事故。

课间休息(操课通常每小时休息10分钟,野外作业和实弹射击时根据情况确定休息时间),由值班员发出休息信号;休息完毕,发出继续操课信号。

操课结束后,检查装备,清理现场,集合整队,进行讲评。

操课往返途中应当队列整齐,歌声嘹亮。

6. 午睡(午休)

听到午睡号(信号)后,除执勤和经批准执行其他任务的人员外均应当卧床休息,保持肃静,不得进行其他活动,值班员检查人员午睡情况。午休时间由个人支配,但不得私自外出,不得影响他人休息。

7. 课外活动

晚饭后的课外活动时间,每周除个人支配2~3次外(人员不得随意外出),其余由连队(队、站、室、所、库)安排。

8. 点名

连队(队、站、室、所、库)通常每日点名,休息日和节假日必须点名。点名由1名连队(队、站、室、所、库)首长实施。每次点名不得超过15分钟。

点名通常以连队(队、站、室、所、库)为单位于就寝前或者其他时间列队进行。点名的内容通常包括清点人员、生活讲评、宣布次日工作或者传达命令、指示等。

点名前,连队(队、站、室、所、库)首长应当商定内容;由值班员发出点名信号并迅速集合全体人员,整队,清查人数,整理着装,向连队(队、站、室、所、库)首长报告。

唱名清点人员时,可以清点全体人员,也可以清点部分人员。

如以排为单位点名,连队(队、站、室、所、库)首长和值班员应当进行督促检查。

9. 就寝

连队(队、站、室、所、库)值班员在熄灯号(信号)前10分钟,发出准备就寝信号,督促全体人员做好就寝准备。就寝人员应当放置好衣物装具,听到熄灯号(信号)立即熄灯就寝,保持肃静。

休息日和节假日的前一日可以推迟就寝,时间通常不超过1小时。

休息日和节假日可以推迟30分钟起床。起床后,整理内务,清扫室内外和洗漱。早饭后至晚饭前,主要用于整理个人卫生,处理个人事情。

舰(船)艇、飞行大队(营)的一日生活,按照有关规定执行。

院校学员队的一日生活,参照本条令关于连队(队、站、室、所、库)一日生活的规定执行。

担负演习、野外驻训、工程施工、非战争军事行动等在外执行任务部(分)队的一日生活,由带队首长确定。

八、内务设置

(1)内务设置应当利于战备,方便工作、学习、生活,因地制宜,整齐划一,符合卫生和安全要求,杜绝形式主义。

(2)连队(队、站、室、所、库)宿舍内床铺、蚊帐、大衣、鞋、腰带及其他物品的放置,集中居住的部队由旅(团)级以上单位统一;分散居住的分队以连级或者营级单位统一。

军官使用的卧具应当与士兵一致。

(3)连队(队、站、室、所、库)的兵器室、器材室、储藏室、给养库、会议室、学习室、文化活动室、网络室、荣誉室等室(库),物品放置应当整齐有序,室内只准张贴(悬挂)旅(团)级以上单位规定的图、文、像、表。

轻武器及其附品、备件和弹药通常放在兵器室内;战备和训练器材通常放在器材室内;个人携行的被服和日常生活用品放在宿舍内,运行和后留的物品放在储藏室内;战备给养物资放在给养库内。

各类武器装备和物资应当严格登记手续,按照"三分四定"("三分"是区分携行、运行、后留,"四定"是定人、定物、定车、定位)的要求,分类摆放整齐。

(4)机关办公室的办公桌椅、文件柜、书柜(架)、计算机、电话等设施设备的摆放,以及图表的张贴(悬挂),应当整齐有序。旅(团)级以上单位应当统一本级机关的办公室设置。

(5)院校学员队的内务设置,参照本条令关于连队(队、站、室、所、库)内务设置的规定执行。学员队宿舍的书桌、书架、台灯的摆放应当统一整齐,不得摆放玩具、饰物等物品。

(6)舰(船)艇人员住舱的内务设置,应当符合舱室结构特点,物品放置定点、牢固、有序,不得影响设备的正常操作和运行;不得擅自增加、拆除、移动舱内的设施设备,严禁在舱壁钻孔、钉钉子、悬挂饰物。

第二节 《中国人民解放军纪律条令(试行)》

2018年4月,中央军委主席习近平签署命令,发布新修订的《中国人民解放军纪律条令(试行)》,自2018年5月1日起施行。

一、纪律的主要内容

(1)遵守政治纪律,对党忠诚,立场坚定。坚定不移贯彻执行党的路线、方针、政策,坚持党对军队绝对领导的根本原则和制度,牢固树立政治意识、大局意识、核心意识、看齐意识,坚决维护权威、维护核心、维护和贯彻军委主席负责制,自觉在思想上政治上行动上同党中央、中央军委保持高度一致,在重大政治斗争中立场坚定,在重大原则问题上旗帜鲜明。

(2)遵守组织纪律,民主集中,服从组织。坚决维护党委统一的集体领导下的首长分工负责制,坚持民主集中制根本组织制度和领导制度,坚决服从组织。

(3)遵守作战纪律,服从命令,听从指挥,英勇善战。有令必行,有禁必止,坚决执行命令,严格遵守战场纪律,勇敢顽强完成各种作战任务。

(4)遵守训练纪律,按纲施训,从难从严。按实战标准,坚持仗怎么打兵就怎么练,科学组训,真训实训,严格军事训练人员、内容、时间、质量落实,端正训风演风考风,克服以牺牲战斗力为代价消极保安全,坚决完成军事训练任务,不断提高部队战斗力。

(5)遵守工作纪律,爱岗敬业,忠于职守。严守岗位,尽职尽责,勤奋工作,遵守工作章程和制度规定,圆满完成各项任务。

(6)遵守保密纪律,严守规定,保守秘密。严格遵守国家和军队的保密法规,军事秘密制作、存储、收发、传递、使用、复制、保管、移交、销毁全过程必须严格执行保密规定,加强涉密载体使用管理,防止出现失密、泄密、窃密、卖密问题。

(7)遵守廉洁纪律,干净做事,清白做人。筑牢拒腐防变的思想防线,带头践行当代革命军人核心价值观,讲修养、讲道德、讲诚信、讲廉耻,带头执行廉洁自律准则,自觉同特权思想和特权现象做斗争。

(8)遵守财经纪律,依法管财,科学理财,节俭用财。严格执行财经法规制度,依法决策财经事项,精准管理经费资产,强化收支管控,提高使用绩效,确保财务安全,防止出现财经违规问题。

(9)遵守群众纪律,拥政爱民,军民一致。坚持全心全意为人民服务的宗旨,自觉维护人民群众利益,不与民争利,不侵占和损害人民群众合法权益。

(10)遵守生活纪律,志趣高尚,行为规范。培养良好生活习惯,情趣高雅,追求高尚,生活俭朴,遵守社会公德、家庭美德,遵守社会公序良俗,自觉维护公共场所秩序和良好社会风尚。

二、奖励

(一)奖励的目的和原则

(1)奖励的目的在于鼓励先进,维护纪律,调动官兵的积极性、创造性,发扬爱国主义、共产主义和革命英雄主义精神,保证作战、训练和其他各项任务的完成。

(2)奖励应当坚持下列原则:

①严格标准,按绩施奖。

②发扬民主,贯彻群众路线。

③精神奖励和物质奖励相结合,以精神奖励为主,注重发挥物质奖励的激励作用。

(二)奖励的项目

(1)对个人的奖励项目:

①嘉奖。

②三等功。

③二等功。

④一等功。

⑤荣誉称号。

⑥八一勋章。

规定的奖励项目,依次以嘉奖为最低奖励,八一勋章为最高奖励。根据需要,中央军委可以设立其他勋章。

(2)对单位的奖励项目:

①嘉奖。

②三等功。

③二等功。

④一等功。

⑤荣誉称号。

规定的奖励项目,依次以嘉奖为最低奖励,荣誉称号为最高奖励。

三、表彰

(1)团级以上单位对在作战、训练或者其他工作中表现突出,做出积极贡献的人员和单位,可以给予表彰。

(2)中央军委设立的全军性表彰项目,属于部队全面建设、中心工作或者执行中央军委赋予的重大任务方面的,由中央军委实施;属于单项工作方面的,由牵头和配合的军委机关部门会同中央军委政治工作部联合实施。

团级以上单位设立的表彰项目,属于部队全面建设、中心工作或者执行重大任务方面的,由该单位或者该单位党委实施;属于单项工作方面的,由该单位牵头和配合的机关部门会同政治工作部门联合实施。

(3)表彰项目根据工作或者任务的类型、性质确定,由组织单位按照程序提出立项申请,通常在每年第一季度集中办理。执行重大任务等特殊情况,确需临时增加表彰项目的,单独申报审批。

(4)组织实施表彰,通常结合年终工作总结、执行重大任务和有关重要纪念、会议活动等时机进行。

表彰项目的立项申请、审批和具体实施,按照有关规定执行。

四、纪念章

(1)作战纪念章颁发给直接执行作战任务的人员。该纪念章的具体名称和颁发范围,由中央军委政治工作部拟定并报中央军委批准。

(2)重大任务纪念章颁发给执行中央军委赋予的抢险救灾、反恐维稳、处置突发事件等重大军事行动任务的人员。该纪念章的具体名称和颁发范围,由中央军委政治工作部拟定并报中央军委批准。

(3)国防服役纪念章颁发给服现役满8年以上的人员,其中,服现役满8年以上、不满16年的,授予铜质纪念章;服现役满16年以上、不满30年的,授予银质纪念章;服现役满30年以上的,授予金质纪念章。

(4)卫国戍边纪念章颁发给在边海防、边远艰苦地区服现役的人员,其中,对在第一、二等级边远艰苦地区累计服现役满1年的;在第三等级边远艰苦地区累计服现役满2年的;在第四等级边远艰苦地区累计服现役满3年的;在第五等级边远艰苦地区累计服现役满4年的;在第六等级边远艰苦地区累计服现役满5年的,可以授予铜质纪念章。在上述边远艰苦地区服现役时间,累计达到以上相应规定时间2倍以上的,可以授予银质纪念章;累计达到以上相应规定时间3倍以上的,可以授予金质纪念章。

(5)献身国防纪念章颁发给烈士和因公牺牲、因公致残的人员,其中,给烈士颁发金质纪念章,给因公牺牲军人颁发银质纪念章,给因公致残军人颁发铜质纪念章。

(6)和平使命纪念章颁发给执行联合国维持和平行动、联合反恐、联合军演、援外活动等军事任务的人员。

(7)根据需要,中央军委可以向参与特定时期、特定领域、重大工作的个人颁发其他纪念章。

(8)纪念章的颁发对象由团级以上单位政治工作部门逐级审核呈报,军级以上单位政治工作部门审定并以通知形式发布,团级以上单位举行仪式颁发。作战纪念章、重大任务纪念章、和平使命纪念章,通常在任务结束后颁发;国防服役纪念章、卫国戍边纪念章,通常结合年度奖励颁发;献身国防纪念章,在批准为烈士、确认为因公牺牲或者认定为因公致残后颁发。

五、处分

(一)处分的目的和原则

(1)处分的目的在于严明纪律,教育违纪者和部队,强化纪律观念,维护集中统一,巩固和提高部队战斗力。

(2)处分应当坚持下列原则:
①依据事实,惩戒恰当。
②惩前毖后,治病救人。
③纪律面前人人平等。

(二)处分的项目

(1)对义务兵的处分项目:
①警告。
②严重警告。
③记过。
④记大过。
⑤降职或者撤职。
⑥降衔。
⑦除名。
⑧开除军籍。

规定的处分项目,依次以警告为最轻处分,开除军籍为最重处分。

降职不适用于副班长,降衔不适用于列兵。

(2)对士官的处分项目:
①警告。
②严重警告。
③记过。
④记大过。
⑤降职或者撤职。
⑥降衔。
⑦开除军籍。

规定的处分项目,依次以警告为最轻处分,开除军籍为最重处分。

降职不适用于副班长;降衔不适用于下士;降职或者降衔通常只降一职或者一衔;降职、降衔后,其职务、军衔晋升的期限按照新的职务、军衔等级重新计算。

(3)对军官(文职干部)的处分项目:
①警告。
②严重警告。
③记过。
④记大过。
⑤降职(级)或者降衔(级)。
⑥撤职。
⑦开除军籍。

规定的处分项目,依次以警告为最轻处分,开除军籍为最重处分。降职(级),即降低职务等级(专业技术等级);降衔(级),即降低军官军衔(文职干部级别)。

降职(级)不适用于排级和专业技术十四级军官(办事员级和专业技术十四级文职干部);降衔(级)不适用于少尉军官(九级文职干部)。降职(级)、降衔(级)通常只降一职(级)或者一衔

(级)。对被撤职的军官(文职干部),至少降低一职(级)待遇;对被撤职的排级和专业技术十四级军官(办事员级和专业技术十四级文职干部),不适用于降职(级)待遇。降职(级)、降衔(级)后,其职(级)、衔(级)晋升的期限按照新的职(级)、衔(级)重新计算。

第三节 《中国人民解放军队列条令(试行)》

2018年4月,中央军委主席习近平签署命令,发布新修订的。《中国人民解放军队列条令(试行)》,自2018年5月1日起施行。

一、单个军人队列动作

(一)立正、跨立、稍息

1. 立正

立正是军人的基本姿势,是队列动作的基础。军人在宣誓、接受命令、进见首长和向首长报告、回答首长问话、升降国旗、迎送军旗、奏唱国歌和军歌等严肃庄重的时机和场合,均应当立正。

听到"立正"的口令,两脚跟靠拢并齐,两脚尖向外分开约60度;两腿挺直,小腹微收,自然挺胸;上体正直,微向前倾;两肩要平,稍向后张;两臂下垂自然伸直,手指并拢自然微曲,拇指尖贴于食指第二节,中指贴于裤缝;头要正,颈要直,口要闭,下颌微收,两眼向前平视(见图6-1)。参加阅兵时,下颌微上仰15度。

立正要求做到:三挺、三收、一平、一睁、一正。"三挺"即挺腿、挺胸、挺颈;"三收"即收腹、收臀、收下颌;"一平"即两肩要平;"一睁"即两眼睁大,平视前方;"一正"即站立的方向要正,使两脚内侧中心点、衣扣线、鼻尖、帽徽在同一垂直线上。

肩自动步枪时,右手在右胸前握紧背带(拇指由内顶住),右大臂轻贴右肋,枪身垂直,枪口向下。持枪时,右臂自然下垂,左手将背带挑起、拉直,由右手拇指在内压住,余指并拢在外将枪握住,同时左手放下,托底钣全部(81式自动步枪托前踵)在右脚外侧着地,托后踵同脚尖平齐。

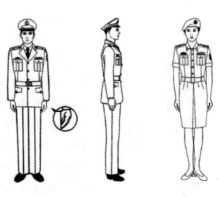

图6-1 立正

2. 跨立(即跨步站立)

跨立主要用于训练、执勤和舰艇上分区列队等场合,可与立正互换。

听到"跨立"的口令,左脚向左跨出约一脚之长,两腿挺直,上体保持立正姿势,身体重心落于两脚之间。两手后背,左手握右手腕,拇指根部与外腰带下沿或内腰带上沿同高;右手手指并拢自然弯曲,拇指贴于食指第二节,手心向后(见图6-2)。携枪时不背手。

3. 稍息

稍息是队列动作中一种休息和调整姿势的动作,可与立正互换。

听到"稍息"的口令,左脚顺脚尖方向伸出约全脚的2/3,两腿自然伸直,上体保持立正姿

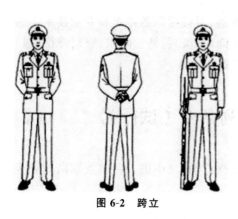

图 6-2 跨立

势,身体重心大部分落于右脚。携枪时,携带的方法不变,其余动作同徒手。稍息过久,可以自行换脚。

(二)停止间转法

停止间转法是停止间(原地)变换方向的方法。分向右(左)转、向后转。

1. 向右(左)转

听到"向右(左)——转"的口令,以右(左)脚跟为轴,右(左)脚跟和左(右)脚掌前部同时用力,使身体和脚一致向右(左)转 90 度,身体重心落在右(左)脚,左(右)脚取捷径迅速靠拢右(左)脚,成立正姿势。转动和靠脚时,两腿挺直,上体保持立正姿势。

听到"半面向右(左)——转"的口令,按照向右(左)转的要领转 45 度。

2. 向后转

听到"向后——转"的口令,按照向右转的要领向后转 180 度。

持枪转动时,听到转动口令后,除按照徒手动作要领外,听到预令,将枪稍提起,拇指贴于右胯,使枪随身体平稳转向新方向,托前踵轻轻着地,成持枪立正姿势。

注意:在练习转法时,身体、两脚要同时用力,上体不要晃动,靠脚时,不要外扫腿,不要跺脚。

(三)行进

行进的基本步法分为齐步、正步和跑步,辅助步法分为便步、踏步、移步和礼步。

图 6-3 齐步

1. 齐步

齐步是军人行进的常用步法。

听到"齐步——走"的口令,左脚向正前方迈出约 75 厘米,按照先脚跟后脚掌的顺序着地,同时身体重心前移,右脚照此法动作;上体正直,微向前倾;手指轻轻握拢,拇指贴于食指第二节;两臂前后自然摆动,向前摆臂时,肘部弯曲,小臂自然向里合,手心向内稍向下,拇指根部对正衣扣线(着海军藏青色春秋常服、冬常服时,拇指根部对正双排扣中间位置),并高于春秋常服或者冬常服最下方衣扣约 5 厘米(着夏常服水兵服时,高于内腰带扣中央约 5 厘米;着作训服时,与外腰带扣中央同高),离身体约 30 厘米;向后摆臂时,手臂自然伸直,手腕前侧距裤缝线约 30 厘米(见图 6-3)。行进速度每分钟 116~122 步。

听到"立——定"的口令,左脚再向前迈大半步着地(脚尖向外约 30 度),两腿挺直,右脚取捷径迅速靠拢左脚,成立正姿势。

齐步行进要求姿态端正,臂腿协调,摆臂自然大方,定型定位,步速、步幅准确;行进时,两脚内侧要在一条线上行进;脚着地时,要按脚跟、脚掌的顺序,防止脚掌先着地;立定时,身体重心要前移,防止身体后仰。

2. 跑步

跑步主要用于快速行进。

口令是"跑步——走"。听到预令,两手迅速握拳(四指蜷握,拇指贴于食指第一关节和中指第二关节),提到腰际,约与腰带同高,拳心向内,肘部稍向里合(见图6-4)。听到动令,上体微向前倾,两腿微弯,同时左脚利用右脚掌的蹬力跃出约85厘米,前脚掌先着地,身体重心前移,右脚照此法动作(见图6-5);两臂前后自然摆动,向前摆臂时,大臂略垂直,肘部贴于腰际,小臂略平,稍向里合,两拳内侧各距衣扣线约5厘米;向后摆臂时,拳贴于腰际。行进速度每分钟170~180步。

图6-4 听到预令后的动作

图6-5 跑步前进

听到"立——定"的口令,再跑2步,然后左脚向前大半步(两拳收于腰际,停止摆动)着地,右脚靠拢左脚,同时将手放下,成立正姿势。

跑步的每一步一定要跃出去,前脚掌先着地;在整个跑步过程中,动作要协调,摆臂自然,定型定位;立定时,要注意靠腿和放臂的一致性。

注意:行进中要以前脚掌的弹力前进;摆臂时,不要上下打鼓,不得绕腹运动;立定时,要控制好惯性,不跺脚,不垫步,放手、靠脚要一致。

3. 正步

正步主要用于分列式和其他礼节性场合。

听到"正步——走"的口令,左脚向正前方踢出约75厘米(腿要绷直,脚尖下压,脚掌与地面平行,离地面约25厘米),适当用力使全脚掌着地,同时身体重心前移,右脚照此法动作;上体正直,微向前倾;手指轻轻握拢,拇指伸直贴于食指第二节;向前摆臂时,肘部弯曲,小臂略成水平,手心向内稍向下,手腕下沿摆到高于作训服外腰带扣中央约10厘米处(着春秋常服、冬常服时,高于最下方衣扣约15厘米处;着夏常服时,高于内腰带扣中央约15厘米处),离身体约10厘米;向后摆臂时(左手心向右,右手心向左),手腕前侧距裤缝线约30厘米(见图6-6)。行进速度每分钟110~116步。

听到"立——定"的口令,左脚再向前踢大半步着地,两腿挺直,右脚取捷径迅速靠拢左脚,成立正姿势。

图6-6 正步

正步行进要求做到:三快、两稳、一协调。"三快"即踢腿速度快、摆臂快、脚落地跟身体快;"两稳"即踢腿到位要稳、脚着地后身体要稳;"一协调"即摆臂踢腿要协调。

4. 便步

便步用于行军、操练后恢复体力及其他场合。

听到"便步——走"的口令,用适当的步速、步幅行进,两臂自然摆动,上体保持良好姿态。

立定时,听到口令,两脚自然靠拢,成立正姿势。

图 6-7 踏步

5.踏步

踏步分齐步踏步和跑步踏步两种,主要用于调整步伐和整齐。

听到"踏步"的口令,两脚在原地上下起落(抬起时,脚尖自然下垂,离地面约 15 厘米;落下时,前脚掌先着地),上体保持正直,两臂按照齐步或者跑步摆臂的要领摆动(见图 6-7)。

听到"立——定"的口令,左脚踏 1 步,右脚靠拢左脚,原地成立正姿势。跑步的踏步,听到"立——定"的口令,继续踏 2 步,再立定。

踏步是原地的动作,应注意不要移动位置;上体要保持正直。

6.移步(5 步以内)

移步用于调整队列位置。

1)右(左)跨步

听到"右(左)跨×步——走"的口令,上体保持正直,每跨 1 步并脚 1 次,其步幅约与肩同宽,跨到指定步数停止。

2)向前或者后退

听到"向前×步——走"的口令,按照单数步要领进行(双数步变为单数步)。向前 1 步时,用正步,不摆臂;向前 3 步、5 步时,按照齐步走的要领进行。

听到"后退×步——走"的口令,从左脚开始,每退 1 步靠脚 1 次,不摆臂,退到指定步数停止。

图 6-8 礼步

7.礼步

礼步用于纪念仪式中礼兵的行进。

听到"礼步——走"的口令,左脚向正前方缓慢抬起(腿要绷直,脚尖上翘,与腿约成 90 度,脚后跟离地面约 30 厘米),按照脚跟、脚掌顺序缓慢着地,步幅约 55 厘米,右脚照此法动作;上体正直,两臂下垂自然伸直、轻贴身体(抬祭奠物除外);手指并拢自然微曲,拇指尖贴于食指第二关节,中指贴于裤缝(见图 6-8)。行进速度每分钟 24~30 步。

8.携枪行进

持枪时,听到行进口令的预令,将枪提起,使枪身略直,拇指贴于右胯,使枪身稳固,其余要领同徒手。

背枪、肩枪、挂枪、提枪时,听到行进口令,保持携枪姿势,其余要领同徒手。

9.携便携式折叠写字椅行进

携便携式折叠写字椅行进时,左手提握支脚上横杠中间部位,左臂下垂自然伸直,写字板面朝外。

(四)步法变换

步法变换,均从左脚开始。

齐步、正步互换,听到口令,右脚继续走 1 步,即换正步或者齐步行进。

齐步换跑步,听到预令,两手迅速握拳提到腰际,两臂前后自然摆动;听到动令,即换跑步行进。

齐步换踏步,听到口令,即换踏步。

跑步换齐步,听到口令,继续跑 2 步,然后换齐步行进。

跑步换踏步,听到口令,继续跑2步,然后换踏步。

踏步换齐步或者跑步,听到"前进"的口令,继续踏2步,再换齐步或者跑步行进。

(五)行进间转法

行进间转法是行进间变换方向的方法,分为向右转走、向左转走和向后转走。

听到"向右(左)转——走"的口令,左(右)脚向前半步(跑步时,继续跑2步,再向前半步),脚尖向右(左)约45度,身体向右(左)转90度时,左(右)脚不转动,同时出右(左)脚按原步法向新的方向行进。

半面向右(左)转走,按照向右(左)转走的要领转45度。

向后转走时,左脚向右脚前迈出约半步(跑步时,继续跑2步,再向前半步),脚尖向右约45度,以两脚的前脚掌为轴,向后转180度,出左脚按照原步法向新的方向行进。

注意:转动时,要保持行进时的节奏,向前半步不要过大或过小,两臂自然摆动,摆臂和转体要一致,两臂轻贴身体不得外张;两腿自然挺直,上体保持正直。

(六)敬礼

敬礼分为举手礼、注目礼和举枪礼。

1. 举手礼

听到"敬礼"的口令,上体正直,右手取捷径迅速抬起,五指并拢自然伸直,中指微接帽檐右角前约2厘米处(戴卷檐帽、无檐帽或者不戴军帽时微接太阳穴,约与眉同高),手心向下,微向外张(约20度),手腕不得弯曲,右大臂略平,与两肩略成一线,同时注视受礼者(见图6-9)。

图6-9 举手礼

听到"礼毕"口令或对方还礼后,将手放下。

注意:右手抬起时,不要划弧;右大臂肘部应稍向后张,使臂与肩略平;颈部挺直,不要歪头、转体、耸肩,两眼向前平视。

2. 注目礼

听到"敬礼"的口令,面向受礼者成立正姿势,同时注视受礼者,并目迎目送(右、左转头角度不超过45度),听到"礼毕"的口令,将头转正。

单个士兵敬礼时,通常是在距受礼者5~7步处行举手礼或者注目礼。

徒手或者背枪时,停止间,应当面向受礼者立正,行举手礼,待受礼者还礼后礼毕;行进间(跑步时换齐步),转头向受礼者行举手礼,并继续行进,左臂仍自然摆动(见图6-10),待受礼者还礼后礼毕。

携带武器(除背枪)等不便行举手礼时,不论停止间或者行进间,均行注目礼,待受礼者还礼后礼毕。

3. 举枪礼

举枪礼,主要用于阅兵式或者执行仪仗任务。听到"向右看——敬礼"口令,右手将枪提到胸前,枪身垂直并对正衣扣线,枪面向后,离身体约10厘米,枪口与眼同高,大臂轻贴右胁;同时左手接握表尺上方,小臂略平,大臂轻贴左胁;同时转头向右(见图6-11)注视受礼者,并目迎目送(右、左转头角度不超过45度)。

听到"礼毕"的口令,将头转正,右手将枪放下,使托前踵轻轻地着地,同时左手放下,成持枪立正姿势。

图 6-10 行进间敬礼

图 6-11 举枪礼

(七)坐下、蹲下与起立

1. 坐下与起立

1)徒手坐下与起立

听到"坐下"的口令,左小腿在右小腿后交叉,迅速坐下(坐凳子时,听到口令,左脚向左分开约一脚之长;女军人着裙服坐凳子时,两腿自然并拢),手指自然并拢放在两膝上,上体保持正直。听到"起立"的口令,上体微向前倾,全身协力迅速起立,左脚靠拢右脚成立正姿势。

2)携枪坐下与起立

携95式自动步枪坐下时,听到"右手扶枪——坐下"的口令,两腿按照徒手坐下的要领进行,同时将枪置于右小腿前侧,枪身与地面垂直,枪面向后;右手自然扶握上护盖前端,左手手指自然并拢,放在左膝上。肩枪坐下时,听到预令,右手移握下护手前端,使背带从肩上滑下,将枪取下。

持03式自动步枪坐下时,听到"枪靠右肩——坐下"的口令,两腿按照徒手坐下的要领进行,而后枪靠右肩(枪面向右),右手自然扶贴护盖,左手手指自然并拢,放在左膝上。肩03式自动步枪坐下时,听到预令,右手移握护盖,使背带从肩上滑下,将枪取下。

听到"起立"的口令,全身协力迅速起立,右脚靠拢左脚,成立正姿势。

3)携便携式折叠写字椅坐下与起立

听到"放凳子"的口令,左手将折叠写字椅提至身前交于右手,右手反握支脚上横杠,左手移握写字板和座板上沿,两手协力将支脚拉开;而后上体右转,两手将折叠写字椅轻轻置于脚后,写字板扣手朝前,恢复立正姿势;听到"坐下"的口令,迅速坐在折叠写字椅上。起立时,听到"取凳子起立"的口令后,按照放折叠写字椅相反顺序进行。

使用折叠写字椅的靠背或者写字板时,应当按照"打开靠背"或者"打开写字板"的口令,调整折叠写字椅和坐姿;组合使用写字板时,根据需要确定组合方式和动作要领。

4)背背囊(背包)坐下与起立

听到"放背囊(放背包)"的口令,两手协力解开上、下扣环,握背带;取下背囊(背包),上体右转,右手将背囊(背包)横放在脚后,背囊口向右(背包口向左);按照口令坐在背囊(背包)上。起立时,听到"取背囊(背包)起立"的口令后,按照放背囊(背包)的相反顺序进行。

2.蹲下与起立

听到"蹲下"的口令,右脚后退半步,前脚掌着地,臀部坐在右脚跟上(膝盖不着地),两腿分开约60度(女军人两腿自然并拢),手指自然并拢放在两膝上,上体保持正直(见图6-12)。蹲下过久可以自行换脚。听到"起立"的口令,全身协力迅速起立,右脚靠拢左脚,成立正姿势。

持枪时,右手移握护盖(自动步枪的携带方法不变),左手手指自然并拢,放在左膝上。

图6-12 蹲下

(八)脱帽、戴帽

1.脱帽

立姿脱帽时,听到"脱帽"的口令,双手捏帽檐或者帽前端两侧,将帽取下,取捷径置于左小臂,帽徽朝前,掌心向上,四指扶帽檐或者帽墙前端中央处,小臂略成水平姿势,右手放下(见图6-13)。

坐姿脱帽时,听到口令,双手捏帽檐或者帽前端两侧,将帽取下,置于桌(台)面前沿左侧或者膝上(帽顶向上,帽徽朝前),也可以置于桌斗内。

需要夹帽时,双手捏帽檐或者帽前端两侧,取捷径将帽取下,左手握帽檐(女军人戴卷檐帽时,将四指并拢,置于下方帽檐与帽墙之间),小臂夹帽自然伸直,帽顶向左,帽徽朝前(见图6-14)。

图6-13 脱帽图

图6-14 夹帽

2.戴帽

听到"戴帽"的口令,双手捏帽檐或者帽前端两侧,取捷径将帽迅速戴正。

携枪时,用左手脱帽、戴帽。

注意:脱、戴帽时,动作要迅速,双手取捷径,上体保持正直,不得晃动。

(九)宣誓

听到"宣誓"的口令,身体保持立正姿势,右手握拳取捷径迅速抬起,拳心向前,稍向内合;拳

图 6-15 宣誓姿势

眼约与右太阳穴同高,距离约 10 厘米;右大臂略平,与两肩略成一线;高声诵读誓词(见图 6-15)。

听到"宣誓完毕"的口令,将手放下。

(十)整理着装

整理着装,通常在立正的基础上进行。

听到"整理着装"的口令,两手(持自动步枪时,将枪夹于两腿间)从帽子开始,自上而下,将着装整理好。必要时,也可以相互整理。整理完毕,自行稍息。听到"停"的口令,恢复立正姿势。

二、班队列动作

(一)班的基本队形

班的基本队形,分为横队和纵队。需要时,可以成二列横队或者二路纵队(见图 6-16)。队列人员之间的间隔(两肘之间)通常约 10 厘米,距离(前一名脚跟至后一名脚尖)约 75 厘米。需要时,可以调整队列人员之间的间隔和距离。

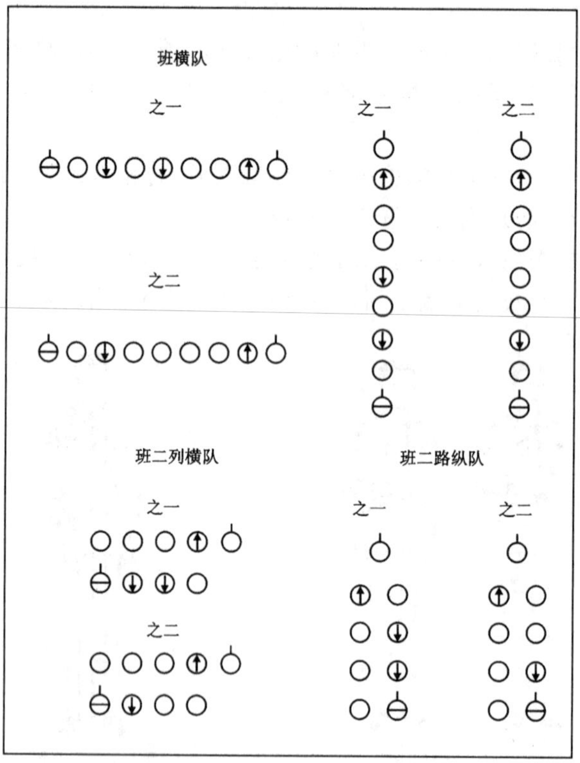

图 6-16 班的队形

班通常按身高列队,必要时也可按战斗序列列队。按战斗序列列队时,摩托化步兵班通常按照班长、机枪射手、机枪副射手、自动步枪手或者狙击步枪手、120 反坦克火箭射手、120 反坦克火箭副射手、副班长的顺序列队。装甲步兵班通常按照班长、机枪射手、机枪副射手、自动步枪手、120 反坦克火箭射手、120 反坦克火箭副射手、驾驶员、副驾驶员或者射手、副班长的顺序列队。其他兵种专业班的列队顺序按其需要进行排列。

(二)整齐、报数

1.整齐

整齐是使列队人员按照规定的间隔和距离,保持行、列平齐的一种队列动作。

整齐分为向右(左)看齐和向中看齐。

当听到"向右(左)——看齐"的口令,基准兵不动,其他士兵向右(左)转头(持枪时,听到预令,迅速将枪稍提起,看齐后自行放下),眼睛看右(左)邻士兵腮部,前四名能通视基准兵,自第五名起,以能通视到本人以右(左)第三人为度。后列人员,先向前对正,后向右(左)看齐。

听到"向前——看"的口令,迅速将头转正,恢复立正姿势。

当指挥员指定"以×××为准(或者以第×名为准)"时,基准兵答"到",同时左手握拳高举,大臂前伸与肩略平,小臂垂直举起,拳心向右(见图6-17)。听到"向中——看齐"的口令后,其他士兵按照向左(右)看齐的要领实施。

听到"向前——看"的口令,基准兵迅速将手放下,其他士兵迅速将头转正,恢复立正姿势。

一路纵队看齐时,听到"向前——对正"的口令,基准兵不动,其他士兵迅速向前对正。

图6-17 向中看齐基准兵举手姿势

2.报数

听到"报数"的口令,横队从右至左(纵队由前向后)依次以短促洪亮的声音转头(纵队向左转头)报数,最后一名不转头。数列横队时,后列最后一名报"满伍"或者"缺×名"。

注意:报数时,转头要迅速,通常45度左右,不扭动身体。

(三)集合、离散

1.集合

集合是使单个军人、分队、部队按照规范队形聚集起来的一种队列动作。

班集合时,班长应当先发出预告或者信号,如"全班(或×班)注意"。所属人员听到预告或者信号,原地面向班长成立正姿势。听到"成××队——集合"的口令,士兵跑步到指定位置面向班长集合(在班长后侧的人员,应当从班长右侧绕过),自行对正、看齐,成立正姿势。

听到"成班横队(二列横队)——集合"的口令,基准兵迅速到班长左前方适当位置,成立正姿势;其他士兵以基准兵为准,依次向左排列,自行看齐。

成班二列横队时,单数士兵在前,双数士兵在后,自行对正看齐。

听到"成班纵队(二路纵队)——集合"的口令,基准兵迅速到班长前方适当位置,成立正姿势;其他士兵以基准兵为准,依次向后排列,自行对正。

成班二路纵队时,单数士兵在左,双数士兵在右。

2.离散

离散,是使队列的单个军人、分队、部队各自离开原队列位置的一种队列动作。离散分离开和解散,班通常只进行解散。

队列士兵听到"解散"的口令,应当迅速离开原列队位置。

(四)出列、入列

单个军人出列、入列,通常用跑步(5步以内用齐步,1步用正步),或者按照指挥员指定的步法执行；然后，进到指挥员右前侧适当位置或者指定位置，面向指挥员成立正姿势。

1. 出列

听到"×××（或者第×名）"的口令，被呼点者应当立即答"到"，听到"出列"的口令，应当答"是"。

横队时，位于第一列的士兵，取捷径出列；位于中列的士兵，向后转，待后列同序号的士兵向右后退一步让出缺口后，从队尾出列；位于"缺口"位置的士兵，待出列士兵出列后，即恢复原位；位于最后一列的士兵出列，先后退一步，然后从队尾出列。

纵队时，位于左路的士兵，取捷径出列；位于中路的士兵，向左转，待左路同序号的士兵向左后退一步让出缺口后，从左侧出列；位于"缺口"位置的士兵，待出列士兵出列后，即恢复原位；位于右路的士兵，先右跨一步，然后从队尾出列。

2. 入列

听到"入列"的口令，出列者应当答"是"，然后按照出列的相反程序入列。

（五）行进、停止

1. 行进

横队行进以右翼为基准，一路纵队行进以先头为基准。

当听到指挥员下达"×步——走"的口令，基准兵向正前方前进，其他士兵向基准翼标齐，保持规定的间隔、距离行进。行进中，需要时，用"一二一"（调整步伐的口令）、"一二三四"（呼号）或者唱队列歌曲，以保持步伐整齐和振奋士气。

2. 停止

当听到指挥员下达"立——定"的口令，按照立定的要领实施，全班的动作要整齐一致。停止后，听到"稍息"的口令，先自行对正、看齐，再稍息。

（六）队形变换

队形变换，是由一种队形变为另一种队形的队列动作。

1. 横队和纵队的互换

停止间，当听到"向右（左）——转"的口令，按照单个军人向右（左）转的要领实施，变换为纵（横）队。

行进间，当听到"向右（左）转——走"的口令，按照单个军人向右（左）转走的要领实施，变换为纵（横）队。

2. 停止间班横队和班二列横队、班纵队和班二路纵队互换

1）班横队变班二列横队

变换前，先报数。听到"成班二列横队——走"的口令，双数士兵左脚后退1步，右脚（不靠拢左脚）向右跨1步，左脚向右脚靠拢，站到单数士兵之后，自行对正、看齐。

2）班二列横队变班横队

变换前，首先调整人员间隔，听到"间隔1步，向左离开"的口令，取好间隔；听到"成班横队——走"的口令，双数士兵左脚左跨1步，右脚（不靠拢左脚）向前1步，左脚向右脚靠拢，站到单数士兵左侧，自行看齐。

3）班纵队变班二路纵队

变换前，先报数。听到"成班二路纵队——走"的口令，双数士兵右脚右跨1步，左脚（不靠拢右脚）向前1步，右脚向左脚靠拢，站到单数士兵右侧，自行对正、看齐。

4）班二路纵队变班纵队

变换前，先调整人员的前后距离，听到"距离2步，向后离开"的口令，取好距离；听到"成班纵队——走"的口令，双数士兵右脚后退1步，左脚（不靠拢右脚）站到单数士兵之后，自行对正。

注意：停止间变换队形前取间隔、取距离时，队列人员要保持上体正直，以小碎步快速取好间隔和距离，动作要整齐一致。

（七）方向变换

方向变换是改变队列面对方向的一种队列动作。

1．横队方向变换

1）停止间方向变换

停止间方向变换分为左（右）转弯和左（右）后转弯，必要时可以向后转。

当听到"左（右）转弯，齐（跑）步——走"的口令，轴翼士兵踏步，并逐渐向左（右）转动；外翼第一名士兵用大步行进并同相邻士兵动作协调，逐步变换方向（越接近轴翼者，其步幅越小），其他士兵用眼睛的余光向外翼取齐，并保持规定的间隔和排面整齐，转到90度或者180度时踏步并取齐，听口令前进或停止。

2）行进间方向变换

班横队在行进过程中，听到"左（右）转弯——走"的口令，按停止间左（右）转弯走的动作变换方向，到位后踏步。听到"前进"的口令，继续前进。

听到"向后转——走"的口令，按照单个队列动作向后转走的动作要领进行。全班动作要整齐一致。

2．纵队方向变换

1）停止间方向变换

停止间，通常是左（右）转弯，或者左（右）后转弯，必要时可以向后转。

听到"左（右）转弯，齐（跑）步——走"的口令，基准兵在左（右）转弯时，按照单个军人行进间转法（左转弯走时，左脚先向前1步）的要领实施，转到90度后照直前进，其他士兵行进至基准兵转弯处变换方向；听到"左（右）后转弯，齐（跑）步——走"的口令，基准兵用小步边行进边变换方向，转到180度后照直前进，其他士兵行进至基准兵转弯处变换方向。

停止间，听到"向后——转，齐（跑）步——走"的口令变换方向，士兵首先按单个军人停止间转法的动作要领向后转，而后按齐（跑）步走的动作要领前进。

2）行进间方向变换

班纵队在行进过程中，听到"左（右）转弯——走"的口令，基准兵按单个军人行进间转法的动作要领实施，而后按照原步法照直行进，其他士兵行进至基准兵转弯处转向新的方向跟进。听到"左（右）后转弯——走"的口令，基准兵用小步边行进边变换方向，转到180度后照直行进。其他士兵逐次行进至基准兵转弯处转向新方向跟进。

注意：横队方向变换时要重点把握"四齐""三准"。即脚线齐、摆手线齐、胸线齐、帽线齐和间隔准、方向准、步数准。纵队方向变换时，重点注意前后标齐对正，动作协调一致。

能力训练

1．《中国人民解放军内务条令（试行）》的主要内容及其作用是什么？
2．《中国人民解放军纪律条令（试行）》的主要内容及其作用是什么？
3．《中国人民解放军队列条令（试行）》的主要内容及其作用是什么？

第七章　轻武器射击与战术训练

📖 本章导读

　　轻武器是战争的主要工具之一,伴随着战争和社会的进步,它不断完善和发展,至今已经形成了一个设计完善、结构新颖、自动化程度高的轻武器大家族。认识轻武器,了解轻武器的射击原理,掌握基本的射击动作和作战技术,是军事训练的重要内容。
　　本章主要介绍轻武器射击的基本常识、轻武器射击原理、轻武器射击操作要领和战术。

📖 学习目标

　　了解轻武器的战斗性能,掌握射击动作要领,进行体会射击;学会单兵战术基础动作,了解战斗班组攻防的基本动作和战术原则,培养学生良好的战斗素养。

第一节　轻武器射击常识

　　武器分为轻武器和重武器。轻武器一般指枪械,如手枪、步枪、冲锋枪、轻机枪等;重武器一般指火炮、炸弹,导弹坦克、军用飞机,军用舰船等。
　　轻武器是军人必备的、最重要的装备之一,是打击敌人、保护自己的常用武器。下面主要介绍在军训中经常使用的轻武器。

一、常用的轻武器

(一)手枪

　　以单手握持射击为主要使用方式的短管枪械。短小轻便,发射迅速,隐蔽性好,适用于近距离使用。
　　92式手枪如图7-1所示,国产03式自动步枪如图7-2所示,国产95式自动步枪如图7-3所示。

(二)步枪

　　步枪是单兵使用的抵肩射击长管枪械。步枪主要装备步兵,以发射枪弹杀伤有生目标,也可用刺刀、枪托进行格斗;有的能发射枪榴弹,杀伤有生目标或射击轻型装甲目标。
　　步枪分为非自动装填步枪和自动装填步枪。自动装填步枪又分为半自动步枪和自动步枪。

图7-1　92式手枪

图 7-2　国产 03 式自动步枪

图 7-3　国产 95 式自动步枪

（三）机枪

机枪是指配有枪架或枪座能连发射击的自动枪械。机枪分为轻机枪、重机枪、高射机枪和通用机枪（轻重两用机枪）。轻机枪是配有两脚架，重量较轻的机枪，主要用于射击敌 800 米内的集群生动目标；重机枪是配有稳定枪架，重量较大的机枪，主要用于杀伤 1000 米内的敌集群有生目标，压制敌火力点，射击轻型装甲目标和低空目标；高射机枪是采用三脚架，或装于装甲车辆、舰艇等载体上的机枪，主要用于射击空中目标，也可用于射击地面轻型装甲目标和压制火力点；通用机枪兼有轻机枪和重机枪的性能特点。

美军 M249 班用机枪如图 7-4 所示。

图 7-4　美军 M249 班用机枪

(四)冲锋枪

冲锋枪是指可双手握持、抵肩使用的,发射手枪弹或低威力、小口径枪弹的轻型全自动枪械。冲锋枪适合在丛林战、巷战中使用,能以密集火力射击敌 200 米内的有生目标。

HK MP5 系列冲锋枪如图 7-5 所示。

图 7-5　HK MP5 系列冲锋枪

(五)特种枪

特种枪是指具有特殊用途的枪械,包括微声枪、防暴枪、散弹枪、信号枪、水下射击枪、运动枪等。

97 式防暴枪如图 7-6 所示。

图 7-6　97 式防暴枪

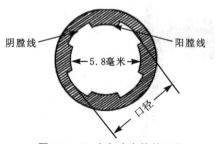

图 7-7　95 式自动步枪的口径

枪械还常按枪的口径进行分类。为使弹头在空气中稳定飞行,枪管内部通常有四条膛线,突出部分叫阳膛线,凹陷部分为阴膛线。两条相对的阳膛线之间的距离就是枪的口径(见图 7-7)。

按枪的口径不同枪械分为四类:大口径枪,口径在 12 毫米以上的枪械;中口径枪,口径在 6～12 毫米的枪械;小口径枪,口径在 5～6 毫米的枪械;微口径枪,口径在 5 毫米以下的枪械。

二、轻武器使用的子弹

(一)子弹的构造

子弹由弹头、弹壳、底火和发射药组成。

1. 弹头

弹头用以直接杀伤和破坏目标。弹头的弹心性质和结构则随弹种的不同而异。

2. 弹壳

弹壳用以连接弹头、底火并盛装发射药,使之成为一个整体,弹头和弹壳的结合部涂有密封漆;底火装在弹壳底部的底火室内,其结合部也涂有防潮漆,以保证长期储存和运输时发射药不变质。弹壳按其外形不同,可分为直筒形和瓶形两种。

3. 底火

底火装在弹壳的底火室里,用以点燃发射药。其点火过程是击针撞击底火,底火内的起爆药在击针和发火砧之间受冲击而发火,火焰通过传火孔而点燃发射药。

4. 发射药

发射药用以推动弹头向前运动,是使弹头获得必要初速的能源。在枪弹中,主要用硝化棉无烟火药作为发射药。发射药的形状和成分是根据不同枪种的要求而定的。

(二)子弹的种类和性能

1. 普通弹

普通弹用以杀伤敌人的有生力量。该弹被甲内装有钢芯(或铅芯)或低碳钢芯,在钢芯外有一层软铅套,当导引部的被甲卡进膛线时,可以减少对膛线的磨损。钢芯弹较铅芯弹经济,且贯穿力大。

2. 曳光弹

曳光弹主要用以试射、指示目标和做信号。曳光弹命中干草能起火,曳光距离可达 800 米。弹头头部为绿色。

3. 燃烧弹

燃烧弹内装燃烧剂,用以引燃易燃物体。弹头头部为红色。

4. 穿甲燃烧弹

穿甲燃烧弹主要用以射击飞机和轻装甲目标(在 200 米距离上穿甲厚度为 7 毫米),并能在穿透装甲后引燃汽油。弹头头部为黑色,并有一道红圈。

5. 教练弹

教练弹主要用以练习装弹、退弹等动作。该弹外形和重量与普通弹相似,弹壳上有 3 道凹槽,无发射药,底火用橡胶制成。

6. 空包弹

空包弹用以演习或发射枪榴弹。此弹无弹头。

第二节 轻武器射击原理

射击原理是实弹射击的重要组成部分。射击原理的内容包括火药、膛外弹道学、膛内弹道学、弹道、瞄准、射弹散布、射击效果等。在军训过程中,学生需要掌握其中比较简易的发射后坐、弹道等方面的知识。

一、发射及其过程

发射是指火药燃气压力将弹头从膛内推送出枪管的过程。

发射过程包括:射手将子弹推送进弹膛,然后扣动扳机,使击锤打击击针,击针撞击子弹底火,使起爆药发火,火焰通过导火孔引燃发射药,产生大量的火药燃气,在膛内形成很大的压力,迫使弹头脱离弹壳,沿膛线旋转加速前进,直至推出枪口。

二、后坐及其影响

后坐是指武器发射弹丸时向后运动的现象。其原因是,武器的发射药燃烧时产生的气体同时作用于各个方向,作用于膛壁周围的压力被膛壁所抵消;向前作用于弹头后部的压力推送弹头前进;向后作用于弹壳底部的压力经过枪机传给整个武器,使武器向后运动,形成后坐。

后坐对单发(连发首发)射击的影响极小。射手感觉到的后坐,主要是人体缓冲枪身获得的速度引起的。后坐对连发射击的命中有一定的影响,因为连发射击第一发子弹发射后,由于枪的明显后坐变动了原来的瞄准线,因而对第二发以后的射击命中率有一定的影响。但只要射手握枪要领准确,适应连发武器射击时的后坐规律,就能减小后坐对连发命中的影响。

火药气体作用的方向如图7-8所示。

图7-8 火药气体作用的方向

三、弹道的实用意义

弹道是指弹头脱离枪口在空气中飞行,其重心所经过的路线,弹头脱离枪口后,如果没有重力和空气阻力的作用,它将保持其所获得的速度,沿着发射线无止境地匀速飞行。实际上,弹头脱离枪口在空气中飞行时,同时受到重力和空气阻力的作用,使弹道不能成为一条直线。

(一)弹道的基本要素

弹道的基本要素包括以下几个方面:

(1)起点:枪口中心点(外弹道开始点)。

(2)枪口水平面:通过枪口中心点的水平面。

(3)射线:发射前枪轴线的延长线。

(4)射角:射线与枪口水平面所夹的角。

(5)发射线:发射瞬间枪轴线的延长线。

(6)发射角:发射线与枪口水平面所夹的角。

(7)发射差角:射线与发射线所夹的角。

(8)弹道最高点:枪口水平面上弹道最高的一点。

(9)升弧:由起点到弹道最高的弹道。

(10)降弧:由弹道最高点到落点的弹道。

(11)弹道高:弹道上任何一点到枪口水平面的垂直距离。

(12)最大弹道高:弹道最高点到枪口水平面的垂直距离。

(13)射程:起点到落点的水平距离。

(14)弹道切线:弹道上的任一点的切线。
(15)落角:落点的弹道切线与枪口水平面的夹角。
(16)落点:弹道降弧与枪口水平面的交点。
一般枪弹发射后形成的弹道如图7-9所示。

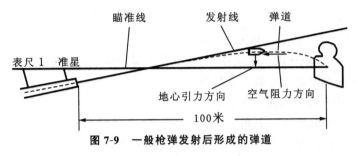

图 7-9　一般枪弹发射后形成的弹道

(二)弹道的其他要素

弹道的实用意义还涉及危险界、遮蔽界和死角等问题。
弹道其他要素如图7-10所示。

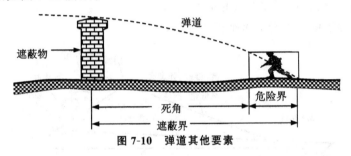

图 7-10　弹道其他要素

1. 危险界

危险界分为表尺危险界和实地危险界,瞄准线上弹道高没有超过目标高的部分,称为表尺危险界;在实际地形上,弹道高没有超过目标高的部分,称为实地危险界。

2. 遮蔽界

遮蔽界是指从弹头不能射穿的遮蔽物顶端到弹着点的一段距离。遮蔽界内包括危险界和死角。

3. 死角

死角是指目标在遮蔽界内不会被杀伤的一段距离。遮蔽界和死角的大小取决于遮蔽物的高低和落角的大小。

知道了危险界、遮蔽界和死角,在战斗中就能更好地隐蔽身体,发扬火力,灵活地运用地形地物,隐蔽地运动、集结和转移,以避开或尽量减少敌火力的杀伤。在组织火力配系时,就能正确地选择射击位置和组织火力。千方百计地力求增大危险界和减少射击地带内的遮蔽界和死角,并善于运用弯曲弹道和各种武器的侧射、斜射火力,消灭隐蔽在遮蔽界和死角内的敌人。

四、瞄准

(一)瞄准具的作用

由于重力和空气阻力的作用,如果用枪管瞄向目标射击射弹就会打低或打近。为了命中目标,必须将枪口抬高,使枪轴线和瞄准线之间形成一定的夹角,即瞄准角。

瞄准角的大小,是根据射弹在不同距离上的降落量来确定的。距离越远,所需要的脑准角越大;距离越近,降落量越小,所需要的瞄准角也就越小。瞄准具就是根据这一原理设计制成的。

可见,瞄准具的作用,就是在对一定距离上的目标射击时,赋予武器相应的瞄准角和射向。射击时,只要按照目标的距离装(选)定表尺分划,瞄准射击,就能命中目标。

(二)瞄准要素

瞄准要素(见图 7-11)包括以下几个方面:

(1)瞄准基线:觇孔圆心(缺口上沿中央)到准星上沿中央的直线。

(2)瞄准线:视线通过瞄准基线的延长线。

(3)瞄准点:瞄准线所指向的一点。

(4)瞄准角:射线与瞄准线的夹角。

(5)瞄准线上弹道高:弹道上任何一点到瞄准线的垂直距离。

(6)落点:弹道降弧与瞄准线的交点。

(7)弹着点:弹道与目标表面或地面的交点。

(8)表尺距离:起点到落点的距离。

(9)实际射击距离:起点到弹着点的距离。

(10)高低角:瞄准线与火身口水平面的夹角。

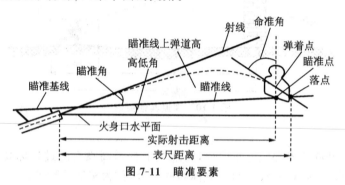

图 7-11 瞄准要素

(三)选定表尺分划和瞄准点

为了使射弹更准确地命中目标,射击时,射手应根据目标距离大小和武器的弹道高,正确地选定表尺分划和瞄准点。

(1)装定实距离表尺分划,瞄准目标中央。目标距离为百米整数时,可根据目标的距离装定相应的表尺分划,瞄准点选在目标中央。例如,自动步枪对 100 米距离人胸目标射击时,定表尺"1",瞄准目标中央射击,即可命中目标中央。

(2)选定大于或小于实距离表尺分划,适当降低或提高瞄准点。目标距离不是百米整数时,通常选定大于实距离表尺分划,根据武器在该距离上的弹道高,相应降低瞄准点射击。例如,冲锋枪在 250 米距离上对目标射击时,定表尺"3",在 250 米处的弹道高为 19 厘米,这时,瞄准目标下沿中央射击,即可命中目标中央。

(3)装定常用表尺分划,小目标瞄下沿,大目标瞄中央。战斗中,对 300 米距离以内的目标射击时,通常装定常用表尺(表尺"3")分划,小目标瞄下沿,大目标瞄中央射击,即可命中。例如,冲锋枪定常用表尺对 300 米以内目标(目标高 50 厘米)射击时,瞄目标下沿,则整个瞄准线上最大弹道高为 35 厘米,没有超过目标高,目标在 300 米距离内,都会被杀伤。在战场上,目标出现突然,大小暴露不一,且距离不断变化。用此种方法,对300米以内的目标不需要变更表尺分划即可实施射击,可以争取时间,提高战斗射速,增大射击效果。因此,此种方法在实战中有着重要的实用意义,是战斗中常用的一种方法。

五、外界条件对射击的影响

(一)风对射击的影响及修正方法

风是一种具有速度和方向的气流,它能改变射弹的飞行方向和距离。在各种外界条件中,风对射弹的飞行影响最大。因此,必须准确地判定风向和风力,根据风对射弹的影响进行修正,以保证射弹准确命中目标。

1.风向和风力的判定

1)风向

风向的判定按风吹的方向和射击方向所形成的角度可分为横风、斜风和纵风。横风是指从左或右与射向成90°角吹的风。斜风是指与射向成锐角(小于90°)吹的风,射击时,通常按与射向成45°角的风计算。纵风是指从后面或前面与射向平行吹的风。顺射向吹的风为顺风。逆射向吹的风为逆风。

风向的判定如图7-12所示。

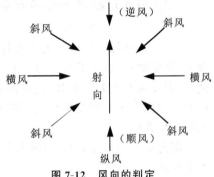

图7-12 风向的判定

2)风力

风力按其大小分为强风、和风和弱风。风力的大小,可用测风仪等器材测出,也可根据人的感觉和常见物体被风吹动的景况来判定。

为了便于记忆和运用,将风力判定归纳成如下口诀:"风力有大小,和风做比较。迎风能睁眼,耳听呼声响,炸烟成斜角,草弯树枝摇,海面起轻浪,船帆倾一方。强风比它大,弱风比它小。"

2.修正方法

1)横风对射弹的影响及修正

横(斜)风能对弹头的侧面施加压力,使射弹偏向一侧。产生方向偏差(斜风还能使射弹产生距离偏差,因偏差很小,故不考虑)。风力越大。距离越远,偏差就越大。风从左吹来,射弹偏右;风从右吹来,射弹偏左。

为了运用方便,将在横和风(风速为4米/秒左右)条件下,对400米内的目标射击时的瞄准景况归纳为如下口诀:"一百不用修,二百瞄耳线,三百瞄边沿,四百边接边。"

横风对射弹的影响如图7-13所示,对横风影响的修正如图7-14所示。

2)纵风对射弹的影响及修正

纵风能影响射弹的飞行距离。顺风时,空气阻力减小,使射弹飞行更远(高);逆风时,空气阻力增大,使射弹飞行更近(低),但在近距离内,风速为10米/秒以下时,纵风对射弹影响很小,一般可不修正。

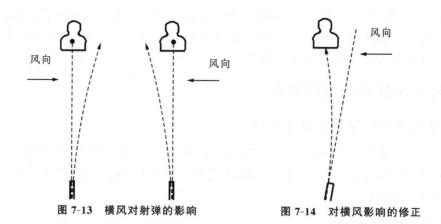

图 7-13　横风对射弹的影响　　　图 7-14　对横风影响的修正

(二)阳光对瞄准的影响及克服方法

1. 阳光对瞄准的影响

在阳光下瞄准时,由于阳光照射作用,缺口部分产生虚光,形成三层缺口(见图 7-15):虚光部分、真实缺口、黑实部分。如果不注意辨清真实缺口位置,就容易产生误差,使射弹产生偏差。例如,阳光从右上方照来时,缺口左边和上沿产生虚光,用虚光部分瞄准,准星实际上偏右高。因此射弹偏右上。阳光从左上方照来时,射弹则偏左上。若用黑实部分瞄准,射弹偏向阳光照来的相反方向。

阳光从右上方照来时,用黑实部分瞄准,准星实际上偏左低。因此,射弹偏左下。阳光从左上方照来,射弹则偏右下。

在阳光照射下,缺口和准星尖同时产生虚光时,若用虚光上沿瞄准,射弹偏低;若用黑实部分瞄准,射弹偏高。

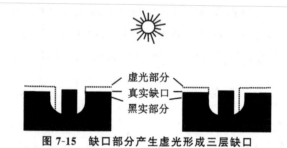

图 7-15　缺口部分产生虚光形成三层缺口

2. 克服的方法

克服的方法主要有以下几种。

(1)辨清真实缺口的位置和正确瞄准景况可在不同方向的阳光照射下练习瞄准,采取遮光瞄准不遮光检查,或不遮光瞄准遮光检查的方法,反复练习,确实辨清真实缺口的位置和正确瞄准的景况。辨别真实缺口的简易法:"不用黑,不用白,真实缺口是灰白。"

(2)缩短阳光下瞄准的时间。在阳光下瞄准的时间不宜过长,以免眼花而产生误差。

(3)注意保护瞄准具。平时要保护好瞄准具,不使其磨亮而反光。

(三)气温对射弹的影响及修正方法

1. 气温对射弹的影响

气温就是空气的温度。它随着天气的炎热和寒冷而变化。气温变化时,空气密度也会随之改变,对射弹的阻力也就不同,因而影响射弹的飞行速度,使弹道形状发生变化。气温升高时,空气密度减小(稀薄),射弹飞行中受到的空气阻力就小,射弹就打得远(高)。气温降低时,空气密度增大(稠密),射弹在飞行中受到的空气阻力就大,射弹就打得近(低)。

2.修正方法

射击时,以矫正射效时的气温海拔为准,若差别不大,在 400 米内对射弹命中的影响较小,不必修正。若在温差超过 30℃,海拔高差超过 1000 米的条件下对远距离目标射击,则应适当提高或降低瞄准点。气温和海拔降低时,提高瞄准点或增加表尺分划;气温和海拔升高时,降低瞄准点或减小表尺分划。

第三节　轻武器射击操作要领

射击动作是实施瞄准射击的基础,它包括验枪、装(退)子弹、定复表尺和据枪、瞄准、击发。学生军训过程中,实弹射击一般使用 56 式半自动步枪,因此,下面以 56 式半自动步枪为例,阐述轻武器射击动作的操作要领。

一、验枪

验枪(见图 7-16)是一项保证实弹射击安全的重要措施。使用武器前后及必要时,均应验枪,认真检查弹膛和教练弹中有无实弹。验枪时,严禁枪口对人。

口令:"验枪""验枪完毕"。

图 7-16　验枪

动作要领:听到"验枪"口令后,右手将枪提起,以右脚掌为轴,身体半面向右转,左脚顺势向前迈出一步(两脚约与肩同宽),同时右手将枪向前送出;左手接握下护木,左大臂紧靠左肋,枪托贴于胯骨,枪刺尖约与眼同高;右手打开弹仓盖,移握机柄。

当指挥员检查时,拉枪机向后;验过后,自行送回枪机,关上弹仓盖,打开保险,扣扳机,关保险,移握枪颈。

听到"验枪完毕"口令后,右手移握上护木,身体半面向左转,在右脚靠拢左脚的同时,恢复持枪姿势。

二、装(退)子弹及定复表尺

(一)向弹匣内装填子弹

口令:"装填弹匣""起立"。

动作要领:听到"装填弹匣"口令后,右手移握上护木,使枪口向前,背带从肩上脱下,同时左脚向前迈出一步,右膝向右跪下,臀部坐在右脚跟上,右手将枪置于左腿内侧,枪面向里位于左肩;右手从弹袋内取出空弹匣或从枪上卸下空弹匣,使弹匣口向上、挂耳向左前交给左手,右手将子弹放在弹匣口上,两手协力,将子弹压入弹匣内。装好后,弹匣口向下、挂耳向左装入弹袋内并扣好,左手位于左膝上,右手握上护木,目视前方。

听到"起立"口令后,迅速起立,左手反握护木,将枪倒置于胸前,右手拇指挑起背带。同时,身体半面向左转,在右脚靠拢左脚的同时,两手协力将枪送上右肩,恢复肩枪姿势。

(二)卧姿装、退子弹及定复表尺

口令:"卧姿——装子弹""退子弹——起立"。

动作要领:听到"卧姿——装子弹"的口令后,右手将枪提起稍向前倾,左脚向右脚尖前迈出一大步(也可右脚顺脚尖方向迈出一大步),左手在左(右)脚尖前支地,顺势卧倒,以身体左侧、左肘支持全身;右手将枪向目标方向送出;左手接握表尺下方,枪托着地,右手拉枪机到定位。解开弹袋扣,取出一夹子弹,插入弹夹槽,以食指或拇指将子弹压入弹仓,取出弹夹,送弹上膛,将弹夹装入弹袋并扣好;右手拇指和食指提压游标卡尺,移动游标,使游标前切面对正所需要的表尺分划;右手移握枪颈,全身伏地,两脚分开与肩同宽,身体与射向成30°角,枪刺离地,目视前方,准备射击。

听到"退子弹—起立"口令后,稍向左侧身,右手解开弹袋扣,打开弹仓盖,接住落下的子弹,装入弹袋,拇指拉机柄向后,食指和中指夹住从膛内退出的子弹,送回枪机,将子弹装入弹袋并扣好,关上弹仓盖,打开保险,扣扳机,关保险,复表尺,移握上护木,将枪收回;同时左小臂向里合,屈左腿于右腿下,以左手和两脚撑起身体,右脚向前一大步,左脚再向前一步,在右脚靠拢左脚的同时,恢复持枪姿势。

(三)跪姿装退子弹及定复表尺

口令:"跪姿——装子弹""退子弹——起立"。

动作要领:听到"跪姿——装子弹"口令后,右手将枪提起,左脚向右脚前方迈出一步,右手将枪向目标方向送出;左手接握表尺下方,同时右膝向右跪下,臀部坐在右脚根上,左小腿略垂直,两腿约成90°角,左小臂放在左大腿上。枪刺尖约与眼同高,然后,按与卧姿相同的要领装子弹,定表尺,右手移握枪颈,目视前方,准备射击。

听到"退子弹——起立"口令后,按与卧姿相同的要领退出子弹,打开保险,扣扳机,关保险,复表尺,右手移握上护木,左脚尖向外打开同时起立,在右脚靠拢左脚的同时,恢复持枪姿势。

(四)立姿装退子弹及定复表尺

口令:"立姿——装子弹""退子弹"。

动作要领:听到"立姿——装子弹"口令后,右手将枪提起,以右脚掌为轴,身体大半面向右转,左脚顺势向前迈出一步(两脚与肩同宽,成外八字),体重落在两脚上,右手将枪向目标方向送出;左手接握表尺下方,左大臂紧靠左肋,枪托贴于胯骨,枪刺尖约与眼同高。然后按与卧姿相同的要领装子弹,定表尺,右手移握枪颈,目视前方,准备射击。

听到"退子弹"口令后,按与卧姿相同的要领退出子弹,打开保险,扣扳机,关保险,复表尺,右手移握上护木,身体大半面向左转,在右脚靠拢左脚的同时,恢复持枪姿势。

三、据枪、瞄准、击发

(一)据枪

据枪是操作枪的动作。据枪分为有依托据枪和无依托据枪;在姿势上分为立、跪、卧姿据枪。根据军训实弹射击的实际情况这里主要介绍卧姿有依托据枪的要领。

卧姿有依托据枪是基本的射击姿势。在战斗中,为得到良好的射击效果,应力求利用地物或临时构筑依托实施射击。依托物的高度应以射手的身体和当时、当地的地形地物条件而定,一般以30厘米为宜。但在紧急情况下,也要会利用不同高度的依托物实施射击。依托物不易过软或过硬,如果依托物过软或过硬时,要把左手垫在依托物上实施射击。

据枪时,将下护木放在依托物上,左手握表尺下方,手背紧靠依托物,也可将手垫在依托物上,拇指和食指捏住护木凹槽的后端,并稍向下用力,左肘稍向里合并确实着地,尽量使左小臂贴在依托物上;右手握枪颈,手掌肉厚的部分紧贴枪颈外侧,食指第一节靠在扳机上(食指内侧与枪之间应留有间隙),右大臂略成垂直,与枪面保持水平,两手协力将枪托紧密而确实地抵于肩窝,头部稍向前倾,自然贴腮,使枪、身体、依托物自然协调地连成一个整体。这时,射手应当感到两肘、腹部着地确实;枪托抵肩确实;左手与依托物相接确实(上体肌肉放松);右手腕放松。整个身体感到舒适自然。准备射击如图 7-17 所示。

图 7-17　准备射击

(二)瞄准

瞄准是准确射击的前提,只有瞄得准,才能打得准。因此,必须刻苦练习,精益求精,真正掌握正确瞄准的技能。

正确瞄准的方法与要领:在做好正确据枪后,右眼通视缺口和准星,使准星尖位于缺口中央并与上沿平齐。瞄准时,应使瞄准线自然指向目标。若未指向目标,不要迁就而强扭枪身,必须再调整姿势。需要修正方向时,可左右移动身体或两肘;需要修正高低时,可前后移动整个身体或两肘里合、外张,也可适当调整依托物。同时,还应集中精力用于准星与缺口的平正关系上。如果把主要精力集中在准星与目标的关系上,就容易忽略准星与缺口的平正关系,使射弹产生较大的偏差。

除上述之外,还要正确运用视力。眼睛观察物体一般在 5~8 秒钟内效果最好,10~15 秒钟后视力就逐渐减弱。因此,瞄准时间不要过长,以免造成视觉疲劳而产生瞄准误差。如果视力模糊、看不清目标时,不要用手擦眼睛,可稍停瞄准,进行短暂的休息(或远看或闭眼等)后,再进行瞄准。

(三)击发

击发的动作要领:右手食指第一节均匀正直地向后扣压扳机,其余手指握枪的力量不变。当瞄准线接近瞄准点时,开始预压板机,并减缓减轻呼吸;当瞄准线指向瞄准点时,短暂停止呼吸,继续增加对扳机的压力,直到击发。击发瞬间应保持正确一致的瞄准姿势。

四、射击动作的常见问题及修正方法

(一)枪身位置不佳

射击时,射手若不能正确地把枪抵肩、贴腮,会使射弹产生偏差。在通常情况下,抵肩过低易打低,抵肩过高易打高;贴腮用力过大易打左高。修正方法:反复体会正确的抵肩位置,并通过他人摸、推的方法检查抵肩位置是否正确。另外,强调贴腮要自然。

(二)两手用力不当

射击时,射手为了命中目标,往往以强力控制枪的晃动,造成肌肉紧张,用力方向不正,姿势不稳,使枪产生角度摆动增大射弹散布。修正方法:据枪时正直向后适当用力,使用力方向与后坐力方向一致。

(三)枪面倾斜

瞄准时,如果枪面偏左(右),射角减小,枪身轴线指向瞄准点左(右)边,射击时,弹着偏左(右)下。修正方法:据枪时应保持枪面平正。

(四)击发时机掌握不好

无依托射击时,有的射手常为捕捉瞄准点,造成勉强击发或猛扣扳机。修正方法:首先选择好瞄准点,并在瞄准线指向瞄准点附近轻微晃动时,适时击发;练习时,反复体会在保持准星与缺口平正关系的基础上,自然指向瞄准点的景况;不断摸索枪的晃动规律,掌握击发时机。

(五)过早屏住呼吸

射击时,屏住呼吸过早,易造成憋气,使肌肉颤动、据枪不稳或猛扣扳机。修正方法:反复体会在瞄准线指向瞄准点附近轻微晃动时自然停止呼吸的要领;在剧烈运动后无法按正常情况停止呼吸时,应进行深呼吸后再停止呼吸。

(六)耸肩、眨眼和猛扣扳机

射击时,由于射手过多地考虑枪响时机、点射弹数、射击成绩等原因,造成心理紧张,产生耸肩、眨眼和猛扣扳机等错误动作,影响射弹命中。修正方法:按要领操作,把主要精力、视力集中在准星与缺口的正确关系上,达到自然击发。

第四节 战 术

一、单兵战术动作

(一)战术基础动作

单兵在战斗中,通常在班(组)内行动,主要以手中武器和爆破器材摧毁敌装甲车辆和其他目标,消灭敌有生力量。

战斗中,单兵必须坚决执行命令,贯彻近战歼敌的思想,树立敢打必胜的信心;发扬英勇顽强、孤胆作战、不怕牺牲、不怕疲劳和连续作战的作风;巧妙地利用地形和工事,善于对敌核、化学、生物武器和航空兵、炮兵、坦克火力进行自我防护;熟练地使用手中的武器,以准确的射击、投弹和灵活、迅速的动作,消灭敌坦克、步兵战车(装甲输送车)和步兵,坚决完成任务。

单兵必须注意班(组)长的指挥口令和信号,保持与邻兵的联系,并主动支援邻兵。在与班失去联系时,要敢于独立战斗,或主动向友邻靠拢,自觉服从其指挥。

在任何艰难、危险的情况下,单兵都必须有同敌人血战到底的气概和决心,没有命令,决不后退。

1. 战斗中携枪的方法

1)持枪

持枪可分为单手持枪(见图7-18)和双手持枪(见图7-19)。

图 7-18　单手持 95 式自动步枪　　图 7-19　双手持 81(03)式自动步枪

(1)单手持枪。

口令:持枪。

动作要领:右手持枪,虎口对正上护木,大拇指压住背带,右臂自然弯曲,左臂下垂。运动时自然摆动,枪口向前上方,枪身与地面略成 45 度。

(2)双手持枪。

口令:双手持枪。

动作要领:左手虎口对正上护木,四指压住枪背带,左肘轻贴左肋,右手握握把,食指轻贴扳机,枪托贴于右胯,枪口略向前,枪面稍向左倾斜。

2)擎枪

擎枪可分为单手擎枪和双手擎枪。

(1)单手擎枪。

口令:擎枪。

动作要领:右手握握把,食指轻贴扳机处,将枪置于右胸前,枪口向上,枪托与地面垂直,机匣盖后侧贴于肩窝,右大臂里合,枪托贴于右肋,背带自然下垂,左手自然下垂或抓住固定物体。

(2)双手擎枪

口令:双手擎枪。

动作要领:右手握握把,食指轻贴扳机处,将枪置于右胸前,枪口向前上,枪身略低,左手托握下护木或弹匣弯曲部,背带自然下垂或压于左手下,身体与射向成 30 度。

3)挎枪

挎枪通常在行军途中采用。其动作要领是:背带挂于右肩,右手握住上护木,枪口向前下,枪身与地面略成 60 度。

2.卧倒、起立

1)卧倒

卧倒,分为持枪卧倒、端枪卧倒和反身卧倒。单手持 95 式自动步枪卧倒如图 7-20 所示。

(1)持枪卧倒。

口令:持枪卧倒。

动作要领:由肩枪换成单手持枪,左脚向右脚前迈出一大步,左脚弯曲,上体前倾,身体下塌,两眼注视前方,左手顺左脚前伸,掌心向下,稍向右,以左膝、左手、左肘的顺序着地,成侧身卧倒。此时姿势是:左腿弯曲,右腿伸直,右手提枪(沙地、雪地、泥泞地卧倒时,枪口稍抬高),枪托轻着地,目视敌方。需要射击时,右手以虎口的压力和四指的顶力将枪向目标方向送出,左手

图 7-20　单手持 95 式自动步枪卧倒

接握弹匣,同时蹬直左腿,全身着地,收回右手,打开保险,移握握把,据枪射击。如不需射击时,右手将枪送出,并旋转枪面,使枪面向右,将枪轻贴身体右侧,右手或枪管置于左小臂上,目视敌方。有时,也可右脚向前迈出一大步,左手撑地迅速卧倒。

(2)端枪卧倒。

口令:端枪卧倒。

动作要领:由肩枪换成双手持枪,左脚向右脚前迈出一大步,上体前倾,身体下塌,按左小臂、左膝、左臀的顺序迅速卧倒,两手协力迅速出枪,同时蹬直左腿,据枪射击。

在沙地、雪地、泥泞地、乱石地、凹凸不平地卧倒时,可采用跪姿卧倒。其动作要领是:两脚分开平齐,约与肩同宽,上体收腹前倾,身体下塌,重心稍向后移,两膝内侧迅速着地,同时上体前扑,两手臂外侧迅速着地,伸直双腿,成据枪射击姿势。

(3)反身卧倒。

反身卧倒,是士兵在持枪跃进过程中后方突然出现目标,或爆破手拉火后返回适当位置时,迅速隐蔽、射击或做好再次爆破准备的一种卧倒方式。

口令:反身卧倒或后方出现目标。

动作要领:左脚向前迈出一大步,左手前伸,身体下塌前倾,利用两脚的蹬力将身体向后(反时针方向)旋转 180 度,重心左倾,按左手、左腿外侧的顺序着地,侧身卧倒,此时,左腿弯曲,右腿伸直,目视目标,并做好射击或再次爆破的准备。

2)起立

口令:起立。

持枪与端枪起立的动作要领同持枪与端枪卧姿跃起的动作要领。起立后,继续持枪或端枪前进。

反身卧倒起立时,其动作要领是:收枪后按顺时针方向转体 180 度,将身体支起,向前一步,迅速起立。

3.前进

1)匍匐前进

士兵在敌火力威胁较大且自身处于卧倒状态,如发现近处(10 米以内)有地形或遮蔽物可利用时,可采用匍匐前进的运动姿势向其靠近。根据地形和遮蔽物的高低,匍匐前进又分为低姿匍匐、侧身匍匐和高姿匍匐三种姿势。

(1)低姿匍匐。

低姿匍匐在遮蔽物高约 40 厘米时采用。口令:"向××——低姿匍匐前进。"要领:腹部贴于地面,屈回右腿,伸出左手,用右脚内侧的蹬力和左手的扒力使身体前移,在移动的同时,屈回左腿,伸出右手,用左脚内侧的蹬力和右手的扒力使身体继续前移,依次交替前进。携自动步枪时,右手掌心向上,枪面向右,虎口卡住机柄或握护木,并握住背带,枪身紧靠右臂内侧(见图7-21)。

图 7-21　低姿匍匐

(2)高姿匍匐。

高姿匍匐是在遮蔽物高约60厘米时采用。口令:"向××——高姿匍匐前进。"要领:用两小臂和两膝支撑身体前进。携枪方法同低姿匍匐,有时可将枪托向右,两手托握枪(见图7-22)。

图 7-22　高姿匍匐

(3)侧身匍匐。

侧身匍匐是在遮蔽物高约60厘米时采用。口令:"向××——侧身匍匐前进。"要领:身体左侧及左臂着地,左大臂向前倾斜支撑上体,左腿弯曲,右腿收回,右脚靠近臀部着地,右手握枪,用左臂的支撑力和右脚跟的蹬力使身体前移(见图7-23)。

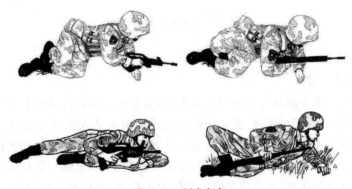

图 7-23　侧身匍匐

2)滚进

滚进是在卧姿时,为避开敌人观察、射击而左右移动或通过棱线时采用的运动方法。口令:

"向××——滚进。"要领:将枪关上保险,左手握枪表尺上方,右手握枪颈附近或两手握上护木,枪面向右,顺置于胸、腹前抱紧,两臂尽量向里合,两脚腕交叉或紧紧并拢,全身用力向移动方向滚进。运动中,也可在卧倒的同时向移动方向滚进。其要领:左(右)脚向前一大步,左手在左(右)脚前着地,身体尽量下塌,右手将枪置于小臂内,身体向右(左)侧,枪面向右,在右(左)臂、肩着地的同时,向右(左)滚进。

停止时的滚进动作如图 7-24 所示,前进时的滚进动作如图 7-25 所示。

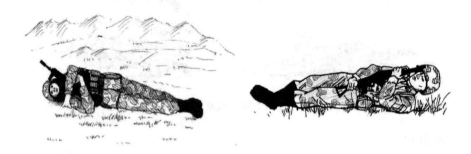

图 7-24　停止时的滚进动作

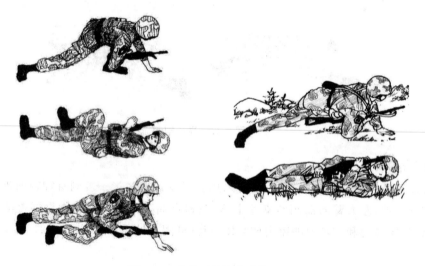

图 7-25　前进时的滚进动作

(二)抗击与抗冲击

1. 冲击准备及冲击前进

冲击准备,是为了冲击而进行的各项准备工作,对战士的冲击行动有着直接影响。冲击,是近距离内向敌人猛扑,以火力、爆破、突击相结合的手段消灭敌人的战斗行动,是战士的战斗意志和军事技术全面发挥的关键时刻,是决定战斗成败的重要阶段。因此,战士在冲击准备时,应充分做好各项准备工作。冲击时,必须具有一往无前的精神,以压倒一切敌人的英雄气概,根据不同的冲击目标、地形及任务,灵活地采取不同的冲击行动,勇猛冲入敌阵,坚决消灭敌人。

1)冲击准备

战士占领冲击出发阵地后,应根据情况构筑或加修工事,注意观察和伪装;看清冲击目标、前进路线、通路位置和便于利用的隐蔽地形;记住班(组)、自己的任务和信(记)号。

冲击准备过程中,战士应做到迅速、确实、隐蔽,并不断地观察敌情和班(组)长的指挥。如发现敌坦克、火力点距我较近,并对我威胁较大时,火箭筒手应根据班(组)长的口令将其击毁。

2)冲击前进

发起冲击:战士听到"冲击前进"的口令或看到冲击信号时,应迅速跃起或跃出工事,最大限度地利用我火力效果,迅猛地向指定目标冲击前进。

向敌步兵冲击时的动作:向敌步兵冲击时,战士应充分利用我炮火准备的效果勇猛冲击前进。冲击中应不断地观察敌情、班(组)长的指挥及邻兵动作,发现目标以行进间或短停顿射击,消灭或压制敌人。进至投弹距离时,应自行或按班(组)长的口令向敌堑壕内投弹,趁手榴弹爆炸的瞬间,勇猛冲入敌阵地,不停地向指定目标冲击前进。

2. 通过通路

接近通路时,应按班(组)长规定的顺序,迅速进入通路。如通路纵深较小时,应利用我炮火准备的效果,快跑通过。如通路纵深较大时,应在我炮火掩护下分段逐次跃进通过。在通路中遇有地雷等残存障碍物时,应根据班(组)长的指示和障碍物的性质,以爆破法和破坏法进行排除,或使用就便器材克服通过。在通过中,战士应充分利用通路两侧边缘的有利地形和我火力掩护的效果,灵活迅速地前进。发现目标时,应及时以火力将其消灭。

3. 行进间射击、投弹

行进间射击、投弹是战士在运动中进行的射击和投弹,通常是向敌冲击时所采用的。

1)行进间射击

行进间射击分为短停顿射击和抵近射击。

短停顿射击:半自动步枪、冲锋枪手在行短停顿射击时,应在左脚着地时停止前进,同时迅速据枪(左大臂不靠左肋),概略瞄准,果断击发,然后继续前进。

抵近射击:半自动步枪、冲锋枪手抵近射击时,左手握护木,将枪稍向右下推压,左臂保持自然。右手握枪颈(握把),大臂挟紧,小臂略成水平,使枪托贴于右肋。两眼注视目标,余光看准星座,两手协力将枪概略指向目标,左脚着地同时击发,边行进边射击。冲锋枪也可将枪背带挂在肩上实施射击。班用轻机枪手抵近射击时,左手握护木,大臂紧贴左肋,将枪稍向右下推压。右手握握把,大臂挟紧,小臂略成水平,使枪托贴于小臂内侧或右肋。两眼注视目标,余光看准星座。两手协力将枪概略对向目标,左脚着地同时击发,边行进边射击。也可将枪背带挂在肩上实施射击。

2)持枪行进间投弹

持枪行进间投弹与徒手行进间投弹基本相同。持枪方法有两种。

第一种方法:右手将枪交给左手,右手取出手榴弹,两手协力拧开弹盖,将拉火环套在右手小指上。引弹时,左手随身体右转将枪上提,斜于腹前。挥臂时,将枪转向左侧,枪刺向左前,以防右手下落时触及枪刺。

第二种方法:左手从枪的左侧穿入枪背带内,虎口向前,握住准星座后部或上护木,右手取出手榴弹,两手协同拧开弹盖,将拉火环套在右手小指上。引弹时,枪随身体右转到腹前。投掷时,将枪稍下压,转向左侧,枪刺向左前,以防右手下落时触及枪刺。

4. 沿壕搜索

1)进入和跃出堑壕的动作

进壕前,应仔细观察潜听,判明壕内情况,选择进入位置,视情况灵活采取直接跳入和支撑跳入。其要领:接近壕沿时,以一手一脚支撑壕沿,一手持枪(筒),身体下塌,面向前进方向,迅速转身跳入壕内。堑壕较浅时,可直接跳入。

跃出堑壕时,应尽量利用掩体、踏脚孔或残缺部,视情况采取支撑跃出和直接跃出的方法。堑壕较深时,可将枪(筒)放于壕沿,用两手的支撑力和两脚的蹬力跃出堑壕再取枪(筒)前进。

2)壕内运动和搜索的方法

进入壕内后,应先消灭附近之敌,尔后迅速利用掩体或壕的拐弯处,逐段搜索前进,并与壕外战士密切协同,随时准备消灭突然出现之敌。运动时,通常端枪,姿势要低,脚步要轻,身体靠近壕墙一侧,耳听目视,到拐弯处后,应利用拐弯处的内侧隐蔽身体,仔细观察,查明前方情况;通过壕的直线段时,动作要快,应屈身快跑,迅速接近下一段壕的拐弯处,避免在直线段中停留。发现敌人时,应迅速果断将其消灭,尔后继续搜索前进。

5. 进入(转入)防御时的准备

战士在进入(转入)防御时,应充分做好武器器材的准备工作。认真检查手中武器、弹药及各种爆破器材是否良好,有无受潮、霉烂、生锈、变质、损坏等情况。特别要注意检查防毒面具有无损坏、漏气、阻气等现象,检查防护盒内的物品是否完好;如无制式防护器材时,应制作就便防护器材。

6. 占领和撤离射击位置

占领射击位置时,应降低姿势,打开刺刀(脚架),左(右)脚跨一大步于掩体内侧,由下而上隐蔽地占领,细致地观察,适时出枪(筒)。

撤离射击位置时,应迅速收枪(筒),关保险,折回刺刀(脚架),右手持枪(筒),迅速离开射击掩体。

7. 进入掩蔽工事

利用掩蔽工事进行隐蔽,是防敌火力袭击,保存有生力量的重要手段。战士应按班(组)长的命令和信号,迅速进入工事隐蔽,并做好战斗准备。当接到占领阵地的命令或信号时,应迅速占领射击位置,并做好抗击的准备。当进入掩蔽部、坑道、短洞防护时,战士应迅速撤离射击位置,进入掩蔽工事,按班(组)长指定的位置就地而坐,并做好战斗准备。最后进入的战士,关好防护门。

8. 消灭冲击之敌

敌军通常使用大量坦克从行进间发起冲击。冲击具有速度快、火力猛、突破对方阵地能力强等特点。因此,战士应根据班(组)长的命令,利用工事,结合障碍,充分发挥手中武器和爆破器材的威力,坚决消灭冲击之敌。

1)消灭开辟通路和通过通路之敌

当敌坦克利用火力掩护,在我前沿障碍物中开辟通路时,火箭筒手应根据班(组)长的命令,以突然准确的火力击毁敌坦克,并注意观察射击效果。也可占领侧翼发射阵地或有利的地形,以准确的火力将其击毁。当敌工兵、步兵开辟通路时,步枪、机枪手应根据班(组)长的命令,隐蔽地占领射击位置,以突然准确的火力消灭敌步兵和工兵。

当敌坦克、步兵战车(装甲输送车)接近和通过通路时,火箭筒手应迅速机动至有利的射击位置,抓住有利时机,首先击毁敌先头装甲目标,以堵塞通路;发射后应注意观察射击效果,视情况,击毁其他跟进目标;如敌火力威胁较大时,应灵活地变换射击位置。如敌步兵跟随坦克通过通路时,步枪、机枪手应抓住敌收拢队形、进入通路、队形密集的有利时机,以突然猛烈的火力切断敌步坦联系,消灭敌步兵。

2）消灭逼近前沿之敌

当敌坦克、步兵战车（装甲输送车）逼近前沿时，战士应沉着果断，将其击毁在前沿前。火箭筒手应首先击毁对我威胁大的敌装甲目标，尔后迅速转移火力击毁其他目标。步枪、机枪手应注意观察，准备好爆破器材，隐蔽迅速地沿壕向敌坦克、步兵战车（装甲输送车）可能越壕的地点机动，待敌坦克、步兵战车（装甲输送车）接近堑壕的瞬间，以爆破器材将其炸毁。

当敌坦克引导步兵逼近前沿时，火箭筒手应以突然准确的火力击毁敌坦克。步枪、机枪手应以突然准确的火力和手榴弹消灭敌步兵，切断步坦联系，同时准备各种爆破器材，待敌坦克越壕时将其炸毁。

当敌坦克以火力支援步兵逼近前沿时，步枪、机枪手应以突然准确的火力消灭敌步兵。当敌步兵进至我投弹距离时，应向敌投弹，如敌队形密集，应向其投掷爆破筒、炸药包，大量地杀伤敌人。火箭筒手应按班（组）长的命令，利用工事、地形隐蔽的有利地形，击毁对我威胁较大的敌坦克。如敌溃退时，应以火力追击。

击退敌后，要加强观察，防敌火力袭击，并抓紧时间，抢修工事，补充弹药，抢救伤员，做好抗击敌人再次冲击的准备。

（三）利用地形

地形是指地面的高低起伏状态和固定性物体，它对军队的作战行动有着重要的影响。利用地形是士兵的基本战斗动作，是士兵战术的基础。实战经验证明，士兵在战斗中是否善于利用地形，对能否保存自己、消灭敌人有着直接的影响。

1. 利用地形的目的与要求

1）利用地形的目的

利用地形的目的在于灵活恰当地运动，发扬火力，隐蔽和掩蔽自己。灵活恰当地运动，是士兵迅速逼近以至消灭敌人的主要条件；发扬火力，是士兵消灭敌人的重要手段；隐蔽和掩蔽自己，是士兵进行防护借以防敌发现和防敌火杀伤的最有效方法。这三者是有机联系、相辅相成的。因此，在利用地形进行运动、射击和防护的行动中，应首先着眼于以积极的行动消灭敌人。只有消灭敌人，才能有效地保存自己。

2）利用地形的要求

士兵利用地形时，应做到：便于观察、射击和隐蔽身体；便于接近与离开；便于防敌地面和空中火力的杀伤；不妨碍班（组）长的指挥、邻兵的动作和火器射击；不要几个人拥挤在一起，以免增大伤亡；尽量避开独立、明显的物体和难以通行的地段。

士兵在利用地形占领射击位置时，要根据敌情、任务和遮蔽物的高低、大小取适当姿势，应迅速隐蔽地接近，由下而上地占领，周密细致地观察，不失时机地射击。对不便于射击的位置，应加以改造。不要在一处停留过久，要视情况灵活地变换位置。

2. 利用各种地形的部位及方法

1）对坎的利用

坎有纵向、横向和高低之分。横向坎要利用背敌面隐蔽身体，纵向坎要利用弯曲部、残缺部或顶端的一侧隐蔽身体，以其上沿做射击依托。对土坎最好利用残缺部，对堤坎则利用凹陷部。根据坎的高度可取立、跪、卧等姿势。

接近坎时，通常应采用跃进的方法。当进至坎的最大遮蔽界后，迅速卧倒，再匍匐至坎的底部，视情况可左右移动，选择好利用的部位。占领时，应由下而上地占领，隐蔽地观察，需要射击时，应迅速出枪。占领后，应不断观察战场，选择好前进的路线和暂停的位置。转移时，迅速收枪缩体，视情况可采取左右移动、扬土、施放烟幕等方法欺骗、迷惑敌人，突然跃起（出）前进。当敌火力被我军压制时，可直接跃起（出）前进。

图 7-26　横向土坎利用部位

横向土坎利用部位如图 7-26 所示。

2）对土堆（坟包）的利用

独立土堆（坟包）通常利用其右侧，如视界、射界受限或右侧有敌火力威胁时，也可利用其左侧或顶端；双土堆（坟包）通常利用其鞍部；对空射击时，通常利用其后侧或顶端；对众多土堆组成的集团包通常利用靠近敌方边沿的一个。土堆（坟包）不便于利用时，应加以改造。

土堆利用部位如图 7-27 所示。

图 7-27　土堆利用部位

3）对坑的利用

对坑通常利用其前切面隐蔽身体，利用其上沿做射击依托，应按其深浅、大小，以跳、跨、滚等方法进入，取立、跪、卧等姿势射击。跳入通常是在进入较深的坑时采用。其要领是右手持枪，左手撑坑沿顺势跳入坑内。跨入通常是在进入较浅的坑时采用。其要领是接近至坑沿时，左脚迅速跨入，顺势侧卧于坑内。滚入的要领是卧倒后迅速移滚到坑沿，观察后再进入。转移时，应根据坑的深浅，采取不同的方法，突然跃起前进。

土坑利用部位如图 7-28 所示。

图 7-28　土坑利用部位

4）利用其他地形

（1）利用树木。

通常利用其右后侧，根据树干的粗细取适当姿势。树干粗（直径 50 厘米以上）可取各种姿势，树干细，通常采取卧姿。如取立姿时，应尽量将身体左侧、左大臂（或左小臂）、左膝紧靠树木，右脚稍向后蹬；如对空射击时，可将左小臂抬高或身体左后侧紧靠树木进行射击；如取卧姿时，应将左小臂紧靠树木或以树的根部为依托，两脚自然并拢，身体尽量隐蔽在树后侧。

利用树木如图 7-29 所示。

图 7-29　利用树木

(2)利用高苗、丛林地。

应尽量利用靠近敌方的边缘内侧,按其高低、稠密情况取适当的姿势。接近时,应注意观察,保持前进方向,利用空隙,轻轻地拨开高苗或利用风吹草动的机会迅速占领。

(3)利用墙壁、墙角、门窗。

应按其高度取适当姿势。墙低于人体时,可利用其顶端或残缺部;墙高于人体时,可将脚垫高或挖射孔。对空射击时,通常利用其顶端做依托或背靠墙壁,依其高度取不同姿势。墙角通常利用其右侧,左小臂紧靠墙角,取适当姿势。接近墙壁后应注意潜听观察,确定另一侧无敌人后再利用;如另一侧有敌人,应以手榴弹将其消灭。窗可利用其左(右)下角。

利用墙角如图 7-30 所示,利用门窗如图 7-31 所示。

图 7-30　利用墙角

图 7-31　利用门窗

(4)利用石缝。

通常利用石缝左侧,如受视界、射界限制时,可利用右侧。

(5)利用石洞。

石洞洞口应利用左(右)侧崖壁,采取卧、跪、立等姿势;洞内可利用拐弯处或突出部。

(6)利用山脊。

通常利用横向山脊的局部低洼处或残缺处。

3.转移战斗位置

士兵在战场上,绝对不能在同一战斗位置停留过久,以免被敌火杀伤,要不断地变换和转移战斗位置。转移前,应先观察敌情,选择好下一个战斗位置、前进路线以及中途的暂停地点,同时,迅速整理好装具和器材,按照班(组)长的命令,迅速收枪离开。在离开时,可用扬土、竖假目标等方法欺骗、迷惑敌人,运用滚动、匍匐或快速跃起动作离开,也可投掷一枚手榴弹,以其爆炸后的烟雾做掩护迅速转移。

在向新的战斗位置前进的过程中,要不断观察战场情况,注意防敌射击和防空、防炮,屈身运动时,距离不宜过长,一般为15~30米。到达新的战斗位置后,先隐蔽,再观察,视情况出枪射击。

二、班(组)战斗行动

班(组)战斗行动包括战斗准备、队形与运动、接敌、障碍排除、攻击、阵地构设、防守等。

(一)战斗准备

班(组)长受领任务后,应组织全班(组)严格按上级规定的时间,迅速、周密地做好战斗准备。

1.了解、传达任务

班(组)长受领任务后,应首先了解任务,正确理解上级意图和本班(组)的任务,尔后向全班(组)进行传达。传达任务的方法应根据情况而定。时间充足时,可集中传达;情况紧急时,可分别传达。在开进中受领任务时,应边开进、边传达。传达任务的主要内容包括:

(1)敌情。

(2)上级任务、意图。

(3)本班(组)的任务。

(4)友邻任务及协同方法。

(5)通信联络方法及信(记)号规定。

(6)完成战斗准备的时限。

2.准备装备器材

班(组)长应根据上级指示和遂行任务的需要,组织全班(组)迅速做好以下准备工作。

(1)明确着装方式和携带武器、弹药、装具、器材的种类和数量。

(2)请领分发自救互救药品、器材和食品、饮水及经费等。

(3)明确携带通信器材的种类、数量。

(4)乘车(船)的位置、时间和要求。

(5)完成准备工作的时限等。

3.开进

开进是班(组)队由集结地域或待机地域向预定作战地区前进的行动。严密地进行组织开进,按时到达指定位置,是顺利完成战斗任务的前提。

班(组)通常在上级编成内开进,有时也可单独开进。单独开进时,应根据上级意图、敌情(事件情况)、班(组)的任务、交通工具及地形状况等,确定开进的方式、方法。在确定开进路线时,应尽量避开闹市区和经常发生交通堵塞的路段,并选择好迂回路线。开进中,班(组)应保持与上级和友邻的联络,遇有情况时,应灵活果断地处置,确保按时到达指定位置。

1)开进的方式、方法

(1)徒步开进。

通常在道路(航道)通行能力差、无车(船)保障时采用徒步开进。徒步开进时,班(组)长应位于班(组)的先头,掌握开进的方向、路线、速度。通常采用一(二)路队形开进。在生疏复杂的地形上开进时,要不断检查和校对行进的方向和路线,防止走错。

(2)乘车(船)开进。

通常在任务紧急、道路(航道)状况良好、距离较远且有车(船)保障时采用。乘车(船)开进时,班(组)长应位于便于观察指挥的位置。根据车(船)况、路况和上级要求等情况掌握好速度、距离。

(3)搭乘直升机开进。

在沙漠、草原、河滩、山区等地形上遂行紧急任务且有直升机保障时采用。搭乘直升机开进时,班(组)应在指定位置就座并系好安全带。按规定放置所携带的武器装备。

开进到指定位置后,班(组)长应立即向上级报告。

2)情况处置

当遇道路(航道)堵塞或车辆(船只)发生故障时,应迅速组织疏通或抢修车辆(船只),短时间内不能疏通或排除故障时,应及时查明附近的道路情况,迅速绕行,或换乘其他车辆(船只)开进,也可转换成徒步开进。

当接到上级改变到达地点或开进路线的命令后,应查明新路线,尔后组织开进。

4. 现地勘察、定下决心

班(组)长到达现地后,通常应参加上级组织的现地勘察,听取上级对敌情或事件情况及现地情况的介绍,进一步受领任务。单独执行任务时,班(组)长应及时进行现地勘察。

现地勘察主要查明:作战对象的具体位置、人数、武装程度;行动区域内地形特点和对我行动的影响;以及社情和天候气象情况。选定战斗行动的最佳路线和攻击方向,或处置行动最佳展开位置和主要行动方向等。

组织现地勘察,通常由班长带领小组长采用一点或多点勘察的方法实施。必要时,可采取化装抵近勘察的方法进行。

组织现地勘察时,应充分发扬军事民主,完善决心。并注意隐蔽行动,防止暴露现地勘察的目的或遭对方袭击。

在现地勘察的基础上,班(组)长应迅速查明情况、定下决心。决心内容主要包括:

(1)行动目的。

(2)主要方向。

(3)兵力部署。

(4)完成行动准备的时限。

(5)指挥位置。

5. 规定任务、组织协同

班(组)长在现地勘察、判明情况的基础上,应及时规定任务,明确协同动作。规定任务的主要内容包括:

(1)敌情。

(2)上级的决心和目的。

(3)本班(组)的任务。

(4)友邻的任务及协同的方法。

(5)各组(士兵)具体任务。

(6)通信联络的方法及信(记)号规定。

(7)班(组)长指挥位置。

(8)完成战斗(行动)准备的时限。

规定任务后,应根据各组(士兵)的任务,划分时节,组织协同动作,明确各时节各组(士兵)的行动方法及协同信(记)号规定。也可以在规定任务的同时,明确协同动作。

班(组)长规定任务、明确协同动作,应做到准确、简明。规定任务、明确协同动作后,应进行简短有力的战斗动员,坚定完成任务的信心。

(二)队形与运动

班(组)队形是指在进行战斗行动时,兵力兵器展开的队形。主要包括一(二)路队形、一(二)列队形、三角队形、梯形队形。班(组)运动是指按照上级规定的目标组织全班实施移动过程。主要包括全班跃进、分组跃进、全班逐个跃进和分组逐个跃进等。

1. 基本队形

班的基本队形由小组(火器)的战斗队形组成,小组的队形由士兵(各火器、射手)组成。基本队形通常有一(二)路队形、一(二)列队形、三角队形、梯形队形、环形队形和楔形队形六种。运用时,应根据敌情(事件情况)、地形和任务情况而定。

1)一(二)路队形

一(二)路队形,通常在沿街巷或其他狭窄地段运动时采用。班长口令:"目标(方向)×处,以×组为准,距离(间隔)×步,成一(二)路队形跟我来!"组长口令:"距离×步,跟我来!"班(组)长向目标方向前进,各组(士兵)按规定距离依次跟进(见图7-32)。

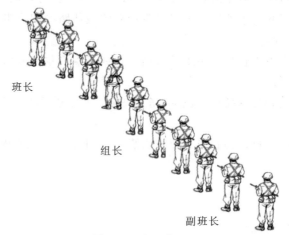

图 7-32 班一路队形

2)一(二)列队形

一(二)列队形亦称横队队形和一字队形。通常在通过敌火控制的开阔地及搜索时采用。班长口令:"目标(方向)×处,以×组为准,间隔×步,成一(二)列队形(横队队形、一字队形)——散开——。"基准组向目标前进,其余组(士兵)在两侧或一侧散开前进(见图7-33)。

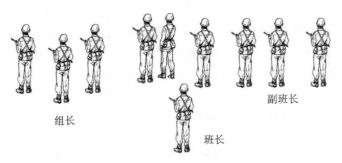

图 7-33　班一字队形

3)三角队形

三角队形,通常在较开阔的地形上向敌对分子接近或在复杂地形上搜索时采用。班长口令:"目标(方向)×处,以×组为准,成前(后)三角队形——散开——。"基准组(士兵)向目标(方向)前进,其余组(士兵)分别在其两侧后(前)取适当距离成三角队形前进。班成前(后)三角队形时,前(后)方小组应成后(前)三角队形。

班前三角队形如图 7-34 所示,班后三角队形如图 7-35 所示。

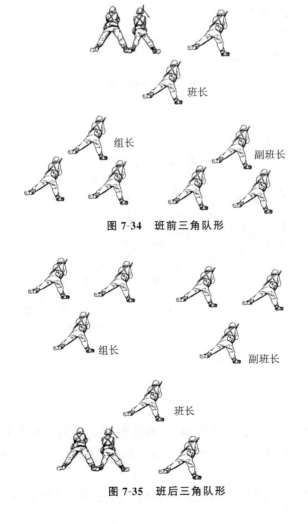

图 7-34　班前三角队形

图 7-35　班后三角队形

4）梯形队形

梯形队形，通常在翼侧有敌情顾虑时或向前侧方实施搜索、驱逐行动时采用。班长口令："目标（方向）×处，以×组为准，间隔×步，成左（右）梯形队形——散开——。"组长口令："成左（右）梯形队形——散开——。"基准组向目标前进，其余组（士兵）在其左（右）侧后成梯形队形前进。

班左梯形队形如图 7-36 所示，班右梯形队形如图 7-37 所示。

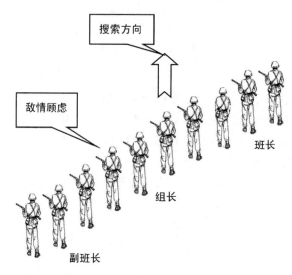

图 7-36 班左梯形队形

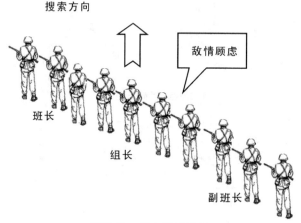

图 7-37 班右梯形队形

2.运动方法

1）全班跃进

全班跃进，通常在距敌较远，敌火力减弱、中断或被我火力压制时采用。班长口令："向×处——全班跃进——。"全班突然跃起前进，到达位置后迅速隐蔽，占领射击位置。

2）分组跃进

分组跃进，通常在敌火力威胁较大，需要互相掩护前进或受地形限制时采用。班长口令：

"向×处——从左(右)至右(左)分组跃进——。"或逐个指挥战斗小组跃进。组长口令:"向×处——全组跃进。"

3)分组各个跃进

分组各个跃进,通常在通过敌火力封锁较严密的开阔地时采用。班长口令:"向×处——分组各个跃进——。"各组长逐个指挥士兵跃进。

4)全班各个跃进

全班各个跃进,通常在通过敌火力封锁较严密的开阔地或隘路时采用。班长口令:"向×处——从左(右)至右(左)各个跃进——。"或逐个指挥士兵跃进。

分组跃进和各个跃进时,班(组)长通常应先指挥不便于担任掩护或便于隐蔽前进的组(士兵)跃进,再指挥担任掩护或不便于隐蔽前进的组(士兵)跃进。各组(士兵)听到口令后,应按规定的顺序跃进。跃进中,地形越开阔,敌火力越猛烈,跃进的速度应越快,每次跃进距离应越短。在原地或到达指定位置的小组(士兵),应以火力掩护运动中的小组(士兵),切实做到队形与地形相结合、火力与运动相结合,迅速隐蔽地接近敌对分子。

三、攻击

攻击,是指主动进击敌人的行动。主要任务是歼灭敌人,攻占重要的地区或目标。

1. 战斗编组

班(组)在攻击行动中,通常以反坦克火箭和班用机枪为骨干进行战斗编组,将主要兵力、兵器编为主攻组,以部分兵力、兵器编为助攻组,以部分兵力编为机动组。主攻组的任务是在主要攻击方向实施攻击,突破敌防御,消灭敌人;助攻组的任务是配合主攻组战斗;机动组的任务是随时准备接替主攻组行动,应对意外情况。当在上级编成内执行某一地段或目标攻击任务时,也可将全班编成为火力组、打炸组(两个)。

2. 兵力部署

班(组)在攻击行动中的兵力部署,应根据敌情、地形和任务灵活确定,将主攻组配置在主要攻击方向上;将助攻组配置在次要攻击方向上;机动组在主攻组之后跟进。当全班对某一地段或目标同时展开攻击行动时,为便于班长指挥,通常可采取火力掩护小组配置在全班中央,两个打炸小组配置在火力掩护小组两侧。班的攻击正面通常为50~100米。

3. 行动方法

班(组)在实施攻击时,可灵活选择攻击方法。

1)基本攻击方法

(1)正面攻击。

正面攻击,是班(组)集中兵力、火力从敌防御正面实施的强行攻击。

(2)迂回攻击。

迂回攻击,是指班(组)在上级火力掩护和正面攻击分队的配合下,对敌侧后或后方实施的攻击。

(3)纵深攻击。

纵深攻击,是指班(组)对敌防御纵深内的重要目标实施的攻击。

2)对不同目标攻击的方法

(1)对敌散兵的攻击。

在战场上,班(组)长要不间断地观察敌情和战场情况,组织班(组)适时集中火力以正射、侧射和斜射方式消灭敌散兵。攻击中,若距敌较远,要组织班(组)利用各种地形地物,以不同的姿势向敌射击;距敌较近时,主要以短停顿射击、抵近射击和手榴弹消灭敌掩体内的散兵。

(2)对敌装甲目标和火力点的攻击。

对敌装甲目标和火力点实施攻击时,班(组)长要及时组织火力掩护、牵制敌人,指挥反坦克火器对目标进行摧毁。如果需要爆破时,班(组)长要迅速判明敌目标(火力点)的射向以及与其他火力点的联系,选择好接近路线、爆破点和返回路线,并组织火力掩护,将装甲目标和火力点炸毁。

(3)对占据高地目标的攻击。

对占据高地之敌实施攻击时,班(组)长要组织火力从正面压制山腰、山顶(山脊)或反斜面之敌,以主要兵力快速隐蔽迂回到敌翼侧或侧后,突然发起攻击,夺占制高点。

(4)对占据洞穴目标的攻击。

对洞穴目标实施攻击时,班(组)长要认真组织兵力火力,采取各种侦察方法,查明洞穴的规模、结构、出入口的位置及敌防守的兵力、火器等情况;指挥班(组)占领洞穴出入口附近的有利位置,切断洞穴守敌与外界的联系,采取搜、堵、炸、烧、伏、熏、淹、攻心等手段,迫敌投降或将其消灭。

(5)对水上目标的攻击。

对水上目标实施攻击时,班(组)长应组织兵力火力,利用海岸滩头、近岸制高点,以机枪、火箭筒、榴弹发射器压制敌火力,采取正面牵制、翼侧攻击的打法,将其摧毁。在攻击时,应重点攻击海上目标的油箱、发动机位置。目标距离较远时,可向上级报告,请求上级火力支援。

(6)对空降之敌的攻击。

班(组)对空降之敌攻击时,应乘敌降落未稳之机,利用上级火力急袭的效果,从行进间发起,多路、多方向大胆插入敌战斗队形内,以迅猛的动作,消灭空降之敌。若敌固守要点或企图脱离时,班(组)长应当迅速调整部署,对敌实施围歼。组织部分兵力对敌实施正面攻击,主要兵力实施迂回,抢占有利地形,断敌退路,对敌形成包围态势,尔后集中力量歼灭敌人。

(7)对临时驻止之敌的攻击。

班(组)对临时驻止之敌攻击时,应充分利用上级火力急袭的效果,迅速接近敌人,在上级火力转移的同时,迅猛突入敌战斗队形,击毁敌运输车辆,消灭敌步兵。突入后,班(组)应当迅速向敌纵深穿插迂回,割裂敌战斗队形,夺占要点,打敌要害,在友邻的配合下,分割围歼敌人。

(8)对运动之敌的攻击。

对运动之敌攻击时,班(组)应当灵活采用阻击、伏击、追击等战术手段,歼敌于运动之中。距敌先头较近的攻击小组应当迅速抢占敌运动路线上的有利地形,阻击敌人,其他小组从行进间展开,向敌战斗队形的翼侧、侧后实施多点攻击。

四、防守

防守,是指依托阵地或有利地形,运用灵活的战法抗击敌人攻击的行动。防守的主要任务是大量杀伤、迟滞、消耗敌人,扼守阵地,争取时间,为转入攻击或保障其他方向攻击创造条件。

1. 战斗编组

班(组)在防守行动中,通常编为2~3个战斗小组,其任务是打击敌坦克和步兵,协同友邻消灭敌人。

2. 兵力配置

班（组）防守时，兵力通常成一线或三角配置，有时也可梯次配置。机枪应配置在便于对阵地前方、翼侧和重要地段进行直、侧射的地点，反坦克火箭配置在便于敌装甲目标接近的地段。

3. 行动方法

班（组）在防守行动中，必须立足现有装备，充分发挥武器的技术性能，灵活运用战术手段，合理进行战斗编组，防、抗、袭、反紧密结合。

1）依阵抗击

依阵抗击，是指依托阵地抗击敌人攻击的方法。通常是在敌情顾虑较大或与敌直接接触的情况下，依托既设阵地或构筑野战阵地而进行的一种战斗方法。

2）筑垒坚守

筑垒坚守，是指依托既设坑道和地面永备工事，抗击敌连续突击的持久性防守行动。

3）机动阻滞

机动阻滞，是指在上级指定的地区，占领临时阵地，以交互阻击的方法节节抗击敌人的攻击，以空间换取时间的防守行动。

4）机动设伏

机动设伏，是指班（组）以较少的兵力和火器，利用前沿及翼侧、纵深的有利地形隐蔽待机，突然打击敌人的一种积极防御行动方法。

4. 情况处置

当敌使用化学、核武器和燃烧武器袭击时，班（组）长应迅速组织人员进入隐蔽工事进行防护。袭击过后，班（组）长应立即组织抢救伤员，加强观察，做好战斗准备。

当敌实施空、炮火力袭击时，班（组）长应组织人员迅速进入掩蔽部、坑道或人员崖孔隐蔽，并做好战斗准备。观察员应利用工事和有利地形进行防护，并加强观察。

当发现敌直升机突击时，班（组）长应组织人员以烟幕迷盲敌机侦察、射击。同时组织人员利用手中武器，在敌机俯冲、悬停、着陆时，集火打击敌机。

当敌攻击直升机以火力支援地面分队冲击时，班（组）长应指挥机枪手迅速占领有利位置对空射击，配合上级对空火力打击攻击直升机。

当敌装甲目标进入我打击范围时，班（组）长应根据冲击目标的性质、数量，及时指挥兵力集中或区分火力打击。

当敌进至障碍区时，班（组）长应指挥基本阵地的反坦克火器摧毁冲击的敌装甲目标。

当敌装甲目标正在通过通路时，班（组）长应指挥反坦克火器集火向通路内的先头装甲目标射击，使其堵塞通路，反坦克火器迅速向阵地两翼机动，以侧射火力击毁后面的装甲目标。

当敌装甲目标通过通路展开向我阵地攻击时，反坦克火器集火先打对我威胁最大的装甲目标，尔后再打其他目标。

当敌装甲目标突入我阵地时，班（组）长应根据敌装甲目标的位置，指挥正面和翼侧反坦克火器以正、侧射火力打击对我威胁最大的目标；令正面士兵投掷烟幕弹迷盲敌装甲目标；指挥距敌较近的士兵，利用阵地内的工事和有利地形，以爆破器材炸毁敌装甲目标。

当敌装甲目标以火力支援步兵攻击时，班（组）长应指挥反坦克火器手利用地形和工事隐蔽，观察敌装甲目标的动向，待其进入我有效射程时，以准确的火力将其击毁，指挥步机枪手依托射击工事，以火力消灭敌步兵。

当敌坦克引导步兵攻击时，班（组）长应组织兵力着眼于切断敌步坦联系，逐层分割，大量杀伤敌有生力量。

能力训练

1. 目前我军常用的轻武器有哪几种?
2. 影响射击精度的因素有哪些?如何修正?
3. 装、退子弹的动作要领是什么?
4. 瞄准和击发的动作要领是什么?
5. 射击中的主要问题有哪些?如何修正?
6. 战斗的基本原则是什么?
7. 利用地形的目的、要求和方法分别是什么?

第八章　防卫技能与战时防护训练

📖 本章导读

战术是进行战斗的方法,其主要内容包括基本原则、兵力部署、战斗指挥、协同作战、战斗行动方法和各种保障措施。

本章主要介绍格斗基础、战场医疗救护和防护。

📖 学习目标

了解格斗、防护的基本知识,熟悉卫生、救护基本要领,掌握战场自救互救的技能,提高学生安全防护能力。

第一节　格　斗　基　础

一、基本手型与步型

练习基本手型、步型是初学者应该掌握的基本知识,是擒敌术训练的基础。常用的手型有拳、掌、爪、勾,常用的步型有并立步、开立步、弓步、马步等。

(一)手型

在格斗中将手做出某种固定的形状称之为手型,如拳、掌等。

1. 拳

拳是指四指并拢卷握,拇指紧扣在食指、中指的第二节上,拳面平,手腕挺直。拳(见图8-1)包括拳峰、拳面、拳背、拳眼、拳心、拳轮等。在格斗中一般用拳峰、拳面、拳背、拳轮击打对手要害部位。

图 8-1　拳

2. 掌

1)立掌

立掌又称为柳叶掌,其四指并拢、伸直、拇指弯曲紧贴于虎口处。此掌包括掌背、掌指、掌外沿、掌心、掌根等(见图8-2)。在格斗中一般用掌外沿、掌根推砍对手要害部位。

2)八字掌

八字掌是指四指并拢伸直,拇指外展,虎口张开成"八"字(见图8-3)。此掌主要用虎口卡、按、压对手要害部位。

3)横掌

横掌是指四指并拢,拇指紧扣于虎口处,掌心向下,掌外沿向前,手腕内扣(见图8-4)。此掌主要用掌外沿横砍、横切、横推对手要害部位。

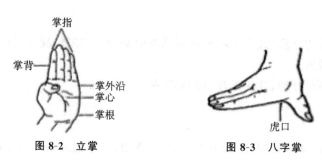

图8-2 立掌　　　　　图8-3 八字掌

3. 爪

爪是指五指弯曲四指并拢,拇指分开成"爪型",爪心向下,如鹰爪状(见图8-5)。此爪主要用于抓握对方手腕、肘关节、肩等部位。

图8-4 横掌　　　　　图8-5 爪

(二)步型

1. 并立步

并立步是指身体自然直立,两腿、脚自然并拢,两臂自然下垂,眼睛平视前方(见图8-6)。

2. 开立步

开立步是指左脚向左前上步,脚尖微内扣45度,右脚尖外摆与正前方成45度,两脚之间距离约与肩同宽,两膝微屈,重心在两脚之间(见图8-7)。

图8-6 并立步　　　　图8-7 开立步

3. 弓步

弓步是指左(右)脚向前一步,左(右)腿屈膝90度,上体正直,双手握拳于腰际。右(左)腿挺直,重心落于两脚之间(见图8-8)。

4. 马步

在立正姿势的基础上,左脚向左跨一步,略比肩宽,脚尖对正前方,屈膝半蹲,膝盖不超过脚尖,全脚掌着地;上体正直,身体重心落于两腿之间;两拳置于腰际,拳心向上,两眼向前平视(见图8-9)。

图8-8 弓步

图8-9 马步

二、格斗势与步法

正确的格斗势与步法是进行有效攻击和严密防守的基础。基本要求是能向任何方向快速移动和闪躲;能快速实施攻击;能保持正确的防守姿态,以缩小暴露面,增大防守面。

(一)格斗势

格斗势是进行擒敌术训练,与敌格斗的基本姿势。

口令:"准备格斗,停。"

动作要领:在自然站立(见图8-10)的基础上,右脚向右后方撤步,两脚打开约与肩同宽,两脚尖微内扣,膝盖指向脚尖方向。收腹含胸,屈膝下蹲,重心落于两腿之间。在撤步同时,两手握拳上抬与肩同高,大臂自然下垂,两拳心相对,左臂弯曲约成90度,右拳置于右肩前,下颌微收,两眼目视前方(见图8-11)。

图8-10 自然站立

图8-11 格斗势(一)

动作要点：
(1)两脚打开距离要适当,重心在两脚之间。
(2)膝盖微曲保持弹性,便于进攻和防守。

(二)步法

步法是根据格斗的需要,在步型的基础上前进、后退,用来与敌保持一定距离的方法。步法在格斗中非常重要,拳谚云："技击步为先。"这说明在格斗中,运用攻击、防守、反击动作之前,步法是先导。步法对自身的重心稳固、身法的运用等都起着关键的作用,所以步法是格斗中一个重要的环节。

1.前进步

口令："前进步,1、2……"

动作要领:在格斗势的基础上,右脚掌蹬地发力,左脚向前上半步,而后右脚快速跟半步,上体姿势不变(见图8-12)。

2.后退步

口令："后退步,1、2……"

动作要领:在格斗势的基础上,左脚掌蹬地发力,右脚向后退半步,而后重心落于右脚,左脚再向后半步,上体姿势不变(见图8-13)。

3.左闪步

口令："左闪步,1、2……"

动作要领:在格斗势的基础上,右脚掌蹬地发力,左脚向左前上步,而后右脚向左侧前跟步,上体微向右转(见图8-14)。

4.右闪步

口令："右闪步,1、2……"

动作要领:在格斗势的基础上,右脚掌蹬地发力向右侧前上步,而后左脚向右侧前上步,上体微向左转(见图8-15)。

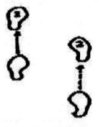 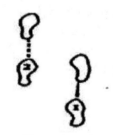

图8-12　前进步　　　　　　　图8-13　后退步

图8-14　左闪步　　　　　　　图8-15　右闪步

5. 前垫步

口令:"前垫步,1、2……"

动作要领:在格斗势的基础上,右脚先向左脚内侧并拢,左脚随即向前进一步(见图 8-16);垫步时,左、右脚移动距离基本相等。

6. 后垫步

口令:"后垫步,1、2……"

动作要领:在格斗势的基础上,左脚先向右脚内侧并拢,右脚随即向后退一步(见图 8-17)。垫步时,左、右脚移动距离基本相等。

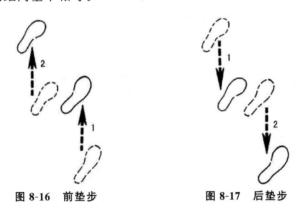

图 8-16　前垫步　　　　图 8-17　后垫步

动作要点:

(1)步法移动快速、灵活。

(2)步法移动时上体保持格斗姿势,身体重心不要有大的起伏。

(3)双脚不能同时离地,轻贴地面,切忌拖步。

(4)动作协调连贯,闪躲及时,蹬地有力。

三、攻击动作

在格斗中攻击动作有很多种,但军警格斗追求的是简练实用,在此我们选取部分技术加以练习。主要有"三拳四腿,一肘一膝",即直拳、摆拳、勾拳、弹踢腿、横踢腿、正蹬腿、侧踹腿、横击肘以及顶膝。在练习中应注重培养重拳、重腿等"杀手锏",提高一招制敌的能力。

(一)拳法

拳法是以拳面、拳峰、拳背等为着力点,在中、近距离对敌头、胸、腹、肋部进行攻击的技法。拳法主要有直拳、摆拳、勾拳等技法。

1. 直拳

直拳属于直线攻击拳法,主要击打对手的面部和下颌,具有击打快速,便于掌握的特点。一般前手直拳求快,后手直拳求重。

1)右直拳

口令:"右直拳,1、2……"

动作要领:在格斗势(见图 8-18)的基础上,右脚掌蹬地发力,身体以腰为纵轴左转,右肩向前顶出右臂,右拳旋转冲出,拳面向前,拳心向下,左拳回收防护下颌(见图 8-19),目视攻击方向。拳击打到位后,右肘自然下沉回收,身体回位成格斗势。

2)左直拳

口令:"左直拳,1、2……"

动作要领:在格斗势(见图8-18)的基础上,右脚掌蹬地发力,身体以腰为纵轴右转,左肩向前顶出左臂,左拳快速击出,拳面向前,拳心向下,右拳回收防护下颌(见图8-20),目视攻击方向。拳击打到位后,左肘自然下沉回收,身体回位成格斗势。

动作要点:

(1)直拳的发力要以蹬地转体为基础,出拳结合身体的转动。

(2)出拳时切忌抬肘,出拳方向与受击打面垂直。

动作要领可归纳为:蹬、转出拳,力要贯穿。

图8-18　格斗势(二)

图8-19　右直拳

图8-20　左直拳

2.摆拳

摆拳是弧线攻击拳法,主要攻击对手头部两侧和下颌。具有力度大、杀伤性强的特点,一般配合步法的移动实施进攻。

1)右摆拳

口令:"右摆拳,1、2……"

动作要领:在格斗势(见图8-21)的基础上,右脚掌蹬地发力,快速向左转髋、转腰,身体左转;右拳向右前伸出,拳心向下,微向外翻,而后借助转体的力量,右大臂快速里合,以拳峰食指、中指关节击打目标,左拳回收防护下颌,目视攻击方向(见图8-22)。右肘关节弯曲角度为120度至130度,击打过身体中线后沉肘收拳,身体回位成格斗势。

2)左摆拳

口令:"左摆拳,1、2……"

动作要领:在格斗势(见图8-21)的基础上,身体重心微向左压,而后左脚快速蹬地发力,向右转髋、转腰,身体右转;左拳向左前伸出,拳心向下,微向外翻,借助转体的力量,左大臂快速里合,以拳峰食指、中指关节击打目标,右拳回收防护下颌,目视攻击方向(见图8-23)。左肘关节弯曲角度为120度至130度,击打过身体中线后沉肘收拳,身体回位成格斗势。

动作要点:

(1)摆拳击打要借助转体的力量,大臂的摆动要与转体相结合,不要脱节。

(2)肘关节的角度要视目标距离调整,不要抬肘过高。

(3)击打力点要干脆,身体重心要稳固。

动作可归纳为:转体摆击,力点清晰。

图 8-21　格斗势（三）

图 8-22　右摆拳

图 8-23　左摆拳

3.勾拳

勾拳是近身攻击性拳法，主要击打对手的腹部、肋部和下颌。勾拳具有力量大、速度快、不易防守的特点。

1）右勾拳

口令："右勾拳，1、2……"

动作要领：在格斗势（见图 8-24）的基础上，身体微右转，身体重心右移，右拳下降至与腰部同高，右脚蹬地转体同时，借助转体的力量，猛力向左上勾击。肘关节角度约为 90 度，着力点在拳面，左拳回收防护下颌，目视攻击方向（见图 8-25）。拳击打到与下颌同高后回收，恢复格斗势。

2）左勾拳

口令："左勾拳，1、2……"

动作要领：在格斗势（见图 8-24）的基础上，身体微左转，身体重心左移，左拳下降至与腰部同高，而后左脚快速蹬地、挺身，身体右转，左拳由下向右上方勾击。肘关节角度约为 90 度，着力点在拳面，右拳回收防护下颌，目视攻击方向（见图 8-26）。拳击打到与下颌同高后回收，恢复格斗势。

图 8-24　格斗势（四）

图 8-25　右勾拳

图 8-26　左勾拳

动作要点：

（1）勾拳攻击路线要和转体发力方向基本保持一致。

（2）拳下降不要低于腰际，击打时肩关节要灵活，发力短促有力。

动作要领可归纳为：勾击迅猛，路线准确。

（二）腿法

腿法具有攻击力量大、攻击距离远的特点。但腿法一般运行时间较长，对手有反应时间，且部分腿法对人体的柔韧性有较高的要求，所以在擒敌术训练中应提倡简练、实用、快速的腿法，不过分练习高难度腿法。

1. 弹踢腿

弹踢腿主要攻击对手的裆部和下颌，在练习时应注重弹踢腿的速度和准确度。

1）右弹踢腿

口令："右弹踢，1、2……"

动作要领：在格斗势（见图 8-27）的基础上，右腿迅速屈膝前顶，左脚跟向前拧转，左手防护下颌，右手下摆保持平衡，待膝关节运行至与大腿同高时（见图 8-28），借助屈膝前顶的力量，右小腿迅速向前、上方踢击。脚尖绷直，着力点在脚背，左手防护下颌，右手下摆保持平衡（见图 8-29）。右腿踢直后迅速屈膝回收，而后向前落步，左脚上步成格斗势。

图 8-27　格斗势（右弹踢腿动作 1）　　图 8-28　右弹踢腿动作 2　　图 8-29　右弹踢腿动作 3

2）左弹踢腿

口令："左弹踢，1、2……"

动作要领：在格斗势（见图 8-30）的基础上，右脚在左脚后垫步，左腿迅速屈膝前顶，待膝关节运行至与大腿同高后（见图 8-31），借助屈膝前顶的力量，左小腿迅速向前、上方踢击。脚尖绷直，着力点在脚背，右手防护下颌，左手下摆保持平衡（见图 8-32）。左腿踢直后迅速屈膝回收，而后向前落步成格斗势。

动作要点：

(1) 攻击时膝关节要抬到位而后小腿再向前踢击。

(2) 攻击目标在前方，不可过分追求向上；踢击时髋关节要适度前送，踢击完成后回收。

(3) 发力顺畅，击打过程不要有停顿。

动作要领可归纳为：提膝弹踢要快速，快打快收要稳固。

图 8-30　格斗势（左弹踢腿动作 1）　　图 8-31　左弹踢腿动作 2　　图 8-32　左弹踢腿动作 3

2. 横踢腿

横踢腿是一种弧线攻击腿法，主要击打对手的膝关节、肋部或头部，俗称"鞭腿"。在训练时可按照由低到高的顺序进行练习。

1）右横踢腿

口令："右横踢，1、2……"

动作要领：在格斗势（见图 8-33）的基础上，右腿迅速屈膝前顶，同时左脚跟向前拧转，髋关节内扣，使右小腿略成水平。左手防护下颌，右手后摆保持平衡（见图 8-34），借助屈膝前顶和扣髋之合力，右小腿向左侧横踢，脚尖绷直，着力点在脚背（见图 8-35）。完成踢击后右小腿回收（见图 8-36），向前落步，左脚向前成格斗势。

图 8-33　格斗势（右横踢腿动作 1）　　图 8-34　右横踢腿动作 2　　图 8-35　右横踢腿动作 3　　图 8-36　右横踢腿动作 4

2）左横踢腿

口令："左横踢，1、2……"

动作要领：在格斗势（见图 8-37）的基础上，右脚垫步，左腿迅速屈膝前顶，同时右脚跟向前拧转，髋关节内扣，使左小腿略成水平。右手防护下颌，左手后摆保持平衡，（见图 8-38），借助屈膝前顶和扣髋之合力，左小腿向右侧横踢，脚尖绷直，着力点在脚背（见图 8-39）。完成踢击后左小腿回收（见图 8-40），向前落步成格斗势。

动作要点：

(1) 顶膝到位后髋关节迅速内扣，支撑脚要配合转动。

(2) 攻击路线为横向、斜向，要借助转腰的力量。

(3)踢击发力要快打、快收,着力点要准确。

(4)左横踢起腿快,弹击快;右横踢大腿抢摆,小腿弹击,连贯迅猛。

动作要领可归纳为:顶膝横踢快又准,收腿落地要站稳。

图 8-37 格斗势　　　　图 8-38 左横踢腿　　图 8-39 左横踢腿　　图 8-40 左横踢腿
（左横踢腿动作 1）　　　　动作 2　　　　　　动作 3　　　　　　动作 4

3. 正蹬腿

正蹬腿是直线攻击腿法,主要攻击对手的胸、腹部。正蹬腿力量大,对柔韧性要求不高,便于掌握,且可攻可防,是一种非常实用的腿法。

1)右正蹬腿

口令:"右正蹬,1、2……"

动作要领:在格斗势(见图 8-41)的基础上右腿迅速屈膝上抬,大小腿折叠,右脚抬起向前,脚尖回勾,左脚跟向前拧转,左手防护下颌,右手保持平衡(见图 8-42)。而后右腿猛力向前蹬出,着力点在脚掌(见图 8-43),右腿蹬直后迅速回收,右脚向前落步,左脚上步成格斗势。

2)左正蹬腿

口令:"左正蹬,1、2……"

动作要领:在格斗势(见图 8-44)的基础上,右脚垫步,脚跟向前拧转,左腿迅速屈膝上抬,大小腿折叠,左脚抬起向前,脚尖回勾,右手防护下颌,左手保持平衡(见图 8-45)。而后左腿猛力向前蹬出,着力点在脚掌(见图 8-46),左腿蹬直后迅速回收,左脚向前落步成格斗势。

图 8-41 格斗势(右正蹬腿动作 1)　　图 8-42 右正蹬腿动作 2　　图 8-43 右正蹬腿动作 3

图 8-44　格斗势（左正蹬腿动作 1）　　图 8-45　左正蹬腿动作 2　　图 8-46　左正蹬腿动作 3

动作要点：
(1) 提膝要快速连贯，大小腿折叠要紧。
(2) 蹬腿时大腿带动小腿，要适度送髋关节，增加攻击距离和力度，收腿时髋关节要回收。
(3) 攻击路线要向前，不要过分向上或向下。
动作要领可归纳为：提膝收腿向前蹬，可攻可防最实用。

4. 侧踹腿

侧踹腿也是一种直线性攻击腿法，相比正蹬腿而言，它的攻击距离更远，也更便于发力，它主要攻击对手的躯干部位和头部。但侧踹腿对柔韧性要求较高，在练习时以中侧踹腿为主。

1）右侧踹腿

口令："右侧踹，1、2……"

动作要领：在格斗势（见图 8-47）的基础上，左脚跟向前拧转，身体向左转动，两眼目视攻击方向。右腿屈膝上抬，大小腿折叠略成水平，右脚回勾对准目标，左手防护下颌，右手下放保持平衡（见图 8-48）。而后髋关节向前伸展，右腿猛力向前踹出，着力点在脚掌（见图 8-49）。完成攻击后右腿迅速回收（见图 8-50），右脚向前落步，左脚上步恢复格斗势。

图 8-47　格斗势（右侧踹腿动作 1）　　图 8-48　右侧踹腿动作 2　　图 8-49　右侧踹腿动作 3　　图 8-50　右侧踹腿动作 4

2）左侧踹腿

口令："左侧踹，1、2……"

动作要领：在格斗势（见图 8-51）的基础上，右脚垫步，脚跟向前拧转，左腿屈膝上抬，大小腿折叠略成水平，左脚回勾对准目标，右手防护下颌，左手下放保持平衡（见图 8-52）。而后髋关节向前伸展，左腿猛力向前踹出，着力点在脚掌（见图 8-53）。完成攻击后左腿迅速回收（见图 8-54），左脚向前落步，恢复格斗势。

动作要点：

(1)提膝时大腿内收,大小腿折叠要紧,脚要指向攻击方向。

(2)踹腿时脚要直线向前攻击,不可走弧线或向下掉落。

(3)攻击完成后要先收腿,再落步。

(4)左侧踹提膝踹出快；右侧踹提膝转体踹出连贯迅猛。

动作要领可归纳为：侧踹出腿路线直,收腿落步恢复快。

图 8-51　格斗势　　　图 8-52　左侧踹腿　　　图 8-53　左侧踹腿　　　图 8-54　左侧踹腿
（左侧踹腿动作1）　　　　　　动作 2　　　　　　　　动作 3　　　　　　　　动作 4

（三）肘法

肘法具有"力量大,杀伤强"的特点。但肘法的攻击距离短,需近身后方可有击打机会,所以运用时要灵活,肘的攻击方法主要有挑肘、顶肘和横击肘,在此我们主要练习横击肘。

1. 右横击肘

口令："右横击肘,1、2……"

动作要领：在格斗势（见图 8-55）的基础上,身体左转同时,右大臂抬平与肩同高,大小臂折叠,借助转体的力量,右大臂猛力向左横击,着力点在肘关节前侧,左手成掌以掌心轻贴右拳（见图 8-56）。击打过身体中线后,右臂回收恢复格斗势。

2. 左横击肘

口令："左横击肘,1、2……"

动作要领：在格斗势（见图 8-55）的基础上,左脚上步,身体右转同时,左大臂抬平与肩同高,大小臂折叠,借助转体的力量,左大臂猛力向右横击,着力点在肘关节前侧,右手成掌以掌心轻贴左拳（见图 8-57）。击打过身体中线后,左臂回收恢复格斗势。

图 8-55　格斗势（五）　　　图 8-56　右横击肘　　　图 8-57　左横击肘

动作要点:
(1)肘击时要借助转体的力量。
(2)攻击路线保持水平横击,肘关节不要向上翻转。
(3)转体挥肘猛,发力短促。

(四)膝法

膝法也是近身攻击的一种技法,主要攻击对手的裆部、腹部和下拉敌发撞击头部。膝法有前顶膝、横顶膝和撞膝等,在此我们主要练习前顶膝,前顶膝分为左顶膝和可顶膝。以右顶膝为例:

口令:"右顶膝,1、2……"

动作要领:在格斗势(见图8-58)的基础上,左脚跟向前拧转,右腿迅速屈膝前顶,髋关节向前伸展,大小腿折叠,右脚尖绷直下压,左手防护下颌,右手下放保持平衡,着力点在膝盖上方(见图8-59)。而后髋关节回收,右脚向前落步,左脚上步恢复格斗势。左顶膝在反格斗势的基础上完成。

图 8-58　格斗势(右顶膝动作 1)

图 8-59　右顶膝动作 2

动作要点:
(1)顶膝时要向前上发力,不要过分向上。
(2)大小腿折叠要紧,攻击时膝盖在最前方。
(3)下拉上冲协调迅猛,重心稳。

(五)攻击组合

攻击组合技法是指把不同的攻击技法编串起来运用,以便连续有效地攻击对方。进行技法组合时,必须考虑它的合理性。首先,组合技法的第一击大多是为第二击服务的,既有试探和测距的作用,又可为第二次打击蓄劲。其次,组合技法的编串要充分考虑到动作的节奏和多方位击打的因素。

1.拳法组合

口令:"拳法组合,1、2、停。"

动作要领:在格斗势的基础上,前进步的同时击打左直拳。随即接右直拳,接左摆拳,再接右勾拳。

动作要点:
(1)进步拳法组合,打出节奏与力量。
(2)进步快捷、拳击迅猛、节奏分明。

2.腿法组合

口令:"腿法组合,1、2、停。"

动作要领:在格斗势的基础上,右脚垫步左弹踢。随即,接右前蹬,接左侧踹,再接右横踢。

动作要点:

(1)垫步腿法组合,每一动作击打要到位。

(2)踢腿迅猛、重心平稳。

3.肘膝法组合

口令:"肘膝法组合,1、2、停。"

动作要领:在格斗势的基础上,左横击肘。随即,接右横击肘,再接右冲膝。

动作要点:

(1)肘法先,接冲膝动作要协调迅速,重心控制好。

(2)肘击迅猛、冲膝有力。

四、防守动作

防守动作是在格斗中运用各种方法化解掉对手的攻击,并迅速实施反击的技术和方法。增强防守能力是提高自我保护,有效反击对手的基本保证。防守的重点部位是:面部、下颌、腹部、裆部,这些部位受到重击,将会严重削弱战斗力。防守动作可分为两大类:接触性防守和非接触性防守。

(一)接触性防守

接触性防守是通过肢体拦截、阻挡敌攻击动作的技法。接触性防守的方法有拍击、格挡和抄抱等。

1.拍击

拍击,是指利用手掌拍打敌人攻击的动作,使自身不受伤害或少受伤害的防守技法。拍击主要用于防敌对我上体直线攻击的拳或腿。

口令:"左(右)拍击,1、2……"

动作要领:在格斗势的基础上,敌出右(左)直拳攻击我面部,我上体稍向右(左)转的同时,左(右)手成掌向右(左)前侧拍击,两眼目视拍击方向(见图 8-60 和图 8-61)。反击时可同时出直拳攻击敌面部。

动作要点:

(1)拍击迅速,支撑稳,上体防守到位。

(2)转体、拍击、出拳协调,发力短促。

图 8-60　左拍击

图 8-61　右拍击

2.格挡

格挡,是指利用手臂阻挡敌人的攻击,使自身不受伤害或少受伤害的防守技法。格挡主要用于防敌横向或直线的攻击。

口令:"××格挡,1、2……"

动作要领:在格斗势的基础上,左格挡时,左臂上提,左拳置于距太阳穴约10厘米处,同时上体稍向左转,右拳护颌(见图8-62);右格挡时,右臂上提,右拳距太阳穴约10厘米处,同时上体稍向右转,左拳护颌(见图8-63);向下格挡时,左(右)臂外翻,向外、下格挡,右(左)拳置于下颌处,同时上体稍向左(右)转(见图8-64和图8-65)。格挡时,着力点在小臂,两眼目视格挡方向。

动作要点:格挡及时、准确、迅速,手臂触敌时肌肉绷紧。

图 8-62　左上格挡　　　　图 8-63　右上格挡

图 8-64　左下格挡　　　　图 8-65　右下格挡

3.抄抱

抄抱,是指快速利用左右手防敌攻击,并控制其关节的防守技法。抄抱主要用于接抱敌前刺、下刺、横踢、正蹬等攻击方式。

1)左抄抱

口令:"左抄抱,1、2……"

动作要领:在格斗势的基础上,敌出右横踢腿击打我胸、腹部,我右脚上步身体左转,左手下伸至腹前约30厘米处,掌心向上,右手成掌置于左胸前,掌心向外。接腿时,左手向上兜抄,右手向下扣抓,两臂合力抱紧敌脚踝或小腿(见图8-66)。

2)右抄抱

口令:"右抄抱,1、2……"

动作要领:在格斗势的基础上,敌出左横踢腿击打我胸、腹部,我左脚上步身体右转,左手下伸至腹前约30厘米处,掌心向上;右手成掌置于右胸前,掌心向外。接腿时,左手向上兜抄,右手向下扣抓,两臂合力抱紧敌脚踝或小腿(见图8-67)。

图 8-66 左抄抱

图 8-67 右抄抱

动作要点：
(1)抄抱时主动近身,转体卸力要及时。
(2)兜抄、扣抓要快、准。

4.接触性防守的总体要求
(1)动作防护面要大,要立足于防一片,不要防一点。
(2)动作幅度要小,以有利于转换防守和反击。
(3)与敌攻击肢体接触的瞬间,肌肉要绷紧,以增强抗击能力。

(二)非接触性防守

非接触性防守是指不与敌攻击的肢体接触,而通过身体姿势的变化和步法的移动,躲闪敌攻击的技法。

1.非接触性防守技术

非接触性防守技术主要有左闪身(见图8-68)、右闪身(见图8-69)、后闪身(见图8-70)和下潜躲闪(见图8-71)。

图 8-68 左闪身

图 8-69 右闪身

图 8-70 后闪身

图 8-71 下潜躲闪

2.非接触性防守的总体要求
(1)时机恰当,移位准确。躲闪过早,敌则转移进攻,躲闪过晚则被击中。
(2)躲闪时,身体要上下协调,上体要保持格斗势的基本姿势。
(3)闪躲的距离,以刚好能避开攻击锋芒,又能迅速进行反击的距离为宜。
(4)上体要含缩,保持实战姿势,重心要稳。

(三)防守反击组合

防守反击组合是将常用的防守技术与反击相结合进行练习,以提高身体的协调性和防守反击的能力。

1.格挡直拳

格挡直拳,是指利用敌攻击瞬间实施格挡,而后进行直拳反击的技法。格挡直拳主要是在敌从斜线或横向攻击我头部时采用。

口令:"格挡直拳,1、2……停。"

动作要领:在格斗势的基础上,左脚向左前上步,左小臂向左上方格挡,同时右直拳向前击打(见图8-72),而后恢复格斗势;右脚向右前上步,右小臂向右上方格挡,同时左直拳向前击打(见图8-73),而后恢复格斗势。两手依次交替练习。

图8-72　左格挡直拳

图8-73　右格挡直拳

动作要点:
(1)格挡时要控制幅度,不要过大,格挡要有力。
(2)在完成格挡同时要出拳击打,培养防守的同时也要培养反击的格斗习惯。

2.拍压直拳

拍压直拳,是指在敌匕首攻击时瞬间实施拍压防守,而后进行直拳反击的技法。拍压直拳主要是在敌直刺我胸部或下刺我腹部时采用。

口令:"拍压直拳,1、2……停。"

动作要领:在格斗势的基础上,左脚向左前上步,左手向下拍压防守,右手直拳向前攻击(见图8-74),而后恢复格斗势。

动作要点:拍压防守要到位,直拳击打要跟紧。

3.格挡勾击

格挡勾击,是指在敌攻击瞬间实施快速格挡,而后进行勾击防守的技法。格挡勾击主要在敌从斜向或横向攻击我头部时采用。

口令:"格挡勾击,1、2……停。"

图8-74　拍压直拳

动作要领:在格斗势的基础上,左脚向左前上步,左小臂向左上方格挡,同时右勾拳向前击打(见图8-75),而后恢复格斗势;右脚向右前上步,右小臂向右上方格挡,同时左勾拳向前击打(见图8-76),而后恢复格斗势。两手依次交替练习。

图 8-75　左格挡勾击　　　　图 8-76　右格挡勾击

动作要点:

(1)格挡时要控制幅度,不要过大,格挡要有力。

(2)格挡同时要近身,出勾拳连接迅速。

4.横拨直拳

横拨直拳,是指在敌攻击瞬间实施横拨防守,而后进行直拳攻击的技法。横拨直拳主要是在敌以蹬腿或踹腿直线攻击我上体时采用。

口令:"横拨直拳,1、2……停。"

动作要领:在格斗势的基础上,左脚向左前上步躲闪,同时左小臂由外向内格挡(见图8-77),右手立拳(或直拳)击打敌头部(见图8-78),而后恢复格斗势。

图 8-77　横拨直拳1　　　　图 8-78　横拨直拳2

动作要点:

(1)躲闪要及时,距离要适当,内拨时要用左小臂,切忌用手。

(2)右拳跟进击打要迅速。

第二节 战场医疗救护

卫生是指个人、群体的生活卫生和工作卫生的总称。它是维护个人健康,预防和医疗疾病,改善符合生理需要的工作环境和生活环境而进行的社会活动。救护是指士兵在战场上的自救互救的行动。及时而有效地救治伤员,减少伤员痛苦,挽救伤员生命,对保障部队战斗力和夺取战斗胜利具有重要意义。救护技能,既用于战时救护伤病员,也适用于和平时期重大突发事件中的应急救护。在和平时期应对重大突发事件(如地震灾害)时,熟悉掌握必要的战伤救护技能,及时救护伤病员,能够最大限度降低重大突发事件对人民造成的伤害。

一、个人卫生

个人卫生是集体卫生的基础。讲究个人卫生可以防止疾病传播,提高士兵的健康水平。为圆满完成战备训练、施工生产等各项任务,适应未来复杂、艰苦的战争环境,要求军人必须注重健康,养成良好的卫生习惯。

(一)个人卫生的总要求

军人这一特殊职业要求士兵必须有强健的体魄。为此,《中国人民解放军内务条令》对个人卫生提出了总的要求,应做到:饭前便后洗手,不吃(喝)不洁净的食物(水),不暴饮暴食;勤洗澡,勤理发,勤剪指甲,勤洗晒衣服被褥;不随地吐痰和便溺,不乱扔果皮、烟头、纸屑等废弃物;保持室内和公共场所的清洁卫生。提倡戒烟。

(二)个人卫生的内容

1. 皮肤的卫生

皮肤是人体的最大器官之一,直接与外界接触,许多物理、化学和生物性的因素都可以给皮肤造成程度不等的损害。军人要完成各类训练和施工任务,皮肤会大量出汗。因此要经常洗澡(提倡淋浴和冷水擦浴)保持皮肤清洁,讲究皮肤卫生。

2. 头发的卫生

头发过长,既不卫生,又不利于战场行动,受伤后容易感染。因此要保持头发整洁,定期理发,不蓄胡子。梳子和刮胡刀不与他人共用。头发应经常梳理,梳头能刺激头皮血液循环,也可除去灰尘、头皮屑。

3. 手和脚的卫生

养成饭前便后洗手的习惯,经常修剪指甲和保持指甲的干净。不要用牙咬指甲。要穿透气性强的鞋袜,保持脚的清洁和干燥,尽可能每天洗脚换袜子。要穿大小合适的鞋子。

4. 口腔和脸部的卫生

经常刷牙、漱口,保持口腔卫生。特别强调晚间睡前刷牙,因睡后口内唾液分泌少,口内自洁作用差,如有食物残渣留在口内,口内微生物更易滋生繁殖。要养成经常洗脸的习惯,以保持脸部的卫生。洗脸时不要把肥皂涂满脸然后用毛巾搓,这样对面部皮肤有害。洗漱用具不与他人共用。冬天提倡用冷水洗脸,干毛巾擦脸,以提高御寒能力。

5. 眼、耳、鼻的卫生

擦眼、鼻时要用干净的手帕,不要用手抠鼻子。擦鼻涕时要左右鼻孔交替进行,并注意不要用力过猛。清洁外耳道时,不要用树枝和火柴等尖、硬物,可用手帕的一角捻起来清理。避免长时间接触高分贝噪声。经常按摩耳朵。不在强烈的或太暗的光线下看书、写字。不躺着看书,乘车走路时不看书。执行任务遇有风沙时,可戴风镜。

6. 饮食的卫生

搞好饮食卫生是防止病从口入的关键。平时要养成饭前洗手的习惯,不喝生水,不吃变质食物;就餐时,不暴饮暴食,要保持食量的基本平衡,减少胃肠负担;各类瓜果要洗净后再食用,积极预防各种消化疾病和传染疾病的发生;搞好饮水消毒,需要饮用地表水(江水、河水、溪水等)时,应首先进行净化处理后再饮用。

7. 衣服和卧具的清洁

衣服和卧具脏了要换洗。若不能换洗,则应定期打开抖一抖,并在阳光下曝晒一会儿。这样可以大大减少衣服和卧具上的细菌。

二、训练伤防治

(一)常见训练伤的种类及防治

1. 挫伤

挫伤是外力直接作用身体所致的闭合性损伤。其症状特征是:皮肤无裂口,局部青紫、皮下淤血、肿胀、压痛,以四肢多见。轻度挫伤一般不做特殊处理,伤后早期予以冷敷,2天后可做热敷。重度挫伤应做冰处理并注意休息。

2. 扭伤

扭伤是由于外力使关节活动超出正常范围,造成的关节附近韧带部分纤维断裂。多发生于踝、腕、腰和膝等部位,受伤部分常呈现肿胀、瘀斑、功能障碍、压痛等症状。早期应冷敷治疗,局部可做理疗或者热敷。为预防和避免肌肉扭伤的发生,训练前可以进行合理有效的热身活动,包括慢跑、四肢伸展运动,四肢关节的活动等。

3. 擦伤

擦伤是指皮肤的表皮擦伤。其症状特征是:皮肤有裂口;裂口处出血、渗液;裂口周围红肿、压痛,以四肢多见。轻者只涂少量红药水即可。如果伤口出现流黄水,可涂紫药水。擦伤创面较重时,应由医生处理。

4. 刺伤

刺伤是指长而尖的器物刺入人体引起的损伤。伤口多为小而深。损伤器物较小、刺伤不靠近主要器官时,可立即拔出异物,用碘酒或者酒精消毒后,用纱布包扎好伤口;如果无把握判断是否刺伤主要器官,或者刺入物较大,一般不要立即拔除,应到医院处理,以免发生危险。锈蚀钉子的刺伤,处理伤口后,应注意注射破伤风抗毒素。

5. 肌肉拉伤

肌肉拉伤通常是由于肌肉过度拉紧导致肌纤维撕裂而引起。伤后局部肿胀、疼痛、肌肉紧张或痉挛、活动受限。损伤早期,可用冷敷、抬高伤肢等方法处置。疼痛较重者可进行理疗、按摩,4天后可进行适当的功能锻炼。

6. 脱臼

脱臼是指关节脱位。伤后会出现关节周围肿胀、剧烈疼痛、关节变形、功能障碍。不论何处关节脱臼,均应保持固定,不可活动和揉搓,并急送医疗单位处理。

7. 骨折

骨折有两种：一种是闭合性骨折，特点是皮肤没有伤口，断骨不与外界相通；另一种叫开放性骨折，特点是骨头的断端穿出皮肤，有伤口。

8. 中暑

中暑是指人们在高温或烈日下，引起体温调节功能紊乱、散热技能发生障碍，致使热能积累所致的以高热、无汗及中枢神经系统为主要的综合症状。据研究表明，当日气温高于31℃时，便可有中暑发生。根据病情中暑分为三类：先兆中暑、轻度中暑、重度中暑。野外现场发现中暑患者，要做到就地降温，就地抢救。为防止和避免中暑的发生，平时要注意进行耐热锻炼，以适应炎热的环境；炎热条件下军事训练要合理安排，正确补水、补盐并备足药品。

9. 冻伤

冻伤是指低温作用于人体所致的全身或者局部组织的损伤。冻伤可分为局部冻伤及全身冻伤（又称冻僵）。局部冻伤多发于手指、手背、耳郭、鼻尖、趾端、面颊等部位，而且容易在同一部位复发。寒冷、潮湿、风速、机体抵抗力降低均是导致冻伤发生的直接因素。冻伤发生后，治疗比较困难，应以预防为主。

为防止和避免冻伤的发生，要积极开展耐寒锻炼，提高耐寒能力。寒冷条件下进行军事训练、施工、生产和执勤时，要备足药品，保持着装干燥，不要穿潮湿过小的鞋袜，勤活动手脚和揉搓面、耳、鼻；不要长时间静止不动；不要在无防冻准备时单独外出行动。

（二）预防训练伤的一般措施

1. 严格操作规则

要按照规定动作要领和操作规范进行训练，既要有勇猛顽强的作风，又要有扎实细致的态度，做到动作快捷而准确，还要注意遵守训练纪律，保证训练场秩序。

2. 遵循训练规律

要按照自身能接受的训练程度参加训练，客服争强好胜或信心不足等不良心理，既不急于求成，又不畏首畏尾，按照循序渐进的原则确定训练强度和训练难度。

3. 做好准备活动

训练前的身体准备活动要充分并具有针对性，一般不少于10分钟，切不可走过场，不然就会因肌肉僵硬、身体的灵活性和协调性差而造成训练损伤。训练结束后应做好整理活动。

4. 掌握保护方法

要学会自我保护和互相保护的方法，特别是在一些难度高、危险性大，作用复杂、不易掌握的训练科目的训练中，更要注意做好保护，以防意外事故。

5. 坚持训前检查

训练前，要主动认真地检查器械、设备有无损坏，安装是否稳固。训练场地内如有石块、砖瓦等容易造成人员损伤的物体，要及时予以清除。

三、战伤救护

战伤救护包括自救和互救两个方面。战伤救护是保存战斗力的重要工作。救护技术主要包括心肺复苏、止血、包扎、固定、搬运五项。

（一）心肺复苏

心肺复苏是指针对呼吸、心跳停止所采用的抢救措施，即以人工呼吸替代自主呼吸，以心脏按压形成暂时人工循环并诱发心脏的自主搏动。

1. 判断心搏骤停

心搏骤停一旦发生,时间就是生命,抢救越早,复苏成功率越高。判断心搏骤停,首先应轻摇或轻轻拍打病人,同时呼叫其名字或大声呼喊,若无反应可判断为意识丧失。然后马上以手指触摸其双颈动脉,若意识丧失同时伴颈动脉搏动消失,即可判定为心搏骤停。应立即开始现场抢救,并紧急呼救以取得他人的帮助。

2. 安置复苏体位

复苏体位是仰卧位,应在呼救的同时小心放置病人仰卧在坚硬的平地上。安置时,应一手托住病人颈部,另一手扶着他的肩部,使病人沿其躯体纵轴整体翻转到仰卧位。

3. 开放气道

心搏骤停后,全身肌肉松弛,可发生舌根后坠,使气道受阻。为了保持呼吸道通畅,可采用仰头抬颏法,也可采用仰头举颈法或双手托颌法开放病人气道。

注意:在开放气道的同时应用手指挖出病人口中异物或呕吐物,有假牙者应取出假牙。

4. 判断自主呼吸

判断病人有无自主呼吸,可以通过"一看二听三感觉"的方法。即看病人胸部有无起伏,用耳及面部贴近病人的口、鼻,分别听和感觉有无气体呼出,如没有应立即进行口对口人工呼吸。

5. 重建呼吸

帮助病人重建呼吸最为有效的方法就是人工呼吸。人工呼吸时保持病人抬头抑颏,抢救者以右手拇指和食指捏紧病人鼻孔。深吸一口气后,用自己的双唇将病人的口完全包绕,然后用力吹气 1~1.5 秒钟,使胸廓扩张。吹气完毕,抢救者松开捏鼻孔的手,让病人的胸廓及肺依靠其弹性自主回缩呼气。

6. 重建循环

进行心外按压能使病人重建循环。进行时,抢救者找准按压部分,将左手掌根放在病人的胸骨上 1/3 处(见图 8-79),掌根部长轴与胸骨长轴重合,然后将前一手置于另一手背上,两手手指交叉抬起,使其不接触胸壁。按压时双肘伸直,垂直向下用力按压,下压深度 4~5 厘米,按压频率 100 次/分,按压时间与放松时间各占 50%,放松时掌根不能离开胸壁,以免按压点移位。

7. 心外按压(双人)

双人同时进行人工呼吸及心外按压时,一人先做口对口人工呼吸 2 次,另一人做胸外心脏按压 30 次,人工呼吸数与胸外按压数比例为 2∶30,如此反复进行(见图 8-80)。

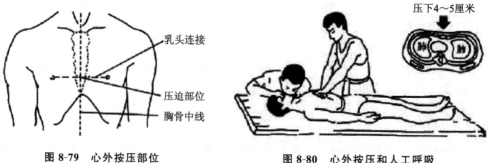

图 8-79 心外按压部位　　图 8-80 心外按压和人工呼吸

(二) 止血

血液是生命的源泉,它通过心脏的不断收缩,循环于身体的各个部位。当伤员的失血量达到 20%~30% 时,就会危及生命。

1. 出血种类

判定出血种类是正确实施止血的首要工作,方法是根据出血的特征加以判断。如果是动脉出血,颜色鲜红,呈喷射状,有搏动,出血速度快且量多;如果是静脉出血,则颜色暗红,呈涌出状或徐徐外流,出血速度不如动脉出血快;如果是毛细血管出血,则血色鲜红,从伤口向外渗出,出血点不容易判明。

2. 止血方法

止血是一种医疗技术,有许多简便的方法,运用起来十分奏效。

1)加压包扎止血法

静脉、毛细血管或小动脉出血时,先将敷料盖在伤口上,然后用三角巾或绷带用力包扎。

2)指压止血法

较大的动脉出血,要临时用手指或手掌压迫伤口近端的动脉,将动脉压向深部的骨头上,阻断血液的流通,可达到临时止血的目的。

(1)头顶部出血:一侧头顶部出血,可用食指或拇指压迫同侧耳前方(颞浅动脉)搏动点(见图8-81)。

(2)颜面部出血:一侧颜面部出血,可用食指或拇指压迫同侧下颌骨下缘、下颌角前方约3厘米处的凹陷处,可摸到明显的搏动点的面动脉,压迫此点可以止血(见图8-82)。

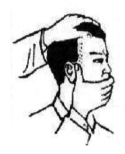
图8-81 头顶部压迫止血方法

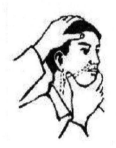
图8-82 面部压迫止血方法

(3)头面部出血:一侧头面部大出血,可用拇指或其他四指压迫同侧气管外侧与胸锁乳突肌前缘中点之间,此处可摸到一个强烈的搏动(颈总动脉),将血管压向颈椎止血(见图8-83)。

(4)肩腋部出血:可用拇指压迫同侧锁骨上窝中部的搏动点(锁骨下动脉),将动脉压向深处的肋骨上止血(见图8-84)。

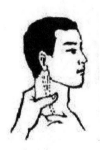
图8-83 头面部压迫止血方法

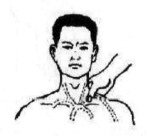
图8-84 肩腋部压迫止血方法

(5)前臂出血:可用拇指或其他四指压迫上臂内侧肱二头肌与肱骨之间的搏动点,将肱动脉压向肱骨上即可止血(见图8-85)。

(6)手部出血：互救时可用两手拇指分别压迫手腕横纹稍上处内外侧搏动点(尺动脉、桡动脉)止血(见图8-86)。自救时用健康手拇指、食指分别压迫上述两点。

图8-85　前臂出血压迫止血法

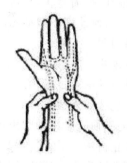
图8-86　手部出血压迫止血法

(7)大腿以下出血：大腿及其以下动脉出血。自救时可用双手拇指重叠用力压迫大腿上端腹股沟中点稍下方的强大的搏动点(股动脉)止血。互救时，可用手指或手掌用力将股动脉压在股骨上(见图8-87)。

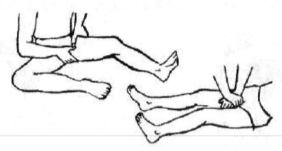
图8-87　腿部出血压迫止血法

(8)足部出血：可用两手食指或拇指分别压迫足背中部近脚腕处的胫前动脉和足跟内侧与内踝之间的胫后动脉止血(见图8-88)。

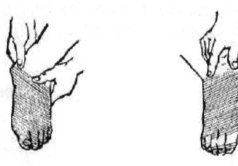
图8-88　足部出血压迫止血法

3)止血带止血法

止血带是一种制止肢体出血的急救用品。常用的止血带是约1米长的橡皮管。一般在四肢大动脉出血用其他方法止血无效时，采用止血带。方法要诀是：橡皮带左手拿，后头五寸要留下，右手拉紧环体扎，前头交左手，中食二指夹，顺着肢体向下拉，前头环中插，保证不松垮(见图8-89)。

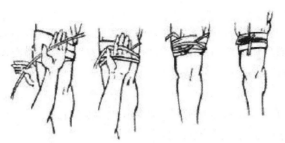

图 8-89　止血带止血法

注意：使用止血带时，止血带与皮肤之间要加垫（敷料、衣服等）不能直接扎在皮肤上，扎止血带的伤员必须做标记，注明扎止血带的时间；止血带每隔 1 小时（冬季半小时）松开 1 次，每次放开 2～3 分钟，以暂时改善血液循环。松开时要逐渐放松，如有出血，应再扎上止血带；如不再出血，可改用三角巾压迫包扎伤口。

4）卡式止血带止血法

卡式止血带止血法是一种新型、便于携带、松紧可调的塑料卡锁止血带，目前已全面装配部队。通常适用于四肢静脉、毛细血管和小动脉出血。其操作方法是：在出血处加上敷料垫，打开活动锁紧开关，用一手拿住活动锁紧开关压住敷料，另一手从肢体下方拉过涤纶松紧带头端，绕肢体一圈，将插入式自动锁卡插进活动锁紧开关内，用一手按住活动锁紧开关，另一手用力拉紧涤纶松紧带，直到不出血为止。

放松时，用手向后扳放松板；解开时，用手指向下按压开关即可。

（三）包扎

包扎通常使用配发的急救包，使用时把急救包沿箭头方向撕开，将敷料盖在伤口上，然后进行包扎。不同部位具有不同的包扎方法。

1. 头面部伤的包扎

1）帽式包扎法

帽式包扎法适用于颅顶部的损伤。其方法是将三角巾底边的中点放在伤员眉间上部，顶角经头顶垂向枕后，再将底边经左右耳上向后拉紧，在枕部交叉，并压住垂下的顶角，再将顶角随一底边角拉紧在前额部打结固定。

2）风帽式包扎法

风帽式包扎法适用于颅顶部、面部、下颌和伤肢残端的包扎。将三角巾顶角和底边中央各打一结，形似风帽。然后将顶角结放于前额正中，底边结置于枕外隆凸下方，两手垂直向下拉紧两底角，分别在下颌处反折交叉后绕至枕后结节上打结固定（见图 8-90）。

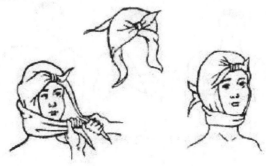

图 8-90　三角巾头部包扎法

3）下颌包扎法

下颌包扎法适用于下颌部伤口和下颌骨折固定包扎。将三角巾折叠成约四横指宽条带状，取1/3处抵住下颌，长端经耳前绕过头顶至对侧耳前上方，与另一端交叉，然后分别绕过前额及枕后，于对侧相遇打结固定。

4）面部包扎法

三角巾顶角打一结兜住下颌，盖住面部，然后拉紧两底角，在头后交叉，绕至额前打结。包好后，在眼、口、鼻的地方剪洞，露出眼、口、鼻。

2．四肢伤的包扎

1）三角巾包扎上肢

将三角巾一底角打结后套在伤侧手上，结的余头留长些备用；另一底角沿手臂后侧拉至对侧肩上，顶角包裹伤肢，前臂曲至胸部，拉紧两底角打结。

2）三角巾包扎手（脚）

将手放在三角巾中央，手指朝向顶角；拉顶角盖住手背，两底角左右交叉压住顶角绕手腕打结。包扎脚部与此法相同。

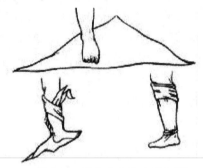

图8-91 三角巾包扎小腿和脚

3）三角巾包扎小腿和脚

将三角巾铺平，顶角在前，将伤脚放于三角巾中央适当位置，反折顶角于足背，再将两底角提起包裹顶角，绕踝关节部的肢体一周后固定打结（见图8-91）。

4）三角巾包扎肘、膝

将三角巾折成适当宽度的带形，将带的中部斜放于伤部，取带两端分别压住上下两边，包绕肢体一周后在伤口背侧打结。

3．胸（背）部伤的包扎

将三角巾的顶角放在伤侧胸部肩上，把左右两底角拉到背后打结，然后和顶角打结（见图8-92）。本方法也适用于背部包扎。

4．腹部伤的包扎

腹部损伤或伴随脏器脱出通常采取腹部兜式包扎法。三角巾顶角朝下，底边横放于腹部，两底角向后拉紧于腰背部打结，然后把顶角经会阴拉至臀部上方，与腰部余结头打结。腹部脏器脱出时，可用饭碗或武装带围成圈后放在敷料上进行保护性包扎。

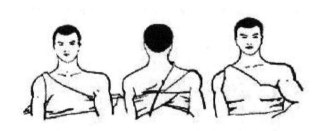

图8-92 三角巾胸部包扎法

（四）固定

固定是使受伤的肢体制动,让受伤的肢体得到休息,避免增加损伤,也可减少伤员的痛苦,便于后送。凡骨或关节损伤都要进行固定。

1.判断骨折的方法

（1）用手指轻轻按摩受伤部位时疼痛加剧,有时可以摸到骨折断端。

（2）受伤部位变形。

（3）受伤部位明显肿胀或受伤部位不能活动。

（4）骨折断端有时可用手摸到骨摩擦感或听到"嘎吱""嘎吱"的声音。

2.骨折临时固定的方法

目前,我军对骨折临时固定所采用的制式材料为卷式夹板,紧急情况下,也可用三角巾、枪支、树枝等就便器材代替。

1）锁骨骨折三角巾临时固定法

在伤员的腋窝处加好棉垫,用两条三角巾分别折成五横指宽的条带,环绕腋窝1周,在腋后打结,然后把左右打结的三角巾拉紧,在背后打结,使左、右肩关节后伸外展。也可用1条三角巾折成条带或用夹板进行临时固定。

2）上臂肱骨骨折三角巾临时固定法

将三角巾折叠成与上臂长度相等的宽带,将肱骨固定在躯干上,然后屈肘90度,再用三角巾将前臂悬吊于胸前。也可用夹板或简便器材进行临时固定（见图8-93）。

3）前臂尺骨、桡骨骨折临时固定法

用卷式夹板的头端从手背腕部推向肘关节,再将卷式夹板回返推向手心处,然后用2条三角巾条带分别在骨折两端绕肢体2圈固定,再用1条三角巾将骨折肢体悬吊于胸前（见图8-94）。此类骨折也可用其他方法进行临时固定。

图8-93　上臂骨折夹板固定法　　　　图8-94　前臂骨折固定法

4）小腿胫骨、腓骨骨折临时固定法

用4条三角巾条带分别在骨折的上端、下端将伤肢绕2圈临时固定在健肢上,然后用1条带状固定带在踝关节处用"8"字形固定,再用1条三角巾折成五指宽将两膝关节固定。此处骨折也可用其他方法进行临时固定。

5）大腿股骨骨折临时固定法

用卷式夹板2块,1块放于大腿内侧,1块放于大腿外侧,若1块长度不够时可接上1块,在骨突出处加垫,用条带固定骨折上端和下端,然后用条带固定膝关节,再用条带用"8"字形固定踝关节,最后在大腿根部将夹板固定。也可用其他方法进行临时固定。

注意：
(1)骨折固定一旦伤口出血,应先止血包扎后再固定。
(2)大腿和脊柱骨折时应就地固定。
(3)固定要牢固,松紧要适当。
(4)夹板与皮肤之间应垫棉花、衣服等。

(五)搬运

在战场上对伤员进行止血、包扎、固定处理后,应安全迅速地将伤员搬运到较隐蔽地点,及时送救护所救治,根据战场时机和伤员伤情应采取不同的搬运方法。

1. 侧身匍匐搬运法

救护者侧身在伤员背侧,将伤员腰部垫在大腿上,伤员两手放于胸前,救护者右手穿过伤员腋下抱肩,使伤员上体脱离地面并贴紧救护者,左前臂撑于地面,两眼目视前方,按照侧身匍匐的方法要领蹬足向前移动。其动作要领概括为"垫腰、抱肩、撑肘、蹬足"。注意伤员受伤部位朝上,伤员头部和上肢不要着地。

2. 单人肩、背、抱法

当伤员周围无敌人火力威胁,伤员伤势较轻时,可采用单人肩、单人背或单人抱法进行搬运(见图8-95)。

3. 双人徒手搬运法

此方法适用于头、胸、腹部受伤的重伤员的搬运(见图8-96)。

4. 担架搬运法

担架搬运法最适用,只要战况和条件许可,应尽量用此法。首先迅速展开担架,放于伤员伤侧,将其装备解除,坚硬物品要从口袋中取出。一人托住伤员头部和肩背部,另外一人托住伤员腰臀部和下肢,协力将伤员平稳地轻放在担架上,根据伤情取合适体位,系好担架扣带以固定伤员,两人合力抬起担架前进。行进过程中要保持伤员头朝后脚朝前,便于后边担架人员密切观察伤员伤情的变化。如果遇到陡坡路段,要及时调整伤员的头部,将头朝向前方。在没有制式担架时,可利用就便器材(如木棒、绳索、大衣、步枪等)制作各种简易担架。

图8-95 单人肩、背、抱法

图8-96 双人徒手搬运法

第三节 防　　护

防护，是指为避免或减轻敌方打击和自然环境危害因素、灾害性事故等造成的损伤和破坏而采取的防备和保护的措施和行动。本节重点介绍士兵在作战中为防备敌各种常规武器和核生化武器的杀伤，以及战场次生核生化的危害，而采取的有效保存自己的战斗行动。

各种常规武器、核生化武器以及战场次生核生化危害都能有效杀伤人员，摧毁武器装备，限制利用地形和破坏作战行动。因此，士兵要想在战斗中生存，就必须了解防护基本知识，学会利用地形、工事、器材等一切有利条件来进行有效防护的方法，使自己免遭伤害。

一、防护基本知识

士兵只有熟悉各种常规武器、核生化武器的杀伤破坏途径及战场次生核生化危害的主要特点，才能够在战场上，灵活地采取各种防护措施，有效地保存自己。

（一）常规武器及其杀伤破坏途径

常规武器是以化学能及其转化的动能毁伤目标，附带损伤面相对较小的武器，是除核、生物、化学武器等大规模杀伤破坏性武器之外的其他武器，如各种轻武器、火炮、炸弹、火箭弹、导弹等。

常规武器主要是通过火力来杀伤人员，摧毁武器装备，破坏工事和其他设施。所谓火力，就是指各种弹药经发射、投掷或者引爆后所产生的杀伤力和破坏力。

常规武器火力又分为地面火力和空中火力（见图8-97）。其中，地面火力又包括轻武器火力和炮兵火力。轻武器火力主要以各种枪支射弹来杀伤人员。如自动步枪、冲锋枪和各种轻、重机枪等，它们具有方向性强，速度快，但火力威力相对较弱的特点。炮兵火力和空中火力主要是以各种炮弹、炸弹、火箭弹、导弹的弹片和爆炸震浪威力来杀伤人员，毁坏工事，破坏各种设施等，它具有火力猛、精度高、射程远、覆盖面积大等特点。尤其是各种导弹和制导的炮弹、炸弹等精确制导武器（直接命中率在50％以上），造成的杀伤和破坏程度更大。

图 8-97　各种火力

（二）核武器及其杀伤破坏途径

核武器是利用能自持进行的原子核裂变或聚变反应瞬时释放的巨大能量，产生爆炸作用，并具有大规模毁伤破坏效应的武器。核武器主要包括原子弹、氢弹和特殊性能核弹等。核武器通常可用导弹、火箭、大口径火炮、飞机发射或投掷，也可制成核地雷、核鱼雷使用。其杀伤破坏途径是：

（1）冲击波：是核爆炸产生的高速高压气浪，能直接或间接造成人员脑震荡、骨折、内脏破裂和皮肤损伤。

（2）早期核辐射：主要造成人员的放射性损伤。

（3）光辐射：主要造成眼睛、皮肤、呼吸道烧伤，还可引燃各种物体，形成大范围火灾。

（4）核电磁脉冲：破坏各种电子设备的特有因素，使电子元器件、电子设备失灵、失效以至损坏，使自动化指挥控制系统发生混乱，产生不可估量的后果。

（5）放射性沾染：能在较长时间内对人员形成累积性伤害，影响军队作战能力和行动。

上述几种杀伤破坏途径杀伤破坏作用不仅不同，而且作用时间长短不一，短的作用时间在核爆炸瞬间的分秒时间内，长的作用时间可达几天至几十天，甚至更长的时间。

（三）化学、生物武器及其杀伤破坏途径

战争中用来毒害人、畜的化学物质，叫军用毒剂。装有军用毒剂的各种炮弹、炸弹、火箭弹、导弹、毒烟罐、手榴弹等统称为化学武器。化学武器是以毒剂的毒害作用杀伤有生力量的武器。化学毒剂有神经性毒剂、糜烂性毒剂、失能性毒剂、窒息性毒剂和刺激性毒剂。化学毒剂的种类不同，其危害也不一样。化学毒剂释放后，可形成气态、气溶胶态、液滴态、微粉态，人员接触或吸入后立即发生中毒，如果不及时防护和抢救就会失去战斗力或在短时间内死亡。战场上敌人最常使用的毒剂主要是神经性毒剂，包括沙林、梭曼、VX等毒剂。

在战争中用来伤害人、畜，毁坏农作物的致病微生物和细菌所产生的毒素，叫作生物战剂。装有各种生物战剂的炸弹、炮弹和气溶胶发生器、布洒器等统称生物武器。生物武器是利用生物战剂的致病作用杀伤有生力量和毁伤动植物的武器。按对人员的伤害程度可分为失能性战剂和致死性战剂。

化学毒剂和生物战剂对人员的伤害途径是：

（1）吸入中毒，就是生物战剂污染的空气经呼吸道吸入人体内部引起人员的中毒。

（2）误食中毒，就是人员误食（饮）染毒的食物（水）引起的中毒。

（3）接触中毒，就是人员接触染毒物体，经皮肤、黏膜、伤口或蚊虫叮咬进（侵）入人体引起的中毒。

化学武器既可以用于战略后方，也可以使用在战场前线，尤其是对一些战役要点使用的可能性更大。

生物武器通常用来作为战略性武器袭击后方城市、军事基地、港口、车站及重要交通枢纽，特别是对人口密度大、文化知识落后、卫生条件差的地区具有明显的伤害效果。

（四）战场次生核生化的危害

次生核生化危害，是指次生核危害、次生生物危害、次生化学危害的统称。核生化设施遭常规武器袭击、人为破坏或自然灾害，引发放射性物质、生物制剂和有毒化学品释放而产生的危

害。未来高技术局部战争,战场次生核生化危害是一个不可回避的现实问题,士兵必须了解核生化设施遭袭产生的危害特点。

1. 核设施遭袭后的危害

核设施遭袭后的危害,主要是指核设施遭袭被毁后,释放的放射性核素(主要有碘、铯、锶等),通过烟羽外照射、吸入内照射、食入内照射等途径对人员造成的危害。

碘进入人体的途径主要是随饮食摄入和随污染空气被吸入。它是事故早期危害较大的主要核素。

铯主要通过食物链进入人体,可造成全身性和肺部照射。

锶主要通过食物链进入人体,主要对骨髓和骨组织进行照射。它也是事故晚期危害较大的主要核素之一。

辐射对人体的作用,是一个非常复杂的过程。人体从吸收辐射能开始,到产生生物效应直至机体损伤或死亡为止,要经过许多不同性质的变化。

2. 化学工业设施遭袭后的危害

化学工业设施遭袭后,泄漏的有毒有害物质会对人员造成危害。其有毒有害物质按其毒理作用主要分为:呼吸系统毒物,包括氯气、氨、硫化氢、二氧化硫、甲醛等;神经系统毒物,包括苯、有机磷杀虫剂、甲苯、磷及其化合物、四氯化碳、甲醇等;血液系统毒物,包括一氧化碳、氰化物、苯胺、煤气、液化石油气等。

有毒有害物质进入人体引起中毒的途径主要有三种:一是吸入中毒;二是接触中毒;三是食入中毒。

有毒有害物质对人体的伤害特点:一是局部的刺激和肌体腐蚀;二是阻止氧的吸收和输运;三是抑制体内酶系统的活力;四是破坏神经系统。

3. 贫铀弹使用后的危害

贫铀弹,是指以贫铀为主要原料制成的导弹、炸弹、炮弹、子弹等。贫铀弹爆炸后的危害:一是来源于其爆炸后弹体在高温反应中形成的放射性气溶胶,随风飘散,污染空气、地面、水源和物体;二是来源于其爆炸后形成的带放射性微尘污染的弹片。

贫铀弹对人员的放射性危害途径通常也有三种:一是吸入伤害;二是食入伤害;三是接触伤害。此外,人员接触贫铀弹放射性微尘污染的物体,也会对人员造成伤害。

人员受贫铀弹放射性伤害后,其外部表现症状有脱发、肌体疲惫、体温升高、关节肿胀、肌肉疼痛、震颤、记忆力减弱、睡眠失常、体重骤减、呕吐、腹泻、食欲减退、手足出血、新生儿畸形等。

4. 民用生物设施遭袭后的危害

民用生物设施遭袭后的危害主要是指民用生物设施(如生物实验室、制剂室等)遭袭后,所释放的病毒、细菌、毒素、真菌等微生物,通过消化道、皮肤及呼吸道三种途径侵入人体对人体造成的危害。

微生物进入人体后,能破坏人员的生理功能而发病,会出现发热、头痛、全身无力、上吐下泻、咳嗽、恶心、呼吸困难、局部或全身疼痛等症状。

二、个人防护装备使用

个人防护装备是用于防止核生化有毒有害物质对单个人员造成伤害的防护装备。可区分为呼吸道防护器材、皮肤防护器材和个人急救器材等。

1. 呼吸道防护器材

呼吸道防护器材，是指用于保护人员的呼吸器官、眼睛及面部皮肤免受毒剂、细菌及放射性灰尘直接伤害的个人防护器材。过滤式防毒面具主要类型有 FMJ03 型、69 型防毒面具、FMJ05 型和 FMJ08 型。

2. 皮肤防护器材

皮肤防护器材，是指保护人员皮肤免受毒剂、生物战剂和放射性灰尘等通过皮肤引起伤害的个人防护器材。目前，我军现装备的皮肤防护器材主要包括防毒斗篷、防毒手套、防毒靴套和防毒服等。

3. 个人急救器材

个人急救器材主要有个人急救包和个人防护盒两种。

三、对核生化武器的防护

对核生化武器的防护，是指军队对敌人核、生物、化学武器袭击而采取的防护措施。目的是最大限度地减少损伤，保持部队的战斗力和重要目标的生存能力。士兵必须掌握其防护方法，才能减免杀伤，有效保存自己。

（一）对核武器的防护

核武器是禁用的，但随着战争的升级，敌人也有使用的可能性。在战场上，敌人一旦使用核武器，士兵应充分利用地形和防护器材进行防护，尽量减免受其伤害。

对核武器的防护主要包括两个方面：一是对核爆炸瞬时效应的防护；二是对放射性沾染（污染）的防护。

1. 对核爆炸瞬时效应的防护

核爆炸瞬时效应防护是指对核爆炸产生的冲击波、光辐射、早期核辐射等瞬时杀伤效应采取的防护措施，是核防护的重要内容。采取有效的防护措施，可以减少人员伤亡和装备物资的损失。

图 8-98　在开阔地上的防护

1）开阔地上的防护

当士兵在开阔地上行动，收到核袭击警报信号或发现核闪光时，应立即背向爆心卧倒。卧倒时，将武器置于身体的一侧，两手交叉压于胸下，两肘前伸，头自然下压夹于两臂之间，闭眼闭嘴（有条件时堵耳），憋气（当感到热空气时），两腿伸直并拢（见图 8-98）。

正在行驶的车辆，突然遇到闪光时，驾驶员应立即停车，将身体弯伏或卧伏在驾驶室内，乘车人员应尽量卧倒。

2）利用地形防护

利用土丘、土坎、坟包等高于地平面的地形防护，可以有效地减少核武器的杀伤。当士兵发现核爆炸闪光时，应就近利用地形背向爆心的一面迅速卧倒（动作要领同开阔地）。如利用较大的土丘、坟包、土坎时，可对向爆心卧倒，重点防护头部。

利用土坑、弹坑、沟渠（见图 8-99）等低于地面的地形防护时，首先携带武器快速跃（滚）入坑内，身体蜷缩，跪或坐于坑内，两肘置于两腿上，两手掩耳，闭眼闭嘴，暂停呼吸。若坑大底宽，也可横向或对向爆心卧倒。利用沟渠时,宜用横向爆心的沟渠卧倒防护,若沟渠的走向对向爆心时,只能利用拐弯处防护。

坚固的建筑物对瞬时杀伤因素具有一定的防护作用。若在室外应尽量利用墙的拐角或紧靠墙根卧倒;若在室内应在屋角或床、桌下卧倒或蹲下,但注意不要利用不坚固或易倒塌的建筑物,避开门窗处和易燃易爆物,以免受到间接伤害。

山洞、桥洞、涵洞、下水道等都是较好的防护地形;有时单个人员也可利用树木、丛林、青纱帐或潜入水中进行防护。

3)利用服装装具防护

利用雨衣、防毒斗篷和其他衣物、手套、毛巾等防护,在一定距离上,可减轻或避免热、核辐射的伤害。衣物的防护效果,一般是厚的比薄的好,浅色的比深色的好,密实的比稀疏的好。冲击波在一定范围内能损伤耳膜,可利用炮兵防震耳塞、棉花或其他细软物堵塞耳孔防护;冬天放下帽耳也有一定的防护作用。

图 8-99 利用各种地形防护

4)利用工事防护

各类工事对核武器都有较好的防护效果,与在开阔地上的人员相比,各种工事可减少 $1/2\sim 5/6$ 伤亡率。

横向爆心的堑壕、交通壕和单人掩体对光辐射、冲击波和核辐射都有一定的防护效果。占领阵地的士兵来不及进入掩蔽部时,应迅速在壕内卧倒或采取坐下或蹲下姿势防护。有掩盖的堑壕、交通壕效果会更好。纵向或斜向爆心的堑壕、交通壕防护效果较差。当堑壕对向爆心时,可利用掩体防护,面向爆心跪下或蹲下,用手掩耳,闭眼闭嘴,暂停呼吸。利用崖孔和掩蔽部时,最好是利用拐弯的崖孔(见图 8-100)和有防护门的掩蔽部防护。

图 8-100 利用崖孔防护

2.对放射性沾染(污染)的防护

对放射性沾染(污染)的防护是指对核爆炸形成的放射性沾染(污染)采取的防护措施。其目的是避免或减轻放射性物质通过体外照射、体内沾染和皮肤沾染的方式对人体引起伤害。

1)对放射性烟云沉降的防护

处于爆心下风方向的人员在放射性烟云到达以前要做好防护准备。当发现放射性灰尘落下时,迅速穿戴防护器材;若无制式器材,应利用就便器材进行防护,如戴口罩,披雨衣(斗篷),扣紧袖口、领口和裤腿,脖子上围毛巾等,进行全身防护,将身体遮盖起来。当沉降完毕,如风速不大,无大量灰尘扬起时,可脱掉雨衣或斗篷(注意风向),但不要摘口罩。

2)通过沾染区的防护

(1)应首先检查防护器材是否完好,武器携带是否便于行动和进行防护。

(2)服用抗辐射药物。如服用雌三醇或某些硫氢化合物等,上述药物可使核辐射引起伤害的严重程度降低大约一半。

(3)利用制式器材或简易器材进行全身防护。其方法与防放射性烟云沉降相同。

（4）通过沾染区时，应尽量避开辐射水平高的地区，能绕则绕，不能绕过时，人员之间应保持适当距离，加快行进速度，减少灰尘的扬起。如有条件乘车通过时，应尽量乘车，以缩短停留时间。

3）在沾染区内的防护

（1）利用有防护设施的工事进行防护，尽量减少在工事外活动，以减轻外照射和沾染。

（2）暴露人员应穿戴防护器材，扎紧"三口"（领口、袖口、裤口），穿（披）雨衣或斗篷，戴手套等。

（3）在沾染区内，尽量不喝水、不吸烟、不进食，不接触受染物体。情况允许时，应在有防护设施的工事或帐篷内饮食。

（4）如人员沾染较严重时，可根据情况及时进行局部消除。

（二）对化学武器的防护

为了避免或减少敌化学武器的杀伤，战斗中士兵应充分做好防护准备，使个人防护器材处于良好状态，便于使用和不影响战斗行动。一旦遭化学袭击，应根据不同情况灵活利用器材、工事等进行有效防护。

1. 遭化学袭击时的防护

1）利用器材防护

呼吸道和眼睛防护：遭敌化学袭击时，要迅速戴好防毒面具。

全身防护：敌机布洒毒剂、毒剂炮（炸）弹爆炸后有飞溅的液滴或漂移的气雾时，除进行呼吸道和眼睛防护外，还要迅速披上防毒斗篷或雨衣、塑料布等。同时，应防止毒剂液滴溅落在随身携带的装具和武器上。

2）利用工事防护

利用有防护设施的工事防护时，应根据指挥员的命令有组织地进入，不得随意进出。进入时应防止将毒剂带入，进入后关闭密闭门或放下防毒门帘，要减少各种活动。人员在没有密闭设施的工事内，要戴面具防护。遭受持久性毒剂袭击时，离开工事前要进行下肢防护。

2. 直接通过染毒地域时的防护

在徒步通过染毒地域前，应充分做好防护准备，到达染毒地域前先利用地形迅速穿戴防护器材，并进行认真检查，其顺序是：

（1）戴好防毒面具。

（2）穿好防毒靴套（或利用就便器材包裹腿脚，或扎好裤口）。

（3）穿好防毒斗篷或雨衣（为便于持枪，斗篷可扣第一个和第二个扣子）。

（4）戴好防毒手套。

（5）整理和相互检查防护是否严密确实和便于行动。

直接通过染毒地域时，根据敌情和地形，选择地质坚硬，植物层低、少的道路，尽量避开弹坑、泥泞、松软、高草和有明显液滴的地点。情况允许，可拉开距离，大步快速通过。

通过后，应根据指挥员的指示或利用战斗间隙，检查染毒情况，对人员、服装、武器的染毒部位进行消毒，脱去防护器材，顺序是：

（1）背风而立，将武器装备放置下风2～3步处。

（2）脱去斗篷或雨衣，将染毒面向内折叠好放在武器一侧。

（3）先脱去一只手套，取出皮肤消毒液，戴好手套，按次序进行消毒。消毒后的武器、器材放在上风(或侧风)处。

(4)处理消毒物,对手套进行消毒。

(5)脱去防毒靴套(或解除包裹腿脚的器材)、防毒手套,最后脱去防毒面具。

3.在染毒地域停留时的防护

在染毒地域停留时,必须按照规定穿戴防护器材,尽量避免与染毒物体接触。利用战斗间隙对接触物体和活动地域进行消毒,严禁在染毒地域随便进食、喝水、大小便。

(三)对生物武器的防护

对生物武器的防护,主要包括对生物战剂气溶胶的防护和对敌投带菌昆虫的防护。

1.对生物战剂气溶胶的防护

生物战剂气溶胶只有通过呼吸道、消化道、黏膜和皮肤特别是受伤的皮肤进入人体后,才能发挥其杀伤作用。防护的基本目的就是防止生物战剂气溶胶从这些部位进入人体。能对毒剂气溶胶和放射性气溶胶进行有效防护的措施均适用于防生物战剂气溶胶。如各种军用防毒面具、民用防毒面具、防疫口罩、防尘口罩,甚至用布片、手帕等捂住口鼻,也有一定的防护效果。防毒服、防疫服、简易皮肤防护器材等可对身体表面起到较好的防护作用。有防毒设施的掩蔽部集体防护效果更好。缺乏条件时,也可利用地形及气象条件避免和减轻危害。如运动到生物战剂气溶胶云团或污染区的上风方向;黄昏、夜晚、黎明和阴天时,在高处隐蔽;不停留在易滞留生物战剂气溶胶的植被区域等。

2.对敌投带菌昆虫的防护

对敌投带菌昆虫的防护主要是保护暴露皮肤,防止昆虫叮咬。其主要方法:

一是利用工事、房屋、帐篷防护。对门窗或出入口应安装纱窗、纱门、挂上用防虫药物浸泡过的门帘或关闭孔口、密闭门。

二是利用器材防护。可利用防蚊服、防蚊帽等进行防护。为防止敌投带菌昆虫钻入衣服,可将袖口、裤脚扎紧,上衣塞入裤腰(或扎腰带),颈部围毛巾。对蜱虫的防护,应经常检查,将爬在衣服上的蜱虫及时除去。

三是涂驱避剂。为保护人员不受昆虫的叮咬,可使用驱避剂加以防护。常用的驱避剂有避蚊胺、驱蚊灵等。使用时,将药涂在暴露皮肤上,每次用量3～5毫升,避蚊胺涂抹后可维持4～6小时。或将药涂在衣服的裤脚、袖口和领口处。使用驱避剂,切忌全身涂抹,尤其不得抹入眼内,以免引起皮肤中毒。

此外,搞好个人卫生、战场卫生,增强人员体质和基础免疫力,消灭生物战剂生存条件,预防传染病的产生和蔓延也是对生物武器防护的一条重要措施。

(四)对次生核生化危害的防护

对战场次生核生化危害的防护是核生化防护的一项重要内容。战场次生核生化危害与核生化武器使用后的毁伤效果有着许多相同之处和不同点。因此,应根据次生核生化危害的特点和利用核生化防护基础知识,有针对性地掌握其防护方法。

1.对核设施遭袭后放射性危害的防护

敌常规兵器打击我民用核设施后,将产生放射性物质的扩散性危害。这种危害主要是由核反应原料被破坏后形成的放射性烟羽,随风扩散到核设施周围几千米到几十米的范围内,造成空气、水源、地面等物体的放射性污染。同核武器使用后造成的放射性危害相比,它具有放射性强度小,放射性物质半衰期长的特点。其对人员的伤害途径与核武器形成的放射性伤害相同。

1)对放射性烟羽的防护

(1)利用防护设施和工事进行防护。当受到放射性烟羽危害时,只要战斗情况允许,人员应迅速进入房屋、帐篷,并关闭门窗;或进入坑道、工事内,并关闭防护门或工事进出口。

(2)利用个人防护器材防护。当现地没有防护设施和工事时,应迅速利用防护器材(如防毒面具、防毒服等)进行防护,如果没有制式防护器材,应利用就便防护器材进行防护,如戴防尘口罩,披上雨衣或塑料布,扣紧袖口、领口和裤腿,脖子上围上毛巾等,进行全身防护。

(3)尽量不在被放射性烟羽沾染的地域内喝水、吸烟、进食。

(4)当必须在被放射性烟羽污染的地面上卧倒作战或坐卧休息时,应对人体接触的地面用铲除法进行消毒,铲去地表面5~10厘米的表土。并堆积到下风方向,表面用净土压实,防止风起扬尘而影响下风人员的安全。

(5)在被放射性烟羽沾染区内长时间停留时,应注意个人照射剂量的监督,发现受到较重的放射性烟羽伤害时,可视情况进行局部消除。

2)通过被放射性烟羽沾染区时的防护

通过被放射性烟羽沾染的地域时,应采取严格的防护措施,尽量减少人员受放射性烟羽沾染的伤害。

通过前,应认真穿戴好人员呼吸道及全身防护器材。有条件还可口服抗辐射药物,以降低人员受放射性烟羽的伤害程度。

通过时,人员应全身防护,保持人与人、车与车之间的间隔,尽量避开较重的沾染地段,选择沾染较轻的路线通过,防止放射性烟羽扬起而影响他人。

2.对贫铀弹使用后放射性危害的防护

1)进入使用贫铀弹区域时的防护

进入被贫铀弹放射性污染地域执行任务,或需要从被贫铀弹污染区域内通过时,应及时采取呼吸道和皮肤防护,严格防止放射性物质从呼吸道进入人体,避免人体肌肤接触。

通过或撤出污染区后,可采取喷淋、冲洗等办法,对人员皮肤、装具等进行彻底洗消。

2)受到危害后的防护措施

人员受到贫铀弹放射性伤害后,应立即服用促排铀的药物,降低人体内铀的含量。促排铀的药物有碳酸氢钠、喹胺酸、氨基羧基型络合剂、氨烷基次膦酸型络合剂等。

此外,还应对症进行治疗。如增加营养,提高人体抵抗能力;服用治疗药物,促进肾功能恢复、纠正体内电解质和酸碱平衡;采用药物换血疗法,全面降低人体铀的含量等。

3.对次生化学危害的防护

对次生化学危害的防护与对化学武器的防护相比,有着共同措施和手段,只是在具体的手段和方法上因情况而异。

一是应迅速利用防毒面具、口罩、氧气面具等进行呼吸道防护。如遇到有毒、有害化学液滴飞溅或飘移的气雾时,还应利用防毒衣、防毒斗篷或雨衣、防毒靴和手套等进行全身防护。有条件时,应迅速进入坑道工事或掩蔽部,并关闭密封门或放下防毒门帘进行防护。

二是当需要在次生化学危害范围内停留时间较长时,应利用有防护条件的坑道工事进行饮食活动。如果没有良好的坑道防护工事,人员可轮流到次生化学危害区外,进行饮食和轮休。

三是人员必须从次生化学危害地域通过时,应提前戴好防毒面具或口罩;当进入有氢氟酸、三氯化磷等可通过皮肤中毒的次生化学危害地域时,还应穿戴防毒服、防毒斗篷、雨衣、防毒手套等进行全身防护。通过时,人员应尽量乘车行进以减少在危害区的运动时间,降低可能伤害的概率。

四是通过或从次生化学危害地域中撤离的人员,应及时对服装、装具和武器进行消毒。

4.对次生生物危害的防护

对次生生物危害的防护方法,与对生物武器的防护方法中的对敌投带菌昆虫的防护方法基本相同,主要是保护暴露皮肤。

能力训练

1.战斗类型和战斗样式有哪几种?
2.战斗的基本原则是什么?
3.利用地形的目的、要求和方法分别是什么?

第九章　战备基础与应用训练

📖 本章导读

军事地形学,是指从军事的角度上来研究、识别和利用地形的一门学科。

本章主要介绍地形对军事行动的影响、地形图的基本知识和现地使用地图内容。

📖 学习目标

了解战备规定、紧急集合、徒步行军、野战生存的基本要求、方法和注意事项,学会识图用图、电磁频谱监测的基本技能,培养学生分析判断和应急处置的能力,全面提升综合军事素质。

第一节　战备基础

战备是武装力量为及时应对可能发生的战争或突发事件而在平时进行准备和戒备的活动。士兵作为部队的主体,担负着作战和应付突发事件的各项任务,必须牢固树立战备观念,了解战备常识,搞好战备的各项训练,以保证一旦遇有紧急情况能在最短的时间内准备好,能以最快的速度投入战斗,并能圆满地完成任务。所以,士兵要了解有关战备规定及要求,掌握一些如紧急集合、徒步行军、乘坐车辆等能够保证战备行动完成的动作和方法。

一、战备规定

战备工作是军队全局性、综合性、经常性的工作。做好战备工作,提高战备水平,是有效应对多种安全威胁、完成多样化军事任务的重要保证。战备规定的内容主要有日常战备、等级战备、战场建设等。士兵要重点掌握日常战备和等级战备中的相关内容。

(一)日常战备

日常战备的内容较多,士兵要重点掌握战备教育、节日战备和"三分四定"三项内容。

1. 战备教育

各部队通常要结合形势和任务对所属人员进行经常性的战备教育。战备教育由政治机关组织,通常每季度进行一次。节日、特殊时期和部队执行任务前一般也要进行针对性的战备教育。

战备教育通常包括以下三项内容:

(1)进行马克思主义战争观、军队根本职能和新形势下军队历史使命教育。大力培育当代革命军人核心价值观,使全体人员牢固树立时刻准备打仗、时刻准备执行非战争军事行动任务的思想。

(2)进行形势、任务教育和反渗透、反心战、反策反、反窃密教育,以及战备工作法规制度教育。克服麻痹思想,增强战备意识,保持常备不懈。

(3) 进行爱国主义、革命英雄主义教育。强化战斗精神,培养英勇顽强的战斗意志和战斗作风,坚定敢打必胜的信心。

2. 节日战备

各部队在元旦、春节、国庆节等节日时要组织节日战备。

节日战备前,通常组织战备教育和战备检查,制订战备计划,调整加强值班兵力,完善应急行动方案,及时上报战备安排。

节日战备期间,要按规定保持人员在位率和装备完好率,加强战备值班、执勤、巡逻警戒和对重要目标的防护。当士兵担负战备值班任务时,要做好随时出动执行任务的准备。

节日战备结束后,要及时向上级上报节日战备情况。

3."三分四定"

"三分四定"是陆军地面部队、海军陆战队、空降兵部队对战术储备物资存放与管理的基本要求,其他部队的战术储备物资要根据自身特点,按照便于储备和使用的要求进行存放与管理。

"三分"指战备物资按规定分为携行物资、运行物资和后留物资三类。携行物资就是紧急情况时自己随身带的必备物资;运行物资就是有些物资个人很需要,但自己携带不了,需要上级单位帮助运走的物资;后留物资就是不需要带走的个人物资(自己买的,不是部队配发的东西),留在营房里,由上级统一保管。

"四定"指战备物资在存放、保管和运输中做到定人、定物、定车、定位。定人,就是将携行物资、运行物资和后留物资明确到具体的个人并以标签进行标识;定物,就是将个人储备物资按照携行、运行和后留进行区分,明确各自的种类和数量;定车,就是明确个人携行和运行物资放置的具体车辆(几号车);定位,就是明确个人携行和运行物资放置在车辆上的具体位置,后留物资放置在库室内的具体位置。

"三分四定"是战备工作的重要内容,每一个士兵平时要严格按规定做好各项工作,保证一旦有紧急情况就可立即出动。

(二)等级战备

等级战备是部队为准备执行作战任务,或者情况需要时,根据上级命令进入的高度戒备状态。等级战备按照戒备程度由低级到高级分为三级战备、二级战备、一级战备。

三级战备,是部队现有人员、装备、物资等完成行动准备的戒备状态。此时,停止所属人员探亲、休假、疗养、退役,召回在外人员;检修装备和器材;组织战备教育和训练;加强战备值班;展开阵地准备和有关保障等。

二级战备,是部队按照编制达到齐装、满员,完成行动准备的戒备状态。此时,要收拢部队,补齐人员、装备;发放战略物资,落实后勤、装备等各项保障;进行战备动员和临战训练;加强战备值班;完善行动方案;做好进入预定疏散地域或者战时位置的准备。

一级战备,是部队完成一切临战准备的最高戒备状态。此时,要按命令进行应急扩编和临战动员,严密掌握敌情和有关情况,部队进入疏散地域或者战时位置,做好遂行各项作战任务的准备。

部队进入等级战备,通常逐级进入三级战备、二级战备、一级战备;必要时,可以越级直接进入二级战备、一级战备,或者由三级战备越级进入一级战备。

士兵按命令进入等级战备后,应按照规定保持装备完好和人员在位,保证随时遂行各种任务。

部队一旦进入战备等级状态,要求每一名士兵必须做到:
(1)严格遵守保密规定,不泄露部队行动的秘密。
(2)外出探亲人员,接到上级的通知后要迅速归队。
(3)服从命令,听从指挥,按上级的命令完成各项工作。
(4)提高警惕,坚持在岗在位,保持良好的战备状态。
(5)进一步落实战备计划,随时做好出动准备。

二、紧急集合

紧急集合,就是部队或分队在紧急情况下,迅速聚集人员并按规定携带装备物资的应急行动。如:发现和遭到敌人的突然袭击时;受到火灾、水灾、地震、台风等自然灾害威胁时;上级赋予紧急任务或发生重大意外情况时等。

士兵一般是根据上级的紧急战备号令实施紧急集合。士兵一旦接到紧急集合的信号或命令时,应立即按规定着装,携带齐武器装备和器材,迅速到达规定地点集合。

紧急集合分为全副武装紧急集合和轻装紧急集合两种。全副武装紧急集合是根据当时部队所处的战备等级状态而确定。此时,人员的负荷量、携行的装备和器材均按战备方案和上级的规定执行。轻装紧急集合是在执行临时性的紧急任务时所采取的一种方式。着装时,为减轻士兵的负荷量,通常不背背包(或携带单兵生活携行具),以提高部队的快速机动能力。紧急集合的程序分四步:着装、整理携行生活器材、装具携带和集合。

(一)着装

通常着作训服。昼间进行紧急集合时,一般按当时的训练着装进行。如果上级重新规定着装,士兵应立即换装。夜间实施紧急集合时,士兵应迅速起床,按照帽子(冬季戴皮、棉帽时,披装后再戴)、上衣、裤子、袜子、鞋子(双层床上层的士兵打完背包再穿鞋子)的顺序进行穿戴。

(二)整理携行生活器材

没有装备生活携行具时,应打背包。背包宽30~35厘米,竖捆两道,横压三道。米袋捆于背包上端或两侧;雨衣、大衣通常捆于背包上端,大衣袖子捆于背包两侧;鞋子横插在背包背面中央或竖插两侧;锹(镐)竖插在背包背面中央,头朝上。

装备有生活携行具时,应按以下顺序进行:
(1)迅速结合背架。
(2)按规定将物品分别装入主囊、侧囊和睡袋携行袋。
(3)组合背架和军需装备携行具。
各警种可根据本警种专业的特点按编配携装规定执行。

(三)装具携带

1.没有装备战斗携行具的携带方法
1)携95式自动步枪装具

全副武装:背挎包,右肩左携;背水壶,右肩左携;背防毒面具,左肩右携;扎腰带(机枪手先背弹鼓);披弹袋;背背囊(背包);取枪和防暴器材(见图9-1)。

轻装:只是不背背囊(背包),将锹(镐)头朝下背于右肩,系绳绕腰间与背绳系紧;米袋,右肩左携;雨衣(冬季带大衣时,将大衣袖子留在外面卷紧捆好,再将袖口对接扎紧)左肩右携;其他装具携带同全副武装。

2) 携03式自动步枪装具

全副武装:背手榴弹袋,左肩右携;背挎包,右肩左携;扎腰带(机枪手先背弹鼓);披弹袋;背防毒面具,左肩右携;背水壶,右肩左携;背背包;取枪和防暴器材。

轻装:其他装具的披带同全副武装,只是不背背包,将锹(镐)头朝下背于右肩,系绳绕腰间与背绳系紧;米袋,右肩左携;雨衣(冬季带大衣时,将大衣袖子留在外面卷紧捆好,再将袖口对接扎紧)左肩右携。

2. 装备战斗携行具的携带方法

装备有战斗携行具时,应首先按要求将各功能模块组装好,尔后将战斗携行具披挂于身上,取手中武器。

图9-1 全副武装的士兵

(四)集合

士兵披装完毕后,迅速跑步到班集合地点,向班长报告。全班到齐后,班长带领全班迅速赶到排集合场,并向排长报告。

士兵在紧急集合时要做到:迅速、肃静、确实、完整、安全、便于行动。这就要求每名士兵在平时应按规定放置武器、弹药、装具和衣物,这样在紧急集合时就便于拿取和穿着,行动才不会慌乱。

三、徒步行军

高技术条件下作战,战场流动性增大,为争取主动,避免被动,士兵经常在上级组织下实施徒步行军。

徒步行军是以步行方式实施的行军。通常在行军距离较近、输送工具不足或没有输送工具的情况下,以及地形不便于实施摩托化行军时采用。徒步行军对士兵的意志和体能是一种考验。无论是刮风、下雨,无论是山地、沼泽,也无论是酷暑、严寒,只要作战需要,均要实施徒步行军。

(一)徒步行军的基本常识

徒步行军的优势是目标小,分散快,易指挥,组织简便,利于隐蔽,受地形限制小。

其不足之处是速度慢,体力消耗大。

徒步行军,常行军乡村路为每小时4~5千米,山地为每小时3~4千米。急行军时,乡村路时速可达8~10千米。

徒步行军时,通常开始行军后30分钟小休息一次,尔后每行进50分钟小休息一次。小休息时间通常为10分钟(第一次小休息时间可稍长)。休息时,士兵应靠路的右侧(也可在路的两侧),面向路外,放下背包,解开鞋带使脚放松,但武器、装具不能离身。大休息通常在走完当日行程一半以上进行,休息时离开道路,进入指定地区休息,时间通常为2~3小时。大休息时,可以就餐、补充饮水、治疗脚伤,注意武器、装具始终不能离身(见图9-2)。

图 9-2　行军大休息

(二)徒步行军应注意的问题

士兵在行军过程中应按照正确的行军要领,坚决服从班(组)长的指挥,灵活处置各种情况,确保按时迅速到达目的地。

(1)士兵徒步行军应按照全副武装或轻装的规定携行有关装具。

(2)行军前,士兵应检查所带装具是否齐全,佩带是否牢固,尤其是要仔细检查鞋袜是否合适,以避免行军中脚打泡。

(3)行军过程中,应均匀呼吸,全脚掌着地,调整好步幅,保持正常的行军速度。

(4)行军掉队时,应大步跟上,尽量不要跑动,以节省体力,体力好的士兵要主动帮助体力差的战友,搞好体力互助。

(5)小休息时,士兵应就地休息,及时调整体力,不要乱走动,并按要求处理脚上打起的血泡。

(6)行军中,士兵要以灯光、旗语、音响、手势等简易信号通信、运动通信等手段传递口令,保持通信联络。

(7)遇敌空中火力袭击时,士兵应就近利用地形进行防护;接到敌核、化学武器袭击警报时,人员迅速穿戴防毒面具和防护衣罩,就地隐蔽防护。警报解除后,应迅速抢救伤员,检查武器装备,恢复行军序列。

(8)当道路、桥梁遭敌破坏或者遇到难以通行的地段时,应按命令绕行,无法绕行时,应及时报告上级。

(9)在夜间、雨天、山地、水网稻田地、沙漠、雪地等一些特殊环境和地形条件下徒步行军时,士兵要根据特殊环境和地形的特点及当时的具体情况,按命令进行必要的物资器材准备,特别是一些辅助器材,如照明器材、绳索、木棍等。

(10)行军中要注意紧跟队伍,不要掉队;无论遇到什么样的情况都要及时报告;要发扬不怕苦、不怕累的精神,坚决走到目的地。

第二节 野战生存

野战生存,是指在食宿无着的特殊环境中生存与自救的活动。武警部队遂行执勤、处突、反恐、防卫作战等任务的残酷性、复杂性和连续性,增加了班、组等小分队脱离主力部队而独立完成战斗任务的可能性,士兵随时都有可能在食宿无着的特殊环境中生存和战斗。了解和掌握野战生存技术,对贯彻保存自己、消灭敌人的军事原则和部队完成作战任务具有十分重要的意义,也是在现代条件下遂行多样化任务对部队提出的基本要求。因此,为了自身的生存与安全,士兵必须学会野战生存的方法与技能。

一、识别与采集野生食物

在各种野生植物里,大部分野生植物均可食用。有毒的植物种类不多,数量有限,其鉴别方法:一是根据下面的可食野生植物的图谱认真鉴别;二是向有经验的士兵或当地居民了解;三是仔细观察动物采食的情况,一般情况下,动物吃过的植物对人体无害,但是鸟类可食用的植物,人不一定能食用。

我国常见的野生可食植物分为淀粉类、野果类、野菜类、蘑菇类和海藻类。

(一)淀粉类

淀粉类野生可食植物主要有以下几类。

1. 白蔹

白蔹产于我国北部、中部和东部,生长在荒山坡小树林下、草地及田埂旁。形态像葡萄藤,有纺锤形根块;叶掌状3~5厘米全裂,裂片形状颇多变化,叶轴有两翅;夏季开小花,呈黄绿色,聚伞花序;浆果大如豌豆,初蓝色,后变白色;其根块含淀粉和葡萄糖,可采集食用(见图9-3)。

2. 芦苇

芦苇分布遍及我国温带地区,生长在沟边、河沿、道旁及比较阴湿的地方。地下有粗壮的根茎,叶片披针状线形,排列成两行,夏秋开圆锥花,序长10~40厘米。分枝稍伸展,小穗有4~7朵小花。其根部和嫩芽可食用(见图9-4)。

3. 稗

稗生长在田边沼泽地和水稻田中,一年生草本植物,秆直立光滑,叶片线状披针形,圆锥花直立开展,颖果小,椭圆,干滑光亮,尖端是小尖头。夏季可采种子,碾去外皮煮粥吃(见图9-5)。

图9-3 白蔹

图9-4 芦苇

图9-5 稗

(二)野果类

野果类野生可食植物主要有以下几种。

1. 茅莓

茅莓分布于全国大部分地区,生长在山坡灌木丛中或路旁向阳处。攀援状灌木形态,在枝和叶柄上生有毛和钩状小刺,叶为羽状复叶。小叶3～5片,近圆形,边缘有不整齐的深齿缺,密生短毛。花单生在叶腋和树顶,总梗有稀疏的刺,花瓣粉红色,倒卵形,小核红色,果球形,核有深窝孔。可食用果实及嫩叶,7～8月果实成熟,味酸(见图9-6)。

2. 沙棘

沙棘分布于我国华北、西北、西南等地,常成丛生长在河岸的沙地或沙滩上。有刺灌木形态,果实为核果,卵形或近圆形,多汁,金黄色或橙黄色,许多个密生在一起,紧贴树梢上。9～10月果实成熟可生食,味酸而甜(见图9-7)。

3. 胡颓子

胡颓子分布于我国江苏、浙江、福建、安徽、江西、湖南、湖北等地,生长在山坡的疏林下面及阴湿山谷中。灌木形态,有刺,高2～4米,幼枝褐色,叶为椭圆形或长圆形,尖端稍长,边缘波状常卷皱,花为银白色,1～3朵生于叶腋,常向下垂,果皮开始为褐色,成熟后微发红,内包一椭圆形的硬核,生食果实(见图9-8)。

另外,有些野果(如野山梨、野栗子、榛子、松子、山核桃等)比较容易识别。

图9-6 茅莓

图9-7 沙棘

图9-8 胡颓子

(三)野菜类

野菜类野生可食植物主要有以下几种。

1. 苦菜

苦菜生长于山野和路边,茎高0.6～1米,叶互生,周围有小刺,近根处叶窄,色绿,表面呈灰白色,断面有白浆,茎叶平滑柔软,夏季开黄色头状花。3～8月可采其嫩茎叶洗净生食(见图9-9)。

2. 蒲公英

蒲公英生长于田野中,高10～20厘米,叶缘为规则的羽状分裂,色鲜绿,花茎从基部生出比叶稍长,上部密生白色丝状毛。3～5月可采食嫩叶,5～8月可采花煮汤(见图9-10)。

3. 蕺菜

蕺菜别名鱼腥草。生于水沟边、渠岸、池边及阴湿地。嫩幼苗可作蔬菜吃。茎上部直立,下部匍匐,节上生须根并有褐色鳞片。叶为心脏形,尖端渐尖,上面为绿色,下面带紫色(见图9-11)。

另外,野菜中蕨菜、扫帚菜、灰灰菜等,遍布全国,容易识别。

图 9-9 苦菜

图 9-10 蒲公英

图 9-11 蕺菜

(四)蘑菇类和海藻类

由于目前还没有完全可靠的方法鉴别蘑菇是否有毒。因此,采食蘑菇时一定要慎重。可以参照有关的蘑菇图谱先鉴别蘑菇,或仔细观察蘑菇上被野兽或昆虫啃咬过的痕迹,记住这种蘑菇的形状,供以后采摘时参考。采蘑菇可在雨后的林中或草地上进行。

海藻生长在海边礁石上或漂浮在海水中,海藻一般无毒。常见的有紫菜、红毛菜、角叉菜、鸡冠菜、裙带菜等。采食海藻应选用海水中新鲜的海藻,海滩上的海藻常常因为脱离海水而腐败变质,不宜食用。

二、寻找水源和净化水质

寻找水源是野战生存中重要的行动之一。士兵在到达某一地后,在情况许可时,应尽快组织寻找水源。水是生命之源,所有的生物都离不开水。通常情况下,一个正常人没有食物可以活 10 余天,但没有水 7 天就有生命危险,水是第一需要。因此,在缺水的情况下,首先应计划使用所带饮水。最初可以不喝水,或者仅湿润口腔、咽喉。当然,也不要勉强忍耐干渴,以致使身体出现脱水症状。

喝水要得法,应该"少量多次"。试验证明:一次饮 1000 毫升水,380 毫升则由小便排出,假若分 10 次喝,每次 80~100 毫升,小便累计才排出 80~90 毫升,水在体内就能得到充分利用。通常人每昼夜喝水不少于 500~600 毫升,这在 5~6 天内对人体不会发生有害作用。在实在无水的情况下,小便也可以应急解渴。实际上小便并不污秽,只是因为人的心理作用,总觉得难以下咽。

此外,还应积极寻找饮用水,以弥补对水的长远需要,千万不要等到水已用完才想到去找水。

(一)寻找水源的方法

1.寻找地下水

俗话说,人往高处走,水往低处流。寻找水源首选之地是山谷底部。若谷底见不着明显的溪流或积水池,就要注意绿色植物的分布带。一般植物茂盛、动物经常出现的地方,容易找到浅表层水源。茂盛的芦苇表示地下水位于地表下 1 米左右;喜湿的长叶碱毛茛、马兰花等植物下面 1 米左右就能找到水;我国南方雨水充沛,根深叶茂的竹林通常在浅层地表下就有水。

另外,蚂蚁、蜗牛、青蛙、蛇等动物喜欢在泥土潮湿的地方做窝栖身,在这些地方向下深挖通常可以找到水。

2. 寻找植物中的储水

山野中有许多植物可用来解渴,如黑桦、白桦的树汁,山葡萄的嫩汁,酸浆子的根茎,芭蕉的茎、扁担藤的藤等。初春时节,只要在桦树干上钻一个深 3~4 厘米的小孔,插入一根细管(可用白桦树皮制作),通过细管就会流出可供饮用的汁液。注意:应立即饮用(因白桦树汁液在空气中很快就会发酵)。密林中的扁担藤,长约 5~6 米,缠绕在树干上,藤面呈灰白色,叶色深绿,呈椭圆形,砍断藤干后,就会流出可供饮用的清水。在热带丛林中有一种储水竹子,生长在山沟两旁,直径约 10 厘米,竹节长约 50 厘米,砍时应先摇摇竹竿,无水响的竹子不必砍,有虫眼的竹节也不必砍,竹节内的水既卫生还带有一股淡淡的竹香。

3. 采集地表水或雨水

在找不到其他可用水的情况下,可以在清晨采集植物枝叶上的露珠。方法是将塑料布或雨布铺在草丛下面,摇晃草叶,使露水一滴滴落下,积少成多,可解干渴之急。

下雨时,可在地面上挖坑,铺上塑料布或雨布收集雨水,也可用其他容器接雨水。

(二)净化水质的方法

一般情况下,有强烈异味的水是不宜饮用的。对水质浑浊、有异味、水质较差的水,首先应辨别水中是否含有有毒腐败的物质,最好进行净化处理后再饮用。其方法主要有以下几种。

1. 药物净水

使用"69-1 型饮水消毒片""漂白粉精片"处理浊水,可起到澄清灭菌作用,使用明矾可使浊水变清。

2. 植物净水

将一些含有黏液的植物,如仙人掌、榆树皮等捣烂成糊加入浊水中,搅拌 3 分钟,再沉淀 10 分钟,可起到净水作用。通常 15 公斤水可用 4 克植物糊净化。

3. 过滤水

将竹节一端的堵节去掉,在另一端的堵节上钻一个小孔,竹节内从下向上依次放入较干净的石子、沙、土、木炭等碎块,这样就做成了一个过滤器,将浊水缓缓倒入竹节,小孔就能流出经过过滤的水。使用消毒片、漂白粉净化的水可以直接饮用,由其他方法取得的净水应煮开消毒后方能饮用。

4. 海水的淡化

在海边,如没有离子交换树脂脱盐剂,可以用锅煮海水来收集蒸馏水的方法使海水淡化。煮海水时,在锅盖内侧贴上毛巾。将蒸馏水的水珠吸附在毛巾上,然后再拧在大贝壳或其他容器内。这样反复制作,就可得到所需要的淡水。冬季,可将海水放在一个容器中冻结。当海水结冰时,大部分溶解在水中的盐分就会结晶而出水,因此,冰块基本上是淡化的。而将未结冰的水,即浓盐水在锅里加热,熬干后可得结晶盐,再展于纸上,除去杂质,即得食盐。

5. 沙漠水淡化

我国西北地区的大片沙漠戈壁中,在有植物的地方,通常深挖 4~5 米即有浅层地下水。水经沙层过滤,一般清澈透明,但因地下水大量蒸发浓缩而成盐碱水,不能饮用。如无离子交换树脂脱盐剂,则可用上述海水淡化的方法处理后饮用。我国西北沙漠地区的居民,用当地的地椒草处理苦咸水。在 1 公斤含矿物质 0.37%~0.72% 的苦咸水中加入 0.1~1.9 克的干地椒草同煮,虽然不能除去苦咸,但可以防止发生腹痛、腹胀、腹泻的情况。在有湿沙或苦咸水的地方,可以用简易的太阳蒸馏器取得淡水。方法是挖一个直径 1.5 米、深 1 米的沙坑(沙坑中可放置仙人掌或含水植物、浸透海水的衣服），上面盖一层透明塑料膜，四周用沙子或石头固定，中间放上一块小石子，使塑料膜成一倒圆锥体。在这个圆锥体下面预先放一个接水容器。阳光透过塑料膜使沙坑中的水分蒸发，水蒸气遇到塑料膜凝结成水滴，顺着圆锥体的顶端滴入容器内。这种方法，每天可以获得蒸馏淡水1.5公斤左右（见图9-12）。

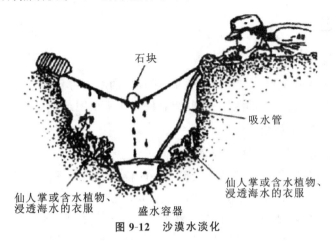

图9-12 沙漠水淡化

三、野炊

士兵为了生存和保持体力，必须想办法将采集到的动、植物做熟食用，但由于受野外较艰苦环境条件的限制，只能用一些简便的野炊方法。

（一）用罐头盒、钢盔等烹煮

在野外可以用石头做架，或用铁丝吊挂铁盒、钢盔等物，用火加热，烹煮食物、烧开水等。

（二）用铁丝、木棍烧烤

可将食物穿、插、缠、裹在铁丝或木棍上，放在火中或火边烧烤。

（三）用小铁锹、石板或石块烫烙

用火在小铁锹底部加热，将切成薄片的食物在上面烙熟。也可用火将石板烧烫以后，将食物切成薄片放在上面烙熟食用。

将若干拳头大小的石块放在火中烧热，用棍拨到一个40厘米深的土坑内铺一层，石块上铺大树叶，放上食物，上面再铺一层树叶，将剩下的热石块铺在树叶上，然后再铺上厚厚的树叶压住，三四个小时之后即可取食。

（四）用黄泥裹烧

用和好的黄泥在地上摊成一个3厘米厚的泥饼，上面铺一层树叶，将野鸡或野兔、鱼等食物除去内脏，不脱毛，不褪鳞，放在泥饼上，用泥饼将食物包裹成团，放在火中烧2个小时即可食用。食用时，兽毛或鱼鳞将会被沾在泥块上而随之脱离。

（五）用竹节煮饭

选粗壮的竹子砍倒，每2～3节竹筒砍成段，将竹节的一端打通，将米和水灌入竹节里，米约占2/3，然后将竹节放在火中烘烤，约40分钟可做成熟饭。

第三节 识图用图

一、地图概述

（一）地图的定义

地图是指按照一定的投影方法和比例关系，用规定的图式符号、颜色和注记，将地面的自然地理要素和社会要素，经过一定的制图原则，综合测绘于平面图纸上的图。

（二）地图的分类和用图

地图按表示内容分为普通地图与专题地图两大类。

普通地图，是综合反映地表自然和社会要素一般特征的地图。它以相对均衡的详细程度表示自然地理要素（地貌、土质、水系、植被）和社会经济要素（居民地、道路网、行政区划）。它不仅广泛地用于经济建设、国防建设、军队作战训练和科学文化教育等方面，而且还被用作编制专题地图的地理底图。其中，尤以地形图应用最为广泛，因此，地形图是最重要的图种。

专题地图又称专门地图，是以普通地图为基础，着重表示某一专题内容的地图，如地貌图、交通图、地质图、水文图、人口图、植被图、气象图等。

地形图是军事上的主要用图，其比例尺大于或等于1∶100万。我国军用地形图比例尺系列包括1∶1万、1∶2.5万、1∶5万、1∶10万、1∶25万、1∶50万和1∶100万七种。其中，大比例尺地形图指比例尺大于1∶5万（含）的地形图；中比例尺地形图指1∶10万和1∶25万的地形图；小比例尺地形图指1∶50万和1∶100万的地形图。

图上长度与实地水平距离对照表见表9-1。

表9-1 图上长度与实地水平距离对照表

地图比例尺	图 上 长	实地水平距离
1∶1万	1厘米	100米
1∶2.5万	1厘米	250米
1∶5万	1厘米	500米
1∶10万	1厘米	1000米
1∶25万	1厘米	2500米
1∶50万	1厘米	5000米
1∶100万	1厘米	10 000米

二、地图比例尺

地图比例尺是说明该图所表示的地面被缩小的尺度。它是测图、编图和用图时进行点的坐标、点间距离量读的依据。

(一)比例尺的概念

地图上某两点间长度与相应实地水平距离之比,叫地图比例尺。地图比例尺=图上长÷相应实地水平距离。

地图比例尺绘注在地图图廓外,以图形结合文字和数字表示。其中以数字表示的为数字比例尺,以图形表示的为直线比例尺。地形图比例尺的大小是按其比值来衡量的,比例尺越大,图上显示的地形就越详细;比例尺越小,图上显示的地形就越概略,精度就越低,但同一幅面的图中所包含的实地范围就越大。

(二)比例尺的形式

为了适应直接量算的需要,各种地图上用得最多的比例尺有以下几种形式。

1. 数字比例尺

数字比例尺是用比例式或分数式表示的。如1∶5万或1/50 000。

2. 文字式比例尺

文字式比例尺是用文字叙述的形式表示地图比例尺的。如百万分之一、十万分之一、五万分之一等。

3. 直线比例尺

直线比例尺是用直线(单线或双线)表示的。如1∶5万直线比例尺,从"0"向右为尺身,图上1厘米代表0.5千米,从"0"向左为尺头,1小格代表500米。

(三)在地图上量读距离

1. 在直线比例尺上量读距离

用两脚规(或直尺)量出所求两点间的长度(间隔),保持其长度不变,先将两脚规一头落在一个整千米量值上,再使另一头落在直尺上,则整千米数值加上尺头上的米数就是两点间的水平距离(见图9-13)。

2. 依数字比例尺换算距离

实际距离=图上长×比例尺分母,图上长=实地距离÷比例尺分母。

为计算方便,可先将比例尺分母消去两个零。如:在1∶5万地图上,甲、乙两点距离为2.8厘米,则其相应的实地水平距离为:2.8×500=1400(即1400米)。

求图上,长则用甲、乙两点实际水平距离1400米除以500,即1400÷500=2.8(即2.8厘米)。

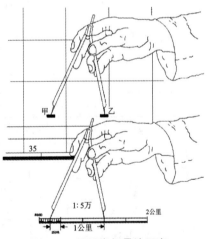

图 9-13 用两脚规量读距离

3. 用里程表量读距离

在地形图上量取弯曲路段或曲线距离时,使用指北针上的里程表比较方便。里程表由表盘、指针及滚轮三部分组成,表盘上的外分划圈上有1∶10万、1∶5万和1∶2.5万比例尺注记和千米数注记,每个数字均表示相应实地水平距离的千米数,量读时先将指北针上的里程表指针归"0",然后手持指北针,将里程表指针放在所量线路的起点上,沿线路顺时针方向滚至终点,此时指北针在相应比例尺分划圈上所指的分划数即为所求的实地水平距离(见图9-14)。

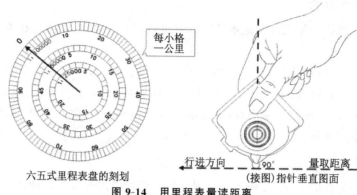

六五式里程表盘的刻划　　(接图)指针垂直图面

图 9-14　用里程表量读距离

(四)图上距离的倾斜改正

从图上量算的实地距离都是水平距离,而实地往往是高低起伏的,故图上量算的水平距离都小于相应的实际距离。为使图上量算的距离接近于实地实际距离,必须对量得的值加以改正,使其由图上量得的水平距离换为地表相应的实际距离。在军事地图中,常用平均坡度改正法。

坡度改正数表见表 9-2,坡度与弯度改正数表见表 9-3。

表 9-2　坡度改正数表

坡　　度	改正数/(%)	坡　　度	改正数/(%)
5°	0.38	25°	10.34
10°	1.54	30°	15.47
15°	3.53	35°	22.08
20°	6.42	40°	30.54

表 9-3　坡度与弯度改正数表

坡　　度	改正数/(%)	坡　　度	改正数/(%)
0°~4°	3	20°~24°	40
5°~9°	10	25°~29°	50
10°~14°	20	30°~34°	65
15°~19°	30	35°~40°	80

改正的方法是:

实际距离＝水平距离＋水平距离×改正数

例如:从图上量得两点间水平距离为 5 公里,其平均坡度为 8°,则实地距离为:

$$5 公里 + 5 公里 \times \frac{10}{100} = 5 公里 + 0.5 公里 = 5.5 公里$$

三、地物符号

在地图上表示实地地物的特定图形和文字、数字注记叫地物符号。

(一)地物符号的图形

地物符号的图形特点如图 9-15 所示。

图形特点	符号及名称		
与地物的平面形状相似	居民地 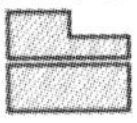	河流、苗圃 	湖泊 
与地物的侧面形状相似	突出阔叶树 	烟囱	水塔
与地物的有关意义相应	变电站 	矿井	气象站 

图 9-15 地物符号的图形特点

1. 图形与地物的平面形状相似

这类符号的图形与地物正射投影后的平面相似,并保持一定比例关系,所以叫正形图形。一般用于表示实地较大的地物,如居民地、河流、苗圃、湖泊等。

2. 图形与地物的侧面形状相近

这类符号的图形与地物的侧面形状相近,所以叫侧形图形。一般用以表示实地较小的独立地物,如突出阔叶树、烟囱、水塔等。

3. 图形与地物的有关意义相应

这类符号的图形是按会形、会意的方法构图的,所以叫象征图形。它具有形象和富有联想的特点,如变电站、矿井、气象站等。

(二)地物符号的分类

1. 依比例尺符号(又叫轮廓符号)

实地面积较大的地物,如居民地、森林、江河、湖泊等,其外部轮廓是按比例尺缩绘的,内部文字注记是按配置需要填绘的。

依比例尺符号如图 9-16 所示。

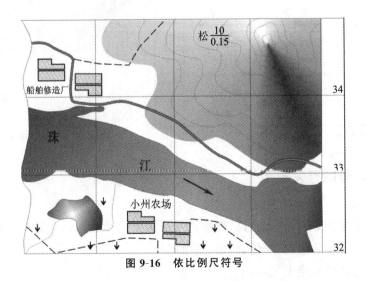

图 9-16 依比例尺符号

2. 半依比例尺符号(又叫线状符号)

实地的窄长线状地物,如道路、垣栅、土堤、通信线等,其转折点、交叉点位置是按实地精确测定,其长度是按比例缩绘的,而宽度不是按比例尺缩绘的。地物的转折点、交叉点可作为方位或显示目标使用。

半依比例尺符号如图 9-17 所示。

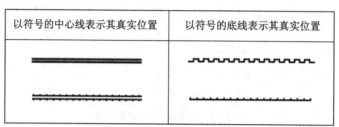

图 9-17 半依比例尺符号

3. 不依比例尺符号(又叫点状符号)

实地上一些对部队战斗行动有影响或有方位意义的地物,如突出树、亭、塔、油库等,因实地面积较小,不能按比例缩绘,只能按规定的符号表示。通过不依比例尺符号,就可了解实地地物的性质和位置,但不能量取大小。

不依比例尺符号如图 9-18 所示。

4. 说明和配置符号

说明和配置符号主要是用来说明、补充上述三种符号不能表示的内容。说明符号是用来说明地物某种情况的,如表示街区性质的晕线,表示江河流向的箭头等。配置符号是用来表示某些地区的植被及土质分布特征的,如草地、果园、疏林、道旁行树等。

说明和配置符号如图 9-19 所示。

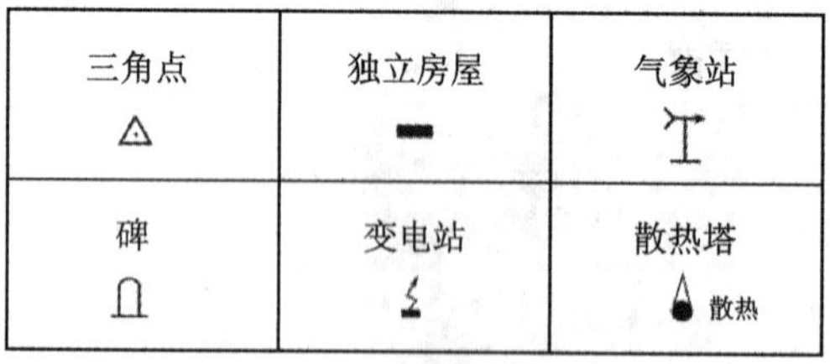

图 9-18 不依比例尺符号

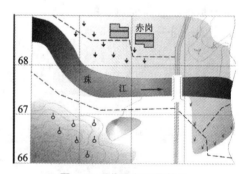

图 9-19 说明和配置符号

(三)地物符号的有关规定

1. 颜色的规定

为使地图内容层次分明、清晰易读,地物符号采用不同颜色来区分地形的性质和种类。我国出版的地形图符号均为黑色、绿色、棕色、蓝色四种。

地形图符号颜色的规定见表 9-4。

表 9-4 地形图符号颜色的规定

颜 色		使 用 范 围
四色图	黑色	人工物体
	绿色	植被要素
	棕色	地貌要素
	蓝色	水系要素

2. 半依比例尺表示的符号的定位线的规定

半依比例尺表示的符号的定位线如图 9-20 所示。

定 位 线	符 号 举 例	定 位 线	符 号 举 例
成轴对称的符号，在中心线上	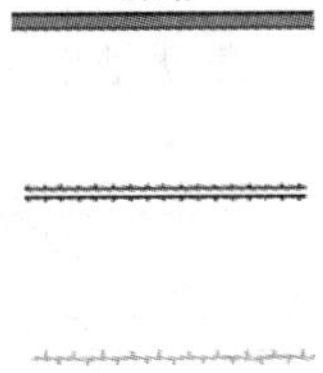 公路	不成轴对称的符号，在地线或缘线上	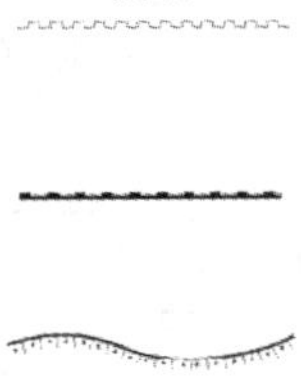 城墙

图 9-20 半依比例尺表示的符号的定位线

3. 不依比例尺表示的符号的定位点的规定

定位点是指符号中表示地物真实位置的部位。

不依比例尺表示的符号的定位点如图 9-21 所示。

定 位 点	符 号 举 例		
图形中有一点的，在该点上	三角点	亭子	窑
几何图形，在图形的中心	油库	水车、风车	发电厂
底部宽大的，在底部中点上	水塔	古塔	纪念碑
底部为直角的，在直角的顶点	路标	突出阔叶树	突出针叶树
组合图形，在主体图形的中心	石油井	泉	小面积树林
其他图形，在图形的中心	桥	矿井	水闸

图 9-21 不依比例尺表示的符号的定位点

4.符号注记规定

居民地、山、水名及地理单位名称分别以不同字体、颜色注记。地物的性质、特征等采用简注。因此,注记分名称注记、说明注记和数字注记三种。

四、地貌判读

(一)地貌的表示

地貌就是地球表面高低起伏的自然形态,如山地、丘陵地、平原等。目前,世界上通常采用等高线法表示地貌。

1.等高线表示地貌的原理

等高线是由地面上高程相等的各点连接而成的曲线,如常见到的平静水库和池塘水面的边缘线就是一条等高线,由此可以联想到等高线原理。

如图9-22所示,假想把一座山由底到顶按相等的高度一层一层地水平切开,山的表面会出现大小不同的截口线,把这些截口线垂直投影到同一平面上,便形成一圈套一圈的曲线图形。因为同一条曲线上各点高程相等,所以叫等高线。地图就是根据这个原理显示地貌的。

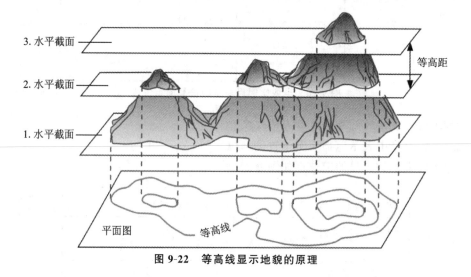

图9-22 等高线显示地貌的原理

概括起来就是:由底向顶,高度相等,水平相切,垂直投影。

2.等高线表示地貌的特性

(1)同一条等高线上各点高程相等。

(2)同一幅图上或同一等高距的图上:线多,山高;线少,山低;线密,坡陡;线稀,坡缓。

(3)等高线弯曲形状与实地地貌保持相似关系。山背上的等高线凸向山脚,山谷的等高线凸向山顶或鞍部。

(4)等高线是闭合曲线,一般情况下互不相交,但当通过绝壁、陡坎时,曲线可能会出现重合。

3.等高距的规定

相邻两条首曲线间的实地铅垂距离叫作等高距。等高距愈小,表示地貌的等高线愈多,地貌表示愈详细;等高距愈大,等高线愈少,地貌表示愈简略。若按同一等高距表示地貌,对高差大、坡度陡的山地,等高线多而密;对平坦地区则等高线稀而疏。所以,等高距的选择通常根据地区的地貌特征、地图比例尺和地图的用途等情况来确定。我国基本比例尺地形图等高距的规定见表9-5。

表 9-5　我国基本比例尺地形图等高距的规定

比　例　尺	一般地区（基本等高线）	特殊地区（选用等高线）	
1∶1万	2.5米	1米或5米	注：一般地区，指大部分地区采用的等高距；特殊地区，指那些不适用基本等高距的地区，并非狭指山区
1∶2.5万	5米	10米	
1∶5万	10米	20米	
1∶10万	20米	40米	
1∶25万	50米	100米	
1∶50万	50米	100米	

4.等高线的种类和作用

如图9-23所示，等高线按其作用不同，分为以下四种。

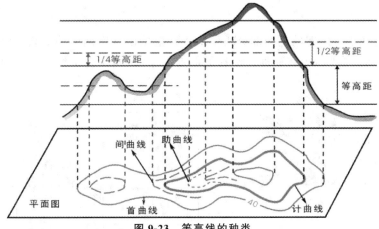

图 9-23　等高线的种类

1)首曲线(0.1毫米)

首曲线又叫基本等高线，是按规定的等高距测绘的细实线，用以显示地貌的基本形态。

2)计曲线(0.2毫米)

计曲线又叫加粗等高线，每隔4条首曲线加粗1条计曲线。

3)间曲线

间曲线又叫半距等高线，是按1/2等高距描绘的1条细长虚线，用以表示首曲线不能显示的局部地貌形态，如小山顶、阶坡、鞍部等。

4)助曲线

助曲线是按1/4等高距描绘的1条细短虚线，用以显示间曲线仍不能显示的某段微型地貌。

(二)**地貌的识别**

地貌形态虽然多种多样，但它们都是由山顶、山背、山谷、鞍部、山脊、山脚、斜面与防界线和凹地等地貌元素组成的。

1. 山顶

山体的最高部位叫作山顶。山顶依其形状可分为圆山顶、尖山顶、平山顶。图 9-24 上表示山顶的等高线是一个小环圈,环圈外通常绘有示坡线。

2. 山背

从山顶到山脚向外突出的部分叫作山背。山背依其形状可分为尖山背、圆山背、平齐山背。山背向外突出的连线,叫作分水线(见图 9-25)。

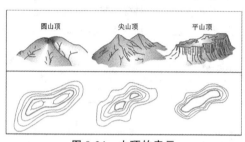

图 9-24　山顶的表示

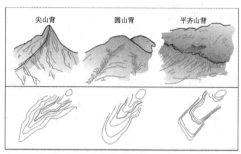

图 9-25　山背的表示

3. 山谷

相邻两山背或山脊之间的低凹部分叫作山谷。根据山谷横剖面的形状可将山谷分为尖形(V)谷、圆形(U)谷、槽形(凵)谷三种。山谷最低点的连线,叫作合水线。山谷的表示如图 9-26 所示。

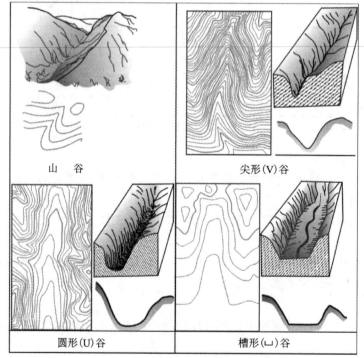

图 9-26　山谷的表示

4. 鞍部

相邻两山顶间形如马鞍状的凹部叫作鞍部(见图 9-27)。

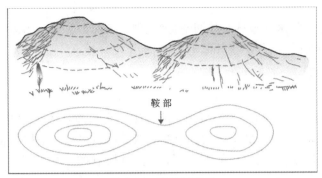

图 9-27　鞍部的表示

5. 山脊

由数个相邻山顶、山背和鞍部所连成的凸棱部分叫作山脊。山脊的最高棱线叫作山脊线。山脊的表示如图 9-28 所示。

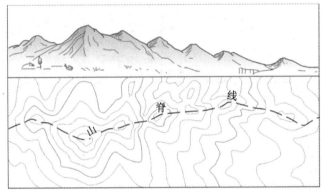

图 9-28　山脊的表示

6. 山脚

山脚是山体与平地的交线。它是一条明显的倾斜变换线，由此向上，等高线密集，山背、山谷等高线十分明显；由此向下，等高线稀疏、平滑，没有明显的谷、背区别。

7. 斜面与防界线

由山顶到山脚的坡面叫作斜面。军事上把朝向敌方的斜面，叫作正斜面；背向敌方的斜面，叫作反斜面。斜面按其断面形状可分为等齐斜面、凸形斜面、凹形斜面和波形斜面。斜面上坡度变换的界线叫作防界线。防界线是军事上挖掘堑壕、控制坡面的有利地线。斜面的表示如图 9-29 所示。

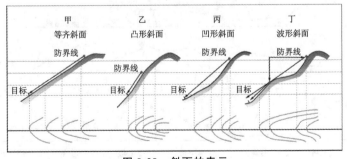

图 9-29　斜面的表示

8.凹地

四周高、中间低、无积水的地域叫作凹地,大范围的则称为盆地。凹地在地形图上也是由闭合的等高线表示的,但内圈高程小于外圈高程。

(三)地貌的判读

1.高程的判读

地形图上高程注记点一般有80~200个,没有注记高程的点的判定的方法为:先从南图廓外(右下方)查明等高距,并在点的附近找到控制点或等高线注记。根据判定点与已知高程注记点的关系,判定上一条或下一条等高线高程,然后根据点的位置判定其高程。高程的判定如图9-30所示。

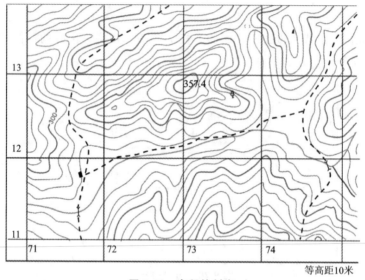

图 9-30 高程的判定

2.地面起伏的判定

判定地面起伏状况时,可以根据等高线的疏密情况、高程注记、示坡线、河流位置和流向、山的各部形态详细进行判明(见图9-31)。

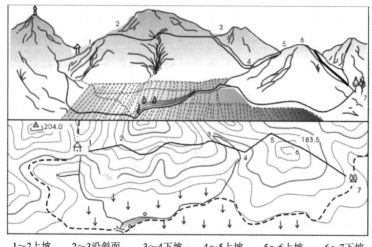

1~2上坡　2~3沿斜面　3~4下坡　4~5上坡　5~6上坡　6~7下坡

图 9-31 地面起伏的判定

3.坡度的判定

在图上判定坡度时,常用以下两种方法。

1)用坡度尺(南图廓下方都绘有坡度尺)量

坡度尺的底线上标注有1°～30°的坡度数值和3.5%～58%的分数,从下至上有6条线(1条直线,5条曲线),可以分别量取2～6条等高线间的坡度。量取两条等高线间的坡度时,先用两脚规量取图上两条等高线间的宽度,然后到坡度尺的第一条曲线与底线间的纵方向上比量,找到与其等长的垂直线,即可在底线上读出相应的坡度,如几条等高线的间隔大致相等时,可一次量取2～6条等高线的间隔,然后在坡度尺相应几个间隔上比量,读出相应的坡度,如图9-32所示。

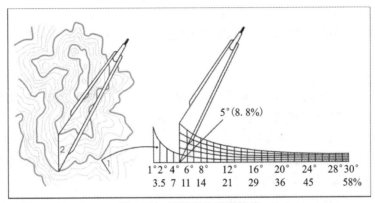

图9-32 用坡度尺量取坡度

2)根据等高线间隔计算

地形图如果采用统一规定的等高距,那么两条相邻首曲线的间隔为1毫米,则相应现地坡度约为12°(在1∶5万地图上,间隔1毫米,为相应实地距离50米,根据正切定理,等高距/水平距离=tan α,则10÷50=0.2,查正切函数表得知,正切值为0.2的角度为11°18′36″。为计算方便,取12°)。所以,间隔大于或小于1毫米,只要用间隔的毫米数去除12°,就可以得出实地坡度。例如,图上两条相邻曲线的间隔为2毫米,则坡度约为6°(见图9-32)。这种方法只适用于判定30°以下的坡度,坡度愈大,误差愈大。

五、方位角与偏角

(一)方位角

从某点的指北方向线起,依顺时针方向到目标方向线之间的水平夹角,叫该点的方位角。它是用密位或度来表示的。根据现地使用地图的需要,在地形图上定向,采用三种不同的起始方向线,即真子午线、磁子午线、坐标纵线。因此,从某点到同一目标,就有三种不同的方位角。

1.真方位角

从某点的真子午线起,依顺时针方向到目标方向线之间的水平夹角,叫该点的真方位角。

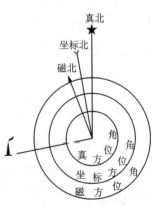

图9-33 方位角的种类

2.磁方位角

从某点的磁子午线(磁南、磁北的连线)起,依顺时针方向到目标方向线之间的水平夹角,叫该点的磁方位角。

3.坐标方位角

从某点坐标纵线起,依顺时针方向到目标方向线之间的水平夹角,叫该点的坐标方位角。
方位角的种类如图 9-33 所示。

(二)偏角

由于真子午线、磁子午线、坐标纵线(简称三北方向线)三者方向不一致,所构成的水平夹角,叫偏角或三北方向角。偏角共有三种:磁偏角、坐标纵线偏角、磁坐偏角。

1.磁偏角

磁子午线与真子午线间的水平夹角,叫磁偏角。磁偏角以真子午线为准,角度值东偏为正,西偏为负。

2.坐标纵线偏角

坐标线与真子午线间的夹角,叫坐标纵线偏角,又叫子午线收敛角。坐标纵线偏角以真子午线为准,角度值东偏为正,西偏为负。

3.磁坐偏角

磁子午线与坐标纵线间的夹角,叫磁坐偏角。以坐标纵线为准,角度值东偏为正,西偏为负。偏角的不同形式如图 9-34 所示。

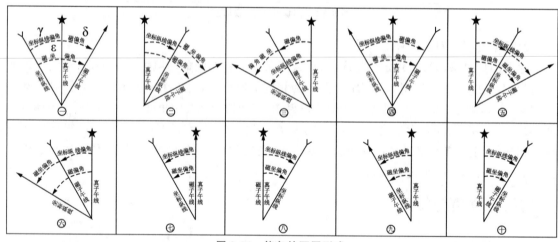

图 9-34 偏角的不同形式

六、现地使用地图

(一)现地判定方位

现地判定方位,就是在现地辨明东、西、南、北方向,明确站立点与周围地形的关系位置,它是实施正确指挥和行动的基础。判定方位的方法主要有以下几种。

1.利用指北针判定方位

判定方位时,将指北针平放,待磁针静止后,磁针涂有夜光剂的一端(或黑色尖端)所指的方向,就是现地的磁北方向。

2.利用北极星判定方位

北极星是正北天空一颗较亮的恒星。夜间找到北极星,就找到了正北方向(见图 9-35)。

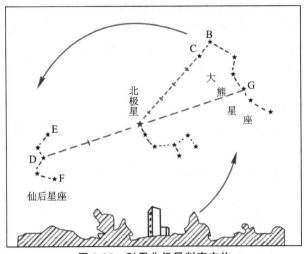

图 9-35　利用北极星判定方位

北极星是小熊星座的星,位于小熊星座的尾端,它与大熊星(即北斗星,俗称勺子星)、仙后星座(即 W 星座)有固定的关系位置。

由于小熊星座在天空中不明显,因此,找北极星时,一般先找到大熊星座。其特征是:由 7 颗主要亮星组成,形如一把勺子。大熊星座两颗星(即北斗斗魁末端的北斗一、二),叫指极星。将两星的连线沿长,约在两星间隔的 5 倍处,有一颗较明亮的星,就是北极星。

当大熊星座运转到地平线以下看不见时,则可根据仙后星座来找北极星。仙后星座,主要亮星有 5 颗,形状像 W,从中央的星算起,在缺口方向,约为最远两星宽度的 2 倍处,就可找到北极星。

3.利用太阳和手表判定方位

一般来说,在当地时间 6 时左右,太阳在东方,12 时在正南方,18 时左右在正西方。根据这一规律,便可利用时表(手表或怀表)和太阳结合起来概略判定方位。判定时,先将手表平放,以表盘中心和时针所指时数(每日以 24 小时计算)折半位置的延长线方向对向太阳,此时,由表中心通过 12 的方向就是北方。其记忆口诀是:时数除 2 对太阳,12 指向是北方。

利用太阳和手表判定方位如图 9-36 所示。

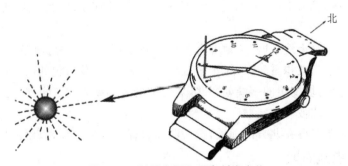

图 9-36　利用太阳和手表判定方位

把时数折半是因为地球自转一周是一昼夜 24 小时,而手表,一昼夜要走两圈才 24 小时,正好手表转的圈数比地球多一倍,所以要折半。

判定时,应以当地时间为准。我国大部分地区都使用北京时间,即东经120°的时间。由于经度不同,在同一北京标准时间内,各地所见太阳的位置也不同。因此,在远离东经120°的地区判定方位时,换算为当地时间。根据地球每小时由西向东转动经度15°的道理,即以东经120°为准,每向东15°,其当地时间应将北京标准时间加上1小时;每向西15°就应减去1小时。

在北回归线(即北纬23°26′)以南地区,夏季中午时间太阳偏于天顶以北,不宜采用上述方法。

4.利用自然特征判定

有些地物、地貌由于受阳光、气候等自然条件的影响,形成了某种特征,可以利用这些特征来概略地判定方位。

利用自然特征判定方位如图9-37所示。

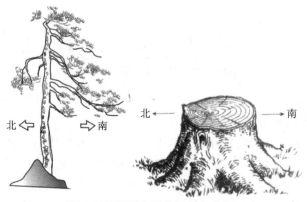

图9-37 利用自然特征判定方位

1)独立大树

通常是南面枝叶茂密,树皮较光滑;北面枝叶较稀少,树皮粗糙,有时还长青苔。砍伐后,树桩上的年轮,北面间隔小,南面间隔大。

2)突出地面的物体

如土堆、土堤、田埂、独立岩石和建筑物等,南面干燥,青草较茂盛,冬季积雪融化较快;北面潮湿,易生青苔,积雪融化较慢。土坑、沟渠和林中空地则相反。

3)塔舍的正门

我国大部分地区,尤其是北方,庙宇、宝塔的正门多朝南方;广大农村的正门一般也多朝南开。

由于我国幅员广大,土地辽阔,各地都有不同的特征,如内蒙古高原冬季大多是西北风,山的西北坡积雪较少,东南坡积雪较多,树干多数略向东南倾斜;蒙古包的门一般朝东南。新月形沙丘,朝东南方向伸展,坡度缓的一端朝西北,坡度陡的一端朝东南。再如,辽西丘陵地区,气候干燥,松柏树多生长在北坡。

判定方位后,必要时可在北方的远处,选一明显目标作为方位物,以便记忆。

(二)地图与现地对照

地图与现地对照就是将地图上各种符号与相应的现地地形一一对应起来,能随时确定站立点在图上的位置,以便了解和熟悉地形,保障实施正确的作战指挥和行动。

1.标定地图

标定地图就是使地图的方位与现地方位相一致。这是地图与现地对照的重要步骤。

1)用指北针标定

先以指北针的直尺边切于地图磁子午线,并使准星的一端朝向北图廓,然后水平转动地图,使磁针北端指向对正指标,地图即已标定(见图9-38)。

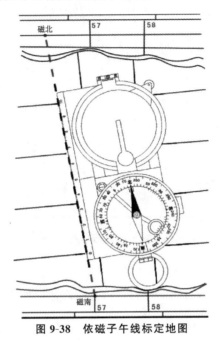

图 9-38 依磁子午线标定地图

2)利用直长地物标定

利用直长地物,如道路、河流、土堤等标定地图,可先在图上找到现地直长地物相应的地物符号,对照两侧地形,使地图与现地的关系位置概略相符,再转动地图使图上的直长地物方向一致,地图即已标定(见图9-39)。

图 9-39 利用直长地物标定地图

3)利用明显地形点标定

首先确定站立点在图上的位置,再从远方选定一个现地与地图上都有的明显地形点(山顶、独立地形物),并用指北针(或三角尺)切于图上站立点和该地形点上,然后转动地图,通过照门、准星瞄准现地该点,地图即已标定(见图9-40)。

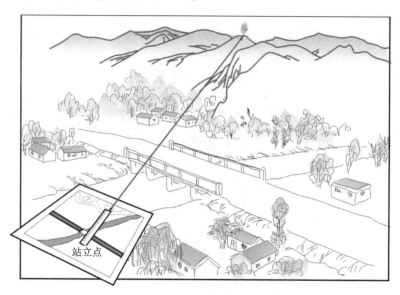

图 9-40　利用明显地形点标定地图

2.确定站立点

地图标定后,应先确定站立点在图上的位置,这是现地使用地图的关键,也是地图与现地对照的基础。

1)用截线法确定

当站立点在直长地物(如道路、土堤、河渠等)上时,可采取截线法确定站立点在图上的位置。首先标定地图,在直长地物的侧方选择图上和现地都有的明显地形点,将直尺边切于图上该地形点上,后转动直尺,瞄准现地该地形点,并描画方向线,方向线和直长地物符号的交点,就是站立点在图上的位置(见图9-41)。

图 9-41　截线法

2)用后方交会法确定

当站立点附近无明显地形点而在 2 个以上现地和图上都有的明显地形点时,可采用此法。首先标定地图,在远方选定 2 个图上和现地都有的明显地形点,将直尺边切于图上 2 个明显地形点符号的定位点上(可插细针),再依次瞄准现地相应的现地地形点交点,并向后画方向线,两方向线的交点,就是站立点在图(见图 9-42)上的位置。

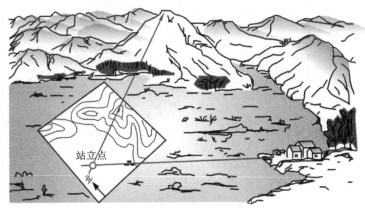

图 9-42　后方交会法

3)用磁方位角交会法确定

在丛林或不便于直接从图上瞄准目标的地区,确立站立点可采取此法。

步骤是:先攀登到便于通视的树上,在远方选定现地和图上都有的 2 个明显地形点,分别测出至这 2 个点的磁方位角后,在树下近旁标定地图,将指北针的直尺边依次切于图上两点相应地形点的定位点上,转动指北针,使指北针先后指向树上所测之磁方位角,沿直尺边画线,两线交点就是站立点的位置(见图 9-43)。

图 9-43　磁方位角交会法

4)用目估法确定

利用明显地形点目估确定站立点在图上的位置,是最常用的方法。当站立点在明显地形点上时,从图上找出该点,即是站立点在图上的位置。如果站立点在明显地形点附近时,可先标定地图,再在图上找到该点,对照周围细部,根据该站立点与明显地形点关系,即可判定站立点在图上的位置(见图 9-44)。

图 9-44　目估法

(三)按地图、方位角行进

1.按地图行进

按地图行进,就是利用地图选定行军路线,通过地图与现地对照,以保持沿选定的路线到达预定地点的行进方法。

1)行进前的图上准备

(1)选择行进路线。行进路线是根据受领的任务、敌情、地形和部队装备等情况在地图上选出行进的最佳路线。

(2)在图上标绘行进路线。标绘行进路线和方位物,就是将选定的行进路线(起点、转折点及终点)和方位物,用彩色笔醒目地标绘在图上,并按行进方向顺序进行编号,以便行进中对照检查。必要时也可专门调制行军路线略图。

(3)量取里程和计算时间。就是在图上量取行进路线上各段里程和计算各段行进时间,并注记在图上或工作手册上。如行进路线上起伏较大时,还应将图上量得的水平距离,按不同的坡度改正为实地距离。为了便于掌握行进速度和时间,必要时可将改正后的各段距离,根据预定的行进速度换算为行进时间。

(4)熟记行进路线。熟记行进路线的方法,一般按行进的顺序,把每段的里程、行进时间、经过的居民地、两侧方位物和地貌特征,特别是道路的转弯处、岔路口和居民地进出口附近的方位物及地形特征等都熟记在脑子里,力求做到胸中有图,未到先知。

总之,在图上所做的准备就是:一选、二标、三量算、四熟记。

2)行进要领

(1)在出发点上,先标定地图,对照地形,判定出发点位置,明确行进的道路和方向,然后计时出发。

(2)在行进中,应根据记忆,边走边回忆,边走边对照,随时明确站立点,明确站立点在图上的位置,随时清楚已走过的里程,随时明了前方将要通过的方位物和将要到达的位置等,力求做到"人在路上走,心在图中移"。

(3)在经过岔路口、道路转弯点、居民地进出口时,应及时对照现地地形,明确站立点的图上位置,以保持正确的行进方向。

(4)在遇到现地变化与地形图不一致时,应采用多种方法,仔细对照地貌,全面分析地形的变化和关系位置,然后准确地判定站立点的位置和行进方向。

(5)当发现走错了路时,应立即对照地形,回忆走过的路程,判明从什么地方走错的,偏离原路线有多远,根据情况决定另选迂回路或返回原路,回到正确路线后,再继续前进。

(6)如越野行进,应尽可能在图上量好各段距离和磁方位角,在每一转弯点上,选择明显方位物,必要时结合地图按方位角行进。

(7)如在山地行进,应注意对照山的高低、走向及各种特征,随时标定地图。

(8)如乘车行进,出发时应记取里程表上的千米数。行进中应根据里程碑、路面质量的变换,路旁行树的有无,纵坡的上下,桥梁岔路口,道路转弯处,路两侧主要地形特征,及时判明自己在图上的位置。

2.按方位角行进

按方位角行进是按地图行进的一种辅助方法,是利用指北针按照图上量测的磁方位角保持正确方向的方法。

1)行进的资料准备

(1)选择行进路线。根据任务、敌情和地形情况选定,一般应选择在地貌起伏较小、障碍较小,特征明显的地段,路线的各转折点要有明显的方位物。为防止行进时方位偏差过大,要求各转折点间的距离在1000米左右,平原地区可远些,山区和夜间可近些。

(2)量测磁方位角和距离。在图上量读方位角时,先用指北针标定地图,再使指北针有准星的一端朝向前进方向,直尺边与两转弯点的连线重合,磁针静止后,其北端所指的密位数即为该路线的磁方位角。

量测磁方位角和距离如图9-45所示。

按上述的方法,测定图上各段的磁方位角,同时量出各段距离,并换算成复步数或行进时间。换算公式为:

复步数=实地距离(米数)÷复步长

行进时间=实地距离(米数)÷行进速度

(3)绘制行进路线图。路线图可直接在地图上标绘,即在各段方向线一侧注记行军资料。也可绘制成略图,略图可以按比例尺绘制,也可不按比例尺绘制。绘制图时,先将出发点、转变点等附近的主要地形与方位物标绘出来,再把各转弯点,按行进顺序依次编号,最后注记各段磁方位角和行进距离或行进时间。

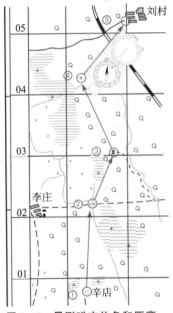

图9-45 量测磁方位角和距离

2)行进要领

(1)在出发点上。首先依据行进资料在现地找到出发点的准确位置,查明到达下一点的磁方位角、距离和时间,并记住沿途经过的重要地形和下一步的地形特征。然后手持指北针,转动身体,使磁针北端指向下一点的方位角密位数,这里由照门至准星的方向,就是行进的方向。并在该方向线上寻找第二点方位物(如看不见时,可在该方向线上选一辅助方位物),最后即按此方向行进。行进一般是越野照直行进,也可记准方向,选择便于通过的道路走到该点。

(2)在行进中。要随时根据地图或记忆,对照地形,用指北针检查行进方向,记清走过的复步数或行进时间。到辅助方位物后,如仍看不到第二点方位物时,则按原磁方位角再选一方位物。继续前进,直至到达第二点为止。若在起伏较大的地段上行进时,要注意调整步幅。

(3)在转变点上。当快到达第二点时,应特别注意附近的地形特征,当走完预定距离,未见到第二方位物时,可在这段距离1/10为半径的范围内寻找。如仍找不到,应仔细分析原因,是地形有了变化,还是方向、距离有了差错,或者利用反方位角的第一点瞄准,进行检查。到达第二点方位物后,仍按出发点的要领,向下一点前进,依此要领逐段前进,直到终点。

(4)行进中如遇到障碍物,应根据不同情况采取不同的办法通过。对能通视的障碍,可沿行进方向在障碍地段的对面选一辅助方位物,然后找一迂回路线绕过障碍地段,但应将该段的距离,加在已走过的距离内,到达辅助方位物后继续按照原方向前进。遇到不能通视的障碍地段时,可采取走直角四边形(或平行四边形)的方法绕过,然后沿原方向继续前进。

能力训练

1. 什么是地图?地图的分类有哪些?
2. 地形分为哪几类?地形有什么作用?
3. 各类地形的特点及其对军队战斗行动的影响有哪些?
4. 研究地形的基本方法有哪些?

参 考 文 献

[1] 中华人民共和国中央军事委员会. 中国人民解放军:内务条令、纪律条令、队列条令[M]. 北京:中央军事委员会,2018.

[2] 中国社会科学院世界经济与政治研究所. 总体国家安全观干部读本[M]. 北京:人民出版社,2016.

[3] 中华人民共和国国务院. ——新时代的中国国防[M]. 北京:国务院新闻办公室,2019.

[4] 中国国防科技信息中心. 2030年的武器装备[M]. 北京:国防工业出版社,2014.

[5] 徐焰. 中国国防导论[M]. 北京:国防大学出版社,2006.

[6] 张兴业. 国防精神[M]. 北京:军事科学出版社,2003.

[7] 张正明. 军事理论教程[M]. 西安:西安交通大学出版社,2017.

[8] 程永生. 军事高技术与信息化武器装备[M]. 北京:国防工业出版社,2009.

[9] 谢国良,袁德金. 中国古代军事思想概论[M]. 北京:解放军出版社,1994.

[10] 田越英. 中国军兵种[M]. 北京:中国文史出版社. 2013.

[11] 黄波. 核生化武器[M]. 北京:军事谊文出版社. 2000.

[12] 赵金存,郑冰凌,韦永利. 中国当代军事思想简明教程[M]. 西安:陕西人民出版社,1996.

[14] 苏汉民,张铁刚,李传运,等. 当代外国军事思想比较研究[M],沈阳:白山出版社,2004.

[15] 杨毅. 国家安全战略理论[M]. 国防大学出版社,2008.

[16] 叶征. 信息化作战概论[M]. 北京:军事科学出版社,2007。

[17] 王保存. 从机械化军事到信息化军事——军事形态的跨时代变革[J]. 中国军事科学. 2002(01).

[18] 徐鹏. 加强国防动员战略管理[J]. 中国行政管理,2017(8).

[19] 李景治. 改革开放以来中国特色国际战略的发展[J]. 新视野,2019(01).